V&R

Jüdische Religion, Geschichte und Kultur

Herausgegeben von
Michael Brenner und Stefan Rohrbacher

Band 3

Vandenhoeck & Ruprecht

Michael Brenner/Gideon Reuveni (Hg.)

Emanzipation durch Muskelkraft

Juden und Sport in Europa

Vandenhoeck & Ruprecht

Originalausgabe: „Emancipation through Muscles: Jews and Sports in Europe"
hg. von Michael Brenner/Gideon Reuveni

Published in arrangement with the University of Nebraska Press.

© 2006 Board of Regents of the University of Nebraska

Mit 10 Abbildungen

Diese Veröffentlichung wurde durch die großzügige Unterstützung der
Alfried Krupp von Bohlen und Halbach-Stiftung ermöglicht.

Bibliografische Information Der Deutschen Bibliothek

Die Deutsche Bibliothek verzeichnet diese Publikation in der
Deutschen Nationalbibliografie; detaillierte bibliografische Daten sind
im Internet über <http://dnb.ddb.de> abrufbar.

ISBN 10: 3-525-56992-0
ISBN 13: 978-3-525-56992-4

Umschlagabbildung: Juden beim Berliner JBC-Sportfest/
Foto 1938 © akg-images

Gesamtherstellung: Hubert & Co., Göttingen

Gedruckt auf alterungsbeständigem Papier.

Inhalt

1. Warum Juden und Sport?

Michael Brenner

Juden und Sport? Wir alle wissen doch, dass Personen jüdischer Herkunft zur Kulturgeschichte der Menschheit ihr Scherflein beigetragen haben, sei es nun ein Freud zur Psychologie, ein Einstein zur Naturwissenschaft, ein Marx zur Politik, ein Kafka zur Literatur oder ein Schönberg zur modernen Musik. Der Beitrag der Juden zur modernen Kultur – das Thema kennt man bereits zur Genüge aus zahlreichen Büchern, Konferenzen und Vorträgen. Aber genau so, wie man zu wissen glaubt, dass alle Juden klug und geschäftstüchtig sind, genau so sicher ist man sich, dass sie alle unsportlich sind. Gewiss, da gab es einen Mark Spitz, der 1972 in München eine Menge Goldmedaillen beim Schwimmen gewonnen hat, und dann kennt man noch einige jüdische Weltmeister – im Schachsport, aber damit sind wir wieder beim Geist und nicht beim Körper. Juden und Sport also? Als wir hierzu am Lehrstuhl für Jüdische Geschichte und Kultur an der Universität München eine Konferenz planten, war die häufigste Reaktion, die wir zu hören bekamen: „Das wird sicher eine kurze Tagung!"

Hätten Sie einen sportlich einigermaßen interessierten Mitteleuropäer um 1930 nach dem Thema „Juden und Sport" gefragt, so wäre das Ergebnis für uns Heutige wohl ziemlich überraschend ausgefallen. Ein Österreicher hätte genau gewusst, dass mit Hakoah Wien 1925 ein jüdischer, ja gar zionistischer Fußballverein österreichischer Meister wurde (man stelle sich das etwa so vor, als ob Türk Gücü München die deutsche Fußballmeisterschaft gewinnen würde). Übrigens hat Hakoah im selben Jahr auch noch die österreichischen Mannschaftsmeisterschaften im Ringen und Schwimmen wie auch die Hockeymeisterschaft gewonnen. Ein Ungar hätte nicht lange gezögert, all die Olympiasieger jüdischen Glaubens zu nennen, die die grün-weiß-roten Farben vor allem im Fechten zu Ehren brachten, ein Tscheche hätte sich wahrscheinlich an die Wasserballer von Hagibor Prag erinnert, die 1928 die tschechoslowakische Meisterschaft holten. Einer ihrer Akteure übrigens war der später geschätzte Schriftsteller Friedrich Torberg, der vielleicht den einzigen jemals geschriebenen Wasserballroman verfasste. Berühmt wurde er freilich mehr wegen seiner humorvollen Anekdotensammlungen, allen voran der unvergleichlichen Tante Jolesch, und seiner Kishon-Übersetzungen. Doch schrieb er später über seinen Wasserballerfolg: „Es war, glaube ich, der schönste Tag meines Lebens."[1] Außerhalb Europas sorgte der amerikanisch-jüdische Box-

champion Max Baer gewiss nicht nur in der jüdischen Presse für Schlagzeilen.

Ein polnischer Jude um 1930 hätte wohl gar nicht von den Erfolgen der
Anderen erzählt, sondern von den Mannschaften, in denen er – zum Teil
auch sie – aktiv war. Der Club, in dem man spielte, stand dabei auch für eine
bestimmte politische Orientierung als Jugendlicher oder junger Erwachsener: bei Betar waren die stramm rechtsnationalen Zionisten aktiv, die Hapo-
el-Bewegung sammelte die sozialistischen Zionisten, Maccabi wiederum
nahm sozusagen die Mainstream-Zionisten auf, während die Morgnshtern-
Bewegung die Bundisten, also die nichtzionistischen Sozialisten jiddischer
Sprache vereinigte. Daneben hatten auch so manche modern-religiöse Juden
ihre eigenen Vereine. Jeder, der einmal mit osteuropäischen Juden dieser
Generation gesprochen hat, weiß, welche prominente Rolle der Sport damals im Bewusstein der Beteiligten spielte. Dass Juden Nobelpreisträger
werden konnten – nun, das wusste man. Aber dass Hakoah Wien die damals
legendäre Mannschaft von West Ham United in London mit 5:0 besiegte,
damit konnte man sich schmücken.

Vielleicht also liegt es mehr an der Unsportlichkeit der heutzutage an der
jüdischen Geschichte interessierten Intellektuellen, dass die Begriffe Juden
und Sport als Gegensätze behandelt werden.[2] Dieser Band versucht ein gewisses Gegengewicht zu dieser Sichtweise aufzustellen und legt dabei den
Schwerpunkt auf das Europa zwischen den beiden Weltkriegen. Die hier ab-
gedruckten Aufsätze erforschen im Gegensatz zu den meisten Publikationen jüdischer Geschichte nicht die Rolle des Geistes, sondern der Muskeln
in der Konstruktion und Rezeption jüdischer Identität im Europa des
Zwanzigsten Jahrhunderts.

Sport diente dabei sowohl als Vehikel der Inklusion wie auch als Mittel
der Exklusion, und wurde zum Zwecke der Emanzipation sowohl auf individueller wie auf kollektiver Ebene eingesetzt. So konnten Juden ihre Zugehörigkeit zu der sie umgebenden Gesellschaft durch Partizipation in den
Sportvereinen ihrer unmittelbaren Nachbarschaft unter Beweis stellen; sie
konnten sich aber auch spezifisch jüdischen Vereinen anschließen, was oftmals durch eine antisemitische Atmosphäre in den allgemeinen Vereinen bedingt wurde. In beiden Fällen bedeutete der Sport mehr als nur ein neben-
sächliches Detail in ihrem Leben, waren doch die Weimarer Jahre von einer
beispiellosen Sportbegeisterung gekennzeichnet.

Juden nahmen Teil an dieser Begeisterung, fühlten sie sich doch ebenso
als Deutsche und Franzosen, Engländer und Italiener wie ihre katholischen
und protestantischen Nachbarn. Sie mussten dazu sicherlich einige Barrieren überwinden. Für die jüdische Religion spielte das Studium traditions-
gemäß die größte Rolle, und alles, was einen vom Vertiefen in die heiligen
Texte abhielt, galt zunächst einmal als Zeitverschwendung. Überdies assoziierten jüdische Quellen in griechischer und römischer Zeit sportliche Betä-

tigung mit Götzendienst und nahmen das Gymnasium vor allem als Ort wahr, in dem man unbekleidet auftritt. Dennoch waren auch in vormoderner Zeit körperliche Aktivitäten nicht völlig verpönt, wie zahlreiche Texte belegen. Einigen Rabbinern in talmudischer Zeit werden sportliche Betätigungen nachgesagt, wie etwas Rabbi Simon ben Lakisch (Resch Lakisch), der sich als Gladiator auszeichnete. Seit dem Mittelalter besitzen wir rabbinische Quellen, die zur Frage Stellung nehmen, ob Ballspiele am Schabbat erlaubt seien. Die beiden größten religionsgesetzlichen Autoritäten des 16. und 17. Jahrhunderts waren sich darin nicht einig: Im Gegensatz zu dem im Heiligen Land lebenden Josef Karo erlaubte der Krakauer Rabbiner Moses Isserles Ballspiele auch in der Öffentlichkeit und verwies ausdrücklich auf deren Popularität.

Aus der rabbinischen Reponsenliteratur erfahren wir gar Details einer Art vormodernen Tennisspiels in Mantua um 1560. Der dortige Rabbiner Moses Provenzal klärte auf Anfrage hin alle Aspekte dieses Spiels, bei dem es zwei Spielarten gab (mit der Hand und mit Schläger) und das auch Wetten auf den Gewinner beinhaltete. Die Antwort war diplomatisch und zeigte, dass man der Sportbegeisterung bereits im 16. Jahrhundert nicht kategorisch entgegenwirken konnte: Am Schabbat, an dem man nichts mit Geld zu tun haben durfte, mussten Lebensmittel als Gewinn herhalten, man durfte nicht mit dem Schläger spielen (denn das Netz konnte zerreißen, man war also versucht, es zu reparieren, was eine unerlaubte Arbeit bedeutete) und selbstverständlich legte der Rabbiner großen Wert darauf, dass man nicht zur Zeit seiner Predigt spielte. Ansonsten hatte er nichts gegen das Spiel einzuwenden.[3]

Als im 19. Jahrhundert mit dem Turnvater Jahn und seinen Mitstreitern die moderne Begeisterung für das Turnen und den Sport erwachte, galten die Juden nicht gerade als deren Pioniere. Es wurde ihnen auch nicht leicht gemacht, da sich im Umfeld der Turnbewegung häufig auch ein moderner Nationalismus sowie Antisemitismus bemerkbar machten. Gegen Ende des 19. Jahrhunderts schlossen immer mehr Sportvereine jüdische Mitglieder aus oder machten klar, dass sie in ihren Reihen nicht willkommen waren, wie dies auch in den Studentenverbindungen und später der Jugendbewegung zu beobachten war. Hier nun setzte das antisemitische Bild vom unsportlichen Juden ein, der aufgrund seines „jüdischen Körpers" von vornherein nicht als gleichwertig zu behandeln war.

Gegen derartige Stereotypisierungen wandte sich der am Ende des 19. Jahrhunderts begründete Zionismus. Seinen Vertretern ging es nicht nur um die Auswanderung der Juden aus dem von gewalttätigen Pogromen und rassischer Rhetorik geprägten Europa nach Zion, in ihr eigenes Land, sondern auch um eine – ganz im Nietzsche'schen Sinne – Umwertung aller Werte. Für Theodor Herzl, den Begründer dieser politischen Bewegung, hieß dies, „aus Judenjungen junge Juden" zu machen – für osteuropäische

Zionisten, den „neuen jüdischen Menschen" durch die „körperliche, geistige und wirtschaftliche Hebung" zu schaffen.

Herzls zweiter Mann, der damals äußerst populäre Schriftsteller Max Nordau, brachte die Gedanken bezüglich des ersten dieser drei Faktoren im Jahre 1898 in einer Ausschussberatung des Zionistenkongresses auf folgenden Punkt: „Wir müssen trachten, wieder ein Muskeljudentum zu schaffen." In der „Jüdischen Turn-Zeitung" griff er zwei Jahre später diesen Gedanken wieder auf und forderte: „Bei keinem anderen Volksstamme hat das Turnen eine so wichtige erzieherische Aufgabe wie bei uns Juden. Es soll uns körperlich und im Charakter aufrichten. Es soll uns Selbstbewusstsein geben."[4] Und bei dem Zionistenkongress von 1901 nahm er die Forderung nach dem Muskeljudentum in seine Kongressrede auf. Damit war die durchaus ernst gemeinte Parole der jüdischen Sportbewegung geboren, die man heute nur mit einem gewissen Lächeln registrieren kann.

Manche junge Zionisten fanden die Parole vom „Muskeljudentum" damals bereits geschmacklos, wie etwa der junge Gershom, damals noch Gerhard, Scholem. Sein Vater war Mitglied der „Berliner Turnerschaft", die sich nach 1890 immer stärker antisemitischen Tendenzen öffnete. 1887 noch hatte Scholem senior ein Bändchen mit dem Titel „Allerlei für Deutschlands Turner" herausgegeben. Eine größere Nähe empfand Scholem zu seinem Onkel Theobald, ein Mitbegründer des zionistischen Sportklubs Bar Kochba in Berlin, benannt nach jenem heroischen Widerstandskämpfer gegen die Römer im Zweiten Jahrhundert. „In dem Turnverein, der Max Nordaus schreckliche Formel vom ‚Muskeljudentum', der physischen Regeneration der Juden, konkretisieren sollte", erinnerte sich Scholem später, „fand dieser Mann, der so ganz und gar nichts davon an sich hatte, eine mir ziemlich unverständliche Entspannung. Mich ärgerte die Formel von Anfang an, und obwohl mich der Onkel, seitdem ich Sympathie für den Zionismus bekundete, immer wieder zum Eintritt aufforderte, brachte ich es nicht über mich, meine jüdische Begeisterung, die nach Wissen und Erkenntnis durstete, mit Turnübungen nach Vater Jahn zu befriedigen."[5]

Zum Zeitpunkt von Nordaus Kongressrede 1901 gab es bereits dreizehn jüdische Turn- und Sportvereine in Mitteleuropa, die sich bald weiter vermehren sollten und auch außerhalb der zionistischen Bewegung, wie etwa im Reichsbund jüdischer Frontsoldaten und der von ihm gegründeten „Schild" – Bewegung, ihre Anhänger fanden. Bei den ersten Olympischen Spielen in Athen hatten sechs jüdische Athleten dreizehn Medaillen gewonnen. Nordaus Verbindung zwischen Sport und Selbstbewusstsein sollte aber vor allem in der Zeit nach dem 1. Weltkrieg neue Bedeutung erlangen, als sowohl Antisemitismus wie auch Sportbegeisterung damals ungeahnte Dimensionen annahmen.

In seiner *Geschichte eines Deutschen* widmete Sebastian Haffner dem „Sportfimmel, der in jenen Jahren die deutsche Jugend ergriff" ein eigenes

Kapitel. Er gehörte für ihn zu einem der „Vorboten des kommenden Unheils [...], der durchaus missverstanden und gar noch öffentlich gefördert und belobigt wurde [...]". Hiermit spätestens sind wir bei der politischen Relevanz des Sports in der Zwischenkriegszeit. Haffner beobachtete, dass sich in jenen Jahren die Mitgliederzahlen der Sportclubs und Besucherzahlen der Sportfeste verzehnfachten. „Es ist der letzte große deutsche Massenwahn, dem ich selbst erlegen bin", kommentiert er diese Entwicklung. Wie Haffner waren Millionen von Deutschen diesem Massenwahn erlegen, ohne in diesem unbedingt, wie dieser, die „Massenverblödung der Jugend" oder nationales Pseudokriegsspiel zu sehen. Auch den Linken, so Haffner,

> fiel nicht auf, dass die „deutschen Meister" sich ausnahmslos schwarz-weiß-rote Schleifchen ansteckten, obwohl die Reichsfarben damals schwarz-rot-gold waren. Sie kamen nicht auf die Idee, dass der Reiz des Kriegsspiels, die alte Figur des großen, spannenden Wettkampfs der Nationen, hier nur geübt und wachgehalten wurde [...][6]

Freilich wäre es zu vereinfachend, die Sportbegeisterung jener Tage auf den Nationalismus reduzieren zu wollen. Für die Arbeitervereine wie auch die katholischen Sportvereine war der Sport ein Teil ihrer Milieubildung, für viele Juden diente er entweder als Stärkung ihrer kollektiven Minderheitenposition – so etwa für die Zionisten in eigenen Sportvereinen organisiert – oder als Integrationsmittel für die stärker Assimilierten. Keiner hat die unterschiedlichen Milieus der Sportvereine in Bezug auf ihr Judentum so lebendig beschrieben wie Friedrich Torberg für Wien, wo Hakoah die Zionisten anzog, Austria (damals die „Amateure" genannt) die assimilierten Juden, Rapid aber als Club der kleinbürgerlichen und Arbeiterschichten den Juden weitgehend verschlossen blieb. In einem wunderbaren Text beschrieb Friedrich Torberg, wie die Fußballanhänger aus Respekt vor der Hakoah-Mannschaft nicht in die damals üblichen „Saujud" – Rufe ausbrachen, sondern wie er einen jener Österreicher einmal aus Verlegenheit einen Hakoah-Spieler, dessen Namen er nicht kannte, mit den Worten anfeuern hörte: „Hoppauf, Herr Jud!".[7]

Im Deutschland der Weimarer Jahre begeisterten sich die meisten Juden allerdings nicht für jüdische Vereine, die interessanterweise vor allem in Verteidigungssportarten wie Jiu-Jitsu und in Laufwettbewerben nationale Erfolge feierten. Sie waren Fans der großen Vereine in den Städten, in denen sie lebten. Bei dem Historiker Peter Gay, damals Peter Fröhlich, klingt dies aus der Berliner Sicht an. Gemeinsam mit seinem Vater (der Abonnent des Kicker und der Fußballwoche war) fieberte er am Radio oder im Stadion mit der Hertha mit und schildert noch über ein halbes Jahrhundert später mit großer Begeisterung ihre Erfolge, kennt noch die Mannschaftsaufstellung der Meistermannschaft von 1930 auswendig (ebenso wie sich angeblich noch heute der Fürther Henry Kissinger die Ergebnisse der SpVgg Fürth schicken lässt). Bei Peter Gay wird freilich noch ein weiterer Aspekt deutlich: der Sport diente auch als Trost in der Zeit der Verfolgung:

> Von 1933 an war ich ein Fan, weil der Sport mir als Schutzschirm diente, der die bedrückende Welt Nazideutschlands von mir fernhielt. Mit ihrem gleichbleibenden Wochenrhythmus sorgte die Fußballsaison in einer Zeit, in der wir gleichsam von einem Tag zum andern, von einer NS-Verordnung zur nächsten, lebten, für eine gewisse Kontinuität. Dass der Sport auch die Bindung an meinen Vater stärkte, machte ihn nur um so reizvoller. „Ha! Ho! He! Hertha BSC!" Dafür konnte man beinahe leben.[8]

Und es hatte wohl ähnliche Gründe, dass unmittelbar nach der Befreiung aus den Konzentrationslagern die wenigen Überlebenden, soweit sie physisch dazu in der Lage waren, in den Displaced Persons Lagern Deutschlands und Österreichs wieder Sportvereine gründeten. Damit konnten sie zumindest den Anschein der Normalität des Vorkriegslebens wiederherstellen. Große Boxkämpfe, Tischtennispartien und Fußballmatches bildeten dort bald ein Stück des Lagerlebens. In zwei Fußballligen spielten solch unwirklich klingende Teams wie Maccabi Marktredwitz gegen Hapoel Neunburg vorm Wald und Kadima Deggendorf gegen Hakoach Schwandorf um die bayerische Meisterschaft der aus Osteuropa stammenden jüdischen Holocaustüberlebenden.

Nicht weit entfernt von jenen Lagern der Holocaustüberlebenden fand ein vormals prominenter Münchner Jude zu seiner alten Wirkungsstätte zurück. Unter der Präsidentschaft Kurt Landauers hatte der FC Bayern München 1932 seine erste Fußballmeisterschaft errungen. Wie Landauer waren übrigens auch der damalige Bayern-Trainer, Richard „Little" Dombi und der Jugendleiter Otto Beer jüdischer Herkunft. Nur wenige Monate nach seinem großen Erfolg wurde Landauer im März 1933 nach zwanzigjähriger Präsidentschaft zum Rücktritt gezwungen, wurde 1938 kurzzeitig in das Konzentrationslager Dachau 1938 eingeliefert und konnte sich ein Jahr später gerade noch rechtzeitig ins Schweizer Exil retten. Nach Kriegsende kehrte er nach München zurück und wurde 1947 als Bayern-Präsident wiedergewählt. Im Bewusstsein des FC Bayern ist dieser Teil der Geschichte allerdings nicht sonderlich präsent. Wie der Sporthistoriker Dietrich Schulze-Marmeling feststellte, sind der heutigen Vereinsführung diese Aspekte der eigenen Geschichte eher peinlich und werden in den Hintergrund gedrängt.[9] Dies ist umso erstaunlicher, als der Verein sich auch während der NS-Herrschaft als wenig angepasst erwies, und seine Spieler anlässlich eines Freundschaftsspiels in Genf ihren ehemaligen Präsidenten auf der Tribüne freundlich begrüßten. Im Gegensatz zu dem von rot auf braun geschalteten Lokalrivalen TSV 1860 München konnten die Bayern das Image des bürgerlichen Clubs nicht abschütteln.

Dass Bayern München – wohl wegen Kurt Landauer und anderen prominenten jüdischen Mitgliedern – von seinen Gegnern lange Zeit als „Judenclub" verschrien war, ist heute nahezu vergessen. Bei anderen Mannschaften aus dem bürgerlichen Milieu in Europa ist dies überraschenderweise anders. So lassen in England noch heute die Fans von Tottenham Hotspurs den seltsamen Schlachtruf „We are the Yids" erklingen, schwingen die Anhänger von Ajax Amsterdam Fahnen mit dem Davidstern und erregen Erfolge von MTK Budapest Antipathie bei ungarischen Antisemiten.[10] Freilich erleben wir im Zeitalter zunehmenden Fußballrowdytums gemeinsam mit ausländerfeindlichen Parolen auch immer mehr antijüdische Slogans zwischen Rotterdam, Rostock und Rom. Im Gefolge der zunehmenden antisemitischen Gewalt in Europa der letzten Jahre blieb es nicht nur bei Parolen. So berichtet die Frankfurter Allgemeine Zeitung vom 12. April 2002:

> In der Nähe von Paris sind zehn jüdische Fußballspieler beim Training von Unbekannten angegriffen und teilweise verletzt worden. Wie die Polizei am Donnerstag mitteilte, rückten die etwa 15 markierten Angreifer am Mittwochabend mit Knüppeln, Eisenstangen und Boule-Kugeln am Übungsgelände in Bondy an und riefen antisemitische Parolen. Der Torwart des Vereins Maccabi Bondy musste mit einer Kopfwunde ins Krankenhaus gebracht werden.

Kehren wir also zurück zu unserer Ausgangsfrage: Warum Juden und Sport? Inzwischen sollte es klar geworden sein, dass jüdische Geschichte nicht auf Geistesgeschichte reduziert werden kann. Die europäischen Juden wiesen Fechter und Boxer, Fußballer und Leichtathleten auf, so wie es unter ihnen Rabbiner und Philosophen, Rechtsanwälte und Geschäftsleute gab. Für viele Juden im Europa der Zwischenkriegsjahre bildete der Sport mehr als nur ein gelegentliches Hobby. Er diente als Waffe in ihren unterschiedlichen Bestrebungen. Für manche, wie das Team von Hakoah Wien, ging es darum aufzuzeigen, dass der Zionismus einen „neuen Juden" schaffen konnte. Für andere war die Teilnahme an allgemeinen Sportvereinen ein Mittel auf dem Weg zur breiteren gesellschaftlichen Akzeptanz. Sie alle benutzten im Kampf um die nationale Sache oder um die individuelle Gleichberechtigung neben ihren geistigen Ressourcen ihre Muskelkraft.

Dieser Band beruht im wesentlichen auf einer im Jahre 2002 in München organisierten internationalen Tagung, die durch die tatkräftige Hilfe zahlreicher Organisationen und Personen ermöglicht wurde. Ganz besonderer Dank gilt der Alfried Krupp von Bohlen und Halbach-Stiftung, ohne deren tatkräftige Unterstützung weder die Tagung noch dieser Band zustande gekommen wären. Der Freundeskreis des Lehrstuhls für Jüdische Geschichte und Kultur mit seinem Vorsitzenden Dr. Ernst-Peter Wieckenberg hat sich sowohl bei der Vorbereitung der Tagung wie der Veröffentlichung in jeder Hinsicht engagiert. Der Dank der Herausgeber gilt weiterhin Professor Moshe Zimmermann sowie dem von ihm geleiteten Richard-Koebner-Zentrum für deutsche Geschichte an der Hebräischen Universität Jerusalem. Jens Kugele, Martina Niedhammer, David Rees, Andrea Pfeufer und Sharon Weinstock haben wichtige Hilfe bei der Redaktion des Bandes geleistet.

Anmerkungen

1 Friedrich Torberg, Warum ich stolz darauf bin, in: Wien oder der Unterschied, München 1998, 16.
2 In den letzten Jahren sind zum Thema einige Veröffentlichungen erschienen, von denen hier nur hervorgehoben seien: Dietrich Schulze-Marmeling (Hg.), Davidstern und Lederball. Die Geschichte der Juden im deutschen und internationalen Fußball, Göttingen 2003, und Franklin Foer, How Soccer Explains the World: An Unlikely Theory of Globalization, New York 2004, insbesondere Kapitel 3.
3 Cecil Roth, The Jews in the Renaissance, Philadelphia, Jewish Publication Society of America, 1959, 28.
4 Max Nordau, Zionistische Schriften, Köln und Berlin 1909, 380.
5 Gershom Scholem, Von Berlin nach Jerusalem. Erweiterte Fassung, Frankfurt am Main 1994, 16 und 28.
6 Sebastian Haffner, Geschichte eines Deutschen. Die Erinnerungen 1914 bis 1933, Stuttgart und München 2000, 72–74.
7 Friedrich Torberg, Warum ich stolz darauf bin, in: Wien oder Der Unterschied, München 1998, 15–23.
8 Peter Gay, Meine deutsche Frage. Jugend in Berlin 1933–1939, München 1999, 124–125.
9 Dietrich Schulze-Marmeling, Das waren alles gute Leute – Der FC Bayern und seine Juden, in: Ders. (Hg.), Davidstern und Lederball. Die Geschichte der Juden im deutschen und internationalen Fußball, Göttingen 2003, 54–81, hier 77–79.
10 Zu Tottenham Hotspur und MTK Budapest siehe die Beiträge in diesem Band. Über Ajax Amsterdam erschien eine längere Abhandlung, die diesen Aspekt vertieft behandelt: Simon Kuper, Ajax, the Dutch, the War, Football in Europe during the Second World War, London 2003.

2. *Muskeljuden* versus *Nervenjuden*

Moshe Zimmermann

Wie lautet das Antonym zum Muskeljudentum? Der in Deutschland übliche Begriff ist entweder geistiges Judentum oder Talmudjudentum. Der Ausdruck „Muskeljudentum" wird immer mit seinem Gegenteil zusammengedacht, dem typischen Galut-Juden (Diaspora-Juden), der als „schwach, zerbrechlich, verächtlich, Luftgeschäften nachgehend" charakterisiert wird. Max Nordau, der sowohl die Idee als auch den Begriff des Muskeljudentums prägte, legte schon in der Frühzeit der zionistischen Bewegung besonderen Wert auf diese Gegenüberstellung. 1898 schrieb er, er erwarte vom Zionismus, dass er das Bild des Juden revolutioniere und einen „neuen Juden" erschaffe: „Der Zionismus erweckt das Judentum [...] körperlich durch die physische Erziehung des Nachwuchses, der uns wieder das verlorengegangene Muskeljudentum schaffen soll."[1] Zwanzig Jahre später, 1922, schrieb ein Vertreter der jüdischen Studentenbewegung Deutschlands „[...] der Gedanke des Sports [ist] bei uns eng mit dem Zionismus verknüpft [...]. Der schwächliche Jeschiwebocher (Talmudstudent) war lange genug Stigma unserer Verbannung."[2] Ein weiteres Beispiel im selben Geist ist die folgende Bemerkung: „Der Sportmann [...] wird mit am besten dazu fähig sein, auch zionistisch sein letztes herzugeben."[3] Am radikalsten äußerte sich 1920 jedoch ein anderer Zionist der ersten Generation, der Arzt Theodor Zlocisti: „Turnen und Zion [sind] nur die verschiedenen Ausdrucksformen der einen Notwendigkeit: der körperlichen und geistigen Regeneration unseres Volkes", als Antwort auf den „Fluch des Galuth".[4] Die Gründerväter des Zionismus stellten demnach in ihrem Lösungsansatz für die „jüdische Frage" das Turnen (und später den Sport im Allgemeinen) zusammen mit dem Ideal des Muskeljudentums sogar auf eine Stufe mit Zion.

Max Nordau und Theodor Zlocisti waren typische Vertreter der mitteleuropäischen Gesellschaft des fin de siècle und bestens dafür geeignet, diese Botschaft in die jüdische Gesellschaft und deren Nationalbewegung hineinzutragen. Nordau, der 1892 sein berühmtes Buch *Entartung* schrieb, war nicht nur mit den diesbezüglichen Fachausdrücken und mit der Wechselwirkung zwischen Körper und Geist vertraut, sondern auch entscheidend an der damaligen Debatte beteiligt.

Zwei Charakteristika dieser im 19. Jahrhundert geführten Auseinandersetzung verdienen die Aufmerksamkeit des Historikers. Erstens können wir deutliche Parallelen zwischen den Zielen der deutschen und der jüdischen

Turn- und Sportbewegung erkennen. Kurz nach der Jahrhundertwende löste der auf dem Schlachtfeld über die deutschen Staaten errungene Sieg Napoleons und seiner „Grande Nation" eine nationale deutsche Reaktion aus. Vor dem Hintergrund dieser Niederlage entstand die Idee vom Turnen als nationalem Heilmittel, wie sie von Turnvater Jahn propagiert wurde, sowie ihre praktische Umsetzung in der Turnbewegung. Der Grundgedanke war, dass eine gesunde Nation Männer und Frauen mit einer „mens sana in corpore sano", d. h. einem „gesunden Geist in einem gesunden Körper" brauche. Jahns Sozialkritik richtete sich vornehmlich gegen das deutsche Bürgertum, dem es seiner Meinung nach an der notwendigen physischen Kraft mangelte und das aus diesem Grunde die Nation in die Niederlage gerissen hätte. Der Turngedanke, der nicht nur in Deutschland, sondern auch in anderen Teilen Mitteleuropas (man denke an die Sokol-Bewegungen in Böhmen und Polen) populär wurde, hielt schließlich auch Einzug in die jüdische Nationalbewegung des späten 19. Jahrhunderts. Anlässlich eines Treffens von Delegierten des deutschen Zionismus 1897, kurz nach dem Ersten Zionistischen Kongress, versuchte der Delegierte Fabius Schach aus Köln seine Zuhörer davon zu überzeugen, dass präzionistische Turnvereine gegründet werden sollten, um die Juden von „Büchermenschen zu Männern für den Kampf ums Dasein zu erziehen". Solche Vereine würden „die moralische Kraft und die geistige Regsamkeit des Mannes [fördern]. Die Förderung des Turnwesens ist von eminenter Tragweite für die nationale Zukunft eines Volkes".[5] Die von Nordau im folgenden Jahr vor Delegierten des Zweiten Zionistischen Kongresses über das Muskeljudentum gehaltene Rede erhob diesen Gedanken zu einem Grundsatz der gesamten jüdischen Nationalbewegung. „Bei keinem Volksstamm hat das Turnen eine so wichtige erzieherische Aufgabe wie bei uns Juden".[6] Von Anfang an wurde Nordau diesbezüglich von Max Mandelstamm unterstützt, einem osteuropäischen Zionistenführer, der die Turnvereine während seiner Studentenzeit in Deutschland kennen gelernt hatte und an einer Untersuchung über den Gesundheitszustand der osteuropäischen Juden arbeitete.

Keine fünf Jahre nach dem Ersten Zionistischen Kongress äußerte Hermann Jalowicz im Rückblick auf das bisher Geleistete, in der Geschichte des jüdischen Volkes finde in seltsamer Analogie eine Entwicklung statt, die auch in der Phase des Einheitsstrebens der deutschen Nation zu beobachten gewesen sei: Hier wie dort habe alles mit einer Turnbewegung begonnen.[7] Diese Beobachtung hatte zwanzig Jahre später immer noch Bestand: „Die jüdische Turnerschaft hat sich damit dieselbe Aufgabe gestellt, die die deutsche Turnbewegung vor mehr als 100 Jahren ins Leben rief, die Vorbereitung des Volkes zur nationalen Wiedergeburt."[8] In seinem Ruf nach dem Muskeljudentum blieb Nordau in Jahns Fußstapfen, und dies ging so weit, dass er seiner Hoffnung auf die Erneuerung eines waffenfrohen Judentums wie zu Zeiten des Bar-Kochba-Aufstandes gegen die Römer (132–135)

Ausdruck gab.[9] Kein Wunder, dass der erste jüdische Turnverein in Deutschland (1898) sich Bar Kochba nannte, nach dem jüdischen Pendant zu Hermann dem Cherusker, dem Kriegsherren und Bezwinger der alten Römer.

Beim zweiten Charakteristikum im damaligen nationalistischen oder völkischen Kontext handelt es sich genau um die Kehrseite der Medaille, nämlich um die Überzeugung, dass Völker weniger als Zusammenschlüsse von Individuen aufzufassen seien, denn als Organismen. Diese Überzeugung führte zur pessimistischen Schlussfolgerung, dass Völker ebenso wie Individuen degenerieren und entarten konnten. Von dieser Überzeugung waren diejenigen geleitet, die nach einer Lösung für die „Judenfrage" suchten. Als Nordau vorschlug, „dass jeder zionistische Verein [...] eine Turnabteilung entwickle",[10] brachte er in seiner Erläuterung dazu die beiden von uns genannten Elemente theoretisch zusammen: „Das neunzehnte Jahrhundert war die Epoche der Zersetzung des Judentums."[11]

Die von Nordau hier verwendeten Ausdrücke – Entartung und Zersetzung –, mit denen er den allgemeinen Gesellschaftszustand beschreiben wollte, wurden zu grundlegenden Begriffen, die von jüdischen Turnern und Sportlern zur Kritik der jüdischen Gesellschaft eingesetzt wurden.[12] Nordau und seine Anhänger gaben sich mit diesen Ausdrücken allein aber nicht zufrieden. Kam Nordau beispielsweise auf die Hintergründe der Entartung zu sprechen, dann gab er der Praxis der frühen Eheschließungen die Schuld daran, denn diese „verhindert die körperliche Ausbildung und legt Keime späteren Siechtums in den Organismus".[13] Es blieb jedoch offen, ob seine Kritik nur den osteuropäischen Juden galt (und die west- oder mitteleuropäischen Juden als halbwegs regeneriert anzusehen waren)[14] und ob ein allgemeines Problem oder gar ein spezifisches des jüdischen Bürgertums gemeint war. Gleich ob es sich nun um ein spezifisches oder ein allgemeines jüdisches Problem handelte, die Funktion des Muskeljudentums wurde jedenfalls verstanden als „eine Bestrebung zur Eindämmung der progressiven körperlichen Entartung der jüdischen Rasse". So hieß es zumindest bei der ersten Versammlung jüdischer Turner im Rahmen des Sechsten Zionistischen Kongresses 1903.[15] In späteren Erklärungen von Vertretern der Studentenbewegung war die Rede von einer „körperlichen Regeneration"[16] oder „körperlichen Renaissance der Juden".[17] Dies sollte besagen, dass die Juden, selbst wenn man sie als Rasse definierte, nicht von Natur aus minderwertig, sondern bloß entartet waren und daher in der Lage, einen Regenerations- und Erneuerungsprozess in Angriff zu nehmen.

Diese Aussagen waren für die damalige Zeit in hohem Maße repräsentativ. Sie forderten nicht nur die Erneuerung des einzelnen jüdischen Individuums, sondern auch die Erneuerung des ganzen jüdischen Volkes, der Nation als organischer Einheit und verwendeten das Wort „Siechtum" zur Beschreibung des Zustandes und des Verhaltens eines ganzen Volkes. „Wir wissen, dass die allermodernste völkerpsychologische und ethnologische Erkenntnis zur Forderung führt, ein jedes Volk solle wie jedes Individuum sich nach seiner organisch begründeten [...] Eigenart ausleben und es ablehnen, sich durch Druck, Geringschätzung und Feindseligkeit verkümmern zu lassen",[18] jedoch zeigt sich an der Wortwahl des Psychiaters Nordau in dieser Rede von 1907 deutlich, dass es sich nicht nur um das Gegensatzpaar „Muskeln" und „Geist", d.h. Macht gegen Ohmacht handelte, sondern auch um Gesundheit gegen geistige Krankheit. Nordau, der schon 1882 von einer „Generationskrankheit" sprach, führte dazu aus: „Diese Ungeduld [...] nennen die einen Nervosität, die anderen Pessimismus, wieder andere Skeptizismus. Die Vielheit der Bezeichnungen deckt aber nur eine Einheit des Übels."[19] Zeitgenössische Beobachter berichteten darüber, als handele es sich um eine Massenerkrankung, ja Epidemie. Der Autor des Buches *Die geistigen Epidemien* (Willi Hellpach, 1906) schrieb über „die Millionen, die man so gewöhnlich ,nervös', oder ,minderwertig' oder ,entartet' oder ,pervers' oder sonst wie nennt."[20] In seinen Erinnerungen erwähnte Nordau die am weitesten verbreitete unter diesen Krankheiten: „Im Jahre 1887 erscheint der zweibändige Roman ,Die Krankheit des Jahrhundert', eine Studie über die Mentalität des Pessimisten, des Menschen ohne Willen und Energie, diese charakteristischen Typus der ,fine (sic) de siècle' Zeit. [...] Der Held der ,Krankheit des Jahrhunderts' ist ein Neurasteniker, ein Degenerierter".[21] Nordau zufolge wurde diese Krankheit nicht durch die Muskeln verursacht, sondern durch die „Bewegungszentren im Gehirn", das heißt durch das Nervensystem.[22] In der Tat wurde der Begriff der Entartung, den Nordau zum Titel seines berühmten Buches wählte, seit seiner Entstehung 1857 mit einer durch Alkohol, Drogen etc. verursachten Zerrüttung des zentralen Nervensystems in Verbindung gebracht.[23]

Im Ganzen gesehen, beschränkten sich Nordau und die anderen Wortführer des Muskeljudentums bei ihrer Suche nach einem Heilmittel für die „Generationskrankheit" und ihre (wie wir noch sehen werden) am weitesten verbreitete Erscheinungsform nicht auf eine abstrakte Diskussion über Körper und Geist. Vielmehr bezogen sie sich auf Konzeptionen und Theorien der damals neuesten und innovativsten Wissenschaften wie Psychologie, Völkerpsychologie, Eugenik, Medizin, Hygiene etc. und wandten sie auf das nationale Kollektiv an. „In den Jahrhunderten ihres äussersten Elends lebten die Juden in einem eigentümlichen halluzinatorischen Traumzustand",[24] mit anderen Worten: Das eigentliche Antonym des Muskeljudentums war weder der Luftmensch noch das „geistige Judentum", sondern viel eher der Jude voller „Sinnen und Sorgen [...], feiger Gedanken, ängstlichen Schwankens",[25] kurz: der nervöse Jude. Das Nervenjudentum war also das vom Zionismus zu lösende Problem. Nichts anderes als das Nervenjudentum war die Herausforderung für die jüdischen Turner und Sportler.

Kurz nach dem erstmaligen Erscheinen des Monatsblattes Jüdische Turn-

zeitung (im Folgenden: JTZ), des Organs der jüdischen Turnerschaft, findet
sich darin die Meinung, die Aktivitäten der jüdischen Turnerbewegung seien
eine Reaktion auf „Degenerierungssymptome […], die erschreckende Zunahme der Nervosität und des Irrsinns" unter Juden.[26] Professor Mandelstamm empfahl die Verbesserung des physischen Zustands der Juden vor
dem Hintergrund „der Ueberanstrengung, der Uebermuedung des jue-
dischen Gehirns und des ganzen Nervensystems".[27] Ein Jahr darauf erklärte
der Herausgeber der JTZ, Hermann Jalowicz, ein begeisterter Befürworter
von Turnen und Sport als Teil des zionistischen Vorhabens: „Es ist kein
Wunder, wenn unter solchen jammervollen Zuständen (d.h. im Ghetto) ein
Jammergeschlecht mit zerrütteten Nerven und systematisch geschwächtem
Körper heranwächst […]. [Das Ghetto ist der] Nährboden physischer Degeneration […]. Ein wirksames Heilserum gegen die Miasmen der verpeste-
ten Ghettoluft […] ist der Zionismus".[28] Aus der Sicht der Zionisten trug
aber nicht nur das Ghettoleben, sondern auch die Judenemanzipation zur
Genese dieses besonderen Syndroms bei: „Die Emanzipation brachte den
deutschen Juden […] Vorteile, aber sie verzerrte die Physiognomie der jüdischen Seele und ging schliesslich mähend über die Judenheit hin wie ein
Schnitter über das Getreidefeld".[29] Sie gingen sogar so weit, den Turnverein
als „Abwehrverein gegen [den] Intellektualismus" zu bezeichnen.[30]

Schon in einem frühen Stadium des Zionismus war der Gegensatz zwischen „Muskeljudentum" und „Nervenjudentum" etabliert. Die Überwindung der für das Bild vom Juden so charakteristischen Neurosen wurde zu
einem erklärten Ziel des Zionismus.[31] Kein Wunder, dass der Arzt Moritz
Jastrowitz einem 1909 in der JTZ veröffentlichten Artikel genau den Titel
„Muskeljuden und Nervenjuden"[32] gab. Darin erklärte er seine Überein-
stimmung mit Nordaus Leitbegriff des „Muskeljudentums", aber mit dem
Zusatz: „Man kann nämlich Muskeln nicht kräftigen […] ohne zugleich das
Nervensystem zu vervollkommnen." Dies war als Warnung an diejenigen
gedacht, die der mechanistischen Auffassung folgten, dass eine rein physi-
sche Ertüchtigung die einzig mögliche Antwort auf die jüdische Frage sei:
„So kann […] ein Athlet durch Nervenschwäche, der jetzt so modernen
Krankheit ‚Neurasthenie', trotz riesiger Muskeln ausser Stand gesetzt wer-
den". Turnen als Medizin sollte also auch die Nerven stärken, nicht nur die
Muskeln. Fünf Jahre zuvor hatte ein anderer jüdischer Turner in derselben
Zeitung einen Artikel über das Verhältnis zwischen Jahns Heilmittel für die
nationale Krankheit und dem Nervensystem verfasst, in dem stand: „weil
die […] heilsame Wirkung der Turnerei gerade dem nervösen Geschlecht
unserer Zeit und dem entnervten Juden wohl am meisten not tut".[33] Das
Turnen sollte also der Dauerüberreizung der Nerven ebenso entgegen wirken wie dem als Nervengift bezeichneten Besuch von Kaffeehäusern und
Kneipen. Noch nach dem Ersten Weltkrieg stand für einen Führer der jüdischen Turnerschaft außer Zweifel, dass die Gründer der Turnbewegung […]

in der „körperlichen Regeneration der Juden" [...] die Hauptaufgabe der Turnbewegung als Teil „der allgemeinen Renaissance des jüdischen Volkes" [sahen]. Man tat sich auf sein „Muskeljudentum" im Gegensatz zum „übergeisteten Nervenjudentum" etwas besonderes zu Gute.[34]

Dass dieser Gegensatz in der ersten Phase des Zionismus so stark beachtet wurde, lag zum Teil an der allgemeinen „Popularität" der Neurasthenie zu dieser Zeit – Nervenschwäche und chronische Müdigkeit waren damals in aller Munde. Schon sieben Jahre nach der Einführung des Begriffs „Neurasthenie" durch den New Yorker Arzt George Beard 1880 wurde er von Nordau verwendet. An der zeitgenössischen Literatur können wir erkennen, wie weit dieser Begriff im medizinischen und psychologischen Diskurs der bürgerlichen Gesellschaft verbreitet war.[35] In Deutschland wurde diese Krankheit besonders populär. Freud bemerkte 1887, dass es „die allerhäufigste Erkrankung in unserer Gesellschaft" sei.[36] Die Existenz und Allgegenwart der Neurasthenie wurde mit dem Kapitalismus, der industriellen Revolution und der beschleunigten Urbanisierung in Zusammenhang gebracht – mit anderen Worten: Sie galt als Folge der Modernisierung[37] und des Wesens „unseres Zeitalters mit seiner Unrast [...]. Man redet vom ‚nervösen' Zeitalter."[38] In Deutschland fiel das erste Auftreten des Krankheitsbildes der Neurasthenie mit dem Ende der liberalen Epoche und dem Aufstieg des modernen Antisemitismus (um 1880) zusammen. Willy Hellpach, ein Arzt und demokratischer Politiker um 1900, der viele Beiträge zum Thema Nervosität verfasste, schenkte dieser Korrelation große Beachtung. Die damals in Deutschland geführte Auseinandersetzung um die Beziehung zwischen Modernität und Nationalismus regte auch die Diskussion über dieses Thema im jüdischen, besonders aber im jüdisch nationalen Kontext an.

Bezüglich der Möglichkeit einer kollektiven Veranlagung von Völkern und Nationen zu Nervenleiden oder zur Neurasthenie gingen die Meinungen weit auseinander. Diejenigen, die an einen Hang bestimmter Nationen zur Neurasthenie glaubten, schlossen jedenfalls nicht unbedingt die Deutschen in diese Gruppe ein. Mit der deutschen Tradition, der Nordau angehörte, waren eher Gemütlichkeit, Gemächlichkeit und Gutmütigkeit verbunden, wie schon an deren Prototyp zu erkennen ist, der Figur des „Michels", die den gutmütigen Deutschen repräsentiert. Wenn überhaupt Neurosen und Nervenleiden einer nationalen Bevölkerung zugeordnet wurden, dann den Franzosen.[39] Auf jeden Fall galt das, was der Historiker Joachim Radkau als „Nervennationalismus" bezeichnete, bei Wissenschaftlern als unseriös. Mit einer Ausnahme, nämlich der weitverbreiteten Meinung, dass die Juden als Kollektiv eine besondere Veranlagung zu Nervenleiden hätten.

Radkau, der Verfasser von *Das Zeitalter der Nervosität*, der zweifellos den von Willy Hellpach 1906 geprägten Begriff übernahm, zitierte eine Reihe zeitgenössischer Fachleute, die der Meinung waren, Juden seien typische

Träger nervöser und geistiger Krankheiten. Zugleich glaubte er bewiesen zu haben, dass diesem Ergebnis keinerlei antisemitische Unterstellungen in der wissenschaftlichen Literatur zugrunde lägen, da es von einer Reihe bekannter jüdischer Ärzte und Spezialisten mitgetragen wurde. Rafael Becker, der gegen Ende des Ersten Weltkriegs zwei wichtige Vorlesungen zu diesem Thema veröffentlicht hatte, behauptete ohne Umschweife, dass „die nervösen Erscheinungen weitaus am häufigsten bei den Juden vorkommen".[40] Damit stand er nicht alleine.[41]

Sander Gilman, ein Spezialist für den „jüdischen Körper", stimmte mit Radkaus Schlussfolgerung überein und stützte sein Urteil auf Maurice Fishbergs Bemerkung von 1911: „Jedem Arzt ist bekannt, dass vor allem Juden unter funktionellen Störungen des Nervensystems leiden".[42] Jedoch machte Gilman ebenso wie der Historiker George Mosse im Gegensatz zu Radkau den rückblickenden Zusatz, dass die Juden durch die Attestierung einer besonderen Veranlagung zur Nervosität, die allgemein mit Hysterie gleichgesetzt würde, einer Stigmatisierung anheim fielen. Sie folgerten daraus, dass das zeitliche Zusammentreffen des ersten Aufkommens der Neurasthenie mit dem Beginn einer neuen antisemitischen Strömung in den frühen 1880ern kein Zufall gewesen sei. Aus ihrer Sicht waren gewisse rückwärts gerichtete Kreise, die eine Wiederherstellung der prämodernen deutschen Gemütlichkeit anstrebten, auf eine Kampagne gegen die Juden verfallen, weil diese angeblich von der als Symptom schädlicher Modernität geltenden Krankheit besonders betroffen waren.[43] Trotz der allgemein akzeptierten Meinung, dass die Juden stärker als andere zu Geisteskrankheiten und Neurasthenie neigten, blieb die Kennzeichnung der Neurasthenie als typisch jüdisches Gebrechen nicht ohne Widerspruch. Ignaz Zollschan, im frühen zwanzigsten Jahrhundert eine Autorität in Fragen der jüdischen Rasse, machte zwar geltend, das „19. Jahrhundert bedeutet für die Juden [...] nervöser und reizbarer geworden sein", setzte aber dagegen, dass der „Jude, der ein besonders fein und empfindlich organisiertes Nervensystem besitzt [...] deshalb noch lange kein Neurastheniker [ist]."[44] Er fügte noch die demografische Bemerkung hinzu: „Den Juden gegenüber sind die anderen Völker durch ihre Berufsschichtung im Vorteil und noch mehr dadurch, dass die erschöpfte Nervenkraft ihrer Großstädter durch ständigen Zufluss von Landbewohnern mit unverbrauchter Nervenkraft wieder aufgefrischt wird."[45] Sei sie nun neurasthenisch oder bloß nervös, Zollschan zufolge, war die jüdische Rasse in Gefahr: „Es gibt also ohne Zionismus nur zwei Möglichkeiten: Auflösung der Rasse oder physische Degeneration."[46] Da beide, der Leser ebenso wie der Fachmann diese Alternativen verwarfen, war der Zionismus die einzige Lösung für das Problem der weitverbreiteten Nervosität oder Neurasthenie unter den Juden.

Wie viele Menschen in seinem Umfeld schuf Zollschan eine Verbindung zwischen der Krankheit (sei sie nun Neurasthenie oder lediglich Nervosität) und dem urbanen Leben im Zeitalter der Industrialisierung. In dieser Beziehung seien die Juden tatsächlich besonders verletzlich, und zwar sowohl im osteuropäischen Schtetl als auch im bereits emanzipierten Zentral- und Westeuropa. Während Mandelstamm die Schuld daran dem osteuropäischen Ghetto gab, war für andere wie z. B. Martin Engländer entscheidend, dass die westlichen Juden das Ghetto verlassen hatten. Ihm zufolge war vor allem bei den Westjuden das Augenmerk auf die schleichende Degeneration des Nervensystems zu richten, dort wurde nämlich „das materielle Kapital auf Kosten des Nervenkapitals errungen".[47] Manch einer sah im Kaffeehausjuden das Sinnbild für die Verbindung zwischen dem westlichen Stadtleben und der Neurasthenie. Und so wurde „die Erziehungsmethode der jüdischen Turnerei als wirksamstes Heilmittel" empfohlen. In diesem Sinn wurde die jüdische Turnbewegung dazu aufgerufen, das Turnen und Wandern zu fördern.[48]

Franz Oppenheimer, ein Theodor Herzl nahe stehender Zionist, der den ärztlichen Beruf ausübte, bevor er eine Professur für Soziologie antrat, bezog sich in folgender Weise auf diese Verbindung: „[…] die typische Berufskrankheit der Kopfarbeiter der oberen Klassen, die Neurasthenie, die gleichfalls zu einem sehr grossen Teil auf einseitige Berufsanspannung zu beziehen ist, […][kommt zur] Heilung durch spielende Körpertätigkeit, durch den Sport". Für diese Gruppe konnte der Sport nach Auffassung Oppenheimers sogar den Schlaf als Stärkung des Körpers ersetzen. Oppenheimers Vorliebe für den Sport (und nicht für das Turnen) war zu dieser Zeit sowohl bei Deutschen als auch bei Juden unüblich.[49] Hermann Jalowicz war beispielsweise gegen Sport, weil er glaubte, dass dieser im Gegensatz zum Turnen die Nerven reize.[50] Oppenheimers Auffassung wurde jedoch von einem anderen Zionisten geteilt, Felix Theilhaber, der als Autor des Buches von 1911, *Der Untergang der deutschen Juden* bekannt ist. Dieser wehrte sich heftig gegen den „einseitigen Turnfanatismus", weil dieser einige mit dem Nervensystem zusammenhängende Fragen außer Acht lasse: „[weil] gerade wir Juden […], welche an nervöser Unruhe laborieren […], am wenigsten zum Turnen zu bewegen sind […]. So müssten wir schon deshalb für diese eigene Sportabteilungen gründen". Wenn „der nervöse Jude" sich an Sportveranstaltungen beteilige, fühle er „den Hochgenuss doppelt".[51]

Es gab vor allem eine Gruppe, die eine besondere „Medikation" brauchte, wenn es um Leibesübungen ging: „Wie in dem kraftvollen Körperbau des Mannes das Muskelsystem, so herrscht in dem empfindsamen weiblichen Organismus das Nervensystem vor. […] Etwa 80 Prozent der besser situierten Frauen Deutschlands leiden an nervöser Reizbarkeit […]. Das weibliche Turnen hat also darauf Bedacht zu nehmen, Übungen zu meiden, die das Nervensystem stark in Anspruch nehmen […]." Diese Empfehlung erging 1902 an die national-jüdischen Turner.[52]

Als mögliche Ursachen dieser Krankheit unter den Juden – gleich ob es sich um Männer oder Frauen handelte – zog man nicht nur das moderne Stadtleben, sondern auch das Leben im Exil in Betracht: „Die unendliche Anzahl Hysterischer, Neurastheniker, ‚Nervöser' unter den Juden ist es [...]. War die jüdische Psyche vor 2000 Jahren gesund, so haben sie eben diese 2000 Jahre krank gemacht, und so ist es jetzt eine jüdische Rasseneigentümlichkeit, dass das Nervensystem der Juden unendlich sensibler und unendlich laesibler ist."[53] Die nervöse Empfindlichkeit der Juden wurde jetzt den Lebensumständen in der Galut (hebr. für Exil), d.h. der nervenzerrüttenden unausgesetzten Verfolgung zugeschrieben. Die Auswirkungen der Verfolgung seien so verheerend, dass selbst die Emanzipation den durch ererbte Neurasthenie verursachten Schaden nicht beheben könne, entweder weil der Zeitraum der Emanzipation im Verhältnis zum vorangegangenen Zeitraum der Verfolgung zu kurz sei oder wegen des Unvermögens der Emanzipation, an der notorischen Neigung der Juden zum „Intellektualismus" etwas zu verändern.[54] Auch Rafael Becker vertrat die Meinung, dass bei jungen Juden der Mangel an gesunder landwirtschaftlicher Betätigung einerseits und der intellektuelle Leistungsdruck, der sie zur Aufnahme akademischer Studien triebe, andererseits, negative Auswirkungen auf das Nervensystem hätten. Damit verwarf Becker Erklärungsversuche, in denen eine Minderwertigkeit der jüdischen Rasse oder auch nur eine besondere Veranlagung der Juden zur Entartung ins Spiel gebracht wurden, zugunsten einer Erklärung, in der die sozialen Voraussetzungen der Juden oder ein jüdischer Minderwertigkeitskomplex im Vordergrund standen. Dies ließ ihn und viele andere folgern, dass die besagte Nervosität – vor allem mit Hilfe des Zionismus – heilbar sei.[55] Mit denselben Argumenten konnte man jedoch – wie George Mosse zeigte – auch zu antisemitischen Ergebnissen kommen.[56] Einige Juden kamen zu dem nur als Selbsthass zu verstehenden Schluss, dass nervöse Leiden „typisch jüdisch" seien. Auch die Zionisten übernahmen ohne Zögern antisemitische Ansätze, wenn sie ihrer Sache dienlich zu sein schienen. So zitierte die Jüdische Turnzeitung süffisant aus einem von einem Nicht-Juden verfassten Artikel in der Zeitung Kraft und Schönheit, in dem stand: „Das heutige Kulturjudentum mit seiner teilweisen körperlich-nervösen Entartung möge die geistig herrschende Seite seines Wesens nicht weiter treiben, als sie der Körper schadlos ertragen kann."[57]

Der Streit zwischen Psychiatrie und Neurologie führte in den 30er Jahren zum Verschwinden des „Neurasthenie" genannten Krankheitsbildes mitsamt der darum geführten öffentlichen Debatte. Der Erste Weltkrieg, der allgemein die Wahrnehmung für den Einfluss psychologischer Ursachen auf die menschliche Gesundheit schärfte (Alois Alzheimer veröffentlichte 1915 sein Buch *Der Krieg und die Nerven*)[58] und zudem die Aufmerksamkeit der deutschen Juden auf die osteuropäischen Juden in den besetzten Gebieten lenkte, gab der innerjüdischen und zionistischen Auseinandersetzung um die jüdische Nervosität einen zusätzlichen Anstoß. Rafael Becker glaubte, dass Nervosität keine Folge des Krieges, sondern im Gegenteil eine seiner Ursachen war. Sein Lösungsvorschlag war für die nationalen Tendenzen der damaligen Friedensabkommen symptomatisch: Er forderte, für die Juden ähnliche Lebensverhältnisse zu schaffen wie für die anderen Nationen, damit sie ihre übermäßige Nervosität überwinden konnten.[59] Dieser zionistische Lösungsansatz – den Becker selbst für eine „radikale Therapie" hielt –, lief praktisch auf eine Auswanderung nach Palästina hinaus. Dort würde „das jüdische Volk nicht nur politisch und sozial, sondern auch eugenisch, dass heisst im rassenbessernden Sinne, emporsteigen". Turnübungen in der Diaspora waren ihm zufolge eine geeignete Vorbereitung auf dieses Ziel.[60] Die Zionisten stießen in dasselbe Horn: „Das war der Fluch des Galuth, dass wir wie Kranke reagierten, hysterisch übersteigert oder – empfindungslos", lautete Zlocistis Urteil. Die von ihm vorgeschlagen Kur hieß: „Luft und Bewegung, Sport und Spiel werden dem Volk gesunde Sinne, kräftige Muskeln und – Nerven geben [...]. Wir brauchen gesunde Nerven. Dann mag das Schicksal kommen: Wir werden bleiben!"[61] Auf dieselbe Idee stößt man in Siegfried Bernfelds 1920 erschienener Nachkriegsutopie mit dem Titel *Das jüdische Volk und seine Jugend*. In diesem Buch wurde das Ziel allerdings schon erreicht: „Es ist ein werktätiges Volk geworden [...]; tätiger, heiterer, selbstbewußter ist der Charakter des neuen jüdischen Volkes, kaum ein Anklang mahnt an die leere Geschäftigkeit, an den wehmütigen Ernst, an die Gedrücktheit [...] der Galutzeit".[62]

Die Atmosphäre nach dem Ersten Weltkrieg trug tatsächlich zur Wiederbelebung der diesbezüglichen Debatte bei. Süssmann Muntner, ein Arzt, Maimonideskenner und prominentes Mitglied der national-jüdischen Turn- und Sportbewegung, rief weiterhin zur Leibeserziehung als Mittel zur „Überwindung von Nervenschwäche" auf und warnte zugleich vor Übertreibungen, die „nervöse Reizbarkeit" verursachen könnten.[63] In diesem Zeitraum scheint das Bewusstsein für die Gefahren eines Übermaßes an Turn- und Sportübungen – nicht nur für Frauen – gewachsen zu sein, so dass hier größere Vorsicht empfohlen wurde: „[...] all die zusammengesetzten Uebungen, die ein anstrengendes Arbeiten des Nervensystems verlangen, sollen nur gelegentlich geuebt werden."[64] Gerade wegen der Notwendigkeit, mit Sport und Muskeltraining gegen das „Nervenjudentum" anzugehen, wurde denjenigen, die dieses Heilmittel „verordneten", Vorsicht und Zurückhaltung auferlegt. Ernst Jokl, eine Führungsperson im national-jüdischen Sport der Weimarer Republik machte die folgende Unterscheidung: „Es gibt klar zwei Gruppen von Sportleuten. Die eine, die ich ‚unerschütterliche' (Typ I) nannte [...]. Im Gegensatz dazu die andere Gruppe (Typ II), die ich die ‚sensitive' nannte. Hierin gehören die Leute mit empfindlichem, feinreagierendem Nervensystem [...], Konzentration auf eine ganz grosse

Abb. 1: Jüdischer Turnverein Bar Kochba Berlin, 1902
© Central Zionist Archives Jerusalem.

Leistung [...]. Der jüdische Sportsmann gehört fast ausnahmslos in die zweite Gruppe [...]. Daher ist das Boxen, das ja eine typische Konzentrationsübung von kurzer Dauer darstellt, für den Juden so geeignet.“[65]

Sowohl die im Laufe des 20. Jahrhunderts von der Psychiatrie und der Neurologie erzielten Fortschritte als auch die vom Zionismus nach dem Zweiten Weltkrieg durchlaufene Entwicklung haben dazu beigetragen, diese Debatte um das Beziehungsdreieck Nerven, Muskeln und jüdischer Nationalismus zu beenden und zu überwinden, nicht aber den Grundgedanken des Muskeljudentums. Dieser Begriff ist immer noch Bestandteil des zionistischen Diskurses und inzwischen zum Ausdruck für das militärische Denken mutiert, das seit Beginn des Nahost-Konfliktes symptomatisch für die zionistische Politik ist. Die Debatte ist inzwischen veraltet; für Historiker, die sich mit der Geschichte des Zionismus, des Sports oder der sozialen Funktion von Krankheiten befassen, hat sie jedoch nach wie vor Bedeutung. An ihr lassen sich einige der Themen aufzeigen, die den frühen Zionismus herausforderten; sie trägt dazu bei, dieses Kapitel der jüdischen Geschichte einem größeren, hauptsächlich deutschen Gesamtzusammenhang zuzuordnen; schließlich macht sie auch verständlicher, warum das „Muskeljudentum" für viele Juden und Zionisten, die auf der Suche nach neuen Lebenshorizonten waren, ein so überzeugendes und anziehendes Argument war.

Anmerkungen

1 Max Nordau, Kongressrede, in: Stenographisches Protokoll des II. Zionistenkongresses, Wien 1898, 24.
2 Paul Hirsch, Leibesübung im K.J.V., in: Der jüdische Student, Sondernummer jüdische Jugend (1922), 55–59.
3 Paul Hirsch, Turnen und Sport im K.J.V., in: Der jüdische Student 53, Nr.2 (1921), 53.
4 Theodor Zlocisti, Aufruf zum Werk, in: Jüdische Turn- und Sportzeitung, Februar 1920, 3–4.
5 Zitiert in: Yehuda Eloni, Zionismus in Deutschland von den Anfängen bis 1914, Gerlingen, 1987, 97.
6 Max Nordau, Muskeljudentum, in: Jüdische Turnzeitung (im Folgenden: JTZ), Nr.2 (1900), 10–11; Nachdruck in: Zionistische Schriften, Berlin 1923, 425.
7 Hermann Jalowicz, Die körperliche Entartung der Juden, ihre Ursachen und ihre Bekämpfung, in: JTZ, Nr.4 (1902), 64.
8 Nathan Kaminski, Regeneration oder Erziehung?, in: Jüdische Monatshefte für Turnen und Sport, Nr.5 (1918), 9.
9 Max Nordau, Muskeljudentum, in: JTZ, Nr.2 (1900), 425.
10 Max Nordau, Kongressrede 1901, in: Zionistische Schriften, Berlin 1923, 132–133.
11 Max Nordau, Das Judentum im 19. und 20.Jahrhundert, 1909; Nachdruck in: Zionistische Schriften, 458.
12 Emanuel Edelstein, Die Aufgabe der jüdischen Turner, in: JTZ, Nr.7 (1900), 73–75.; Nervenarzt Arnold Kutzinski, Über die jüdische Degeneration, in: Jüdische Monatshefte für Turnen und Sport, Nr.6, 1913, 179–183. Siehe auch ders., Die Rassenmerkmale der Juden, in: JTZ Nr.4, 1913, 115–119.
13 Kongressrede 27.12.1901, in: Stenographisches Protokoll der Verhandlungen des V. Zionisten- Kongresses, Wien 1901, 99–115; relevant ist auch die folgende Rede von Dr. Jeremias, 115–122. Siehe auch Dr. Jeremias, Turnen und Nervensystem, in: JTZ, Nr.9, (1904), 154–156.
14 Hermann Jalowicz, Die Körperliche Entartung der Juden, ihre Ursachen und ihre Bekämpfung, in: JTZ, Nr.4 (1902), 64.
15 Hermann Jalowicz, Der erste jüdische Turntag in Basel, in: JTZ, Nr.9 (1903), 165.
16 Paul Hirsch, Turnen und Sport im K.J.V., in: Der jüdische Student 53, Nr.2 (1921), 54.
17 Nathan Kaminski, Regeneration oder Erziehung?, in: Jüdische Monatshefte für Turnen und Sport, Nr.5 (1918), 6.
18 Max Nordau, Kongressrede 1907, in: Zionistische Schriften, Berlin 1923, 176.
19 Max Nordau, Die Conventionellen Lügen der Menschheit, Leipzig 1884, 34.
20 Willy Hellpach, Die geistigen Epidemien, Frankfurt am Main 1906, 51.

[21] Max Nordau, Erinnerungen, Leipzig 1928, 133–134.

[22] Max Nordau, Was bedeutet das Turnen für uns Juden?, in: Zionistische Schriften, 340. Erstveröffentlichung in: JTZ, Nr. 7 (1902), 105–107.

[23] George L. Mosse, Max Nordau, Liberalism and The New Jew, in: Journal of Contemporary History 27, Nr. 2 (1992), 565–581; Eric T. Carlson, Edward J. Chamberlin u. Sander L. Gilman (Hg.), Medicine and Degeneration, The Dark Side of Progress, New York 1985, 121–141.

[24] Max Nordau, Das Judentum im 19. und 20. Jahrhundert, Köln 1908, Nachdruck in: Zionistische Schriften, 441.

[25] Walter Littwitz, Muskeljudentum?, in: Jüdische Turn- und Sportzeitung, Nr. 5 (1920), 16–17.

[26] Emanuel Edelstein, Die Aufgabe der jüdischen Turner, in: JTZ, Nr. 7 (1900), 74.

[27] Max Mandelstamm, Die Frage der körperlichen Hebung der osteuropäischen Juden, in: JTZ, Nr. 6 (1900), 66.

[28] Hermann Jalowicz, Die körperliche Entartung der Juden, ihre Ursachen und ihre Bekämpfung, in: JTZ, Nr. 4 (1902), 65.

[29] Max Jungmann, Erinnerungen eines Zionisten, Jerusalem 1959, 32.

[30] Dr. Moses, Jüdische Erziehungsprobleme, in: JTZ, Nr. 2 (1901), 17.

[31] Zum Zionismus und dem Begriff der physischen Regeneration der Juden siehe John M. Efron, Defenders of the Race, Jewish Doctors and Race Science in Fin-de-Siècle Europe, New Haven 1994; und Mitchell B. Hart, Social Science and the Politics of Modern Jewish Identity, Stanford CA 2000.

[32] Moritz Jastrowitz, Muskeljuden und Nervenjuden, in: JTZ, Nr. 3–4 (1909), 33–34.

[33] Dr. Jeremias, Turnen und Nervensystem, in: JTZ, Nr. 9 (1904), 154–156.

[34] Nathan Kaminski, Die neue und die alte Richtung in der jüdischen Turnerschaft, in: Jüdische Turn- und Sportzeitung, 1920, 16–18.

[35] Siehe z. B. Rudolf Arndt, Neurasthenie, ihr Wesen, ihre Bedeutung und Behandlung vom anatomisch-physiologischen Standpunkte, Wien/Leipzig 1885; Alfred Baumgarten, Die Neurasthenie, Wörishofen 1903.

[36] Joachim Radkau, Das Zeitalter der Nervosität, München 1998, 54.

[37] Joachim Radkau, Das Zeitalter der Nervosität, München 1998, 173–261.

[38] Hellpach, Die geistigen Epedemien, 63: „[…] unser Zeitalter mit seiner Unrast"; „Man redet vom nervösen Zeitalter"; Dr. Moses, Jüdische Erziehungsprobleme, in: JTZ, Nr. 2 (1901), 17: „In unserem nervösen Zeitalter".

[39] Joachim Radkau, Das Zeitalter der Nervosität, München 1998, 329.

[40] Rafael Becker, Die Nervosität bei den Juden, Ein Beitrag zur Rassenpsychiatrie, Zürich 1919, 13; Georg Arndt, Zur jüdischen Rassenfrage, in: JTZ, Nr. 10 (1902), 163; Siehe auch Celine Kaiser, Marie Luise Wünsche (Hg.), Die Nervosität der Juden und andere Leiden an der Zivilisation, Paderborn 2003.

[41] Martin Engländer, Die auffallend häufigen Krankheitserscheinungen der jüdischen Rasse, Wien 1902; Richard Blum, Das Turnen der Mädchen und Frauen, in: JTZ, Nr. 5 (1902), 76–80 und Nr. 8 (1902), 139: „im Gegensatz zu Ruppin es auszusprechen, dass die Juden von Geistes- und Nervenkrankheiten in einem erschrecklichen, im Vergleich mit anderen Völkerschaften unverhältnismässig hohen Prozentsatz heimgesucht werden"; M. Jastrowitz, Muskeljuden und Nervenjuden, in: JTZ, Nr. 3–4 (1909), 35.

[42] Sander L. Gilman, The Jew`s Body, New York 1991, 54/63. Er verweist auf M. Fishberg, The Jews: A Study of Race and Environment, New York 1911.

[43] Joachim Radkau, Das Zeitalter der Nervosität, München 1998, 329–333.

[44] Ignaz Zollschan, Das Rassenproblem, Wien 1911, 268.

[45] Ignaz Zollschan, Das Rassenproblem, Wien 1911, 269–270.

[46] Ebd., 491.

[47] Martin Engländer, Die auffallend häufigen Krankheitserscheinungen der jüdischen Rasse, Wien 1902, 12/16.

[48] E. Burin, Kaffeehausjudentum, in: Jüdischer Turner, 1910, 74. Siehe auch John M. Efron, The Kaftanjude and the Kaffeehausjude: Two Models of Jewish Insanity, in: Leo Baeck Institute, Yearbook 37, 1992.

[49] Franz Oppenheimer, Sport, Neue deutsche Rundschau, 1901, Nachdruck in: JTZ, Nr. 10–11 (1904), 183.

[50] Hermann Jalowicz, Der Sport und die Gesellschaft, in: JTZ, Nr. 9 (1900), 88–89.

[51] Felix Theilhaber, Eine Stimme für den Sport, in: JTZ, Nr. 4 (1907), 56–58.

[52] Richard Blum, Das Turnen der Mädchen und Frauen, in: JTZ, Nr. 5 (1902), 76–80 und Nr. 8 (1902), 138.

[53] A. Nacht, Sind wir berechtigt von einer Degeneration des jüdischen Volkes zu sprechen?, in: JTZ, Nr. 7 (1906), 119.

[54] Dr. Moses, Jüdische Erziehungsprobleme, in: JTZ, Nr. 1 (1904), 5–8.

[55] Rafael Becker, Die jüdische Nervosität. Ihre Art, Entstehung und Bekämpfung, Zürich 1918, 20–22 und 24–27; Rafael Becker, Die Nervosität bei den Juden, ein Beitrag zur Rassenpsychiatrie, Zürich 1919, 21–25.

[56] Mosse, Max Nordau, 565–581.

[57] Karl Manns, in: Kraft und Schönheit, zitiert nach: Ein Nichtjude über die jüdische Turnerei, in: JTZ, Nr. 4 (1902), 67–69.

[58] Alois Alzheimer, Der Krieg und die Nerven, Breslau 1915. Robert Gaupp schrieb 1919 einen Aufsatz zum Thema „nervöser Zusammenbruch und Revolution"; Siehe auch Paul Lerner, Hysterical Men: War Psychiatry and Politics of Trauma in Germany, 1850- 1930, Ithaca NY 2003.

[59] Becker, Die jüdische Nervosität; Rafael Becker, Die Nervosität bei den Juden, ein Beitrag zur Rassenpsychiatrie, Zürich 1919.

[60] Rafael Becker, Die Nervosität bei den Juden, Ein Beitrag zur Rassenpsychiatrie, Zürich 1919, 24.

[61] Zlocisti, Aufruf zum Werk, 3–4.

[62] Siegfried Bernfeld, Das jüdische Volk und seine Jugend, Wien 1920.

[63] Süssmann Muntner, Vom praktischen Turnen und Sport. Physiologisches vom Trainieren, in: Jüdische Turn- und Sportzeitung, 1920, 35–37.

[64] Julius Hirsch, Vom praktischen Turnen und Sport, Ratschläge für unsere Turnwarte und Vorturner, in: Jüdische Turn- und Sportzeitung, 1920, 19.

[65] Ernst Jokl, Der Typ des jüdischen Sportmannes, in: Der Makkabi, 1929, 4.

3. Jüdische Körper zum Ansehen: Jüdische Turner und ihre Körperutopien im Deutschen Kaiserreich

Daniel Wildmann

Dieser Beitrag untersucht Versuche und Konzepte junger jüdischer Akademiker, im Deutschen Kaiserreich mittels des Turnens ein jüdisches Kollektiv zu denken, zu formen und darzustellen. Im Zentrum ihres Interesses stand die Arbeit am Körper: die, so nannten sie es in einer Festschrift, *körperliche Renaissance der Juden.*[1]

Im Zentrum meiner Untersuchung steht diese Festschrift. 1909 von der jüdischen Turnbewegung publiziert, diente sie dazu, grundlegende Überlegungen darüber zu formulieren, warum für Juden das Turnen sinnvoll ist. Mit dieser Schrift sollten zudem neue Mitglieder geworben werden.[2] Sie bietet einen präzisen Einblick in das damalige programmatische Selbstverständnis der jüdischen Turnbewegung. Ausgehend von dieser Publikation analysiert mein Beitrag Aspekte der Konstruktion des jüdischen Körpers, der Inszenierung und der Zugehörigkeit.

Kurze Verbandsgeschichte

Am 22. Oktober 1898 trafen sich in Berlin 48 jüdische Männer, zumeist angehende Akademiker, und gründeten einen Verein: den „Jüdischen Turnverein Bar Kochba Berlin". Bar Kochba Berlin war der erste jüdische Turnverein im Kaiserreich und von ihm gingen im Laufe der folgenden Jahre entscheidende organisatorische und ideologische Impulse für die Entstehung und Entwicklung der jüdischen Turnbewegung aus.[3] Unter der Anleitung der Berliner Turner wurde fünf Jahre später, im August 1903, ein Verband gegründet, der die bis dahin bestehenden jüdischen Turnvereine unter einem Dach zusammenschließen sollte: die „Jüdische Turnerschaft". Die Gründung fand anlässlich des Sechsten Zionistenkongresses in Basel statt.[4] Der Dachverband sah sich aber nicht als zionistischer Verband, sondern als ein Zusammenschluss „nationaljüdisch" ausgerichteter Turnvereine. Der Verbandszweck wurde in den Statuten wie folgt festgelegt: „Die jüdische Turnerschaft bezweckt die Pflege des Turnens als Mittel zur körperlichen Hebung des jüdischen Stammes im Sinne der nationaljüdischen Idee."[5] Der Verband verstand das Turnen als Arbeit am Körper zu Gunsten eines jüdischen Kollektivs. Das Ziel ihrer Arbeit umschrieben die Turner mit „Hebung" oder mit „Renaissance" des jüdischen „Stammes". Den Aufbau eines staatlichen Territoriums in Palästina schlossen die in den Statuten festgeschriebenen Verbandsziele nicht mit ein.[6]

In den nächsten Jahren wuchs der Verband kontinuierlich. Waren 1903 elf Vereine an der Gründung beteiligt, so gehörten 1909 19 Vereine dem Verband an und 1914, vor Ausbruch des Ersten Weltkriegs, bereits 89. Die Zahl der einzelnen Mitglieder in den Vereinen stieg von rund 1.500 im Jahre 1903 auf rund 3.100 (1909) und schließlich auf rund 9.300 im Jahre 1914.[7] 1903 stammten von den elf Gründungsmitgliedern immerhin vier Vereine aus dem Deutschen Kaiserreich, 1914 waren von den 89 Vereinen nur noch 21 aus Deutschland.[8] Dennoch prägten die deutschen Vereine die Geschicke der Jüdischen Turnerschaft. Berlin war das organisatorische und intellektuelle Zentrum der jüdischen Turnbewegung.[9]

Kräftige Körper

Im Jahre 1909 feierte der Jüdische Turnverein Bar Kochba Berlin sein 10jähriges Jubiläum. Im selben Jahr wurde die Dachorganisation der jüdischen Turnverbände, die Jüdische Turnerschaft, sechs Jahre alt. Dies war für Bar Kochba und die Turnerschaft Anlass, erstmals eine Festschrift zu publizieren. Die Festschrift trug den programmatischen Titel *Körperliche Renaissance der Juden*.[10]

In dieser Schrift finden sich Texte zur noch jungen Geschichte von Bar Kochba Berlin und der Jüdischen Turnerschaft. Es finden sich aber auch argumentativ weit ausgreifende, vor allem von Medizinern verfasste Artikel, die die eigentliche Tätigkeit von Verein und Verband, das Turnen, in einen umfassenden historischen Kontext einzuordnen beabsichtigten, wie beispielsweise der Beitrag des Hamburger Arztes und Turners Dr. Max Besser „Der Einfluss der ökonomischen Stellung der deutschen Juden auf ihre physische Beschaffenheit".[11] Besser begann seinen Text mit der Feststellung, Menschen würden sich entweder in ihrer physischen Erscheinung voneinander unterscheiden oder einander ähnlich sehen, und könnten deswegen in „Völker" oder „Stämme" eingeteilt werden. Die Differenzen und Ähnlichkeiten seien unterschiedlich zu begründen. Besser unterschied zwischen anthropologischen, also konstanten „körperlichen Kennzeichen" und solchen, die ausschließlich Resultat eines geschichtlichen Vorgangs seien. Diese historisch zu verstehenden körperlichen Merkmale seien selbst Wandlungen unterworfen und könnten, wie Besser ausführte, zu einer „Vergrößerung" der anthropologisch begründeten physischen Unterschiede zwischen „Stämmen" oder „Völkern" führen.[12]

Besser unterschied demnach zwischen einem unveränderbaren anthropologischen Körper und einem wandelbaren historischen Körper. Er argumentierte – so lässt sich dies interpretieren – für die Existenz eines essentiellen physischen Kerns, um den sich ein historisch gewachsener Körper fügt. Aufgrund dieser Struktur sei die Erscheinung des gesamten Körpers wandelbar. Besser führte in seinem Beitrag aus, dass sich die Physis deutscher Juden aus historischen Gründen stark verändert habe und zwar, wie er schrieb, „im Sinne einer Degeneration". Aufgabe des Turnens sei es, diese Veränderungen, die sich am Körper sichtbar niederschlagen, wieder rückgängig zu machen.[13]

Ähnlich argumentierte der Berliner Sanitätsrat Dr. Moritz Jastrowitz in seinem mit „Muskeljuden und Nervenjuden" betitelten Beitrag in der Turner-Festschrift.[14] Er verwies insbesondere auf den nicht degenerierten, essentiellen Kern in den Körpern deutscher Juden, dem er positive Eigenschaften zuschrieb. Geradezu emphatisch beschrieb er den im Verlauf der Geschichte verdeckt und unsichtbar gewordenen Körper, der wieder sichtbar gemacht werden sollte:

> Wenn letztere [die degenerativen Erscheinungen, d. V.], die unangenehm auffallen, in einer glücklicheren Generation schwinden, so kann der zurückbleibende, rein semitische Typus an und für sich auf den Kenner und auf jeden gebildeten Menschen, der aufgehört hat, alles Fremdartige zu hassen, keineswegs unangenehm wirken. Er ist in seiner Art ebenso schön und edel, als der in den reichen West-Ghettos unserer Grosstädte bei Jüdinnen so beliebte germanische blonde, oder der slawische, oder irgend ein anderer Typus.[15]

Wenn die als degenerativ bezeichneten physischen Erscheinungen zum Verschwinden gebracht werden, dann tritt der eigentliche, der attraktive jüdische Kernkörper wieder zum Vorschein. Dieses Wiederhervorbringen eines ursprünglichen Körpers ist die zentrale Idee dieser Argumentationen.

Die verschiedenen Autoren der Festschrift führten zwei Begründungen für die historisch bedingten, also veränderbaren Verformungen jüdischer Körper an: Die Jahrhunderte lange eigene Verfolgungsgeschichte habe dazu geführt, sich beruflich dem „Handel" widmen zu müssen. Berufe, die an körperliche Anstrengungen geknüpft wären, seien Juden hingegen verschlossen geblieben. Zudem sei das deutsche Judentum durch spezifische, negative Folgen der Emanzipation und der Moderne geprägt. Jastrowitz sprach in seinem Beitrag von „Nervenjuden".[16] Der Mannheimer Arzt Dr. Julius Moses fasste in der Festschrift diese Folgen unter das Stichwort „Gehirnjudentum".[17] Besser und Jastrowitz, aber auch Moses beklagten verbreitete „nervöse" Leiden unter deutschen Juden, deren Grund in der Überbeanspruchung des Gehirns im Alltag zu finden sei. Die Ursache hierfür liege einerseits in der zeitgenössischen Berufsstruktur des deutschen Judentums: zu viele Akademiker und zu wenige Handwerker. Zudem würde das Gros der jüdischen Bevölkerung im Kaiserreich in Städten wohnen. Das Leben in der Stadt aber bedrohe, so die Argumentation, grundsätzlich Psyche und Physis des Individuums.[18] Unter den Schlagworten „Neurasthenie" und „nervöse Disposition" formulierten diese Autoren in der Festschrift aus medizinischer und historischer Perspektive ein Erklärungsmuster für die diagnostizierten körperlichen Unzulänglichkeiten und zugleich eine kritische Analyse zeitgenössischer jüdischer Lebensformen.

Die jüdischen Turner versprachen, gegen solche als historisch und somit veränderbar klassifizierten Erscheinungen physischer und psychischer Art anzutreten. In ihrer Festschrift von 1909 druckten die Herausgeber den bereits in der ersten Nummer der Jüdischen Turnzeitung im Jahre 1900 publizierten Programmtext des Jüdischen Turnvereins Bar Kochba Berlin – ein Sechs-Punkte-Programm unter dem Titel „Was wir wollen" – wieder ab. Der erste dort festgehaltene Punkt lautete: „Wir wollen dem schlaffen jüdischen Leib die verlorene Spannkraft wiedergeben, ihn frisch und kräftig, gewandt und stark machen."[19] Mit anderen Worten: Mittels Turnen sollte ein verloren gegangener Körper wieder in die Gegenwart geholt werden. Die Arbeit am Körper sollte der „Degeneration" Einhalt gebieten, diese rückgängig machen und den ursprünglichen anthropologischen Körper zum Vorschein bringen.

Die Argumentationen, Forderungen und Ziele der Turner reagierten einerseits auf antisemitische Konzepte von Degeneration, andererseits lagen sie aber auch im Schnittpunkt eines zeitgenössischen innerjüdischen kulturkritischen Diskurses. So diskutierten beispielsweise jüdische Mediziner und Statistiker in Deutschland intensiv über den physischen Zustand von Juden, beziehungsweise darüber, ob und wenn ja wie, von einer wissenschaftlich greifbaren, physisch materialisierten jüdischen Entität gesprochen werden könne.[20] Die Argumente der Turner spiegelten sowohl zeitgenössische antisemitische Anwürfe als auch innerjüdische Debatten wider. Was die Turner aber innerhalb des intellektuellen Kontextes deutsch-jüdischer Akademiker einzigartig machte, war, dass sie ihre Ziele explizit mit der physischen Veränderung und Entwicklung des eigenen Körpers verbanden und sich für ihre Arbeit am Körper eine eigene Organisation schufen.

Das Zeigen des Körpers

Bereits 1901 plädierte Martin Buber für eine kulturelle Erneuerung des Judentums, für eine, wie er als erster formulierte, „Renaissance".[21] Er argumentierte für eine Hinwendung zu einem eigentlichen, bei ihm aber wesentlich mystisch gefassten, Kern des Judentums, den er in der „Religiosität" – als Gegensatz zu Religion – wirksam sah. Ebenso begriff er das auf „Verwirklichung" zielende Erlebnis als zentrales Element eines aktiven Prozesses, der zu einer Erneuerung des jüdischen Selbstverständnisses führen sollte.[22] 1903 hatte die Jüdische Turnerschaft die Wirkung ihrer Basler Turnvorführung auf ihr Publikum anlässlich der Verbandsgründung als emotionales, gemeinschaftliches Erlebnis beschrieben. Insbesondere die osteuropäischen Delegierten des Sechsten Zionistenkongresses hätten, so die Schilderung in der Jüdischen Turnzeitung, wie folgt reagiert: „Sie weinten, weinten echte

Tränen über das ihnen in der Aufregung des Kongresses so unvermittelt ge-
botene Schauspiel junger jüdischer Körperschönheit und Körperkraft."[23]

Das Vorzeigen von Körpern führt zu Tränen. Hier zeigt sich aber auch
die entscheidende Differenz zwischen turnerischem Anliegen und dem sich
entwickelnden und einflussreich werdenden Ideengebäude Martin Bubers.
Im Zentrum der Beschreibung stand zwar ein Erlebnis, das jüdisches Selbstverständnis neu konstituieren sollte. Dieses innere Erlebnis wurde aber
durch die Vorführung von Körpern bewirkt: Auf der Suche nach der „Verwirklichung" der „Renaissance" stand an Stelle der Religiosität, wie sie Buber forderte, beim Turnen der Körper; das Register des Turnens war ein
physisches.

Das Beispiel des Basler Schauturnens weist bereits darauf hin: Mittels ihrer Zeitung und ihren Turnvorführungen stellten die Turner bewusst Öffentlichkeit her; sie suchten geradezu Öffentlichkeit.[24] Auch Dr. Hermann
Jalowicz und Theobald Scholem beschrieben in der Festschrift *Körperliche
Renaissance der Juden* das Schauturnen in Basel unter der Anleitung von
Bar Kochba Berlin während des Sechsten Zionistenkongresses im Jahre
1903:

> Zum ersten Male sahen Juden aus aller Welt, dass die Bemühungen ihrer Besten,
> eine körperliche Regeneration unseres Volkes herbeizuführen, reiche Erfolge
> schon in kurzer Zeit getragen hatten. Die Begeisterung der Zuschauer übertrug
> sich auf die Turner selbst und bildete den Hintergrund auf dem gleichzeitig der
> Bau der Jüdischen Turnerschaft entstand.[25]

Ihr Text führt ihren Glauben an die Sprache des Körpers und an ein Wirken
in der Öffentlichkeit geradezu paradigmatisch vor. Das Schauturnen deute-
ten Jalowicz und Scholem als Form einer visuellen und emotionalen Kom-
munikation, die einen schöpferischen Prozess – den „Bau der Jüdischen
Turnerschaft" – in Gang setzen konnte. Das jüdische Publikum „sah" die
Körper und reagierte, und die Turner reagierten auf die Reaktionen des Publikums. Jalowicz und Scholem führten ihre Beschreibung wie folgt fort:
„Mochte auch mancher schwanken, das Werk als verfrüht, die Zahl der Vereine und Mitglieder als unzureichend ansehen, – die Zweifel sanken ins
Nichts, alle Bedenken verzehrte die Flamme der Begeisterung. Die Jüdische
Turnerschaft entstand."[26] Die Vorführung der Körper konnte sogar, wie die
beiden Autoren in der Festschrift konstatierten, argumentative Vorbehalte
gegen eine Organisation eben dieser Körper überwinden. Die Gründung
der Turnerschaft wurde damit in dieser Ex-Post-Schilderung zu einem performativen Akt.[27]

Bei Vorführungen von Turnübungen in der Öffentlichkeit stand das turnerische Kollektiv – der Verein oder der Dachverband – im Vordergrund.
Dies war zum einen in der Geschichte des Turnens begründet: Turnvereine
in Deutschland traten öffentlich als Kollektive auf.[28] Anderseits verkör-

perte sich gerade im Auftritt als organisierte Gruppe jüdischer Turner das ideologische Programm des einzelnen Vereins beziehungsweise der Turnerschaft: die „Renaissance" des jüdischen „Stamms".

Eine zentrale Forderung an die Gruppen-Vorführungen war der synchrone Ablauf der Übungen. Die einzelnen Turner hatten sich präzise aufeinander abzustimmen und gleichzeitig die selben Körperbewegungen auszuführen. Abweichungen vom synchronen Ablauf konnten vom Publikum gesehen und als Störung des einheitlichen Gesamtbildes gewertet werden. Diese Anforderung galt auch, wenn keine Körperbewegungen ausgeführt wurden und die Turner sich unbewegt präsentierten.

So lobte die Jüdische Turnzeitung (JTZ) 1907 die Aufstellung der 130 Turner für die erste Übung beim Schauturnen am dritten Turntag in Wien:

> Das Auge fasst in der Gesamtheit den Einzelnen, mustert mit behaglichem Vergnügen die vorstehenden Kolonnen, sucht eifrig die befreundeten landsmännischen Turner und ruht mit inniger Wärme auf dem mächtigen Bilde aus, das sich nunmehr als Ganzes mit historischer Wirkung fundamental entrollt hat.[29]

Einzelne Turner, einzelne Vereine und die 130 Turner als großes, umfassendes Kollektiv bildeten, auch wenn die verschiedenen Turner und Kollektive für sich wahrgenommen wurden, in dieser Schilderung ein konsistentes, harmonisches Ganzes. Dieses Ganze konnte aber in Gefahr geraten. 1909, am Vierten Turntag in Berlin, hielt die JTZ die Haltung der Turner während der Festrede, die wie üblich nach dem geordneten Einmarsch der Turner in den Festsaal erfolgte, für fragwürdig:

> Die Haltung der Mehrzahl während der Rede war jedoch mangelhaft. Es verlangt niemand von einem krummen Rücken, der bekanntlich durch Begeisterung ausgeglichen wird, dass er nun beim Schauturnen plötzlich kerzengerade werde, was aber jeder kann, ist, dass er sich nicht, wenn tausend Augen auf ihn gerichtet sind, räkelt, lässig die Arme vor- bzw. rückwärts kreuzt und ähnlich Gymnastik mehr treibt. [...] Das sind Kleinigkeiten, an denen man die turnerische Erziehung erkennt.[30]

Die Zeitung kritisierte eine Störung des Gesamtbildes, deren Ursache in einer mangelhaften turnerischen Ausbildung zu suchen war.

Die öffentlichen Vorführungen der Körper konnten dazu dienen, festzustellen, wie die ihnen gestellten Aufgaben erfüllt wurden. Die Qualität der Körperbewegungen stand für den Erfolg der nationaljüdischen Programmatik der Turnbewegung. Mit anderen Worten: Die Turner konnten durch das Turnen zeigen und beweisen, dass ihre Körper regeneriert waren. Die Performanz erzeugte – aus der Perspektive der Turner und des Publikums – Evidenz.

Jeder Turner trainierte und formte seinen eigenen Körper. Zudem übte er im Verein auch das Turnen in einer größeren Trainingseinheit. Seine Fortschritte im Turnen kamen sowohl ihm als auch dem als Kollektiv auftretenden Verein oder Dachverband zu Gute. So stand der Einzelne immer auch in einer Pflicht gegenüber Verein und Dachverband. Allerdings wurde die Einordnung in eine turnerische Gemeinschaft als Resultat einer freiwilligen Willensentscheidung verstanden.[31] Beim Schauturnen verband sich der einzelne Turner mittels der Bewegungen seines Körpers mit dem jüdischen „Stamm"; sein individueller Körper wurde visuell Teil eines jüdischen Kollektivkörpers.

Körper und Stamm

1903, bei ihrer Gründung, stellte die Jüdische Turnerschaft fest, dass sie den jüdischen „Stamm" im Sinne der „nationaljüdischen Idee" regenerieren wolle. Den Begriff „Nationaljudentum" definierte sie in den Statuten wie folgt:

> Unter National-Judentum verstehen wir das Bewusstsein der Zusammengehörigkeit auf Grund gemeinsamer Abstammung und Geschichte sowie den Willen, die jüdische Stammesgemeinschaft zu erhalten.[32]

Abstammung und Geschichte bestimmte die jüdische Turnbewegung als die wichtigen Momente, die eine jüdische Gemeinschaft begründeten. Dieses Kollektiv bezeichnete die Turnerschaft vornehmlich mit „Stamm". Das Turnen sollte nun nicht nur die physische Substanz des „Stammes", die Körper der einzelnen Juden und Jüdinnen stärken, sondern insbesondere ein Bewusstsein für die Existenz dieses „Stammes" und für das Dazugehören zu ihm schaffen.

Die Begriffe „Stamm" beziehungsweise „Stammesgemeinschaft" fanden im Kaiserreich bei jüdischen Intellektuellen unterschiedlichster politischer Provenienz seit den 1880er Jahren vermehrt Verwendung. Zentral an dieser Begrifflichkeit war, dass damit aus jüdischer Perspektive ein zur Umwelt differentes Kollektiv beschrieben wurde, dessen Werte inhaltlich positiv besetzt werden konnten. Die Wahl dieser Begriffe erklärt sich aus einer Suche nach neuen Beschreibungen und Bestimmungen jüdischer Kollektive, die die Vorstellung von Judentum als „Glaubensgemeinschaft" erweitern oder ablösen konnten, ohne zugleich die Zugehörigkeit deutscher Juden zum deutschen Staat in Frage stellen zu müssen. Die beiden Begriffe „Stamm" und „Stammesgemeinschaft" standen für die Vorstellung einer Gemeinschaft, die sich aufgrund gemeinsamer Abstammung und gemeinsamer Geschichte konstituiert. Sie entstammten der politischen Sprache des Kaiserreichs und ermöglichten es, die deutsche Nation zugleich als Einheit und als vielfältig, als zusammengesetzt aus unterschiedlichen Stämmen zu beschreiben.[33]

Als eine der Folgen der Haskala, der jüdischen Aufklärung, verloren sich für das Judentum im deutschsprachigen Bereich allgemein bindende Interpretationen und Praktiken von Religion für das Individuum seit dem späten 18. Jahrhundert. Zumindest zwei unterschiedliche Richtungen bildeten sich im 19. Jahrhundert aus: das Reformjudentum sowie das orthodoxe Judentum. Zudem wurde im Zeitalter der Emanzipation Religion als Instanz für jüdisches Leben weniger wichtig. An die Stelle der Religion als intellektueller Horizont für ein deutsches Judentum trat beispielsweise Geschichte.[34]

Die Vorstellung von Geschichte und Abstammung als Zusammengehörigkeit stiftendes Moment spiegelte sich in den Argumenten der jüdischen Ärzte und Turner in der Jüdischen Turnerschaft wider, wenn sie von der Wandelbarkeit der Körper im Verlauf der Geschichte und der Unwandelbarkeit eines Kernkörpers ausgingen und beides auch in kollektiven Kategorien dachten. Hier fielen Begriffe aus der politischen Sprache des Kaiserreichs, neolamarckianische Konzepte der Evolution, sowie nationaljüdische Vorstellungen über den Zweck des Turnens in Eins; die, wie die Statuten der Jüdischen Turnerschaft es 1903 formulierten, „körperliche Hebung des jüdischen Stammes" stand für ein politisch legitimes, historisch gerechtfertigtes Unternehmen, das dem jüdischen Kollektiv seinen eigenen Körper zurückgeben sollte.

Zugehörigkeit

Doch gerade die geforderte Arbeit am Körper, an der Kreierung eines eigenen, Zugehörigkeit erzeugenden und visualisierenden Körpers produzierte ein grundsätzliches Problem: In was für einem Verhältnis standen diese Körper, beziehungsweise die Turner, zu einem deutschen Staat?

Die Jüdische Turnerschaft löste dieses Problem für sich, indem sie für deutsche Juden zwei Formen von Zugehörigkeit postulierte: Sie gehörten zugleich dem jüdischen „Stamm" und dem deutschen Staat an. Das Postulat wurde in der Jüdischen Turnerschaft nicht als Widerspruch begriffen. Dr. Max Zirker, Jurist und einer der Gründer von Bar Kochba Berlin und der Jüdischen Turnerschaft, hielt dies 1909 in der Festschrift apodiktisch fest: „Treue zum Staat und Treue zum Stamm stehen in keinem Gegensatz."[35] Staatsbürgerlichkeit erfüllte sich für die national-jüdischen Turner beispielsweise in der allgemeinen Militärpflicht. Aber gerade hier stießen die Turner an Grenzen. In der Jüdischen Turnzeitung finden sich verschiedene Texte, die sich mit der Karriere von jüdischen Offizieren in ausländischen Armeen beschäftigten.[36] Wiederholt wurden zudem Beiträge über eine bestimmte britisch-jüdische Institution veröffentlicht, über die „Jewish Lads' Brigade".[37] Auch in der Festschrift „Körperliche Renaissance der Juden" findet sich ein mit Fotos begleiteter Beitrag zu dieser Organisation.[38]

In den 80er Jahren des 19. Jahrhunderts entstanden in England uniformierte Jugendorganisationen, wie die „Boys Brigade" oder die „Church Lads' Brigade", die nationale christliche Werte zu vermittelten versuchten.[39] Die Jewish Lads' Brigade (JLB) orientierte sich in ihrer Struktur und in ihrem Auftreten an diesen britischen Organisationen. Wie die „Boys Brigade" oder die „Church Lads' Brigade", war auch die JLB militärisch organisiert.

Die Mitglieder der JLB trugen Uniformen, durchliefen eine Art von Infanterietraining und organisierten Zeltlager und Manöver. Zusätzlich zum militärischen Training wurden britische Sportarten wie Kricket oder Fußball sowie Vorträge angeboten. Die Jewish Lads' Brigade war 1895 vom jüdischen Heeres-Offizier Oberst Albert E.W. Goldsmid ins Leben gerufen geworden. Ihre Ziele sah sie vor allem darin, die Integration jugendlicher, ostjüdischer Einwanderer in die britische Gesellschaft zu erleichtern.[40] Und im Gegensatz zu den Turnvereinen arbeitete die JLB sehr lange nur mit männlichen Jugendlichen.[41]

Die Autoren der Jüdischen Turnzeitung nahmen die wichtigen konzeptionellen Unterschiede zwischen der Jewish Lads' Brigade und der Jüdischen Turnerschaft wahr, wie die strikte militärische Organisationsform der JLB oder ihr zentrales Anliegen, die Integration von ostjüdischen Immigranten in England zu fördern.[42] Sie sahen aber auch grundsätzliche Gemeinsamkeiten. Gerade die wichtige Funktion und Bedeutung, die das physische Training bei der Umsetzung der Ziele der Jewish Lads' Brigade einnahm, deutete die Jüdische Turnerschaft als Bestätigung für ihre eigene Arbeit am Körper.[43] Was die Autoren in der Jüdischen Turnzeitung und in der Festschrift aber besonders hervorhoben, war die öffentliche Reputation der JLB, beispielsweise in militärischen Kreisen, sowie die pure Existenz jüdischer Offiziere. Gerade dies faszinierte sie.[44]

Bis zum Ersten Weltkrieg war es in Preußen für Juden praktisch unmöglich, den Rang eines Offiziers zu erreichen.[45] Damit sahen sich die jüdischen Turner um eine für sie erstrebenswerte Möglichkeit gebracht, Staatsbürgerlichkeit zu zeigen und zu verkörpern. Sie formulierten dies – den Wunsch nach jüdischen Offizieren im Kaiserreich – in ihrer Turnzeitung nur vereinzelt. Doch kann die wiederkehrende Berichterstattung über die Jewish Lads' Brigade als staatsbürgerliche Institution und über ihren Gründer Oberst Goldsmid als jüdischen Offizier als ein signifikanter Hinweis auf einen Mangel gedeutet werden: nämlich eine militärische und gesellschaftliche Position, die die Turner gerade als explizit jüdische Turner im Kaiserreich gerne eingenommen hätten.

Der Wunsch nach jüdischen Offizieren eröffnet die Frage, inwiefern die „nationaljüdischen" Körper, die öffentlich vorgeführt wurden, mit „gegenderten" Attributen versehen waren. Häufige Gegensatzpaare in der turnerischen Diskussion um jüdische Körper waren Antonyme wie stark/schwach, aufrecht/gekrümmt oder schlaff/gespannt.[46] Es handelte sich dabei um Gegensatzpaare, die sowohl auf Kollektive wie auf individuelle Körper, aber auch auf einzelne Körperteile Anwendung finden konnten.[47] Gerade letzteres – schlaff/gespannt – war eine der zentralen Kategorisierungen, um den Zustand von Muskeln zu beschreiben. Innerhalb einer politischen Debatte um Körper benannte die visuell gedachte Zuschreibung „gespannt" einen erwünschten Aggregats-Zustand des Muskels, der wiederum metonymisch

für eine vitale und unversehrte Konstitution des Körpers steht. Der Muskel
wurde dabei zum pars pro toto für den ganzen Körper.[48] Geradezu exemplarisch schlägt sich diese Pars-pro-toto-Funktion im Schlagwort vom
„Muskeljuden" nieder. Max Nordau prägte diesen, von der jüdischen Turnbewegung wiederholt aufgenommenen Begriff 1898 anlässlich einer Rede
am Zweiten Zionistenkongress in Basel.[49]

„Muskeljude" bedeutete für die turnerische Praxis nicht, sich einen extrem muskulösen Körper anzutrainieren. Angestrebt wurde von den nationaljüdischen Turnern vielmehr eine als ausgeglichen beschriebene Ausbildung der Muskulatur, die dem Körper physisch und psychisch als Ganzes in
ausgewogener Form zu Gute kommen sollte.[50] Hier klangen Vorstellungen
des 19. und frühen 20. Jahrhunderts über die Ästhetik der Körper an, die
sich vor allem an einer bürgerlichen Rezeption der Antike orientierten. So
wählten auch die jüdischen Turner ihre Helden in der Antike: Bar Kochba
beziehungsweise die Makkabäer.[51] Wenn nun die zeitgenössischen Bar
Kochbaner – die Turner – als „Muskeljuden" zu verstehen waren, so ist dieses Verständnis Resultat eines intellektuellen Prozesses, der als Konvertie-
rung spezifischer bürgerlicher Werte in nationaljüdische Werte begriffen
werden kann.

Während des Kaiserreichs ermöglichten die eng anliegenden Turnkleider
der Männer, im Gegensatz zu der verhüllend konzipierten Turnkleidung der
Frauen, die Darstellung der Muskeln am männlichen Körper. Zudem war
im turnerischen Umfeld auch partielle Nacktheit gerade bei der aufkommenden fotografischen Inszenierung von turnenden Männern ein zunehmend akzeptiertes darstellendes Mittel.[52] Im Kontext dieser Konventionen
ist es erklärbar, dass der einzige nackte Körper, der Muskeln zeigte und der
in der Festschrift zu finden war, der Oberkörper eines Mannes war, auch
wenn es sich dabei nicht um eine Fotografie, sondern um eine Lithografie
handelte. Die Lithografie trägt, in Anlehnung an den Namen des seinen 10.
Geburtstag feiernden, nationaljüdischen Berliner Turnvereins, den Titel:
„Ein Jünger Bar Kochbas".[53] Der sichtbare Muskel war in der Festschrift
dem männlichen Körper zugeordnet.

Dennoch repräsentierten nicht ausschließlich männliche Körper das nationaljüdische Kollektiv in der Öffentlichkeit. Seit 1907 nahmen Frauen als
Gruppe am Schauturnen der Jüdischen Turnerschaft teil, und auch in der
Festschrift finden sich Fotos, die bekleidete Frauen als eigenes Kollektiv
oder als Teil eines Kollektivs aus Männern und Frauen zeigten.[54] Allerdings
waren in der Turnbewegung die Übungen, die Frauen öffentlich vorführen
konnten, verschiedenen Debatten unterworfen. Sie kreisten vor allem um
Fragen nach der Bekleidung der Turnerinnen und um Fragen nach der Ausgestaltung ihrer Vorführungen. Sollten Turnerinnen eher tänzerische Übungen zeigen, beispielsweise einen Reigen, oder klassische Übungen an Turn-
geräten wie dem Reck?[55] Diese Debatten um die Präsenz der weiblichen

Körper in der Öffentlichkeit und die damit verbundenen Körperpraktiken resultierten – unter anderem – vermutlich auch daraus, dass die bürgerliche Antikenrezeption keine Bilder turnender weiblicher Körper anbot.[56]

Reisende Körper

1912, drei Jahre nach der Publikation der Festschrift, begann die Jüdische Turnerschaft ihrem Verhältnis zu Palästina eine neue Qualität zu geben; jüdische Turner aus Europa sollten sich nun auch in Palästina zeigen.[57] Der Berliner Zahnarzt Henry Unna, Redaktor der Jüdischen Turnzeitung und geschäftsführendes Mitglied des Ausschusses, propagierte in der Juli/August-Nummer der JTZ von 1912 eine Turnfahrt nach Palästina. Diese Turnfahrt war vom am Fünften Turntag 1912 neu gewählten Ausschuss, der Exekutive der Jüdischen Turnerschaft, in Planung gesetzt worden:

> Turnbrüder! […] Palästina liegt nicht mehr in Nebelland, in einer sagenverschleiernden Aulom haboh; es ist uns in greifbare Nähe gerückt. Palästina ist nicht mehr das Land grauer Vergangenheit, in das nur Alte und Heilige ziehen, um an gottgeweihter Stätte zu sterben; es ist uns das Land der Gegenwart und Zukunft, die an eine schöne Vergangenheit anschließen wollen. Es ist uns das Land des Keimenden und Werdenden im Judentum. Jugendland. Und darum wird die Jugend unseres Volkes hinausziehen nach Palästina, um das Land zu küssen, in dem sich die Vergangenheit und Zukunft unseres Volkes die Hand reichen.[58]

Mit diesem Text brachte Unna – wenn auch nur als vorübergehendes Ereignis, als Turnfahrt – Palästina in eine unmittelbare Nähe zu den Verbandsmitgliedern; sie mussten sich entscheiden, ob sie an einer Reise nach Palästina teilnehmen wollten. Unna erklärte Palästina zum Ort, an dem Juden zu sich selbst finden können:

> Dann werden wir lächeln über jene Halben, die sich mühen, ihr Judentum zu definieren, über die kleinen, die es verleugnen. Wir werden ihnen sagen: „Geht nach Palästina, ins Land der Juden, und ihr werdet wissen, was ihr seid. Denn wer es nicht empfindet, der wird es nie begreifen."[59]

Im Frühjahr 1913 wurde die Palästinafahrt der Turner in Zusammenarbeit mit Mitgliedern jüdischer Studentenverbindungen durchgeführt.[60] Die Reise dauerte vom 13. März bis zum 27. April. 42 Personen nahmen an ihr teil.[61] Bis zum Kriegsausbruch im August 1914 füllten wiederholt Artikel über diese Reise sowie über eine weitere geplante und im Frühjahr 1914 durchgeführte zweite Turnfahrt nach Palästina die Spalten der Jüdischen Turnzeitung.[62] Die Reisen galten, wie es Unna bereits 1912 in seinem Text anklingen ließ, als emotionales und physisches Erlebnis: Palästina wurde wandernd durchquert und das Land mit dem Körper erfahren. Dies beschrieb der Turner Dr. Theodor Zlocisti beschwörend für noch ausstehende Palästinareisen:

Gehet mit eigenen Füssen durch die Gefilde, die unsere Ahnen stark machten für den Schöpferwillen der Enkel, blicket mit eigenen Augen in das junge Werden, höret mit eigenen Ohren, wie die Sprache des Propheten hell erklingt, um den Geist der Propheten zu wecken! Zur Wallfahrt hin zu den Heiligtümern, die waren – und werden![63]

Wie das Turnen sollten auch die Reisen nach Palästina und das Wandern in Palästina eine physische, vor allem aber sinnliche Rückkehr zu einem Ursprung, zu einer positiven Vergangenheit des „Stammes" ermöglichen. Diese Erfahrung sollte in der Gegenwart regenerativ wirksam werden: „Palästina ist durch uns, wir sind durch Palästina jung geworden."[64] Zudem wurde auch gemeinsam mit den jüdischen Turnvereinen vor Ort, den „palästinensischen" Turnvereinen, geturnt; man zeigte sich gegenseitig sein Können.[65]

Die Wendung hin zu Palästina kann im Kontext der „Posener Resolution" von 1912 betrachtet werden: einem Aufruf der „Zionistischen Vereinigung für Deutschland" (ZVfD), der jeden Zionisten zur Auswanderung nach Palästina verpflichten sollte.[66]

Diese Forderung wurde von der Jüdischen Turnerschaft nicht übernommen; die Statuten blieben diesbezüglich unverändert. Als Annäherung an die „Posener Resolution" kann aber das Bestreben des neuen Ausschusses gelesen werden, Palästinareisen durchzuführen und diese als jährlich wiederkehrendes Ereignis in der Jüdischen Turnerschaft zu verankern; physisch und emotional sollten sich nun nationaljüdische Turner und Turnerinnen einem Territorium jenseits des Kaiserreichs annähern. Auch eine ab 1912 verstärkt spürbare Hinwendung zur Jugend lässt sich in diesem Kontext interpretieren; Unna lokalisierte 1912 in seinem bereits zitierten programmatischen Artikel zur Turnfahrt die Zukunft einer „nationaljüdischen" Jugend explizit in Palästina.[67] Um die Hinwendung zur Jugend auch nach außen sichtbar werden zu lassen, änderte die JTZ im Januar 1913 ihren Untertitel in „Jüdische Monatshefte für Turnen und Sport. Organ der jüdisch-nationalen Jugendbewegung". Die Januar-Ausgabe der JTZ war zudem gleichzeitig eine Sondernummer, die der geplanten Palästinareise gewidmet war.[68]

Dennoch veränderten diese Versuche der Jüdischen Turnerschaft, ihr Verhältnis zu Palästina partiell neu auszurichten, nichts Grundsätzliches am staatsbürgerlichen Selbstverständnis der Turner: 1914–1918 nahmen die deutsch-jüdischen Turner in den Armeen des Kaiserreichs am Ersten Weltkrieg teil. Erst nach 1918, mit der Neukonstituierung des Deutschen Kreises, des Zusammenschlusses nationaljüdischer Turnvereine in der Weimarer Republik, im Jahre 1919, und mit der Neugründung der Jüdischen Turnerschaft 1921 unter dem Namen „Makkabi-Weltverband", näherten sich die Turner der „Posener Resolution" von 1912 grundsätzlicher an. Die Kriegserlebnisse führten zu einem Wandel ihrer weltanschaulichen Positionen. Turnen und Sport konnten nun offiziell – in den Statuten verankert – auch den Zweck haben, Jugend auszubilden, damit sie vor Ort am Aufbau von Palästina mitwirken könnte.[69]

Die Jüdische Turnerschaft präsentierte sich als ein Kollektiv auf dem Weg zu einer neuen, unversehrten, anthropologisch grundierten, spezifisch jüdischen Entität. Über den Körper und die Arbeit am Körper strebte die Turnbewegung danach, eine als Verfolgungsgeschichte interpretierte Vergangenheit abzulegen, Zugehörigkeit und Zusammengehörigkeit zu etablieren, und sich als eigenständiges, jüdisches Kollektiv zu bestimmen. Die „Renaissance" wurde selbst zu einem performativen Akt.

Die Autoren der jüdischen Turnbewegung übersetzten jüdische Geschichte in jüdische Körper. Prägte aus der Perspektive der Turner bisher die Geschichte die Körper, sollten von nun an die Körper die Geschichte prägen. Zwischen 1898 und 1912 bot der Körper eine neue dritte Möglichkeit, Zugehörigkeit zu etablieren und darzustellen – eine Zugehörigkeit zwischen Kultur/Religion einerseits und Territorium andererseits. Doch war diese Positionierung des Körpers temporär. Nach 1912 wurde Palästina für die Turner zunehmend, zunächst in Form der Reise, zu einem physischen und emotionalen Bezugspunkt für eine „Renaissance" jüdischer Körper.

Anmerkungen

[1] So lautete der Titel der ersten Jubiläumsschrift der jüdischen Turnbewegung. Ausschuss der Jüdischen Turnerschaft (Hg.), Körperliche Renaissance der Juden. Festschrift anlässlich des IV. Turntages der Jüdischen Turnerschaft und der Feier des 10jährigen Bestehens des Jüdischen Turnvereins Bar Kochba-Berlin, Berlin 1909.

[2] Mitteilungen des Ausschusses der Jüdischen Turnerschaft, in: Jüdische Turnzeitung, 10 (1909), 6/7, 78–79; Geschäfts- und Finanzbericht von Dr. Zirker, in: Jüdische Turnzeitung, 10 (1909), 6/7, 83–89, hier: 89.

[3] Der erste jüdische Turnverein überhaupt wurde in der Hauptstadt des osmanischen Reiches gegründet. Deutsch-jüdische Akademiker gründeten im Januar 1895 den „Israelitischen Turnverein Constantinopel". Andere jüdische Turnvereine, die vor dem JTV Bar Kochba-Berlin gegründet wurden, waren im April 1898 der „Joodsche Gymnastiek – en Athletiekvereeniging Attila Groningen" in Holland sowie im Juni 1898 der „Zionistische Turnverein Makabi Philippopel" in Bulgarien. Nur wenig jünger als der JTV Bar Kochba-Berlin war der „JTV Bielitz-Biala" aus Österreich-Ungarn. Er entstand im Dezember 1898. Für die Entwicklung der jüdischen Turnbewegung waren diese Gründungen aber sekundär. Ernst Tuch, Die jüdische Turnbewegung, in: Jüdische Turnzeitung (JTZ), 4 (1903), 1, 3–9, hier: 4; Aus der jüdischen Turnwelt. Bielitz-Biala, in: JTZ, 4 (1903), 2, 36–37; Joachim Doron, Der Geist ist es, der sich den Körper schafft!, Soziale Probleme in der jüdischen Turnbewegung (1896–1914), in: Tel Aviver Jahrbuch für deutsche Geschichte, Bd. XX (1991), 237–258, hier: 239–241; Arndt

Krüger/Astrid Sanders, Jewish Sports in the Netherlands and the Problems of Selective Memory, in: Journal of Sport History, 26 (1999), 2, Special Issue: One Hundred Years of „Muscular Judaism", Sport in Jewish History and Culture, 271–286, hier: 272.

[4] Die Gründungsversammlung, der Erste Jüdische Turntag, fand vom 21.–24. August 1903 statt. Die eigentliche Gründung des Verbands ist auf den 21. August zu datieren. Der Sechste Zionistenkongress wurde in Basel vom 23–28. August 1903 abgehalten; Max Zirker, Der erste Jüdische Turntag zu Basel, in: JTZ, 4 (1903), 9/10, 164–169.

[5] Max Zirker, Der erste Jüdische Turntag zu Basel, in: JTZ, 4 (1903), 9/10, 164–169, hier: 167 (Statuten der Jüdischen Turnerschaft).

[6] Die Begriffe „nationaljüdisch" und „zionistisch" haben eine wechselvolle Geschichte. Der Terminus „nationaljüdisch" hat seinen Ursprung in innerjüdischen Debatten im Osteuropa der 1850er Jahre. Bis etwa 1890 galt „nationaljüdisch"- in West und in Ost – als Sammelbegriff für politische Strömungen, die Palästina als möglichen Ort für eine jüdische Zukunft sahen. Etwa ab 1890 trat an die Stelle von „nationaljüdisch" der Begriff „zionistisch", um diese – geografisch an Palästina orientierten – politischen Strömungen zu bezeichnen. „Nationaljüdisch" wurde nun für andere, beispielsweise an Körperpraktiken orientierte Bedeutungsinhalte frei. Joachim Doron, Der Geist ist es, der sich den Körper schafft!, Soziale Probleme in der jüdischen Turnbewegung (1896–1914), in: Tel Aviver Jahrbuch für deutsche Geschichte, Bd. XX (1991), 237–258, hier: 240–241; Heiko Haumann, Zionismus und die Krise jüdischen Selbstverständnisses, in: ders. (Hg.), Der Traum von Israel. Die Ursprünge des modernen Zionismus, Weinheim 1998, 9–64, hier: 32–35. Zu den Debatten in Osteuropa vgl. Barbara Linner, Die Entwicklung der frühen nationalen Theorien im osteuropäischen Judentum des 19. Jahrhunderts. Eine Studie zur Theorie und geistesgeschichtlichen Entwicklung des national-jüdischen Gedankens in seinem Zusammenhang mit der Haskalah, Frankfurt a. M. 1984.

[7] Allgemeiner Bericht, in: JTZ, 8 (1907), 6, 95–97, hier: 95; Geschäfts- und Finanzbericht von Dr. Zirker, in: JTZ, 10 (1909), 6/7, 83–89, hier: 83–84; Statistik der Jüdischen Turnerschaft, in: JTZ 13 (1912), 6, 139; Daniel Wildmann, Der Körper im Körper. Jüdische Turner und jüdische Turnvereine im Deutschen Kaiserreich 1898–1914, in: Peter Haber/Erik Petry/Daniel Wildmann, Jüdische Identität und Nation. Fallbeispiele aus Mitteleuropa, Köln 2006.

[8] 1914 stammten 52 Vereine aus Österreich-Ungarn, 21 aus dem Deutschen Kaiserreich, 13 aus Palästina, sowie je ein Verein aus Rumänien, dem Osmanischen Reich und der Schweiz. Daniel Wildmann: Der Körper im Körper. Jüdische Turner und jüdische Turnvereine im Deutschen Kaiserreich 1898–1914, in: Peter Haber, Erik Petry, Daniel Wildmann, Jüdische Identität und Nation, Fallbeispiele aus Mitteleuropa, Köln 2006.

[9] So wurde beispielsweise bereits 1903 Berlin zum Sitz des Dachverbands bestimmt. Ebenso war auch der Sitz der „Jüdischen Turnzeitung" (JTZ), des Verbandsorgans, Berlin. Max Zirker, Der erste Jüdische Turntag zu Basel, in: JTZ, 4 (1903), 9/10, 164–169. Die Entstehung und Entwicklung von Bar Kochba-Berlin steht auch im Kontext der Herausbildung eines jüdischen Vereinswesens in Berlin. Vgl. dazu Reinhard Rürup (Hg.): Jüdische Geschichte in Berlin. Essays und Studien,

Berlin 1995; Barbara Schäfer, Berliner Zionistenkreise, Eine vereinsgeschichtliche Studie, Berlin 2003.

10 Ausschuss der Jüdischen Turnerschaft (Hg.), Körperliche Renaissance der Juden. Festschrift anlässlich des IV. Turntages der Jüdischen Turnerschaft und der Feier des 10jährigen Bestehens des Jüdischen Turnvereins Bar Kochba-Berlin, Berlin 1909.

11 Max Besser, Der Einfluss der ökonomischen Stellung der deutschen Juden auf ihre physische Beschaffenheit, in: Ausschuss der Jüdischen Turnerschaft (Hg.), Körperliche Renaissance der Juden. Festschrift anlässlich des IV. Turntages der Jüdischen Turnerschaft und der Feier des 10jährigen Bestehens des Jüdischen Turnvereins Bar Kochba-Berlin, Berlin 1909, 7–9.
Dr. Max Besser (1877–1941), Arzt und Publizist, Gründungsmitglied des JTV Bar Kochba-Berlin, beging 1941 mit seiner Ehefrau in Hamburg Selbstmord.

12 Max Besser, Der Einfluss der ökonomischen Stellung der deutschen Juden auf ihre physische Beschaffenheit, in: Ausschuss der Jüdischen Turnerschaft (Hg.), Körperliche Renaissance der Juden. Festschrift anlässlich des IV. Turntages der Jüdischen Turnerschaft und der Feier des 10jährigen Bestehens des Jüdischen Turnvereins Bar Kochba-Berlin, Berlin 1909, 7–9, hier: 7.

13 Max Besser, Der Einfluss der ökonomischen Stellung der deutschen Juden auf ihre physische Beschaffenheit in: Ausschuss der Jüdischen Turnerschaft (Hg.), Körperliche Renaissance der Juden. Festschrift anlässlich des IV. Turntages der Jüdischen Turnerschaft und der Feier des 10jährigen Bestehens des Jüdischen Turnvereins Bar Kochba-Berlin, Berlin 1909, 7–9.

14 Moritz Jastrowitz, Muskeljuden und Nervenjuden, in: Ausschuss der Jüdischen Turnerschaft (Hg.), Körperliche Renaissance der Juden. Festschrift anlässlich des IV. Turntages der Jüdischen Turnerschaft und der Feier des 10jährigen Bestehens des Jüdischen Turnvereins Bar Kochba-Berlin, Berlin 1909, 12–14. Der Artikel erschien auch in der JTZ: Moritz Jastrowitz, Muskeljuden und Nervenjuden, in: JTZ, 10 (1909), 3/4, 33–36.
Dr. Moritz Jastrowitz (1840–1912) war Neurologe.

15 Moritz Jastrowitz, Muskeljuden und Nervenjuden, in: Ausschuss der Jüdischen Turnerschaft (Hg.), Körperliche Renaissance der Juden. Festschrift anlässlich des IV. Turntages der Jüdischen Turnerschaft und der Feier des 10jährigen Bestehens des Jüdischen Turnvereins Bar Kochba-Berlin, Berlin 1909, 12–14, hier: 13.

16 Moritz Jastrowitz, Muskeljuden und Nervenjuden, in: Ausschuss der Jüdischen Turnerschaft (Hg.), Körperliche Renaissance der Juden. Festschrift anlässlich des IV. Turntages der Jüdischen Turnerschaft und der Feier des 10jährigen Bestehens des Jüdischen Turnvereins Bar Kochba-Berlin, Berlin 1909, 12–14; siehe auch Max Besser, Der Einfluss der ökonomischen Stellung der deutschen Juden auf ihre physische Beschaffenheit, in: Ebd. 7–9;

17 Julius Moses, Jüdische Erziehungsprobleme, in: Ausschuss der Jüdischen Turnerschaft (Hg.), Körperliche Renaissance der Juden. Festschrift anlässlich des IV. Turntages der Jüdischen Turnerschaft und der Feier des 10jährigen Bestehens des Jüdischen Turnvereins Bar Kochba-Berlin, Berlin 1909, 9–12, hier: 10. Dieser Text war in der JTZ bereits zweimal, 1901 und in gekürzter Version 1903, erschienen. Julius Moses, Jüdische Erziehungsprobleme, in: JTZ, 2 (1901), 1, 5–8; Julius Mo-

ses, Jüdische Erziehungsprobleme, in: JTZ, 2 (1901), 2, 17–20; Julius Moses, Jüdische Erziehungsprobleme, in: JTZ, 4 (1903), 8, 141–144.
Prof. Dr. Julius Moses (1869–1945), Arzt, Dozent an der Mannheimer Handelshochschule, zionistischer Gemeindepolitiker, 1929 Professur für soziale Medizin und Hygiene, 1934 Emigration nach Palästina.

[18] Max Besser, Der Einfluss der ökonomischen Stellung der deutschen Juden auf ihre physische Beschaffenheit in: Ausschuss der Jüdischen Turnerschaft (Hg.), Körperliche Renaissance der Juden. Festschrift anlässlich des IV. Turntages der Jüdischen Turnerschaft und der Feier des 10jährigen Bestehens des Jüdischen Turnvereins Bar Kochba-Berlin, Berlin 1909, 7–9, hier 7–8; Julius Moses, Jüdische Erziehungsprobleme, in: Ebd. 9–12. hier: 9–10; Moritz Jastrowitz, Muskeljuden und Nervenjuden, in: Ebd., 12–14, hier: 13.

[19] Georg Arndt, Die Jüdische Turnzeitung, in: Ausschuss der Jüdischen Turnerschaft (Hg.), Körperliche Renaissance der Juden. Festschrift anlässlich des IV. Turntages der Jüdischen Turnerschaft und der Feier des 10jährigen Bestehens des Jüdischen Turnvereins Bar Kochba-Berlin, Berlin 1909, 21–22, hier: 21; Was wir wollen!, in: Jüdische Turnzeitung, 1 (1900), 1, 1.

[20] Vgl. dazu John M. Efron, Defenders of the Race. Jewish Doctors & Race Science in Fin-de-Siècle Europe, New Haven 1994. Ders., Medicine and the German Jews. A History, New Haven 2001, insbes. 105–150; Mitchell B. Hart: Social Science and the Politics of Modern Jewish Identity, Stanford 2000.

[21] Martin Buber, Jüdische Renaissance, in: Ost und West. Illustrierte Monatsschrift für Modernes Judentum, 1 (1901), 1, Spalte 7–10. Buber publizierte diesen Aufsatz 1916 noch einmal in seiner programmatisch angelegten Textsammlung „Die jüdische Bewegung"; Martin Buber, Jüdische Renaissance, in: ders., Die jüdische Bewegung. Gesammelte Aufsätze und Ansprachen, Berlin 1916, 7–16; siehe auch Martin Buber, Renaissance. Eine Feststellung, unpubliziertes handschriftliches Manuskript, Berlin 1911. Jewish National and University Library, Jerusalem (JNUL), Martin Buber-Archiv, Arc. Ms. Var. 350, 6/21.
Prof. Dr. Martin Buber (1878–1965), Religionsphilosoph und Zionist. Studium u. a. bei Wilhelm Dilthey und Georg Simmel, 1930–1933 Professur für vergleichende Religionswissenschaft an der Universität Frankfurt. 1938 Emigration nach Palästina, 1938–1951 Ordinarius für Sozialphilosophie an der Hebräischen Universität Jerusalem.

[22] Martin Buber, Die Erneuerung des Judentums, in: ders., Drei Reden über das Judentum, Frankfurt a.M. 1916 (Erstauflage 1911), 59–102; ders., Daniel. Gespräche von der Verwirklichung, Leipzig 1913; Paul Mendes-Flohr, Von der Mystik zum Dialog. Martin Bubers geistige Entwicklung bis hin zu „Ich und Du", Königstein 1978, 77–87; Martin Treml, Einleitung, in: Martin Buber. Werkausgabe, Bd. 1, Frühe kulturkritische und philosophische Schriften 1891–1924, Paul Mendes-Flohr und Peter Schäfer (Hg.) unter Mitarbeit von Martina Urban, Bd. 1 bearb., eingeleitet und kommentiert von Martin Treml, Gütersloh 2001, 13–91, hier: 39–59; Astrid Deuber-Mankowsky, Die nichtexistente Frage. Zu Benjamins Verbindung von Kritischer Philosophie und Kunstkritik, in: Peter-Ulrich Merz-Benz, Ursula Renz (Hg.), Ethik oder Ästhetik? Zur Aktualität der neukantianischen Kulturphilosophie, Würzburg 2004, 205–225.

[23] Max Zirker, Vom Basler Schauturnen, in: JTZ, 4 (1903), 9, 169–176, hier 170.

Ähnlich beschrieb beispielsweise auch der österreichische Turner Dr. Siegmund Werner die emotionale Wirkung des Wiener Schauturnens von 1913 auf die Teilnehmer des XI. Zionistenkongresses, nämlich dass „sich so vielen Hunderten die Augen feuchteten von tief innerem Glück, dass sie das mitansehen durften." Siegmund Werner, Unser Turnfest vor dem XI. Zionistenkongress in Wien, in: Jüdische Monatshefte für Turnen und Sport (JMTS), 14 (1913), 7, 197–199, hier: 198.

[24] So argumentierte beispielsweise der Kölner Turner Julius Berger in einem Vortrag am Zweiten Jüdischen Turntag 1905 in Berlin wie folgt: „Je mehr von den jüdischen Turn-Vereinen und der jüdischen Turnerschaft gesprochen wird, um so mehr Leute werden darauf aufmerksam. Auch Presspolemiken sind nicht zu scheuen; sie geben uns Gelegenheit zu antworten und wirken gewöhnlich wie eine Annonce, nur brauchen sie nicht bezahlt zu werden." Julius Berger, Referat über die äußere Propaganda des Verbandes, in: JTZ, 6 (1905), 5/6, 105–110, hier: 109.

[25] Hermann Jalowicz, Theobald Scholem, Zehn Jahre Geschichte des Jüdischen Turnvereins „Bar Kochba"-Berlin, in: Ausschuss der Jüdischen Turnerschaft (Hg.), Körperliche Renaissance der Juden. Festschrift anlässlich des IV. Turntages der Jüdischen Turnerschaft und der Feier des 10jährigen Bestehens des Jüdischen Turnvereins Bar Kochba-Berlin, Berlin 1909, 17–21, hier: 19.
Dr. Hermann Jalowicz (1877–1941), Berliner Rechtsanwalt und Notar, Gründungsmitglied des JTV Bar Koch Berlin, Weltkriegsteilnehmer. Jalowicz blieb nach 1933 in Deutschland und war bis 1938 als Jurist tätig. Er starb 1941 in Berlin; Theobald Scholem (1873–1943), leitete die „Druckerei Siegfried Scholem", Mitglied des JTV Bar Kochba-Berlin sowie 1905–1907 Vorsitzender der Jüdischen Turnerschaft, 1938 nach Palästina emigriert, Onkel von Gershom Scholem.

[26] Hermann Jalowicz, Theobald Scholem, Zehn Jahre Geschichte des Jüdischen Turnvereins „Bar Kochba"-Berlin, in: Ausschuss der Jüdischen Turnerschaft (Hg.), Körperliche Renaissance der Juden. Festschrift anlässlich des IV. Turntages der Jüdischen Turnerschaft und der Feier des 10jährigen Bestehens des Jüdischen Turnvereins Bar Kochba-Berlin, Berlin 1909, 17–21, hier: 19.

[27] Die Gründung des Dachverbands ist auf den 21. August 1903 zu datieren, das Schauturnen hingegen fand erst am 25. August statt. Max Zirker, Der erste Jüdische Turntag zu Basel, in: JTZ, 4 (1903) 9/10, 164–169, hier: 165–166; Max Zirker, Vom Basler Schauturnen, in: JTZ, 4 (1903), 9/10, 169–176.

[28] Siehe dazu Michael Krüger, Körperkultur und Nationsbildung. Die Geschichte des Turnens in der Reichsgründungsära – eine Detailstudie über die Deutschen, Schorndorf 1996, 287–346; Svenja Goltermann, Körper der Nation. Habitusformierung und die Politik des Turnens 1860–1890, Göttingen 1998, 151–181.

[29] Verbandsschauturnen, in: JTZ, 8 (1907), 6, 102–105, hier: 102–103. Der Dritte Turntag der Jüdischen Turnerschaft fand vom 20. Mai 1907 bis 21. Mai 1907 statt. Das Schauturnen wurde am 20. Mai durchgeführt.

[30] Verbandsschauturnen, in: JTZ, 10 (1909), 6/7, 105–108, hier: 106. Der Vierte Turntag der Jüdischen Turnerschaft fand vom 30. Mai 1909 bis 1. Juni 1909 statt. Das Schauturnen wurde am 30. Mai abgehalten.

[31] Vgl. zu turnerischer Pflicht und Freiwilligkeit beispielsweise Julius Heilbrunn, Militärische und turnerische Erziehung, in: JTZ, 4 (1903), 6, 97–101, hier: 101–102 oder Theobald Scholem, Die Vorturnerstunde der Jüdischen Turnerschaft in Köln, in: JTZ, 9 (1908), 7, 126–132, hier: 128.

[32] Max Zirker, Der erste Jüdische Turntag zu Basel, in: JTZ, 4 (1903), 9/10, 164–169, hier: 167 (Statuten der Jüdischen Turnerschaft).

[33] Till van Rahden, Juden und andere Breslauer. Die Beziehungen zwischen Juden, Protestanten und Katholiken in einer deutschen Großstadt von 1860 bis 1925, Göttingen 2000, 20–22; Till van Rahden, „Germans of the Jewish Stamm": Visions of Community between Nationalism and Particularism, 1850 to 1933, in: Mark Roseman/Nils Roemer/Neil Gregor (Hg.), German History from the Margins, 1800 to the Present, Bloomington 2006; vgl. auch Andreas Reinke, B'nai B'rith in Deutschland, in: Andreas Gotzmann, Rainer Liedtke, Till van Rahden (Hg.), Juden, Bürger, Deutsche. Zur Geschichte von Vielfalt und Differenz 1800–1933, Tübingen 2001 (Schriftenreihe wissenschaftlicher Abhandlungen des Leo-Baeck-Instituts; 63), 315–340, hier: 322–325.

[34] Vgl. dazu Michael A. Meyer, Response to Modernity, A History of the Reform Movement in Judaism, New York 1988; Shulamit Volkov, Die Erfindung einer Tradition. Zur Entstehung des modernen Judentums in Deutschland, in: Historische Zeitschrift 253 (1991), 603–628; Ulrich Wyrwa, Die europäischen Seiten der jüdischen Geschichtsschreibung. Eine Einführung, in: ders. (Hg.), Judentum und Historismus. Zur Entstehung der jüdischen Geschichtswissenschaft in Europa, Frankfurt a. M., 2003, 9–36.

[35] Max Zirker, Die jüdische Turnbewegung, in: Ausschuss der Jüdischen Turnerschaft (Hg.), Körperliche Renaissance der Juden. Festschrift anlässlich des IV. Turntages der Jüdischen Turnerschaft und der Feier des 10jährigen Bestehens des Jüdischen Turnvereins Bar Kochba-Berlin, Berlin 1909, 2–5, hier: 2.
Dr. Max Zirker (1876–?) Berliner Rechtsanwalt und Notar, emigrierte 1936 nach Palästina.

[36] Z. B. Zeitungsschau. Ein Deutscher Jude als Oberst, in: JTZ, 5 (1904), 4, 58–59; Oberst Goldsmid, in: JTZ, 5 (1904), 4, 76–77.

[37] Z. B. Ernst Tuch, Einiges über die Jewish lad's brigade, in: 3 (1902), 10, 161–162; Die „Jewish Lads Brigade", in: JTZ, 5 (1904), 8, 136–137.

[38] Leibesübungen unter den Juden Englands und Amerikas, in: Ausschuss der Jüdischen Turnerschaft (Hg.), Körperliche Renaissance der Juden. Festschrift anlässlich des IV. Turntages der Jüdischen Turnerschaft und der Feier des 10jährigen Bestehens des Jüdischen Turnvereins Bar Kochba-Berlin, Berlin 1909, 25–27. Dieser Text erschien bereits 1908 in mehreren Teilen in der JTZ. Leibesübungen unter den Juden Englands und Amerikas, in: JTZ, 9 (1908), 4, 68–70; Leibesübungen unter den Juden Englands und Amerikas. Jewish Lads Brigade (1. Fortsetzung), in: JTZ, 9 (1908), 5, 93–94; Leibesübungen unter den Juden Englands und Amerikas. Jewish Lads Brigade (2. Fortsetzung), in: JTZ, 9 (1908), 6, 115–117.

[39] Sharman Kadish, A Good Jew and a Good Englishman. The Jewish Lads' & Girls Brigade 1895–1995, London 1995, 1–3.

[40] Leibesübungen unter den Juden Englands und Amerikas, in: Ausschuss der Jüdischen Turnerschaft (Hg.) Körperliche Renaissance der Juden. Festschrift anlässlich des IV. Turntages der Jüdischen Turnerschaft und der Feier des 10jährigen Bestehens des Jüdischen Turnvereins Bar Kochba-Berlin, Berlin 1909, 25–27; Sharman Kadish, A Good Jew or a Good Englishman?, The Jewish Lads' Brigade and Anglo-Jewish Identity, in: Anne J. Kershen: A Question of Identity, Ashgate 1998, 77–93, hier: 77–82.

Oberst Albert E.W. Goldsmid (1846–1904), in Indien als Sohn eines britischen Kolonialbeamten geboren, war Berufsoffizier, Teilnehmer am Burenkrieg, Träger des „Royal Victorian Order", Teilnehmer am Sechsten Zionistenkongress 1903 in Basel.

[41] Die jüdischen Turnvereine nahmen bereits früh Frauen auf. Der JTV Bar Kochba gründete beispielsweise schon 1900 eine „Frauen-Abteilung". Jahresbericht des jüdischen Turnvereins „Bar Kochba", in JTZ, 2 (1901), 1, 10–14, hier: 10. Erst ab 1963 nahm die JLB weibliche Jugendliche auf. In der Folge änderte die JLB ihre Bezeichnung in „Jewish Lads' and Girl's Brigade". Sharman Kadish, A Good Jew and a Good Englishman. The Jewish Lads' & Girls Brigade 1895–1995, London 1995, 155–166.

[42] Z.B. Ernst Tuch, Einiges über die Jewish lads brigade, in: JTZ, 3 (1902), 11, 178–182.

[43] Jewish Lads' Brigade, in: JTZ, 4 (1903), 12, 215–216; vgl. dazu auch den Nachruf auf Oberst Albert Goldsmid in der JTZ. Oberst Goldsmid, in: JTZ, 5 (1904), 4, 76–77.

[44] Jewish Lads' Brigade, in: JTZ, 4 (1903), 12, 215–216; Leibesübungen unter den Juden Englands und Amerikas, in: Ausschuss der Jüdischen Turnerschaft (Hg.): Körperliche Renaissance der Juden. Festschrift anlässlich des IV. Turntages der Jüdischen Turnerschaft und der Feier des 10jährigen Bestehens des Jüdischen Turnvereins Bar Kochba-Berlin, Berlin 1909, 25–27; siehe auch Alfred Burin, Eine militärische Chanukkafeier in England, in: JMTS, 14 (1913), 1, 14–15.

[45] Manfred Messerschmidt, Juden im preußisch-deutschen Heer, in: Militärgeschichtliches Forschungsamt Potsdam (Hg.), Deutsche Jüdische Soldaten. Von der Epoche der Emanzipation bis zum Zeitalter der Weltkriege, Berlin 1996, 39–62, hier: 45–54; Werner T. Angress, Der jüdische Offizier in der neueren deutschen Geschichte, 1813–1918, in: Ursula Breymayer/Bernd Ulrich/Karin Wieland (Hg.), Willensmenschen. Über deutsche Offiziere, Frankfurt a.M. 1999, 67–78, hier: 72–74.

[46] Dieses Antonym findet sich beispielsweise schon in der bereits zitierten Absichtserklärung des JTV Bar Kochba-Berlin aus dem Jahre 1900: „Wir wollen dem schlaffen jüdischen Leib die verlorene Spannkraft wiedergeben, ihn frisch und kräftig, gewandt und stark machen", aus: Was wir wollen!, in: JTZ, 1 (1900), 1, 1.

[47] Siehe dazu beispielsweise Moritz Jastrowitz, Muskeljuden und Nervenjuden, in: Ausschuss der Jüdischen Turnerschaft (Hg.), Körperliche Renaissance der Juden. Festschrift anlässlich des IV. Turntages der Jüdischen Turnerschaft und der Feier des 10jährigen Bestehens des Jüdischen Turnvereins Bar Kochba-Berlin, Berlin 1909, 12–14, hier: 13.

[48] Siehe beispielsweise Moritz Jastrowitz, Muskeljuden und Nervenjuden, in: Ausschuss der Jüdischen Turnerschaft (Hg.), Körperliche Renaissance der Juden. Festschrift anlässlich des IV. Turntages der Jüdischen Turnerschaft und der Feier des 10jährigen Bestehens des Jüdischen Turnvereins Bar Kochba-Berlin, Berlin 1909, 12–14. Vgl. zur visuellen Inszenierung des Muskels: Daniel Wildmann, Begehrte Körper: Konstruktion und Inszenierung des „arischen" Männerkörpers im Dritten Reich, Würzburg 1998, 76–79; sowie zur Bedeutung des Muskels als pars pro toto für den ganzen Körper auch Philipp Sarasin, Reizbare Maschinen. Eine Geschichte des Körpers 1765–1914, Frankfurt a.M. 2001, 324–344.

[49] Rede von Max Nordau, in: Stenographisches Protokoll der Verhandlungen des II. Zionisten-Congresses gehalten zu Basel vom 28. bis 31. August 1898, Wien 1898, 14–27, hier: 24–25. Der Verweis auf ein „Muskeljudenthum" ist in Nordaus Rede nur kurz. Nordaus Rede konzentrierte sich vor allem auf antisemitische Kampagnen in Frankreich im Gefolge der Debatten um den Hochverratsprozess gegen den jüdischen Generalstabsoffizier Alfred Dreyfus.
Dr. Max Nordau (1849–1922), Arzt, Kulturkritiker, Publizist und führender zionistischer Politiker.

[50] (Albert) Albu: Turnen und Sport, in: Ausschuss der Jüdischen Turnerschaft (Hg.) Körperliche Renaissance der Juden. Festschrift anlässlich des IV. Turntages der Jüdischen Turnerschaft und der Feier des 10jährigen Bestehens des Jüdischen Turnvereins Bar Kochba- Berlin, Berlin 1909, 14–16.

[51] Zur bürgerlichen Antikenrezeption und Ästhetik vgl. Georg L. Mosse, Nationalität und Sexualität. Bürgerliche Moral und sexuelle Normen, Hamburg 1987, 23–26; Klaus Wolbert, Die Nackten und die Toten. Folgen einer politischen Geschichte des Körpers in der Plastik des deutschen Faschismus, Gießen 1982, 126–147.
Bar Kochba, eigentlich Simon Bar Kosiba, Führer des zweiten, niedergeschlagenen Aufstands der Juden Palästinas gegen die Herrschaft Roms (132–135 n. Chr.); mit dem Namen Makkabäer (hebr. Makkabim) wird ein priesterliches Geschlecht aus Modiin bei Jerusalem bezeichnet. Diese führten 168–164 v. Chr. einen erfolgreichen Aufstand gegen den seleukidischen König Antiochus IV. an und installierten sich in Jerusalem als neue Königs- und Herrscherfamilie.

[52] Siehe beispielsweise die Fotografien eines Turners in einer Ausgabe der JTZ aus dem Jahre 1910. Fürs praktische Turnen. Mustergiltige (sic!) Freiübungen, in: JTZ, 11 (1910), 3/4, 65–69; sowie: Brigitte Werneburg, Diverse Sprünge. Frauen, Sport und Fotografie, in: Fotogeschichte. Beiträge zur Geschichte und Ästhetik der Fotografie, 16 (1996), 62, 3–12; Thomas Reuter, Kraft und Schönheit. Bildergeschichten, in: Fotogeschichte. Beiträge zur Geschichte und Ästhetik der Fotographie, 16 (1996), 62, 55–64.

[53] Kunstbeilage: Ein Jünger Bar Kochbas, Originallithografie von Hermann Struck, in: Ausschuss der Jüdischen Turnerschaft (Hg.): Körperliche Renaissance der Juden. Festschrift anlässlich des IV. Turntages der Jüdischen Turnerschaft und der Feier des 10jährigen Bestehens des Jüdischen Turnvereins Bar Kochba- Berlin, Berlin 1909. Die Lithografie war der Festschrift beigelegt und konnte auch separat erworben werden.
Hermann Struck (1876–1944), Grafiker, entwickelte neue Techniken der Radierung. Mitbegründer der Misrachi-Bewegung in Deutschland, Kriegsteilnehmer, 1923 Auswanderung nach Palästina.

[54] Siehe beispielsweise die Fotos auf den Seiten 24 und 29 in: Ausschuss der Jüdischen Turnerschaft (Hg.): Körperliche Renaissance der Juden. Festschrift anlässlich des IV. Turntages der Jüdischen Turnerschaft und der Feier des 10jährigen Bestehens des Jüdischen Turnvereins Bar Kochba-Berlin, Berlin 1909.

[55] Vgl. zum Turnen der Frauen Gertrud Pfister, Toni Niewerth, Jewish Woman in Gymnastic and Sport in Germany 1898–1938, in: Journal of Sport History, 26 (1999), 2, Special Issue: One Hundred Years of „Muscular Judaism". Sport in Jewish History and Culture, 287–325, hier: 294–298; Gabriele Daum, Die Frauen in

der Jüdischen Turnbewegung von 1895–1918, unpublizierte Magisterarbeit an der Deutschen Sporthochschule Köln, Köln 1982, 43–57.

56 Zur Repräsentation weiblicher Körper im öffentlichen Raum im 19. und frühen 20. Jahrhundert vgl. Klaus Wolbert, Die Nackten und die Toten. Folgen einer politischen Geschichte des Körpers in der Plastik des deutschen Faschismus, Gießen 1982; Silke Wenk, Versteinerte Weiblichkeit. Allegorien in der Skulptur der Moderne, Köln 1996. Zum spezifischen Fall der Nacktkulturbewegung vgl. Maren Möhring, Wie erarbeitet man sich einen natürlichen Körper?, Körpernormalisierung in der deutschen Nacktkulturbewegung um 1900, in: 1999, Zeitschrift für Sozialgeschichte des 20. und 21. Jahrhunderts, 14 (1999), 2, 86–109; dies., Ideale Nacktheit. Inszenierungen in der deutschen Nacktkultur 1893–1925, in: Kerstin Gernig (Hg.), Nacktheit. Ästhetische Inszenierungen im Kulturvergleich, Köln 2002, 91–109.

57 Dies hängt unter anderem damit zusammen, dass 1912 jüngere, politisch radikaler orientierte Turner in den Ausschuss der Jüdischen Turnerschaft gewählt wurden. Hans-Jürgen König, „Herr Jud" sollen Sie sagen!, Körperertüchtigung am Anfang des Zionismus, St. Augustin 1999, 179 und 233–235.

58 Henry Unna, Unsere Palästinafahrt, in: JTZ, 13 (1912), 7/8, 139–140, hier: 139. Bereits 1906 und 1909 wurde erstmals in der JTZ die Idee einer eigenen Turnfahrt nach Palästina lanciert. Diese Vorschläge blieben aber ohne Resonanz. Vermischtes. Eine jüdische Gesellschaftsreise nach Palästina, in: JTZ, 7 (1906), 9, 160; Vermischtes. Turnen in Palästina, in: JTZ, 10 (1909), 1/2, 23–24.
Dr. Henry Unna (1888–1976), 1939 nach Belgien emigriert, 1940–1941 in den französischen Lagern Gurs und Les Milles interniert, Ende 1941 erfolgreiche Emigration in die USA.

59 Henry Unna, Unsere Palästinafahrt, in: JTZ, 13 (1912), 7/8, 139–140, hier: 140.

60 Henry Unna, Unsere Palästinafahrt, in: JTZ, 13 (1912), 7/8, 139–140, hier: 139. Die Studenten, die an der Reise teilnahmen, gehörten zionistisch ausgerichteten Studentenverbindungen an, die im „Bund Jüdischer Corporationen" (BJC) oder im „Kartellverband Zionistischer Verbindungen" (KZV) organisiert waren. Vgl. zu diesen studentischen Dachverbänden Miriam Rürup, Jüdische Studentenverbindungen im Kaiserreich. Organisation zur Abwehr des Antisemitismus auf „studentische Art", in: Jahrbuch für Antisemitismusforschung, 10 (2001), 113–137; sowie dies., Gefundene Heimat? Palästinafahrten nationaljüdischer deutscher Studentenverbindungen 1913/14, in: Leipziger Beiträge zur jüdischen Geschichte und Kultur, II (2004), 167–189.

61 Reiseroute, in: Theodor Zlocisti, Zum Geleit, in: Comité für Palästinafahrten jüdischer Turner und Studenten (Hg.), Bericht der ersten Palästinawanderfahrt zur Orientierung für die nächsten Fahrten. Mit einem Geleitwort von Dr. Theodor Zlocisti, Berlin 1913, 15–20; Liste der Teilnehmer, in: Ebd., 5. Frauen durften an dieser Turnfahrt nicht teilnehmen. Die Turnerinnen planten daher für 1915 eine eigene Turnfahrt nach Palästina, die allerdings wegen des Ersten Weltkriegs nicht mehr durchgeführt werden konnte. Ein Briefwechsel, in: JTZ, 13 (1912), 9/10, 176–177; Theodor Zlocisti, Unsere Palästinafahrt, in: Der Jüdische Student. Monatsschrift des Bundes Jüdischer Corporationen, 9 (1912/13), 7, 229–231, hier: 231; Berichte, Berlin, Jüdischer Frauenbund für Turnen und Sport, in: JMTS, 15 (1914), 1, 19–20.

[62] Z.B. Siegfried Rosenbaum, Unsere Palästinaturnfahrt, in: JMTS, 14 (1913), 4, 119–121; Fritz Blankenfeld: Unsere zweite Wanderfahrt durch Palästina, in: JMTS, 15 (1914), 4, 106–110.

[63] Theodor Zlocisti, Zum Geleit, in: Comité für Palästinafahrten jüdischer Turner und Studenten (Hg.), Bericht der ersten Palästinawanderfahrt zur Orientierung für die nächsten Fahrten. Mit einem Geleitwort von Dr. Theodor Zlocisti, Berlin 1913, 3–4, hier: 4.
Dr. Theodor Zlocisti (1874–1943), Arzt, Zionist und Publizist. Gründungsmitglied von JTV Bar Kochba-Berlin. Während des Ersten Weltkriegs als Chefarzt des Roten Kreuzes in Konstantinopel stationiert. Wanderte 1921 nach Palästina aus.

[64] Theodor Zlocisti, Zum Geleit, in: Comité für Palästinafahrten jüdischer Turner und Studenten (Hg.): Bericht der ersten Palästinawanderfahrt zur Orientierung für die nächsten Fahrten. Mit einem Geleitwort von Dr. Theodor Zlocisti, Berlin 1913, 3–4, hier: 4.

[65] Vgl. beispielsweise Siegfried Rosenbaum, Unsere Palästinaturnfahrt, in: JMTS, 14 (1913), 4, 119–121.

[66] Der 13. Delegiertentag des ZVfD in Posen fand vom 26–28. April 1912 statt. Die Resolution wurde von zwei Delegierten eingebracht. Einer der beiden war Theodor Zlocisti, ein Gründungsmitglied des JTV Bar Kochba- Berlin. Vgl. dazu Yehuda Eloni, Zionismus in Deutschland. Von den Anfängen bis 1914, Gerlingen 1987, 273–279; Hans-Jürgen König: „Herr Jud" sollen Sie sagen! Körperertüchtigung am Anfang des Zionismus, St. Augustin 1999, 179 und 233–235.

[67] Henry Unna, Unsere Palästinafahrt, in: JTZ, 13 (1912), 7/8, 139–140, hier: 139.

[68] JMTS, 14 (1913), 1. Bis Ende 1912 lautete der Untertitel der Zeitschrift „Monatsschrift für die körperliche Hebung der Juden".

[69] Allerdings wurde die explizite Formulierung in den Statuten von 1921 drei Jahre später, anlässlich der Tagung des MWV 1924 in Wien, wieder zurückgenommen. Statuten des „Makkabi"-Weltverbandes, in: Makkabi Weltverband (Hg.), Karlsbader Tagung, o.O., o.J. (wahrscheinlich Berlin 1921), 47–51, hier: 47; Statuten des Makkabi-Weltverbandes, in: Jüdische Turn- und Sportzeitung HAMAKKABI, 25 (1924), 11, 58–59; Vgl. dazu Hans-Jürgen König, „Herr Jud" sollen Sie sagen!, Körperertüchtigung am Anfang des Zionismus, St. Augustin 1999, 186–187; Eric Friedler, Maccabi Chai – Makkabi lebt, Die jüdische Sportbewegung in Deutschland 1898–1998, Wien 1998, 29–32.

4. Sport und die Militarisierung der jüdischen Gesellschaft*

Gideon Reuveni

Die Forschung über den modernen jüdischen Militarismus hat sich hauptsächlich auf die Frage nach dem Militarisierungsgrad der israelischen Gesellschaft konzentriert. Obwohl weder über die Formen des Militarismus noch über das Maß an Militarisierung der israelischen Gesellschaft Konsens herrscht, führen ältere sowie neuere sogenannte postzionistische Arbeiten das Militarismusproblem Israels auf den Krieg zwischen Juden und Arabern zurück.[1] Dieser Ansatz stützt sich auf die Ansicht, dass Juden Opfer militärischen Handelns waren und noch immer sind. Bahnbrechende Arbeiten über die jüdische Körperwahrnehmung im 19. Jahrhundert haben jedoch gezeigt, dass die Ursachen des jüdischen Militarismus sich nicht nur auf den Konflikt zwischen Juden und Arabern reduzieren lassen. Die Arbeiten machen uns auf Ansätze zur körperlichen Reform aufmerksam, die das Ziel hatten, vor allem den männlichen jüdischen Körper zu regenerieren und die Juden endgültig von Klischeevorstellungen über ihren eigenen Körper zu befreien. In diesem Zusammenhang spielt das körperliche Ideal des Kriegers eine zentrale Rolle. Körperkontrolle, Kraft, Mut und Kühnheit gehörten zu diesem militärischen Männlichkeitskanon, der die sogenannte „jüdische Vollnatur" hauptsächlich mit Hilfe des Sports erschaffen sollte.[2]

Wissenschaftler wie Sander Gilman, Daniel Boyarin, Patricia Vertinsky, Howard Eilberg-Schwartz u.a. betrachten diese militarisierenden Tendenzen im jüdischen Diskurs des 19. Jahrhunderts als Verinnerlichung fremder Werte bzw. als unentbehrliche Reaktion auf die nicht-jüdische Umgebung.[3] Von diesem Standpunkt aus gesehen ist der „unheroic conduct", die einzig „authentisch" jüdische Lebensweise, wie es Daniel Boyarin postuliert.

Die Existenz eines derart ausgeprägten unheroischen Körperideals bei Juden ist meiner Meinung nach überhaupt fraglich. Es ist ebenso irreführend, die Juden lediglich als eine Art kolonialisierte Gruppe innerhalb Europas zu betrachten.[4] Die europäischen Juden bildeten einen integralen Teil der europäischen Gesellschaft, wobei die Kräfte, welche die „allgemeine" Gesellschaft berührten, ex aequo im jüdischen Teil der Gesellschaft wirkten.[5] Der jüdische Sport ist ein hervorragendes Beispiel für diesen Vorgang, denn gerade als Teil einer allgemeinen Entwicklung, die ihm immer mehr Bedeutung beimaß, wurde der Sport ein bedeutendes Medium für die Förderung und Pflege jüdischen Bewusstseins.[6]

Das besondere Verhältnis zwischen Sport und Militarismus in Mitteleuropa geht auf den Anfang der deutschen Turnbewegung in den Wendejahren vom 18. zum 19. Jahrhundert zurück. Von seiner Geburtsstunde an gab es einen Konsens darüber, wie das „Deutsche Turnen" als Mittel vormilitärischer Erziehung einzusetzen sei.[7] Diese Tendenz hat sich auch nach der Einführung des (englischen) Sports im Laufe der zweiten Hälfte des 19. Jahrhundert nicht wesentlich geändert. Sport wurde bei Armee und Marine zum festen Bestandteil des Trainings und der Freizeitaktivitäten. Viele tausend junge Männer machten hier ihre ersten Erfahrungen als aktive Sportler wie auch als Zuschauer.[8] War eine Folge diese Entwicklung der Einzug des sportlichen Geistes ins Militär, so kam es auch umgekehrt zum Eindringen des militärischen Geistes in den Sport. Vor allem durch den Ersten Weltkrieg verwandelte sich der Sport von einer Art Erholungsaktivität bzw. einer Form von Geselligkeit zu einer Art Schaubühne, auf der die überlegene Kraft und Tüchtigkeit einzelner Individuen wie auch der Nation unter Beweis gestellt werden sollten.[9] Wie Christiane Eisenberg gezeigt hat, ist der Sportboom der zwanziger Jahre hauptsächlich ein Ergebnis der gesellschaftlichen Militarisierung, und nicht bloß eine Folge des Wunsches nach Unterhaltung und Ablenkung.[10] Hunderttausende demobilisierte Soldaten, die nach dem Krieg in die Sportvereine und als Zuschauer in die Stadien strömten, haben den Sport als eine Art „Fortsetzung des Kriegs mit anderen Mitteln" aufgefasst.[11] Die Forderung führender Politiker und Militärs, den Sport als Ersatz für die von den Siegermächten abgeschaffte Wehrpflicht im Staatsapparat zu institutionalisieren, hat diese Entwicklung im Nachkriegsdeutschland noch beschleunigt.[12] Dies scheint Johan Huizingas Feststellung, „das Fehlen pflichtmäßiger allgemeiner militärischer Ausbildung begünstigte die Gelegenheit und das Bedürfnis freier Körperübung" zu bestätigen.[13]

Ein ähnlicher Vorgang der Militarisierung einer entmilitarisierten Gesellschaft durch den Sport hat ebenso in der jüdischen Gesellschaft stattgefunden.

Schon im Jahr 1886 kündigte eine Gruppe von Studenten aus Breslau an, eine jüdischen Studentenverbindung zu gründen, die auch eine Pflegestätte für Leibesübungen sein sollte. In ihrem Appell „Ein Wort an unsere Glaubensgenossen" erklärten sie: „Mit der wirklichen körperlichen Kraft und Gewandtheit wird das Selbstvertrauen und die Selbstachtung wachsen, und niemand wird sich mehr schämen, ein Jude zu sein".[14] Aber erst ein Jahrzehnt später wurde eine organisierte jüdische Turn- und Sportbewegung gegründet, die dieses Ziel in Angriff nahm.

Die „systematische Beteiligung der Juden am Sportleben" setzte jüdischen Sportchroniken zufolge jedoch gleichzeitig mit den Anfängen der allgemeinen sportlichen Betätigung ein.[15] Die vielleicht bedeutendste Sportart, mit der sich Juden als hervorragende Sportler behaupteten, war das Boxen. So wurde im Jahr 1769 in England erstmals über jüdische Boxer berichtet[16], und Ende des 18. Jahrhunderts, als das Boxen noch nicht zu einer rein männlichen Domäne geworden war, wurde sogar auf jüdische Boxerinnen hingewiesen.[17]

Bekanntester Boxer war damals freilich Daniel Mendoza (1764–1836), der von 1792 bis 1795 englischer Boxmeister war und als „der Mann, der das Boxen nach gewissen Regeln und mit Handschuhen erst populär gemacht hat" in die jüdische Sportgeschichte einging.[18] Von ca. 1817 bis 1934 hatten laut dem *Jüdischen Sportbuch* 18 jüdische Boxer Weltmeisterschaften gewonnen.[19] In keiner anderen Sportart erhielten Juden so viele Weltmeisterschaftstitel.

Eine weitere Disziplin, in der Juden hervorragende Leistungen zeigten, war der Ringkampf. Die jüdische Sportgeschichtsschreibung geht bis ins 15. Jahrhundert zurück, um die zwei deutschstämmigen Juden Ott und Thalhoffer zu erwähnen, die angeblich nicht nur begabte Ringer waren, sondern auch als Verfasser bedeutender Lehrbücher über Ringkampf bekannt geworden waren.

Eine weitere Kampfsportart, in der Juden als Sportler und Verfasser von Lehrbüchern präsent waren, war das Fechten.[20] Laut George Eisen lässt sich die Anziehungskraft, die Fechten auf bürgerliche Juden hatte, mit der dem Fechten zugeschriebenen Fähigkeit, Gewalt zu kontrollieren, erklären.[21] Es scheint also, dass das Schwert für die europäischen Juden des 19. Jahrhundert, die um ihre Emanzipation kämpfen mussten, nicht nur als Phallussymbol zu interpretieren ist, sondern auch in engem Zusammenhang steht mit der Initiierung eines Mythos, nach dem es reine Waffen gebe.

Die Tradition der „tough Jews" wurde in den jüdischen Turn- und Sportvereinen, die seit Ende des 19. Jahrhunderts in vielen Städten Europas gegründet wurden, bewahrt. Schon die Namen vieler dieser Vereine zeugten von ihrem Bestreben. „Makkabi", „Bar Kochba", „Hasmonäer" „Samson", „Hagibor" (der Held) oder „Hakoach" (die Kraft), zeigen, wie Sport vergangenes jüdisches (Militär)Heldentum wiederbeleben sollte.[22] Zu dem für den jüdischen Turnverein in Berlin gewählten Namen „Bar Kochba" erklärte Max Nordau in seinem vielzitierten Aufruf über das „Muskeljudentum", „Bar Kochba war ein Held, der keine Niederlage kennen wollte [...] [er] war die letzte weltgeschichtliche Verkörperung des kriegsharten, waffenfrohen Judentums. Sich unter Bar Kochbas Anrufung zu stellen, verrät Ehrgeiz. Aber Ehrgeiz steht Turnen [...] wohl an."[23]

Diese Symbiose aus Sport und Militarismus blieb nicht auf die symbolische Ebene der Namensgebung beschränkt. Schon im zweiten Heft der Jüdischen Turnzeitung (JTZ) veröffentlichte Richard Blum, der als „Turnvater" bekannt war, einen programmatischen Artikel mit der Überschrift „Disziplin". Nach Blum ist für die gedeihliche Entwicklung eines Turnvereines die Unterordnung unter einen Willen ein unbedingtes Erfordernis.[24]

Disziplin sei die wichtigste Voraussetzung für die Entwicklung eines funk-
tionierenden Turn- und Sportvereins, nicht nur aufgrund ihrer betrieblichen
Notwendigkeit oder ihres erzieherischen Werts, sondern hauptsächlich wegen ihrer Funktion als Brücke zum Militär.

Wie wir gleich sehen werden, wurde die Verbindung zwischen Militär und
Turnen nicht nur auf die deutsche Turntradition zurückgeführt. In der JTZ
finden wir lobende Berichte über paramilitärische Organisationen wie z. B.
die im Jahr 1897 in London gegründete Jewish Lads' Brigade. Die Lads' Brigade galt als eine Alternative zum deutschen Turnverein. Im Gegensatz zu
der deutschen Turntradition bot das englische Modell eine Mischung aus
strenger und straffer Disziplin mit wahrem militärischen Drill einerseits
und mehr Freiheit und Ungebundenheit im Rahmen der sportlichen Aktivitäten andererseits. Gemäß der JTZ beruhte der Erfolg der Jewish Lads' Brigade, die im April 1902 bereits 3500 Mitglieder umfasste, vor allem auf dem
multiethnischen Charakter der Metropole London, wo viele osteuropäische
Juden in kümmerlichen Verhältnissen lebten.[25] Paramilitärisches Training
wurde als besonders geeignet empfunden für Regionen, in denen ethnische
und soziale Spannungen herrschten, wie z. B. auf dem Balkan, aber als ein
eher unpassendes Modell für die deutschen Juden, die, wie der JTZ konsta-
tierte, in einer äußerst homogenen Umgebung und unter besseren Verhältnissen lebten.

Trotz dieser Stellungnahme ist die Frage nach dem Verhältnis des Turnvereins zum Militär noch immer ein Thema im jüdischen Sportdiskurs in
Deutschland geblieben. Theobald Scholem z. B., ein eifriger Befürworter
des deutschen Turnens, zog in seinem Artikel von Mai 1903 in der JTZ eine
klare Linie zwischen dem Turnverein, der ein harmonisches Verhältnis zwischen Disziplin und Freiheit pflegen sollte, und rein (para)militärischen
Organisationen wie z. B. der deutschen „Jugendwehr", die, seiner Meinung
nach, ihre Mitglieder zu „sklavisch gehorsamen Kreaturen" gemacht habe.[26]
Schon im folgenden Heft reagierte Julius Heilbrunn auf Scholems Bedenken kritisch. Nach einer langen und differenzierten Diskussion über das
problematische Verhältnis von Militär und Turnen im allgemeinen, stellte
Heilbrunn fest, dass eine enge Verbindung zwischen militärischem Geist
und Turnverein im Fall der Juden unerlässlich sei. Die Sonderstellung der
Juden führt er auf das etwas dürftige bzw. erst heranwachsende jüdische
Nationalbewusstsein zurück. Die Juden, „[seien] nicht gewöhnt, in jüdischen Dingen organisiert zu arbeiten".[27] Schließlich sollte der Geist des Militärs eine Schlüsselrolle in der Herausbildung eines selbstbewussten jüdischen Lebens spielen. Im Gegensatz zu Organisationen wie beispielsweise
der deutschen Sozialdemokratie, die ihren Erfolg „dem Geist der Disziplin,
der in einem Volke lebt, das seit Menschenaltern durch die Schule des preu-
ßischen Heeres gegangen ist",[28] verdankten, könnten die Juden auf eine solche Schule nicht zurückgreifen. Somit kommt Heilbrunn zu dem Schluss,

dass „jüdische Turnvereine noch weit mehr auf stramme Disziplin halten [müssen], als es vielleicht andere Vereine nötig haben".[29] Besonders das Gefühl politischer Ohnmacht, das nach David Biale die Voraussetzung für eine neue jüdische Politik der Massenmobilisierung gewesen sei,[30] erzeugte eine militarisierende Auffassung des Turnens, das im Mittelpunkt der nationalen Erziehung stehen sollte.[31]

Dieser Militarismus, bei dem das Heer als „Schule der Nation" betrachtet wurde, vermag ebenfalls zu verdeutlichen, warum sich der sogenannte Übergang vom Turnen zum Sport vor allem bei der nationaljüdischen Turnbewegung weitestgehend reibungslos vollzogen hat.[32] Insbesondere der Beitrag des Sports zur Willensbildung sowie sein Kampfcharakter wurden dabei positiv hervorgehoben.[33] Der Sport stellte gerade für Juden eine Plattform dar, auf der sie als Gleichwertige auftreten und zeigen konnten, „was sie können und was sie alles können könnten, so sie nur wollen", so der berühmte Sport Journalist Willi Meisel.[34] Diese Umorientierung deutete außerdem, besonders bei den Zionisten, die Abkehr von einem weitgehend deutschorientierten Assimilationsprodukt des Turnens und die Hinwendung zum Sport an. Entsprach der Sport doch viel eher der transnationalen Ausrichtung der nationaljüdischen Verfassung als es das Turnen tat.[35] Insofern hat die Versportlichung des jüdischen Turnens, d. h. die Überwindung des Ordnungs- und Haltungsprinzip hin zum Konkurrenz- und Leistungsprinzip, die Rolle des Militarismus keineswegs heruntergespielt. In vielerlei Hinsicht wurde der Sport immer mehr zu einem Medium, das den Kampfgeist der Juden stimulieren sollte. Er kann hier also nicht bloß als eine Aktivität gesehen werden, bei der Aggressivität abgebaut wurde.[36]

Wie ich zu Beginn dieses Beitrages erwähnt habe, hat der Erste Weltkrieg die Affinität zwischen Sport und Militarismus auch im jüdischen Sport intensiviert. Die jüdische Sportbewegung engagierte sich eifrig für den Krieg und übernahm sogar „die Ausbildung unserer Jungen für ihre spätere militärische Tätigkeit".[37] Die Fokussierung auf den jüdischen Sport wird ferner zeigen, dass der vor allem von zionistischer Seite unternommene Versuch, während des Kriegs eine Vision von einem neuen starken, gewaltbereiten und entindividualisierten jüdischen Mann zu konstruieren, viel verbreiteter war als bisher vermutet.[38] Wie wir gleich sehen werden, hat der Geist, der aus den Schützengräben entsprang, den jüdischen Sport stark geprägt.

Nach dem Weltkrieg hat sich die nationaljüdische Turnbewegung noch stärker als zuvor am Zionismus orientiert. „Die Turnerschaft", so hieß es in der ersten Nachkriegsausgabe der Jüdischen Turn- und Sportzeitung „ist ein Kind des Zionismus, und hat nur als solches Sinn und Lebensfähigkeit".[39] Ganz konkret bedeutete dieses Bekenntnis, den Versuch zu unternehmen, das jüdische Turnen von seinem Turnervereincharakter zu befreien und eine Turnergemeinschaft aufzubauen. Alle Turnkommandos sollten nun auf Hebräisch eingeführt werden.[40] Es ist durchaus möglich, dass eini-

ge von den Drillkommandos der israelischen Armee wie z. B. Kadima Zead
(Vorwärts marsch!), Hakschew (Achtung!), Schura Aroch (Antreten!),
Jemina Schur (Augen rechts!), auf diesen Hebräisierungsvorgang zurückzuführen sind. Viel beachtlicher sind jedoch Julius Hirschs Richtlinien für
den Neuaufbau der jüdischen Turnerschaft als Turnergemeinschaft. Nach
seinem Vorschlag sollten die Vereine in kleine Gruppen zergliedert werden,
welche die Interaktion zwischen ihren Mitgliedern nicht nur auf die sportliche Ebene beschränken sollte, wie es beim Turnverein der Fall war. Besonderen Wert legte er auf die Menschen, die diese Gruppen leiten sollten. Diese Personen sollten Mazbi (Heerführer) genannt werden.[41] In der Tat wurde das Führer- bzw. „Mazbiprinzip" in die verschiedenen Ortsgruppen
eingeführt, allerdings mit unterschiedlichem Erfolg. In Frankfurt a. M. zum
Beispiel scheint die neue Methode hervorragend funktioniert zu haben,
während Leipzig und München über mangelnde Disziplin und Passivität ihrer Mitglieder klagten und nicht über ähnliche Erfolge berichten konnten.[42]

Angesichts der politischen Instabilität und der steigenden Zahl von Angriffen gegen Juden in der Nachkriegszeit wurde die Rolle der Sportvereine
immer bedeutungsvoller. Als vorbildlich hierfür galt der Wiener Versuch,
mit demobilisierten Soldaten eine Art jüdischer Miliz zuschaffen. Da die
Behörden jüdische Organisationen auf rein militärischer Grundlage jedoch
untersagt hatten, wurde im jüdischen Nationalrat beschlossen, die jüdischen
Soldaten in die nationaljüdischen Turn- und Sportvereinen zu integrieren.
Unter dem Deckmantel des zivilen Sportvereins bestand das „jüdische Ba-
taillon" fort, wobei sich die Sportvereine nahezu vollständig in eine „Selbst-
wehr-Reserve" verwandelten. Durch Aufnahme von halbmilitärischen
Übungen in ihr Sportprogramm erklärten sie sich bereit, die neuen Mitglieder „zu einer kräftigen Selbstwehr fähig zu machen".[43]

In Deutschland wurde im Jahr 1919 der Reichsbund jüdischer Frontsoldaten (RjF) als deutschnationale jüdische Organisation gegründet. Der RjF
sah seine Hauptaufgabe darin, den neu aufkommenden Antisemitismus und
die Herabsetzung jüdischer Kriegsteilnehmer zu bekämpfen.[44] Zu den
Selbstschutzmaßnahmen des RjF gehörten neben den gewöhnlichen schriftlichen und mündlichen Protesten in der Öffentlichkeit und bei den Behörden auch offensive Aktionen wie zum Beispiel das Abreißen von juden-
feindlichen Plakaten sowie Versuche, antisemitische Versammlungen zu stören und möglicherweise abzubrechen. An verschiedenen Orten bildete der
RjF Schutztruppen und war bereit „im politischen Kampf [...] mit eigener
Waffe zu kämpfen".[45] Eine wichtige Rolle im Selbstwehrkonzept des RjF
spielte die sogenannte „körperliche Ertüchtigung". Im Jahr 1925 kam es zu
der Gründung des Sportverbands des RjF Schild, ein Name, der die „soldatische Haltung und Abwehrbereitschaft gegenüber Verächtern und Antisemiten [versinnbildlichte]".[46] Im Mittelpunkt der sportlichen Aktivitäten
des Sportbunds „Schild" standen Wehrsportarten wie Boxen, Judo, Ringen

sowie Segelfliegen und Kleinkaliberschießen, welche im Hinblick auf praktische Anwendungen geübt wurden.[47] Besonderen Wert legte der RjF auf die Ausbildung an der sogenannten „unsichtbaren Waffe", Jiu-Jitsu, und brachte auf diesem Gebiet mehrere deutsche Meister hervor.[48]

Ungeachtet der ideologischen Diskrepanz zwischen dem deutschnational orientierten RjF und den Zionisten kam es schon vor 1933 auf der Selbstwehr- bzw. Sportebene zu einer Zusammenarbeit zwischen den rivalisierenden Fraktionen.[49] Aufgrund der Besorgnisse der jüdischen Bevölkerung, die sich insbesondere in Berlin von völkischer und nationalsozialistischer Seite mehr und mehr bedroht fühlten, wurde Ende der 20er Jahre der „Jüdische Abwehr Dienst" (JAD) gegründet.[50] Neben dem RjF waren der jüdische Boxclub Maccabi und der zionistische Sportverein Bar Kochba Träger dieser Organisation, die ihre Mitglieder vormilitärisch ausgebildet hatte.[51] Die jüdische Jugend wurde ermuntert, Sport zu treiben, auf dass sie sich potentiellen körperlichen Angriffen entgegensetzen könnte. Wenn, wie Paul Yogi Mayer 1934 notierte, der Frontkämpfer 1918 aufhörte „Militärperson" zu sein, jedoch oft Soldat und Frontsoldat blieb,[52] dann können wir mit Sicherheit sagen, dass der jüdische Sport einen zentralen Bereich darstellte, in dem die sogenannte „soldatische Haltung" weitergegeben werden sollte.[53]

Die Bedeutung des Wehrsports für jüdische Sportorganisationen ist darüber hinaus in ihrem Wettkampfbegriff zu spüren. Der sportliche Wettkampf wurde nicht als eine neutrale Zone begriffen. Es ging hier um viel mehr als den bloßen Sieg, die Zahl der Tore oder die Punktzahl. Für den nationaljüdischen Sport, wie Edgar Marx für den Sportverein Bar Kochba Hamburg 1927 proklamierte, „[ist] jeder Kampf, den unsere Mannschaft mit dem Mogen Dovid auf der Brust mit einem Gegner besteht, ein Kampf des jüdischen Vereins und wird jedes Mal irgendwie zur einer jüdischen Sache".[54]

Die kritische Diskussion über Sport und Militarismus wurde vorwiegend im Rahmen der Auseinandersetzung zwischen dem sozialistischen und dem bürgerlichen Sport geführt. Der jüdische Sportdiskurs stellte hier keine Ausnahme dar. Auch der sogenannte jüdisch-bürgerliche Sport wurde von jüdischen Sozialisten ausschließlich als Teil des kapitalistischen Gewaltsystems erfasst. Träger dieser Kritik waren meist marxistische antizionistische Sozialisten, wie etwa der Allgemeine jüdische Arbeiterbund in Polen, Litauen und Russland (der „Bund"), der im Jahr 1897 in Wilna gegründet wurden war.[55] Die Grundlagen für die bundistischen Sportaktivitäten umreißt das Buch *Sport und Politik* von Julius Deutsch.[56] Gemäß Deutsch steht der bürgerliche Sport mit seinem Streben nach individueller Spitzenleistung und vor allem nach dem Rekord als Inbegriff für die Gesellschaftsordnung des Kapitalismus, wobei „der Stärkere über den Schwächeren siegt und zu Ehre, Ruhm und Reichtum aufsteigt".[57] Als Alternative zum Konkurrenzprinzip bzw. „Rekordfanatismus" des bürgerlichen Sports weist

Deutsch auf die Gemeinschaftsleistung des Massensports hin. Die im Jahr 1926 gegründete Sportorganisation des Bundes, Morgnshtern, sollte dieses Modell des Massensportes in die Tat umsetzen.[58]

Der Versuch, eine Alternative zum bürgerlichen Sport zu schaffen, führte sehr schnell in eine Sackgasse.[59] Aufgrund der Schwierigkeiten, mit Hilfe des sozialistischen Sportkonzepts Anhänger zu werben, musste der Morgnshtern, wie andere sozialistische Sportorganisationen, seine Auffassung vom Sport korrigieren und sich mehr auf Wettkampfsportarten, wie Fußball, Boxen, Tischtennis usw. konzentrieren.[60] Die Gründe für diesen Schritt lagen nicht alleine in politischem Pragmatismus, sondern auch im Sozialismus selbst.

Die Arbeiterbewegung hatte zwar den Frieden als Ziel, allerdings befand sich die Gesellschaft aus sozialistischer Sicht – zumal in ihrem marxistischen Kern – in einem Kampf der Klassen, bei dem sich die Arbeiter gegen Ausbeutung, Entfremdung und Gewalt der kapitalistischen herrschenden Klassen wehren mussten.[61] Diese kriegerische Neigung der Arbeiterbewegung bestimmte letztlich ihren Umgang mit dem Sport. Zweck des Arbeitersports war insofern nicht nur die Umformung des durch Berufsarbeit beschädigten Körper zu einem „schönen Körper" zu bilden, sondern vornehmlich „[die] Ertüchtigung zum Kampf für große gesellschaftliche Ziele".[62] Es ist nicht verwunderlich, insbesondere vor dem Hintergrund der rasenden Ausbreitung des Faschismus in Mitteleuropa, dass der Wehrsport ein Grundelement in den sozialistischen Sportdiskursen der Zwischenkriegszeit wurde. Auf dem Kongress der Sozialistischen Arbeiter-Sport-Internationale (SASI) von 1927, an dem auch der Morgnshtern teilnahm, wurden alle Arbeitersportverbände aufgerufen, den Wehrsport in ihr Tätigkeitsprogramm aufzunehmen.[63] Der Bund war im Rahmen seines Kampfes gegen Antisemitismus mit derartiger Abwehrarbeit bereits aus der Vorkriegszeit vertraut.[64] Laut Leonard Rowes war der Bund die einzige jüdische Partei, der es gelang, eine Miliz zu organisieren, die erfolgreich gegen antisemitische Hooligans vorgehen konnte.[65] Es mag kein Zufall sein, dass der Führer der bundistischen „Ordner-Gruppen" Bernard Goldstein zugleich Vorsitzender von Morgnshtern in Warschau war.[66]

Zwischen dem bundistischen Arbeitersport und seinen Widersachern, vor allem dem zionistischen Sport, scheinen also einige – zumal strukturelle – Gemeinsamkeiten zu bestehen. Beide Bewegungen haben den Sport völlig instrumentalisiert und somit den Körper zu einer politischen Variable gemacht.[67] Ähnlichkeiten lassen sich ebenfalls in ihrer Körperauffassung festhalten. Während die Zionisten von einem tiefbrüstigen, strammgliedrigen und kühnblickenden „Muskeljuden" sprachen,[68] hatte der bundistische Arbeitersport das Körperideal eines geschmeidigen und kräftigen Arbeiters vor Augen, der genau so wie der bürgerliche Jude durch Sport selbstbewusster und frei von Untertänigkeitsgefühlen werden sollte.[69] Der Sport war also viel mehr als ein bloßes Instrument, um Anhänger zu werben oder Solidarität zu schaffen. Selbst die Bedeutung des Wehrsports, als Mittel zur Verstärkung der Wehrkraft der Juden, darf in diesem Zusammenhang nicht allein auf den Antisemitismus zurückgeführt werden. Zielgruppe aller Richtungen des jüdischen Sports war ausschließlich die Jugend. Als solche scheint der jüdische Sport die gesellschaftliche Rolle des Militärs als existentielle Scheidewand zu übernehmen.[70] Denn, wie der moderne Militärdienst das Individuum vom Jungen zum Mann transformieren sollte, um seinen Eintritt ins Erwachsenenleben zu bestätigen, wurde der Sport als Betätigung gesehen, die die angeblich unterwürfigen Juden bzw. Arbeiter zu kräftigen, stolzen und aufrechten Männern und Juden bzw. Männern und Arbeitern machen sollte.

Die vierte Säule des organisierten jüdischen Sports stellen die jüdischen Sportvereine, die sich als neutral definiert haben, dar. Anlass für die Gründung solcher Vereine war die angebliche Haltung vieler Juden, persönlicher Anschauungsgründe wegen weder Makkabi noch Schild noch nicht-jüdischen Sportvereinen beizutreten. „Wir sind kein neuer Kampfverein," so kündigte zum Beispiel der im Jahr 1927 gegründete Hamburger jüdische Sport- und Turnverein an.[71] Damit wurde zu erkennen gegeben, dass Sport kein politisches Mittel sein sollte, sondern lediglich als Erholungsaktivität gesehen werden müsse.

Der Versuch, den jüdischen Sport zu entpolitisieren scheint allerdings nicht die einzige Ursache für die Gründung „neutraler" jüdischer Sportvereine gewesen zu sein. Im Jahr 1925 wurde in Essen der Verband jüdisch-neutraler Turn- und Sportvereine Westdeutschlands (VINTUS) gegründet. Anlass für die Verbandsgründung war die Verwehrung der Aufnahme von jüdischen Sportvereinen in den Westdeutschen Spiel-Verband (WSV), was damit begründet wurde, dass sie als „konfessionelle" Vereine gegen das religiöse Neutralitätsgebot des Verbandes verstießen.[72] VINTUS sollte mehr Wettkampfmöglichkeiten für jüdische Sportvereine schaffen und so die durch sportliche Isolation bedingte Abwanderung von Vereinsmitgliedern zu „paritätischen" Vereinen verhindern. Der angeblich neutrale jüdische Sport bot also neue Möglichkeiten für Juden, die als Juden Sport treiben wollten bzw. sollten. Im Hinblick auf die Bildung und Bewahrung jüdischer Identität in der Zwischenkriegzeit spielte das Bestreben, den jüdischen Sport zu neutralisieren, eine bedeutende Rolle. Selbst in den sportlichen Programmen der sogenannten Neutralsportvereine lassen sich keine gravierenden Unterschiede zu den politischen Sportvereinen feststellen. Auch sie förderten Sportkampfarten, mit dem Ziel starke und stolze Juden zu schaffen. Bezeichnend dafür ist der für den neutralen jüdischen Sportverein in Essen gewählte hebräische Name Hakoach (Kraft); ein Name, der nicht nur die jüdische Gesinnung des Vereins, sondern auch seine Vorstellungen von einem willensstarken und kräftigen Judentum versinnbildlicht. Es ist daher fraglich, inwiefern diese Sportvereine, die sich von der innerjüdischen sowie allgemeinen Politik fernzuhalten wünschten, sich aber zugleich als jüdisch definierten, in einer so hochpolitisierten Zeit wie den zwanziger Jahren als neutral bezeichnet werden können.

Ob ein ähnliches Verhältnis zwischen Sport und Militarismus ebenso auf der individuellen Ebene der einzelnen Sportler bestand, lässt sich angesichts des gegenwärtigen Stands der Forschung kaum ermitteln. Man darf vermuten, dass jene, für die das Judesein von existentieller Bedeutung war, auch beim Sport nicht vergessen haben, dass sie Juden sind, obgleich es beinahe sicher war, dass auch diejenigen, die vom Judentum weit entfernt waren, über kurz oder lang von jüdischen bzw. antisemitischen „Namens-Jägern" überfallen und als Juden „geoutet" worden sind. Es überrascht nicht, dass das Judesein von Spitzensportlern ein zentrales Merkmal der jüdischen Sportgeschichtsschreibung war. Der jüdische Sportler wurde hier zum Inbegriff für ein modernes jüdisches Heldentum.[73] Einer den meistgefeierten jüdischen Sportler der Zwischenkriegszeit, der sich als Jude bekannte, aber kein Mitglied in einem jüdischen Sportverein war, war Daniel Prenn, Deutschlands Tennismeister zwischen 1928 und 1932. In einem Interview aus dem Jahr 1929 erklärte er der C.V-Zeitung gegenüber, dass die hervorragenden Leistungen jüdischer Sportler als unmittelbare Folge der tausendjährigen Unterdrückung gesehen werden müssten. Die Juden wären dadurch besonders kämpferisch. Auf die Frage, ob diese Feststellung in keinem Widerspruch zu den vielen jüdischen Pazifisten stehe, antwortete Prenn: „Dieser Widerspruch ist nur scheinbar. Denn Pazifismus der Gesinnung verträgt sich sehr wohl mit der Freude am Kampfspiele".[74]

In seiner Abhandlung „Gymnastics and Sport in Fin-de-Siècle France" wies Eugen Weber darauf hin, dass die Grundfrage, die für jede historische Auseinandersetzung mit dem Thema Leibesübungen steht, die ist, weswegen man Sport treibt.[75] Im Falle des jüdischen Sports ist diese Frage durchaus berechtigt und, so glaube ich, sogar beantwortbar. Sport für Juden war keine wertfreie Betätigung, sondern ein Programm. Selbst rivalisierende ideologische Richtungen haben den Sport in einer ähnlichen Art und Weise gefördert und vor allem als eine jüdische Angelegenheit behandelt. Dabei wurde ein enges Verhältnis von Sport und jüdischer Identität festgestellt. Es wurde behauptet, dass durch physische Stärkung die Juden an Selbstbewusstsein und Selbstbehauptung gewinnen könnten, was nicht nur die Wehrhaftigkeit zu einem zentralen Element des Männlichkeitsbilds machte, sondern zugleich die Organisation und Anwendung von physischer Kraft als politisches Mittel legitimierte. In diesem tieferen Sinne stellte der Sport ein Medium dar, das die jüdische Gesellschaft militarisierte.

Wie wir gesehen haben, wurde diese militarisierende Neigung im jüdischen Sportdiskurs thematisiert und sogar gefördert. Der Sport wurde in

Abb. 2: Gustav Krojanker als Student in München in der Uniform
der zionistischen Verbindung K. J. V., um 1910
© The Nahum Goldmann Museum of the Jewish Diaspora, Tel Aviv.

vieler Hinsicht als Surrogatarmee gesehen, die nicht nur die jüdische Würde
verteidigen sollte, sondern auch als Art „Schule der Nation" wahrgenommen wurde. Es mag daher kein Zufall sein, dass gerade Israels Nationales
Zentrum für Leibeserziehung und Sport nicht nach jüdischen Sporthelden
wie etwa Alfred und Felix Flatow, die als erste jüdische Sportler jemals
Goldmedaillen in den modernen Olympischen Spielen gewonnen hatten,
benannt wurde, sondern zu Ehren von Generalmajor Orde Charles Wingate, der von 1936 bis 1939 jüdische Spezialeinheiten zur Bekämpfung des
großen arabischen Aufstands ausgebildet hatte, den Namen „Wingate"
trägt. Nach der Gründung des Staates Israel hatte dieser Benennungsakt jedoch lediglich einen symbolischen Wert und beinahe keine praktischen
Auswirkungen mehr. Denn zu diesem Zeitpunkt hatte die israelische Ar-

mee die militarisierende Rolle des Sportes längst übernommen. Ob diese
Entwicklung als eine Ursache für die relativ schwache Leistung von israelischen Sportlern gesehen werden kann, ist ein interessanter Gedanke, dem
ich allerdings in diesem Rahmen nicht nachgehen kann.

Anmerkungen

* Ich bedanke mich bei Miriam Rürup, Inga Harenborg und Michael Brenner für
  ihre Hilfe und wertvollen Hinweise zu früheren Fassungen dieses Beitrags.
1 Für einen Überblick dieser Forschung: Uta Klein, Militär und Gesellschaft in Israel, Frankfurt a.M. 2001, 32–38; Moshe Zimmermann, Militär, Militarismus und
  Zivilgesellschaft in Israel – eine europäische Erbschaft?, in: Ute Frevert (Hg.),
  Militär und Gesellschaft im 19. und 20. Jahrhundert, Stuttgart 1997, 342–358.
2 Joachim Doron, Der Geist ist es, der sich den Körper schafft!, Soziale Probleme
  in der jüdischen Turnbewegung, in: Tel Aviver Jahrbuch für deutsche Geschichte
  20 (1991), 237–258.
3 Sander Gilman, The Jew's Body, New York 1991; Howard Eilberg-Schwartz
  (Hg.), People of the Body, New York 1992; Patricia Vertinsky, The „Racial" Body
  and the Anatomy of Difference. Anti-Semitism, Physical Culture, and the Jew's
  Foot, in: Sport Science Review 4 (1995), 38–59; Daniel Boyarin, Unheroic Conduct, Berkeley 1997.
4 Desanka Schwara, Ojfn weg schtejt a bojm. Jüdische Kindheit und Jugend in Ga-
  lizien, Kongresspolen, Litauen und Russland 1881–1939, Köln 1999; Tamar So-
  mogyi, Die Schejnen und die Prosten. Untersuchungen zum Schönheitsideal der
  Ostjuden in Bezug auf Körper und Kleidung unter besonderer Berücksichtigung
  des Chassidismus, Berlin 1982; Christopher D. Kenway, Regeneration of the
  Volkskörper and the Jews' Body. The German Körperkultur Movment at the Turn
  of the Century, in: Linda E. Feldman und Diana Orendi (Hg.), Evolving Jewish
  Identieties in German Culture. Borders and Crossings, Wesport 2000, 3–21.
5 Derek J. Penslar, Shylok's Children. Economics and Jewish Identity in Modern
  Times, Berkeley 2001.
6 Anthony Kauders, False Consciousness?. German-Jewish Identity after Emancipation, in: Tel Aviver Jahrbuch für deutsche Geschichte (1999), 459–475.
7 Karl Heinz Schodrock, Militärische Jugend-Erziehung in Preußen 1806–1820,
  Olsberg 1989, 189.
8 Hans Donalies, Sport und Militär. Ein Handbuch für militärischen Sportbetrieb,
  Berlin 1911; Edmund Neuendorff, Geschichte der neueren deutsche Leibesübung
  von Beginn des 18. Jahrhundert bis zur Gegenwart, Bd. 4, Dresden 1936, 633–639;
  Guy Lewis, World War I and the Emergence of Sport for the Masses, in: The Ma-
  ryland Historian 2 (1973), 110.
9 Gertrud Pfister, Sportler für den Krieg. Die Militarisierung der Turn- und Spiel-
  und Sportbewegung im wilhelminischen Reich, in: Sven Güldenpfennig/Horst
  Meyer (Hg.), Sportler für den Frieden, Köln 1983, 96–119; E.A. Wright, Education, Sport and Militarism. Fascist Italy and Nazi Germany, PhD. Diss., University

of Leicester, 1980; Eugen Weber, Gymnastic and Sports in Fin-de-Siecle France: Podium of the Classes?, in: American Historical Review 76 (1971), 70–98.

[10] Christiane Eisenberg, *English Sports* und Deutsche Bürger. Eine Gesellschaftgeschichte 1800–1939, Paderborn 1996, 232.

[11] Ebd., 232; cf. Michael Geyer, Aufrüstung und Sicherheit. Die Reichswehr in der Krise der Machtpolitik 1924–1936, Wiesbaden 1980, 5.

[12] Hans Mommsen, Militär und zivile Militarisierung in Deutschland 1914 bis 1938, in: Ute Frevert (Hg.), Militär und Gesellschaft im 19. und 20. Jahrhundert, Stuttgart 1997, 265–276.

[13] Johan Huizinga, Homo Ludens, Amsterdam 1939, 317.

[14] Zitiert in: Adolph Asch, Geschichte des K. C. im Lichte der deutschen kulturellen und politischen Entwicklung, London 1965, 44–51; auch Keith H. Pickus, Constructing Modern Identities. Jewish University Students in Germany 1814–1915, Detroit 1999.

[15] Für eine umfassende Bibliographie zu Thema jüdische Sport: Toni Niewerth/Lorenz Peiffer, Jüdischer Sport in Deutschland. Eine kommentierte Bibliographie, in: SportZeit 1 (2001), 81–106.

[16] Alien Bodner, When Boxing was a Jewish Sport, Westport 1997.

[17] Bernard Postal/Silver Jesse/Silver Roy (Hg.), Encyclopedia of Jews in Sports, New York 1965, 137.

[18] Peter F. Radford, Daniel Mendoza and his Circle. A Study of Social Integration in 18th Century Britain, in: Sozial- und Zeitgeschichte des Sports, 13 (1999), 7–19.

[19] Martha Wertheimer/Siddy Goldschmid/Paul Yogi Mayer (Hg.), Das Jüdische Sportbuch, Berlin 1937.

[20] Zu der Entwicklung der Kampfsportarten siehe: Henning Eichberg, Leistung, Spannung, Geschwindigkeit. Sport und Tanz im gesellschaftlichen Wandel des 18./19. Jahrhunderts, Stuttgart 1978, 61–80.

[21] George Eisen, Jewish History and the Ideology of Modern Sport. Approaches and Interpretations, in: Journal of Sport History, 25 (1998), 495 u. 507.

[22] Ruben Ainsztein, Jewish Resistance in Nazi-Occupied Eastern Europe. With a Historical Survey of the Jew as Fighter and Soldier in the Diaspora, London 1974.

[23] Max Nordau, Muskeljudentum, in: Jüdische Turnzeitung Nr. 2, (1900), 3; Ingrid Spörk, Das Bild von *Juden* in Texten Max Nordau, in: Transversal 1 (2001), 12–18.

[24] Richard Blum, Disciplin, in: Jüdische Turnzeitung, Nr. 2 (1900), 14. Zu Blums eiserner Disziplin als Leiter des Bar Kochba Turnbetriebs vgl.: Elias Auerbach, Pionier der Verwirklichung, Stuttgart 1969, 131.

[25] Ernst Tuch, Eigenes über „Jewish Lads Brigade", in: Jüdische Turnzeitung Nr. 10 (1902), 161ff; Nr. 11, 178–182; Nr. 12, (1903), 215.

[26] Theobald Scholem, Turnen und Jugendwehr, in: Jüdische Turnzeitung Nr. 5 (1903), 85.

[27] Julius Heilbrunn, Militärische und turnerische Erziehung, in: Jüdische Turnzeitung, Nr. 6 (1903), 102.

[28] Ebd.

[29] Ebd.

[30] David Biale, Power and Powerlessness in Jewish History, New York 1986, 130.

[31] Fritz Simon, Leibesübung und Nationalerziehung im Wandel der Geschichte, Berlin 1928; George L. Mosse, Die Nationalisierung der Massen, Frankfurt a.M. 1976.

[32] Schon im Jahr 1913 hat die Verbandszeitschrift der jüdischen Turner ihren Namen von „Jüdische Turnzeitung. Monatsschrift für die körperliche Hebung der Juden" zu „Jüdische Monatshefte für Turnen und Sport" umbenannt. Über die zwischen Sport und Turnen Beziehungen, siehe: Hans-Jürgen König, Die Anfänge der jüdischen Turn- und Sportbewegung, in: Stadion 15, 1989, 20.

[33] Hermann Jalowicz, Die Erziehung des Willens durch Leibesübungen, in: Jüdische Turnzeitung Nr.3 (1901), 29–34; Heinz Risse, Soziologie des Sport, Münster 1981 (org. 1920), 72–82.

[34] Willi Meisel, Dem Sport sein *Schild*, in: Der Schild (November 1926).

[35] Hans-Jürgen König, Die Anfänge der jüdischen Turn- und Sportbewegung, in: Stadion 15, 1989, 21; vgl. hier George Eisen, Zionism, Nationalism and the Emergence of the Jüdische Turnerschaft, in: Leo Baeck Yearbook 28 (1983), 247–262.

[36] Allen Guttman, From Ritual to Record, New York 1978, 130–136.

[37] Bericht aus der Generalversammlung des Bar Kochba Hamburg, in: Ina Lorenz, Die Juden in Hamburg zur Zeit der Weimarer Republik, Hamburg 1987, 984; Vgl. auch: John Bunzl (Hg.), Hoppauf Hakoah, Wien 1987, 48.

[38] Michael Berkowitz, Western Jewry and the Zionist Project, 1914–1933, Cambridge 1998, 11; Greg Caplan, Militärische Männlichkeit in der deutsch-jüdischen Geschichte, in: Die Philosophin 22 (2000), 85–100.

[39] Julius Hirsch, Neuaufbau der Turnerschaft, in: Jüdische Turn- und Sportzeitung. Organ der Deutschen Kreise der jüdischen Turnerschaft, Nr.1 (1919), 2.

[40] Johanna Thomaschewsky, Hebräische Turnkommandos, in: Jüdische Turn- und Sportzeitung. Organ der Deutschen Kreise der jüdischen Turnerschaft, Nr.9/10 (1919), 24–26.

[41] Julius Hirsch, Neuaufbau der Turnerschaft, in: Jüdische Turn- und Sportzeitung 1 (1919), 5.

[42] Protokoll der Sitzung des erweiterten Kreisvorstands in München am 8. September 1919, in: Jüdische Turn- und Sportzeitung. Organ der Deutschen Kreise der jüdischen Turnerschaft, Nr.9/10, (1919), 12. Siehe auch 43.

[43] Selbstwehr und Turnvereine. Vorbildliche Organisation in Wien, in: Jüdische Turn- und Sportzeitung Organ der Deutschen Kreise der jüdischen Turnerschaft Nr.1 (1919), 11.

[44] Ulrich Dunker, Der Reichsbund jüdischer Frontsoldaten 1919–1938, Düsseldorf 1977; Ruth Pierson, Embattled Veterans. The Reichsbund jüdischer Frontsoldaten, in: Leo Baeck Year Book 18 (1973), 139–155.

[45] Ebd., 60, Caplan, 96, Anm.38.

[46] Hajo Bernett, Der jüdische Sport im nationalsozialistischen Deutschland 1933–1938, Köln 1978, 50; zur Geschichte des Schild siehe auch: Paul Yogi Mayer, Equality – Egality. Jews and Sport in Germany, in: Leo Baeck Yearbook 25 (1980), 221–241; ders, Deutsche Juden und Sport. Ihre Leistungen – Ihr Schicksal, in: Menora (1994), 287–311.

[47] Ulrich Dunker, Der Reichsbund jüdischer Frontsoldaten 1919–1938, Düsseldorf 1977, 96–104, 164–172. Über Wehrsport: Michael Barrett, Soldiers, Sportsmen and Politicians. Military Sport in Germany, 1924–1935, PhD. Diss., University of

Massachusetts, 1977; Hermann Bach, Volks- und Wehrsport in der Weimarer Republik, in: Sportwissenschaften 3 (1981), 273–294; Hajo Bernett, Wehrsport – ein Pseudosport. Stellungnahme zu Hermann Bach, in: Sportwissenschaften 3 (1981), 295–308; Arnd Krüger und Frank von Lojewski, Ausgewählte Aspekte des Wehrsportes in Niedersachsen in der Weimarer Zeit, in: Hans Langenfeld und Stefan Nielsen (Hg.), Beiträge zur Sportgeschichte Niedersachsen. Teil 2: Weimarer Republik, Göttingen 1998, 124–148.

[48] Ulrich Dunker, Der Reichsbund jüdischer Frontsoldaten 1919–1938, Düsseldorf 1977, 103; Das jüdisch Sportbuch, wie Anm. 19, 40; Rudolf Krotki, Jiu Jitsu, in: Carl Diem u.a. (Hg.), Stadion. Das Buch von Sport und Turnen Gymnastik und Spiel, Berlin 1928, 228–233.

[49] Über diese Kooperation auch bei: Jacob Borut, *Verjudung des Judentums. Was there a Zionist Subculture in Weimar Germany?*, in: Michael Brenner/Derek J. Penslar (Hg.), In Search of Jewish Community, Bloomington 1998, 100–103.

[50] Zur jüdischen Abwehr in der Weimarer Republik: Arnold Paucker, Der jüdische Abwehrkampf gegen Antisemitismus und Nationalsozialismus in der letzten Jahren der Weimarer Republik, Hamburg 1968.

[51] Ulrich Dunker, Der Reichsbund jüdischer Frontsoldaten 1919–1938, Düsseldorf 1977, 63–69; Paul Yogi Mayer, Deutsche Juden und Sport, in: Joachim H. Teichler (Hg.), Körper, Kultur und Ideologie. Sport und Zeitgeist im 19. und 20. Jahrhundert, Mainz 1997, 129.

[52] Paul Yogi Mayer, Schwarzes Fähnlein, in: Klaus J. Herrmann, das Dritte Reich und die Deutsch-Jüdische Organisationen 1933–1934, Köln 1969, 42.

[53] Hans Ries, Sportsoldaten, in: Die Kraft. Blatt für Sport und Jugendertüchtigung. Organ des Sportbundes im RjF, Dezember (1934).

[54] Edgar Marx, Das neue Jahr des jüdischen Turn- und Sportverein Bar Kochba e.V., in: Ina Lorenz, Die Juden in Hamburg zur Zeit der Weimarer Republik, Hamburg 1987, 988; Vgl. dazu: Was heißt das *Jüdischer Sport*?, in: Selbstwehr 18. Dezember 1929; Felix Simmenauer, Die Gold Medaille. Erinnerungen an die Bar Kochba-Makkabi Turn- und Sportbewegung, Berlin 1989, 66.

[55] Gertrud Pickhan, *Gegen den Strom*. Der Allgemeine Jüdische Arbeiterbund *Bund* in Polen 1918–1939, Stuttgart 2001. Über jüdischen Arbeitersport: Uriel Simiri, Die Geschichte des Arbeitersports in Israel, in: Arnd Krüger/James Riordan (Hg.), Der internationale Arbeitersport, Köln 1985, 164–173; Elke Stiller, Jüdische Sportvereine und ihre Beziehungen zu der deutschen und internationalen Arbeitersportbewegung 1923–1933, in: Sozial- und Zeitgeschichte des Sports 13 (1999), 28–37.

[56] Julius Deutsch, Sport und Politik, Berlin 1928.

[57] Ebd., 23.

[58] Bernard Goldstein, 20 Years with the Jewish Labor Bund in Warsaw 1919–1939, New York 1960, 127–131; sowie Roni Gechtman, Socialist Mass Politics Through Sport. The Bund's Morgnshtern in Poland, 1926–1939, in: Journal of Sport History 26 (1999), 326–352; zu anderen jüdischen Sportorganisationen in Osteuropa: Moshe Kligsberg, The Jewish Youth Movement in Interwar Polen, (Jiddisch) in: Fishman Joshua (Hg.), Studies on Polish Jewry 1919–1939, New York 1974, 137–228; Diethelm Blecking, Jüdischer Sport in Polen, Sozial- und Zeitgeschichte des Sports 13 (1999), 20–27

[59] Diethelm Blecking, Marxismus versus Muskeljudentum. Die jüdische Sportbewegung in Polen von den Anfängen bis nach dem Zweiten Weltkrieg, in: SportZeit 2 (2001), 31–52.

[60] Roni Gechtman, Socialist Mass Politics Through Sport. The Bund's Morgnshtern in Poland, 1926–1939, in: Journal of Sport History 26 (1999), 343.

[61] Claus Tiedemann, Die Stellung der Arbeitersportbewegung zu Frieden und Krieg, in: Sven Güldenpfennig/Horst Meyer (Hg.), Sportler für den Frieden, Köln 1983, 120–136.

[62] Julius Deutsch, Sport und Politik, Berlin 1928, 33; sowie die Broschüre von Arthur Arzt, Sport und Politik. Eine notwendige Klarstellung für Nursportler und Nurpolitiker, Leipzig ca. 1927, 6.

[63] Julius Deutsch, Sport und Politik, Berlin 1928, 45; sowie Helmut Wagner, Sport und Arbeiter-Sport, Berlin 1931, 175–180; Fritz Wildung, Arbeitersport, Berlin 1929, 151–154.

[64] Henry Tobias, The Jewish Bund in Russia. From its Origins to 1905, Stanford 1972, 221–235.

[65] Leonard Rowe, Jewish Self-Defense. A Response to Power, in: Joshua Fishman (Hg.), Studies on Polish Jewry 1919–1939, New York 1974, 105–241; Pickhan, „Gegen den Strom" Der Allgemeine Jüdische Arbeiterbund „Bund" in Polen 1918–1939, Stuttgart 2001, 294–318.

[66] Goldstein, 20 Years with the Jewish Labor Bund in Warsaw 1919–1939, New York 1960, 130. Nach Goldstein Angaben war er allerdings bloß Ehrenvorsitzender, da er in der alltäglichen Organisationsarbeit der Morgnshtern nicht beteiligt war.

[67] John M. Hoberman, Sport and Political Ideology, Austin 1984.

[68] Max Nordau, Muskeljudentum, in: Jüdische Turnzeitung Nr. 2, (1900), 10.

[69] Julius Deutsch, Sport und Politik, Berlin 1928, 41.

[70] Sabina Loriga, Die Militärerfahrung, in: Giovanni Levi/Jean-Claude Schmitt (Hg.), Geschichte der Jugend, Frankfurt a.M. 1997, 20–55, Hier 20; Vgl. dazu auch: Ute Frevert, Die Kasernierte Nation. Militärdienst und Zivilgesellschaft in Deutschland, München 2001, 228–245.

[71] Der Hamburger jüdische Sport- und Turnverein in: Ina Lorenz, Die Juden in Hamburg zur Zeit der Weimarer Republik, Hamburg 1987, 988.

[72] Fritz A. Lewinson, Turn- und Sport-Klub Hakoah-Essen – einer der größten jüdischen Sportvereine, 1923–1938, in: Hermann Schröter (Hg.), Geschichte und Schicksal der Essener Juden Essen, 1980, 283–289; Heiko Zielke, „Unsere Kraft unserem Volk". Makkabi und jüdischer Sport in Düsseldorf 1924 bis 1938, in: Mahn und Gedenkstätte Düsseldorf (Hg.), In Düsseldorf und am Niederrhein. Aspekte jüdischen Lebens, Düsseldorf 1997, 130–141; Pasqual Boeti, „Muskeljudentum". Der Turn- und Sportklub „Hakoach Essen" – ein jüdischer Sportverein im Ruhrgebiet, in: Jan-Pieter Barbian u.a. (Hg.), Juden im Ruhrgebiet, Essen 1999, 609.

[73] Um nur paar Beispiele aus der Zwischenkriegzeit zu nennen: Das Jüdische Sportbuch, wie Anm.19; Süßmann Muntner, Leibesübung bei den Juden, in: Menorah (1926), 381–393; ders. und Felix Theilhaber, Sport und Körperkultur bei den Juden, Jüdisches Lexikon, Bd. IV, Berlin 1930, 560–567; Leo Schindel, Leibesübung bei den Juden, in: Bayerische Israelitische Gemeindezeitung 18 (1928), 300–304; Siegfried Einstein, Körperkultur und Sport bei den Juden, in: Bayerische Israeliti-

sche Gemeindezeitung 15 (1933), 231; Willy Meisel, Felix Pinczower, Sport, in: Sigmund Kaznelson (Hg.), Juden im Deutschen Kulturbereich, Berlin 1935, 926–936.

[74] Gespräch mit dem deutschen Tennismeister Prenn, C. V-Zeitung, Juli 1929, 391.

[75] Eugen Weber, Gymnastics and Sports in Fin-de-Siécle France. Podium of the Classes?, in: American Historical Review 76 (1971), 70–98.

5. Kraftmensch Siegmund Breitbart: Interpretationen des jüdischen Körpers

Sharon Gillerman

In Erwartung der Ankunft des Eisenkönigs Siegmund Breitbart in Berlin schrieb 1923 ein Journalist: „Samson ist hier, ihr Philister von Berlin! Der Mann, der als der stärkste Mann der Welt seit den alten Zeiten beschrieben wird. Breitbart ist eingetroffen."[1] Schon früher im Jahr war die Stadt Wien von einem drei Monate anhaltenden Breitbart-Fieber erfasst worden. Dabei wurde Breitbart verherrlicht wie sonst nur die größten Wiener Athleten. In Warschau, wo der Eisenkönig auf Jiddisch als „unser Held Samson" (unzer Shimshon hagibor) bekannt war, rief der Radziminer Rebbe Breitbart zu sich, um ihn seine Kraft-Schaustücke in einer privaten Wohnung vorführen zu lassen, und gab ihm seinen Segen. Während des gleichen Besuches begrüßten ihn die Musiker eines Warschauer Restaurants, das der Kraftmensch aufsuchte, mit dem Abspielen der „Hatikvah".[2]

Siegmund Breitbart oder Zishe, wie er bei seinen Jiddisch sprechenden Anhängern genannt wurde, war ein polnisch-jüdischer Künstler, der sein Publikum mit bemerkenswerten Kraft-Schaustücken erstaunte. Seinen Ruf als „stärkster Mann der Welt" erwarb er sich durch eine Mischung aus effektvoller Inszenierung und wirklicher Muskelkraft: Er hämmerte mit der bloßen Faust Nägel in Bretter ein, verbog Bandeisen und zerbiss Ketten. Breitbarts körperbetonte Spektakel besetzten mit ihren athletisch-artistischen Schaustücken einen Raum, der Sport und Unterhaltung miteinander verband. Seine Karriere hatte er in Deutschland nach dem Ersten Weltkrieg als Zirkus-Kraftmensch begonnen. In den frühen 20er Jahren avancierte Breitbart zu einem bekannten Variété-Star und zog in Europa und Amerika eine Massenanhängerschaft an. Für eine kurze Zeit nach dem Ende des Ersten Weltkrieges war Europas Eisenkönig zu einer Ikone der Populärkultur, ja zu so etwas wie einer Kultfigur geworden.

Besaß Breitbart schon zu Lebzeiten den Status eines Superhelden, so mehr noch nach seinem Tod. Obwohl sein Leben und seine Karriere infolge eines Bühnenunfalls, bei dem er sich durch einen rostigen Nagel eine Blutvergiftung zuzog, ein vorzeitiges Ende fanden, führten Bruder und Sohn seinen Akt bis zum Ende der 20er Jahre fort. Sein Fernkurs in Körperkultur mit Sitz in London und New York überlebte seinen Gründer und setzte noch Jahre nach seinem Tod die Arbeit fort, wobei die Korrespondenz noch immer „persönlich" von Breitbart unterzeichnet wurde. Seine osteuropäische jüdische Fangemeinde, die für seine Botschaft der Stärkung jüdischen Selbstbewusstseins empfänglich gewesen war, erzählte ihren Kindern Geschichten vom jüdischen Kraftmenschen weiter, die bis auf den heutigen Tag in Umlauf sind. Und in Mitteleuropa reihte sich Breitbart unter die berühmten Muskelmänner ein – neben Kapazitäten wie Sandow, Beck und Cronos. Seine Leistungen sollten über ein Jahrzehnt lang maßgebend für neue Muskelmänner und -frauen sein. Obwohl er niemals sein Judentum verbarg und es zuweilen sogar strategisch ausnutzte, wurde Breitbarts Körper ein Gegenstand der Bewunderung für alle: Frauen und Männer, Juden und Nicht-Juden. Dass Breitbarts Rezeptionsgeschichte in eine Zeit des zunehmenden Rassismus fällt, macht sie in der Tat umso spannender. Vor diesem Hintergrund stellte die öffentliche Rolle des jüdischen Kraftmenschen zugleich eine Herausforderung an rassische Kategorien und eine Unterhöhlung populärer Juden-Stereotypen dar. Viele Zuschauer in Mitteleuropa, die die Schönheit und Kraft seines Körpers priesen, erblickten in Breitbart die Verkörperung des zeitgenössischen Ideals von Kraft und Schönheit. Breitbarts blaue Augen, helles Haar und vollkommene Muskelbildung brachten Deutsche und Juden gleichermaßen dazu, ihn als Musterbeispiel für ihre Rasse zu reklamieren. Deutsche vermerkten gerne sein blondes Haar als Zeichen seiner natürlichen Schönheit, osteuropäische Juden verwiesen auf seine blonden Locken als typisch semitische Eigenschaft.[3]

Je nach Publikum wurde Breitbarts Körper in signifikant anderer Weise gelesen, wobei seine körperbezogenen ästhetischen Qualitäten in Erzählungen umgeschrieben wurden, die konkurrierende und manchmal gegensätzliche kulturelle Bedeutungen enthielten. Daher bin ich nicht nur an der Herausarbeitung der mehrdeutigen Bilder von Rasse, Männlichkeit und Stärke, die Breitbart in seinen Schaustücken vermittelte, interessiert, sondern auch an der Konstruktion der oft ziemlich gegensätzlichen Lesarten dieser Bilder seitens des Publikums. Mittels eines solchen Ansatzes können wir die Art und Weise, in der Breitbart seinen Körper zu einer Projektionsfläche – einem Schauplatz konkurrierender Diskurse über Nation, Geschlecht und Rasse u.a. – machte, in die verschiedene Bedeutungen eingeschrieben wurden, untersuchen.[4] Indem diese Art von Analyse das Wechselspiel zwischen Bildern als Kulturprodukten und dem Konsum dieser Bilder durch verschiedene Betrachtergruppen untersucht, bestätigt sie die Bedeutung der Unterscheidung von Darbietung und Zuschauerschaft.[5]

Zu den verschiedenen Formen narrativen Gebrauchs, der von Breitbarts männlichem jüdischem Körper gemacht wurde, will ich drei Texte diskutieren: eine Novelle, ein Drehbuch und einen Film; in jedem Text werden sein Körper und seine Lebensgeschichte in einen anderen Bedeutungsrahmen gestellt. Ich beginne mit einer Novelle von Paula Busch, geschrieben nach dem Ersten Weltkrieg in Berlin, und diskutiere dann ein jiddisches Drehbuch, das 1928, drei Jahre nach seinem Tod, in Warschau erschienen ist. Ich gehe dann ins 21. Jahrhundert über und schließe mit einer Diskussion des Films *Unbesiegbar* von Werner Herzog (2002), der auf dem Leben des jüdischen Kraftmenschen basiert. Jede dieser Erzählungen repräsentiert einen spezifisch kulturellen und nationalen Kontext und jede stellt Breitbarts Männlichkeit als prägend für sehr verschiedene Begriffe rassischer und nationaler Identität dar. In diesen konkurrierenden Konstruktionen von Männlichkeit und jüdischer Identität sehen wir Breitbarts Körper als zugleich verschleiert und entblößt, triumphierend und besiegt, universalisiert und als Verkörperung der tragischen Einmaligkeit jüdischer Geschichte.

Vielleicht ebenso bemerkenswert wie die Intensität der Zurschaustellung und des Spektakels ist die Vielfalt und Spannbreite der Breitbartschen Vorführungen. Durch die Leichtigkeit, mit der er zwischen verschiedenen Rollen und Identitäten hin und her glitt, konnte er seine einzelnen Vorführungen auf die Wünsche des jeweiligen Publikums abstimmen. Seine Flexibilität als Darsteller trug nicht nur zu seiner Breitenwirkung bei, sondern bildete das Schaustück „Kraftmensch" in einen Akt um, der sich gleichermaßen aus Energien des Zirkus, des Variétés und der aufkommenden Körperkulturbewegung speiste. Ob als armer Teutone gekleidet oder fast nackt im freizügigen Tarzan-Kostüm, stets kam es Breitbart auf die Schaustellung des männlichen Körpers an. Tatsächlich war die raffinierte Aufmachung seiner exotischeren Kostüme nur ein anderer Aspekt männlicher Zurschaustellung, der dazu diente, das Spektakel um seinen Körper, wenn er ihn denn dann vor den staunenden Augen seines Publikums entblößte, zu betonen und ironisch zu unterstreichen. Noch verstärkt wurde dieser Effekt durch die Wahl der Rollen: archetypische männliche Figuren wie Stierkämpfer, Gladiator und Cowboy. Diese Rollen waren wie der direkte Reflex fantastischer Heldentaten, die Breitbart hinter den Kulissen nachgesagt wurden; so soll er mit Löwenjungen gekämpft und einen Stier durch einen einzigen Faustschlag getötet haben.[6] Ob vor oder hinter den Kulissen, Breitbarts Imagepflege war immer auf die Assoziation mit den männlichen Idealen der Potenz, Kraft und des Mutes bedacht. Mehr als nur um simple Fragen des Geschlechts und männlicher Behauptung, ging es dabei jedoch um einen umfassenderen Begriff von rassischer und nationaler Identität. So ist Breitbarts Darstellung des klassischen griechischen Helden nicht nur eine weitere Variante des vertrauten Themas von Virilität und Kraft, sondern eine spezifische Wiederholung des ästhetischen Paradigmas jener arischen Männlichkeit, die von rassistischen Denkern der damaligen Zeit beschworen wurde. Bedenkt man Breitbarts Einsatz für die Zugänglichkeit zu solcher Kraft und Männlichkeit, so werden diese Parallelen noch bedeutender. Mit seinem in New York 1924 entwickelten Fernkurs Körperkultur versprach Breitbart den Kursteilnehmern, diese persönliche Vollkommenheit durch Körperbildung erreichen zu können. Damit war körperliche Vollkommenheit keine einfache Erbsache mehr, sondern – darin subversiv gegenüber der rassistischen Logik – erwerbbar.

Noch deutlicher treten die Implikationen von Breitbarts Darstellungskunst hervor, wenn man seine Erkennungsrolle als römischer Zenturio betrachtet. Auch wenn Breitbarts persönliche Rom-Faszination durch die angeblich mehr als zweitausend Rom-Bände in seiner Bibliothek hinreichend belegt ist, kann dieses persönliche Interesse nicht einfach von der allgemeinen deutschen Bewunderung für Rom als die perfekte Verkörperung militärischer und imperialer Größe abgetrennt werden.[7] Solche Bewunderung kalkuliert Breitbart sehr wohl mit ein, wenn er sich selbst die Rolle des edlen deutschen Kriegers auf den Leib schneidert. Dafür mag exemplarisch sein Zenturio-Stück in Berlin stehen, musikalisch begleitet von Wagners Siegfried. Breitbart erzählt nicht nur die Geschichte von einer erneuerten deutschen Nation, sondern bringt sich selbst an hervorragender Stelle in diese Erzählung ein. Auf diese Weise pfropft er das Ideal des „Muskeljuden" auf das einer tugendhaften Männlichkeit auf, was den Glauben an eine erneuerte deutsche nationale Identität unterstreicht. Indem er, ein unverhohlen öffentlicher Jude, seine eigene Körperlichkeit in die Erzählung des deutschen Nationalismus einarbeitet, interpretiert und übersetzt er als kultureller Außenseiter deutsche nationale Werte für beide: Deutsche und Nicht-Deutsche.

Noch deutlicher wird die Kühnheit dieses Manövers, wenn wir betrachten, wie Breitbart eben diese Bilder mit der Idee eines jüdischen nationalen Wiedererwachens verknüpfte. So wie seine Darbietung des Adels germanischer Krieger aus dem Vermächtnis des römischen Militarismus schöpft, so auch die des jüdischen Kriegsherren Bar Kochba. In der Tat impliziert dieses höchst erstaunliche Beispiel einer Verknüpfung militanten jüdischen Nationalismus' mit Rom eine kühne Evozierung und Inversion religiöser Identität. In einer ganzseitigen Anzeige im Fachblatt Das Programm koppelt Breitbart 1925 einen überdimensionalen Davidstern mit dem markanten deutschen Text: „Merken Sie sich zwei Wörter – Siegmund Breitbart".[8] Darunter fügt Breitbart (in Deutsch und Latein) das Zitat ein: „In hoc Signo veritas vincet" oder „In diesem Zeichen wird die Wahrheit siegen". Diese Worte des Engels zu Kaiser Konstantin vor der Schlacht unter dem Zeichen des Kreuzes (312 unserer Zeitrechnung) machen das bewusst verstörende Motto des jüdischen Kraftmenschen mit dem prangenden Namen unter dem Davidstern aus.[9] Statt der Vorbote eines neuen christlichen Zeitalters zu sein, überträgt Breitbart Konstantins Schlachtruf in einen Aufruf zu jüdischer militärischer Eroberung – ausgegeben im Schoße des europäischen Christentums. So führt Breitbart durch seine Darbietung und geschickte Selbst-Inszenierung die Geschichte nicht nur einer, sondern zweier Nationen auf. Dass sich diese Behauptung jüdischer Militanz gerade an den Wurzeln europäisch christlicher Hegemonie formuliert, unterstreicht die Vorstellung jüdischer Stärke als zugleich Autonomiebehauptung und Beharren auf nationaler Zugehörigkeit.

Von den drei Erzählungen, die ich hier betrachten will, stammt nur eine aus Breitbarts Lebzeiten. Paula Busch, die Direktorin des herausragenden deutschen Circus Busch, entdeckte Breitbart und stellte ihn 1919 ein; mit ihm blieb sie bis an sein Lebensende freundschaftlich verbunden.[10] Tatsächlich war es ihre Entscheidung gewesen, Breitbart als einen Juden zu vermarkten, was auch dazu führte, dass sie von seinem Kassenschlager nicht wenig profitierte.[11] Seit dem Ende der Glanzzeit der Kraftmenschen im Anfang des Jahrhunderts war Breitbart wahrscheinlich der bedeutendste Kraftartist, den der Circus Busch engagiert hatte.[12] In ihrer mit *Samson* betitelten Novelle erzählt Busch die Geschichte eines Zirkus-Kraftmenschen, der von Geburt mit übermenschlicher Kraft begabt ist. Die Novelle erschien in Fortsetzungen im Ullstein-Blatt Berliner Morgenpost und zwar zu derselben Zeit, Juli und August 1923, in der Breitbart in Berlin auftrat.[13] Die Erzählung enthält eine Reihe von Anekdoten, die Ereignisse aus Breitbarts Karriere widerspiegeln, insbesondere Geschichten, die schon zum festen Bestandteil seiner Selbst-Inszenierung geworden waren. Buschs Kraftmensch zeigt auch eine auffallende Ähnlichkeit mit Beschreibungen Siegmund Breitbarts als einen liebenswürdigen, naiven und außergewöhnlich großzügigen Menschen, Charakteristiken, die man nicht unbedingt als typisch für einen Kraftmensch annehmen würde. Die Novelle, halb Bildungsroman, halb Seifenoper, verfolgt das Aufwachsen und Reifen eines Jungen, der mit Schönheit und Kraft gleichermaßen begabt ist. Am Anfang steht eine Kindheitsbeschreibung, die die pulsierend städtische Dichte seines verarmten Wohnviertels in Lodz durch einen idealisierten Naturzustand à la Hobbes und Rousseau ersetzt. Buschs Kurt Bach wächst in einer Art von uranfänglich natürlicher Umgebung auf, in einem pädagogischen Naturzustand, in dem sich Kinder frei vom Zwang willkürlicher sozialer Normen entfalten können. Zeit- und ortenthoben, laufen Kurt und seine sieben Brüder barfuß umher, nur in Togas eingehüllt, und bleiben bis in ihr Erwachsenenalter von den gewöhnlichen Anforderungen einer bürgerlicher Gesellschaft unbehelligt.[14] Nachdem die älteren Brüder ihr ursprüngliches Paradies verlassen haben, nimmt die Mutter Kurt in die Stadt mit, wo er sich sofort dem Zirkus anschließt. Erst im Zirkus muss sich Kurt mit einer von Egoismus und Eitelkeit geprägten Gesellschaft auseinandersetzen. So wenig sich eben ein idealer „Naturmensch" in Gesellschaft restlos wohlfühlen kann, so wenig kann es Kurt in einer Welt, die, wie die des Zirkus und des Berufssports, zu einem großen Teil von äußerem Schein bestimmt ist.[15]

Im Gegensatz zu dieser kompromittierten Welt der bloßen Erscheinung fungiert Kurts Kraft und Schönheit in der Novelle als das äußere Zeichen inneren Reichtums. So bezieht sich der wiederholte Hinweis auf Kurt als „den Blonden" weniger auf seine körperliche Schönheit als darauf, dass er

Abb. 3: „Breitbarts Faustschlag tötet einen Stier" Plakat des Circus Busch.

seine inneren moralischen Qualitäten mit seinem angenehmen Äußeren verbindet. Im Verlauf der Erzählung trifft Samson seine Delilah und es gelingt ihm, obwohl sie ihm zeitweise regelrecht auflauert, sein biblisches Schicksal in der Weise umzuschreiben, dass er zu einer wahren Liebe mit einer verwandten artistischen Seele findet. Zu einem vollen Mann herangereift, avanciert Kurt kraft seiner gelungenen Balancierung von Körper und Geist zu einer Verkörperung des männlichen Ideals.[16] Und ganz am Ende der Geschichte erkennt er, dass die vollkommene Verschmelzung von Körper und Geist etwas ist, das auch durch Liebe herbeigeführt wird.

In Buschs Novelle ist die Kurt/Breitbart/Samson-Figur integraler Bestandteil, ja Symbol der klassischen westlichen Erzählung von der individuellen Suche nach Vervollkommnung durch harmonische Integration von Körper und Geist. Mit ihrer Gestaltung einer Figur, die viele kulturelle Ideale der europäischen Literatur buchstäblich verkörpert, schöpft Busch aus der Aufklärung, der Klassik, dem Bildungsroman und der Körperkulturbewegung. Dass sich Busch als Modell für diesen universalen Menschen einen Juden aus Lodz aussucht, fällt daher besonders auf. Freilich zeichnet Busch das Portrait eines komplexen Kraftmenschen, dessen Moral und Qualitäten die Anliegen und Empfindlichkeiten vieler Deutscher nach dem Ersten Weltkrieg ansprechen. An anderer Stelle zieht Busch ausdrücklich Verbindungen zwischen Form und Inhalt von Zirkusvorstellungen und dem

politischen Zeitgeist. So erkennt sie etwa einen Zusammenhang zwischen
der Ära des Kraftmenschen in der deutschen Populärunterhaltung des späten 19. Jahrhunderts und der Zeit der militärischen Aufrüstung und kolo-
nialen Konkurrenz, nachdem Deutschland zur stärksten europäischen Nation geworden war.[17] Ihr Kraftmensch aus den ersten Jahren nach dem Ersten
Weltkrieg scheint jedenfalls für ganz andere Zeiten angelegt zu sein, denn
seine Ausübung von Kraft geht mit einem Sinn für moralische Verantwor-
tung einher. Tatsächlich scheint Kurt/Breitbart/Samson als eine Warnung
vor den zerstörerischen Wirkungen kriegerischer Gewalt und Aggression
zu stehen. Buschs schöner Kraftmensch ist sowohl gegen den hedonisti-
schen Schönheitskult der Weimarer Zeit als auch die Destruktivität unkon-
trollierter Macht, wie sie in den deformierten männlichen Körpern von
Kriegsversehrten zum Ausdruck kommt, gerichtet.[18] Ihre Geschichte
schließt mit einer Umwandlung des Bildungsbegriffs: weg von intellektueller Selbst-Kultivierung und hin zu einem Akt, der körperliches und geistiges Streben miteinander verbindet. Durch die Verknüpfung von Körperkultur und Lebensreformbewegung erreicht unser Held einen Zustand von
Vollkommenheit, in dem Geist und Körper ausgewogen sind.

Weniger als Modell des griechischen heroischen Ideals, vielmehr als tragischen Helden der hebräischen Bibel präsentiert Y. M. Neuman das Leben
und Sterben des Zishe Breitbart in der Form eines kurzen jiddischen Drehbuchs. 1928 in der ersten Ausgabe der jiddisch-sprachigen Zeitschrift Film
Velt publiziert, reflektiert das Drehbuch die einmalige politische Bedeutung
Breitbarts für die osteuropäischen Juden, die in Mittel- und Osteuropa wie
auch Amerika lebten.[19] Ebenso wichtig, stellt es vielleicht den ersten Versuch einer Ausgestaltung der damals aufkeimenden mündlichen Überliefe-
rung dar. Diese hatte bereits kollektive Erinnerungen an Breitbart hervorgebracht. Anders als die deutsche und österreichische jüdische Mittelklasse,
die Breitbarts sensationell aufgemachten Schaustücken reserviert gegen-
überstand und seine Position als Ikone der (jüdischen) Populärkultur he-
runterspielte, machten die ärmeren, nationalorientierten jiddisch-sprechen-
den osteuropäischen Juden Breitbarts spezifisch jüdische Anhängerschaft
aus.

Mit seiner Eingangsfrage: „Kinder, wisst ihr, wer Zishe Breitbart war?"
hat das Drehbuch mehr den Charakter einer moralischen Fabel als den eines
avantgardistisch modernen Filmprojekts. Es ist klar, dass es in dieser Erzählung um die Bewahrung des Breitbartschen Vermächtnisses geht. Zishes Lebensgeschichte stimmt hier mit seiner Autobiographie, die drei Jahre zuvor
in der populären Warschauer jiddischen Tageszeitung Haynt in Fortsetzungen erschienen war, vollkommen überein. Nachdem wir den jungen Zishe
an der Seite seines Vaters im Eisenladen der Familie arbeiten sehen, kommen wir zu einem der dramatischen Höhepunkte des Drehbuchs. Szene 3
zeigt Zishe beim Betreten der Zirkusmanege – im Gewande von Bar Koch-

ba, jener militärischen und messianischen Figur aus dem zweiten Jahrhundert, die, vor allem für Zionisten, zur Symbolfigur eines ausdrücklichen jüdischen Nationalismus und der Ideale der alten nationalen Vergangenheit geworden war.[20] Breitbarts Manegenauftritt wird von Antisemiten gestört, die ihn mit Zwischenrufen unterbrechen und seinen Akt einen Bluff nennen. Zishes Kraft-Schaustück nimmt daher die besondere Bedeutung einer Widerlegung der Antisemiten und ihrer Beschuldigungen an. In der Überwindung des Antisemitismus und der Wiederherstellung des guten Namens des Kraftmenschen repräsentiert Breitbarts Körperkraft einen Triumph nicht nur für ihn persönlich, sondern für das jüdische Volk insgesamt. Die „Gojim", die das ganze Drehbuch hindurch als mit den Antisemiten austauschbar erscheinen und immer mit einer Stimme sprechen, realisieren, dass dieser kämpfende Jude ernstgenommen werden muss. Auf Zishes Krönung als Verteidiger der Juden und jüdischen Ehre reagieren die Gojim untereinander mit sichtlicher Besorgnis – und natürlich auf jiddisch: „Oj, a starker Jid. Wer weiß, wie viele es von ihnen noch geben mag?".

Nach Breitbarts Tod in der 5. Szene folgen noch vier Szenen. Der Schauplatz des Drehbuchs geht nun von dieser Welt in die nächste über. Wir sehen Zishe in den Himmel fahren, wo er von niemandem anderen als Samson selbst empfangen wird. „Willkommen im zwanzigsten Jahrhundert, mein Kamerad", sagt Samson. Verständlicherweise verwirrt, fragt Zishe, wo er sei. „Im Himmel, mein Freund, im siebten Himmel." Darauf Zishe: „Samson, mein ganzes Leben lang habe ich an dich gedacht." Dann stellt er ihm die Frage, die wohl vielen potentiellen jüdischen Filmzuschauern auf der Zunge gelegen haben mag: „Warum sind die Zeiten so schwer und bitter für die Juden? Warum ist der Messias nicht schon gekommen, um unsere Ketten zu brechen und uns zu befreien?" Samsons Antwort bekommen wir niemals zu hören. Doch in der nächsten Szene erwacht Neuman, der Autor, aus seinem Schlaf. Er erklärt, Zishe sei ihm im Traum erschienen und habe ihm das Geheimnis seiner Kraft verraten. Ohne Zishes Geheimnis preiszugeben, geht Neuman daran, eine Kette zu zerreißen. Durch den Akt des Zerreißens ist gewissermaßen die Kette des Vermächtnisses nun erst recht geschmiedet. Neuman selbst wird zum neuen Helden Samson gekrönt, begleitet von Rufen „Lang lebe der neue Samson!".

In Neumans Drehbuch wird Zishe als ein wahrer jüdischer Volksheld dargestellt, dessen überragende Körperkraft geeignet ist, der wachsenden antisemitischen Bedrohung entgegenzutreten. Doch Neumans Botschaft geht über die Leistungen des individuellen Zishes hinaus und zeigt dessen inspirierende Wirkung auf ein Volk, das sich als schutzbedürftig empfand. Sowohl im Drehbuch als auch in der Realität bot Zishe seinen osteuropäischen jüdischen Anhängern das Beispiel einer Selbstverteidigung und politischen Mobilisierung als einer sinnvollen Antwort auf jüdische politische Ohnmacht. Für osteuropäische Juden fügt sich Breitbarts Heldenstatus tatsächlich leicht in die eigene historische Erzählung von Verfolgung und Erlösung ein. Gary Bart, der Produzent von Unbesiegbar und ein Nachfahre des jüdischen Kraftmenschen, zitiert einen volkstümlichen jiddischen Spruch, wonach „die Verfolgung des jüdischen Volkes aufhörte, erhöben sich unter ihm nur tausend Breitbarts". Doch wie alle tragischen Helden hatte auch Breitbart einen Makel – und der seine war, wie wir am Ende des Drehbuchs erfahren, ein Mangel an Religiosität. Das Drehbuch endet mit der Ermahnung an „die Kinder", die Lektion von Breitbarts Tod zu beherzigen: denn sei auch Zishe mit mehr irdischen Gaben gesegnet gewesen als jeder andere, so sei doch die Himmelsfurcht durch nichts zu ersetzen.

Im Gegensatz zu den zwei konkurrierenden Breitbart-Interpretationen, die zu seinen Lebzeiten und kurz danach produziert wurden, präsentiert Werner Herzog seinen Zishe Breitbart als jüngsten Fall in einer langen Reihe visionärer aber vom Unglück verfolgter Propheten. In seinem Film Unbesiegbar liefert die Breitbart-Geschichte die Basis für die Gestaltung einer grandiosen Herzogschen Fabel vom Kampf eines einfachen und unschuldigen Juden gegen die dunklen Mächte des Okkulten und schließlich gegen die Nazis selbst.[21] Breitbart wird als schwerzüngiger Moses dargestellt, ein Prophet von wenigen Worten aber großer Vision. Die Handlung dreht sich um den Kampf zwischen dem Kraftmenschen Zishe, gespielt von Jouko Ahola, einem wirklichen Kraftmenschen, der 1998 den Titel „stärkster Mann der Welt" erwarb, und dem infamen Hellseher und Schwindler Erik Jan Hanussen, gespielt von Tim Roth. Während des ganzen Films benutzt Hanussen dunkle Mächte, um seinen Reichtum und seine Macht zu steigern, letztlich vergeblich. In seiner filmischen Bearbeitung hat Herzog Zeit und Ort der Geschichte verändert: Breitbarts große Familie versetzte er aus einem armen Viertel in Lodz in ein frommes Schtetl irgendwo im Osten. Noch bezeichnender, tauschte er die frühen Zwanziger gegen die frühen Dreißiger Jahre aus, so dass sich die Geschichte am Vorabend der NS-Machtergreifung abspielt.

Herzog setzt seine Geschichte an einem historischen Zeitpunkt an, der von beidem weit entfernt ist: von einem Deutschland der universalisierenden Impulse einer Paula Busch und von einem Osteuropa als der einstigen Heimat von Millionen Juden. In seinem ersten Film, der sich direkt mit der NS-Vergangenheit beschäftigt, kreiert Werner Herzog eine Breitbart-Figur, die den NS-bedingten und unwiderruflichen Bruch zwischen Deutschen und Juden, Deutschtum und Judentum symbolisiert.

Die von W. Herzog kinematographisch grandios umgesetzte Erzählung geht folgendermaßen: Breitbarts Schaustellung ungewöhnlicher Kraft bringt ihm von einem Berliner Talentsucher ein Jobangebot auf der Berliner Bühne ein. Nach anfänglichem Widerstreben, seine Familie oder sein Schtetl zu verlassen, geht Breitbart nach Berlin und landet in „Hanussens Palast des Okkulten", wo er unter Hanussen arbeitet. Hanussen, der sich

als logischer Kandidat für ein Ministerium des Okkulten in einer zukünftigen NS-Regierung wähnt, pflegt – trotz verborgener Identität als Jude – die
Gesellschaft von Berliner Nazi-Größen. Unter Hanussen wird Breitbart
über Nacht zu einer Sensation. Doch wird er auch unmittelbarer Zeuge der
Nazi-Gefahr und trägt durch die Aufdeckung Hanussens als eines Juden
unwissentlich zum Mord am Hellseher durch die SA bei.[22] Zishe merkt
bald, dass für ihn in Berlin kein Platz ist und er nach Polen zurückkehren
muss. Vor seiner Abreise sucht er jedoch den Rabbi auf, den er bei seiner
ersten Ankunft in Berlin getroffen und der ihn ermahnt hatte, niemals zu
vergessen, wer er sei. Im Film nun zum wahren Seher geworden, ahnt Zishe
dem Rabbi gegenüber den Holocaust voraus: etwas Schreckliches komme
auf das jüdische Volk zu. Zishe kommt zu der Erkenntnis, dass seine Kraft,
wie die Samsons vor ihm, eine Gabe sei, die ihm Gott zur Rettung seines
Volkes gegeben habe. Der Rabbi ist über Zishes Rückkehr zu Gott und seinen Wurzeln erfreut und zitiert, wenn auch mit einer bezeichnenden christlichen Wendung, eine bekannte jüdische Legende. Nach deren ursprünglichen Version gibt es in jeder Generation sechsunddreißig Gerechte, durch
deren Verdienst die Welt aufrecht erhalten wird. Durch seine Andeutung,
dass Zishe einer der Sechsunddreißig sein könnte, wendet der Rabbi die traditionelle Lehre von der erlösenden Kraft individueller Gerechtigkeitsakte
in eine Märtyrer- und Selbstopfergeschichte um, da Herzogs Rabbi Zishe
sagt, er könne einer jener Sechsunddreißig sein, die sich für die Welt opfern.
Nach Polen zurückgekehrt, warnt Breitbart seine Brüder vor der drohenden
Katastrophe und versucht sie wachzurütteln: Sie sollen sich organisieren
und kämpfen. Doch blind gegenüber der Gefahr, verschmähen sie ihren
Propheten. Breitbarts Vision bleibt unbeachtet; er stirbt in Polen, zwei Tage
vor der Machtergreifung der Nazis.

Der Wendepunkt des Filmes wird durch Breitbarts öffentliche Enthül-
lung seines Judentums markiert. Denn anders als der historische Breitbart
verbarg Herzogs Zishe auf Hanussens Geheiß seine jüdische Identität, da
Hanussen meinte, „es würde den Nazis gar nicht gefallen, so einen starken
Juden zu sehen". Während seiner Kraftakrobatik wechselweise als römischer Zenturio und ruhmreicher Teuton kostümiert, trägt Breitbart eine
blonde Perücke, womit er passiv in seine Arisierung einwilligt. Diese Mas-
kerade findet ihr Ende, wenn Zishe im Angesicht eines Saals voll betrunke-
ner Nazis die Realität hinter dem Bild lüftet, die blonde Perücke abwirft
und sein wahres Selbst enthüllt. Dieser Augenblick der Selbstenthüllung ist
es, der Zishe wieder mit seinem Volk zusammenführt und ihn den gött-
lichen Ruf vernehmen lässt. Hatte Breitbart eine Zeit lang – wenn auch un-
gewollt – versucht, sich zu verbergen, so ist er schließlich wieder mit seinen
Brüdern und Schwestern im Schtetl – und im Tod vereint.

In Herzogs Augen erscheint Breitbart als eine weitere weltfremde Figur,
ein jüdischer Kaspar Hauser etwa, jedenfalls als ein weiteres Exemplar in

Herzogs wachsender Sammlung „heiliger Unschuldiger und Propheten, die
zu heroischem Scheitern verurteilt sind", wie es eine Filmkritik formulierte.[23] Um diese ursprüngliche, vorzivilisatorische Reinheit in puncto Breitbart durchzuhalten, fühlte sich Herzog allerdings genötigt, eine weitere historische Tatsache von erheblicher Bedeutung abzuändern: die des Breitbartschen Zionismus. Vor dem Hintergrund der zuweilen negativen Haltungen
in Deutschland zu Israel während der zweiten Intifada, mag es Herzog sau-
berer erschienen sein, den Zionismus aus der Geschichte ganz herauszulas-
sen. Solange jedoch Reinheit und Opferung miteinander verschränkt bleiben, ist in Herzogs Vision auch wenig Raum für jüdische Handlungsfähig-
keit. In einer letzten ironischen Wendung verwandelt Herzog eben die
Figur, die einst in den Augen vieler osteuropäischer Juden ein Symbol jüdischer Macht gewesen war, in die Verkörperung jüdischer Ohnmacht. Zweifellos reflektiert diese rückwirkende Stilisierung Zishe Breitbarts als Opfer
einen allgemeinen Zug in der Darstellung von Juden im zeitgenössischen
Deutschland. So erscheinen in der Tat die Juden in *Unbesiegbar* bereits vor
1933 als fast passive Märtyrer, während noch der Massentod, der sie am Ende des Filmes erwartet, ihre fundamentale Reinheit im Angesicht des unaus-
sprechlich Bösen zelebriert. Herzogs Breitbart-Wahrnehmung durch die
Linse des Holocausts verleitet ihn zu einem Geschichtsbild jüdischer Vergangenheit, das primär von jüdischem Opferdasein bestimmt und zugleich
von Idealisierungen der Vor-NS-Vergangenheit begleitet ist. War Busch
noch bestrebt, das universale Vermächtnis des neuen Samson zu bekräftigen
und desgleichen Neuman das national/politische und von Gott gegebene,
so spottet Herzogs Siegmund/Zishe im Angesicht des kommenden Bösen
jeden Begriffs von Gott oder Vermächtnis. In Herzogs *Unbesiegbar* wird
Breitbart zu einem jüdischen Propheten, der sich zum Märtyrer macht, um
eine unerlösbare Welt zu erlösen: Opfer eines Schicksals, das er voraussah,
aber nicht ändern konnte.

Als ein Ort der kontinuierlichen Produktion widerstreitender Bedeutungen wurde Breitbarts Körper je nach Publikum anders betrachtet und letztlich „neu geschrieben". Offenbar haben Breitbarts Schaustücke und deren
Rezeption die Vertrautheit und Macht rassenspezifisch dichotomer Bilder
von Deutschen und Juden unterhöhlt. Indem er die Ideale deutscher Männlichkeit übernahm und zugleich die Vorstellung des Juden als eines ent-
männlichten Anderen zurückwies, schuf der historische Breitbart in der
Manege eine breite Vielfalt von Bildern, die das Publikum je nach Belieben
(neu) zusammenstellte. Als Repräsentant sowohl des universalen Menschen
als auch des jüdischen Nationalhelden, stellte Breitbarts Körper ein Modell
für beide bereit: für die Deutschen, um ihre eigene Körperlichkeit neu zu
gestalten, und für die Juden, um – wie er 1925 in einem Haynt-Interview
sagte – „kampffähig" zu werden. In der Tat nötigt uns Siegmund Breitbarts
Vermächtnis, darüber nachzudenken, wie es möglich war, dass zwei diver-

gente Erzählungen von Nation und Ethnizität, eingebaut in zeitgenössischen Männlichkeitsidealen, nebeneinander, wenn auch vielleicht mit Unbehagen, existieren konnten – wenigstens eine Zeit lang.

Anmerkungen

[1] Rumpelstilzchen (Adolf Stein), Tägliche Rundschau, 12. Juli 1923.

[2] Haynt, (Warschau), 1. April 1925, 10; Haynt, 21. Oktober 1925, 5.

[3] Haynt, 21. Oktober 1925, 5.

[4] John J. MacAloon, zitiert in: Marvin Carlson, Performance. A Critical Introduction, London/New York, 1996, 24–25.

[5] Michel de Certeau, The Practice of Everyday Life, wiedergegeben in John Storey (Hg.), Cultural Theory and Popular Culture, Athens GA 1998, 484–85.

[6] Breitbart – zerquetscht! Leben und Sterben eines modernen Herkules, Kleine Volkszeitung, 11. Februar 1923, 7; Przygody nadzwyczajne, Außerordentliche Abenteuer. Siegmund Breitbart. Athlet des 20. Jahrhunderts, Warschau 1925 (nicht erhältlich). Ich bin Dietmar Winkler für die Beschaffung der polnischen Biographie und die Einsicht in seine unveröffentlichte deutsche Übersetzung verpflichtet, 11–13.

[7] Siegmund Breitbart, Modern Samson. First American Appearance of Jewish Superman, The American Hebrew, 28. September 1923, 497.

[8] Das Programm. Artistisches Fachblatt, 3. Februar 1925, Hamburg, ohne Seitenangabe.

[9] Don Gifford, Robert J. Seidman, Ulysses Annotated. Notes from James Joyce's Ulysses, Berkeley CA 1988, 497.

[10] Gisela Winkler, Circus Busch. Geschichte einer Manege in Berlin, Berlin 1998, 41.

[11] Nach Auskunft eines engen Freundes der Busch-Familie, Pfarrer Martin Schaaf, war Paula Busch an Breitbart besonders interessiert, weil er ein Jude war; Es war ihre Entscheidung, ihn als Jude einzusetzen. Interview mit Pfarrer Martin Schaaf, 23. Juli 2001, Berlin.

[12] Paula Busch, Das Spiel meines Lebens. Ein halbes Jahrhundert Zirkus, Stuttgart 1957, 124–25.

[13] Paula Busch, Samson. Roman von Paula Busch, Berliner Morgenpost, 24. Juli bis 2. September 1923.

[14] Paula Busch, Samson. Roman von Paula Busch, Berliner Morgenpost, 24. Juli 1923.

[15] Paula Busch, Samson. Roman von Paula Busch, Berliner Morgenpost, 28. Juli 1923.

[16] George L. Mosse, The Image of Man. The Creation of Modern Masculinity, New York 1996, 6.

[17] Paula Busch, Das Spiel meines Lebens, Ein halbes Jahrhundert Zirkus, Stuttgart 1957, 125.

[18] Über die Kriegsversehrten schreibt Sabine Kienitz, Der Krieg der Invaliden, Helden-Bilder und Männlichkeitskonstruktionen nach dem Ersten Weltkrieg, in: Militärgeschichtliche Zeitschrift 60.2 (2001), 367–402.

[19] Film Velt, September 1928, 9–12.

[20] Yael Zerubavel, Recovered Roots. Collective Memory and the Making of Israeli National Tradition, Chicago 1995, 52.

[21] Unbesiegbar, Fine Line Features and New Line Productions, Inc., 2002. Kurzzeitig war ich – wie ich nicht verbergen möchte – für Gary Bart, den Produzenten des Filmes, tätig und half bei der Reflexion über die historische Bedeutung des Breitbart-Phänomens.

[22] Tatsächlich wurde Hanussen zwei Tage nach dem Reichstagsbrand von der SA ermordet. Breitbart konkurrierte mit Hanussen, ohne je direkt unter ihm zu arbeiten. Zu Hanussen siehe Wilfried Kugel, Hanussen, Die wahre Geschichte des Hermann Steinschneider, Düsseldorf 1998; Mel Gordon/Erik Jan Hanussen, Hitler's Jewish Clairvoyant, Los Angeles 2001.

[23] Timothy Corrigan, zitiert bei: Richard Falcon, I Am What I Yam. Sight and Sound, April 2002. Kaspar Hauser, eine Figur in Herzogs bekanntem Film *Jeder für sich und Gott gegen alle*, war ein 1828 in den Straßen von Nürnberg aufgefundener Junge. Über seine Herkunft existieren viele Legenden und literarische Darstellungen.

6. Juden im deutschen Sport während der Weimarer Republik

Jacob Borut

In seiner Darstellung der jüdischen Jugend in Deutschland macht der Historiker Walter Laqueur in Bezug auf die Interessenfelder eine deutliche Unterscheidung zwischen den verschiedenen Generationen der Weimarer Jahre. Nahm die ältere Generation noch intensiv am Kulturleben in Theater, Musik und Kunst teil – damals war Deutschland, in Laqueurs Worten, das „kulturelle Zentrum der Welt" –, so hatte die jüngere Generation ganz andere Interessen:

> Für sie hießen die magischen Namen nicht Max Reinhardt, Piscator und Furtwängler; gespannt verfolgte sie die Ergebnisse der Fußballspiele vom Sonntag zwischen Herta BSC und Schalke 04, dem Tabellenführer von der Ruhr. Ihre Helden waren nicht Elisabeth Bergner oder Emil Jannings oder Albert Bassermann, sondern Hanne Sobeck und Richard Hofmann, die damaligen Torschützenkönige.[1]

Tatsächlich war die jüngere jüdische Generation der Weimarer Republik stark am Sport interessiert und nahm auch zahlreich an den damaligen Sportaktivitäten teil. Sport war ein wichtiges Mittel der gesellschaftlichen Integration.[2] Herausragendes Beispiel einer erfolgreichen Integration durch Sport war Daniel Prenn, der deutsche Tennismeister, der 1929 als Mitglied der deutschen Davis Cup-Mannschaft seine Spiele gegen zwei Mitglieder der englischen Mannschaft gewann und damit Deutschland zu seinem viel gefeierten Sieg über England verhalf. Zu dieser Zeit war der in Russland geborene Prenn noch russischer Staatsbürger, doch brachten ihm seine sportlichen Leistungen einen für russische Juden im damaligen Deutschland seltenen Respekt ein.[3] Ähnliche Geschichten wiederholten sich in kleinerem Maßstab überall in Deutschland. So erzählte Abraham Dumb (Dotan) aus Lübeck, er habe zwar in der Schule unter seinen antisemitischen Klassenkameraden gelitten, doch sei ihm die Tatsache, dass er ein hervorragender Sportler gewesen sei und manche Preise (vor allem im Schwimmen) für seine Klasse geholt habe, für seine gesellschaftliche Stellung sehr hilfreich gewesen.[4]

Diese Beispiele zeigen, dass sportlicher Erfolg für Juden ein wirkungsvolles Mittel war, um eine Integration in die deutsche Gesellschaft zu erreichen. Solcher Erfolg wurde umso wichtiger, je mehr diese Integration bedroht war. Ein Indiz für diese zunehmende Wichtigkeit lässt sich in den

Spalten der jüdischen Presse ausmachen. Über Sportereignisse berichtete die weitverbreiteste jüdische Zeitung, das Israelitische Familienblatt (im Folgenden IF), in der „Sportecke" auf der letzten Seite des zweiten Teils der Zeitung (manchmal am Ende des ersten Teils). Mitte 1932 jedoch, als sich die gesellschaftliche und politische Lage der deutschen Juden deutlich verschlechterte, rückten die athletischen Leistungen nach vorne in den Nachrichtenteil und wurden mit großen Schlagzeilen versehen. Eine solche Leistung war die von Daniel Prenn in der deutschen Tennismannschaft gegen Irland im Davis Cup, auch die der beiden deutschen Jiu-Jitsu-Meisterschaften, die von zwei Mitgliedern der Berliner Schild Jiu-Jitsu-Gruppe gewonnen wurden[5]. Die Fotos der Athleten erschienen direkt neben dem Sportbericht – eine noch nie da gewesene Ehre in den Spalten des IF[6]. Sport erlangte also unter Juden eine zunehmende Bedeutung als eine Möglichkeit, von der umgebenden Gesellschaft als gleichberechtigtes und nützliches Mitglied anerkannt zu werden.

Über ein Beispiel für die potentielle Akzeptierung von Juden berichtete die Vossische Zeitung anlässlich eines anderen Davis Cup Tennisturniers, in dem sich Daniel Prenn, diesmal gegen England, auszeichnete. So wurde der Reporter Zeuge, wie sich die Haltung rechtsradikaler Zuschauer veränderte: Zuerst bezogen sie sich auf Prenn als „Danny", später als „Prenn" und schließlich als „unser Prenn". Der Reporter schloss: „Können diese Leute nur in Spielen vereint sein?"[7] Eben dies war die Hoffnung deutscher Juden, nämlich dass sie als Mitglieder einer vereinten deutschen Nation betrachtet werden würden, zunächst im Sport und dann auch in der Gesellschaft als ganzer.

Jüdische Leistungen im Sport waren auch geeignet, bestehende antisemitische Stereotypen über die gesellschaftliche Minderwertigkeit von Juden zu unterwandern. Auch dieses Bedürfnis wurde in den letzten Jahren der Republik immer vordringlicher. So entschied sich 1931 die in Sachen Sport sonst leidenschaftslose Gemeindezeitung für die israelitischen Gemeinden Württembergs, einen (von einer Wiener Zeitschrift übernommenen) Artikel über jüdische Leistungen im Boxsport an vorderster Stelle zu platzieren. Ihm folgte ein Artikel über jüdische Sportleistungen in Ulm, der wie folgt begann: „Das alte Vorurteil, dass wir Juden auf sportlichem Gebiet weniger leisten können als unsere nicht-jüdischen Landsleute, ist durch die athletischen Leistungen in Ulm wieder einmal widerlegt worden."[8]

Am Sport teilnehmen konnten Juden entweder auf individueller Basis oder als Mitglieder einer Sportmannschaft, wobei sie in jüdische oder nichtjüdisch allgemeine Sportvereine gehen konnten. Für letztere Option entschied sich die Mehrheit der jüdischen Sportler und Sportlerinnen während der Weimarer Republik. Bis in die letzten Jahre der Republik hinein stießen Juden, die sich in deutschen Sportvereinen betätigten, nur auf wenige Hindernisse; offen antisemitische Vereine waren die Ausnahme, nicht die Regel.[9] Diese Hindernisse gab es jedoch, und persönliche Zeugnisse geben Grund zu der Annahme, dass Antisemitismus weiter verbreitet war, als es die schriftlichen Quellen annehmen lassen. Zum Beispiel erzählte mir ein Jude, der in der Kleinstadt Bensheim in Hessen aufgewachsen war, dass die Juden dort ihren eigenen inoffiziellen Tennisclub gründeten, weil sie als Mitglieder des Casino-Vereins und damit auf dem lokalen Tennisplatz nicht akzeptiert wurden.[10] Diese Tatsache wird in einer kürzlich veröffentlichten Studie über die Juden von Bensheim nicht erwähnt.[11]

Es gab jedoch zwei Sportarten, in denen die jüdische Integration beträchtlich behindert wurde. Bekannt ist der Fall der Alpenvereine. Die Deutsche Alpenvereine waren Teil einer Föderation: des Deutsch-Österreichischen Alpenvereins, der die Alpenvereine Österreichs, des Sudetenlandes und anderer deutscher Diasporagebiete umfasste. Auf Antrag der Österreicher nahm die Föderation einen Arierparagraphen auf. Die größeren deutschen Sektionen, darunter die von Berlin und München, folgten dem Beispiel und fassten ähnliche Beschlüsse. In Wien und Berlin führten die Entscheidungen 1924 und 1925 zur Gründung konkurrierender Vereine: der Sektion Donauland und des Deutschen Alpenvereins Berlin, die beide jedermann offen standen.[12] Die Hoffnungen der Gründer, eine große nicht-jüdische Mitgliederschaft anzuziehen, gingen nicht in Erfüllung. Juden bildeten in den neu gegründeten Vereinen die eindeutige Mehrheit, während die meisten Mitglieder der nun rassisch reinen Vereine dort blieben, wo sie waren. Deutsche Juden brachten ihre Ablehnung gegenüber den antisemitischen Vereinen klar zum Ausdruck. So lehnten zum Beispiel jüdische Stadträte Anträge zur finanziellen Förderung dieser Vereine ab.[13]

Ein anderer Typ von Sportverein mit kaum erkennbarer jüdischer Beteiligung waren der Reitverein oder Pferdezuchtverein. Dies waren – zumindest an den Orten, in denen ich sie untersucht habe – elitäre Vereine, die sich in der zweiten Hälfte der Weimarer Periode in den kleinen Städten entwickelt hatten, nachdem die Motorisierung den Gebrauch von Pferden für die Landwirtschaft und den Transport eingeschränkt und das Reiten den Charakter einer Freizeitaktivität angenommen hatte. Besonders die Pferdezucht wurde mehr und mehr zur Domäne einer reichen Elite, zu der Juden sehr beschränkten Zugang hatten. Hätten sich diese Vereine früher, zu Beginn des 20. Jahrhunderts, entwickelt, hätten wohl einige wohlhabende Juden in sie eintreten können. Ein Beispiel ist Hermann Gundelfinger in Württemberg, der einen solchen Verein in Michelbach a. d. Lücke mitgründete.[14] In den späten Weimarer Jahren hatten sich die gesellschaftlichen Möglichkeiten der Juden jedoch verschlechtert.

Antisemitismus existierte auch auf dem Gebiet des Turnens – seit Turnvater Jahn ein traditioneller Hort für deutsche Nationalisten – und besonders in der Deutschen Turnerschaft.[15] Gleichwohl waren viele Juden Mitglieder von Turnvereinen und erreichten hohe Positionen. In den Dörfern und Kleinstädten fand sich kaum ein Hinweis auf eine ablehnende Haltung gegen ihre Teilnahme.[16]

Abgesehen von diesen Gebieten, nahmen Juden weitgehend am deutschen Sportleben teil, gewannen viele Preise und genossen – nach eigenem Bekunden – ihre Zeit und die Kameradschaft mit anderen Sportlern und Sportlerinnen, ob jüdisch oder nicht. Sie waren nicht nur aktive Mitglieder, sondern übernahmen auch wichtige Rollen als Funktionäre, Schiedsrichter und Trainer. Nach Paul Yogi Mayer geschah dies vor allem in Fußballvereinen.[17]

In der Tat, so wie bei der Einführung neuer Formen in Kultur und Mode, spielten Juden – die über bessere Kontakte zur Stadt und modernen urbanen Trends verfügten – in entlegeneren ländlichen Gebieten eine wichtige Rolle bei der lokalen Einführung von Fußball und anderen Sportarten. So war zum Beispiel Alfred Silberberg aus Springe eine zentrale Figur im Fußball in Deister bei Hannover. „Er war nicht nur ein Gründungsmitglied und Mentor des Springer Fußballklubs von 1911, sondern auch einer der Gründer der Fußballklubs in den umliegenden Dörfern."[18] Bei diesen Aktivitäten halfen ihm seine Geschäftskontakte im Dorf. 1927 wurde er zum Ehrenvorsitzenden des Fußball-Kreisverbandes Gau-Deister gewählt, zu dessen Gründern er gehörte.

Juden waren Mitglieder und Funktionäre in nicht-jüdischen Sportvereinen. Sie fühlten sich integriert. Doch konnten Juden wirklich zu den höchsten Positionen aufsteigen? An anderer Stelle habe ich die Positionen untersucht, die Juden in Ortsverbänden erreichen konnten.[19] Danach spielten Juden bei der Gründung und Organisierung wie auch bei der entscheidenden finanziellen Unterstützung dieser Verbände eine herausragende Rolle.[20] Tatsächlich nahmen Juden in einigen lokalen Vereinen hohe Posten ein – als Schatzmeister, Sekretäre und Vorstandsmitglieder. Besonders traten sie in Vereinen des Handels und Gewerbes hervor. Gleichwohl gab es eine unsichtbare Barriere, die den Zugang und die Position von Juden in deutschen Vereinen einschränkte. Diese Barriere zeigte sich zum Beispiel auf der Ebene des Vereinsvorsitzenden: Juden, die solche Positionen innehatten, sind kaum zu finden, nicht einmal in Vereinen, zu deren Gründung sie beigetragen hatten. Siegfried Hony zum Beispiel, ein Industrieller in Wissen bei Betzdorf im Rheinland, gründete 1925 einen Sportverein namens Siegfried (sein eigener Name). Die Nationalsozialisten sahen diesen Verein als jüdisch an und lösten ihn auf, als sie an die Macht gekommen waren. Hony selbst jedoch hatte in ihm nur die Rolle des Sportobmanns und nicht die des Vorsitzenden.[21] Ähnliche Fälle finden wir auch an anderen Orten. Dass ein Jude Vorsitzender wurde, so wie Julius Zion beim Bonfelder Turnverein in Baden, Hans Blum beim FC Eldagsen in der Region Hannover oder Kurt Landauer beim FC Bayern München war wirklich selten.[22]

Betont werden muss, dass Dorfjuden diese Barrieren akzeptierten und keine diesbezüglichen Ressentiments hegten. Sie fühlten sich in ihren Gemeinden „zu Hause", wollten zur Dorfgemeinschaft gehören und hegten selbst dann keinen Groll, wenn sich der Kodex dieser Gemeinschaft diskriminierend auf sie auswirkte.

Jüdische Sportvereine

Wir wenden uns nun jenen Juden zu, deren sportliche Betätigung auf jüdische Sportvereine beschränkt war. In seiner wichtigen Studie über jüdische Turnerschaften vor dem Ersten Weltkrieg nennt George Eisen zwei Hauptgründe für die „Notwendigkeit getrennter Turnvereine", die „in den letzten Jahren des 19. Jahrhunderts entstand": „Ausbrüche antisemitischer Stimmungen und die Entstehung eines jüdischen Nationalismus".[23] Nach Eisen bestand die Mehrzahl der Gruppen anfangs aus jüdischen Nationalisten, nur dass sie ihre Ideologie nicht offen bekannten und sich auch tatsächlich ideologisch zurückhielten, um auch Mitglieder zu gewinnen, die nicht an den Zionismus glaubten.[24]

Untersuchen wir die Weimarer Zeit, stoßen wir auf einen dramatischen Anstieg in Zahl und Aktivität von Vereinen, die nicht Teil der jüdischen Nationalbewegung waren. Dies waren Vereine, die, um Eisens Terminologie zu benutzen, durch „die Reaktion auf den Ausgrenzungseffekt einer feindlichen Umgebung" zusammengehalten wurden.[25]

Es ist wichtig sich klarzumachen, dass organisiertes jüdisches Leben in Deutschland während der Weimarer Periode den höchsten Stand seit dem Niedergang der traditionellen jüdischen Subkultur in vormodernen Zeiten erreicht hatte. Während die Zionisten offen für die Schaffung einer separaten jüdischen Sphäre eintraten, lehnten die Organisationen der Mehrheit der deutschen Juden, wie der Central-Verein deutscher Staatsbürger jüdischen Glaubens (CV) oder der Reichsbund jüdischer Frontsoldaten (RjF), die Schaffung eines „geistigen Ghettos", wie sie es nannten, ab. Diese tiefgreifenden Differenzen über Sinn und Zweck wurden von den Führern der verschiedenen Organisationen artikuliert und werden in der Historiographie im allgemeinen nicht weiter hinterfragt.[26] In Wirklichkeit jedoch beteiligten sich der CV und der RjF durchaus an der Bildung und Ausdehnung jüdischer Organisationen, so wie es auch die liberale Führung der größeren jüdischen Gemeinden tat, hierin ganz im Gegensatz zu ihren schriftlich und mündlich erklärten ideologischen Prämissen.[27]

Ein von den Zionisten auf lokaler Ebene besonders entwickelter Bereich war der Sport. In jeder Gemeinde mit einer größeren zionistischen Gruppe wurde ein Sportverein namens Bar Kochba oder Makkabi gebildet.[28] Die beliebtesten Zweige waren Turnen – was eine lange deutsche Tradition hatte –, Fußball, Leichtathletik und an einigen Orten auch Boxen. Auf örtlicher oder regionaler Ebene traten die lokalen zionistischen Vereine gegen deutsche Sportvereine an. Ende der 20er Jahre war die Zahl der zionistischen

Organisationen so weit angewachsen, dass diese auch, ohne größere Reisen unternehmen zu müssen, gegeneinander antreten konnten. In Westdeutschland wurde ein Westdeutscher Bezirk gebildet; dieser besaß ab 1930 seine eigene kleine Fußball-Liga.

In dieser Hinsicht bildeten die Zionisten innerhalb der ideologischen Strömungen des deutschen Judentums eine Ausnahme: Für sie hatten Sportaktivitäten eine über Freizeitgestaltung oder Körperertüchtigung hinausgehende Bedeutung. Sie dienten als Vehikel für die Schaffung einer neuen Jugend, die ganz anders sein sollte als der traditionelle Diaspora-Jude. Zionistische Sportvereine hatten eine erzieherische und ideologische Mission; ein großer Teil ihrer Aktivität war naturgemäß pädagogisch. Eben darin lag für die Zionisten die Bedeutung der Sportbewegung. Außerdem stellten in den späten 20er Jahren diese Vereine ausgezeichnete Mittel dar, junge Mitglieder für die zionistische Bewegung zu gewinnen. Tatsächlich nahm der deutsche Zionistenkongreß 1929 in Jena eine Resolution an, in der Ortsgruppen zu einer „kraftvollen Unterstützung" der Sportvereine aufgerufen wurden; auch die zionistischen Vertreter in den Leitungsorganen der Gemeinden wurden aufgefordert, dafür zu sorgen, dass solche Vereine finanziell unterstützt wurden und zwar unter ausdrücklicher Berufung auf deren „pädagogische und propagandistische Bedeutung".[29]

Doch auf dem Gebiet des jüdischen Sports waren die Zionisten nicht alleine; in großen und vielen mittleren jüdischen Gemeinden gab es zahlreiche andere jüdische Sportgruppierungen. Viele betrachteten sich als neutral oder keiner ideologischen Strömung verpflichtet, während andere den Liberalen verbunden waren. An mehreren Orten wie Frankfurt, Leipzig, Kassel und dem Rhein-Ruhr-Gebiet gab es jüdische Arbeitersportvereine, die mit anderen Vereinen aus der Arbeiterbewegung konkurrierten. Anders als die Zionisten unterstützten die Liberalen keine Sportaktivitäten in ausschließlich jüdischen Sportvereinen. Der Schild, der große Sportverband des Reichsbundes jüdischer Frontsoldaten, wurde größtenteils während der NS-Zeit geschaffen.[30] In der Weimarer Republik existierte noch kein organisiertes Netzwerk, auch wenn es einige lokale Sportvereine des RjF gab, wobei der berühmteste unter ihnen die Berliner Jiu-Jitsu-Gruppe war, die – wie schon erwähnt – für mehrere Jahre den deutschen Meisterschaftstitel hielt und für alle jüdische Athleten (die Zionisten eingeschlossen) eine Quelle großen Stolzes war. Im Prinzip jedoch unterstützte der RjF in der Weimarer Zeit nicht die Aktivitäten von jüdischen Sportgruppen, und es kam mehrmals vor, dass Aktivisten, die Sportvereine unter seinen Auspizien zu bilden versuchten, diese in neutrale Vereine umwandeln mussten. Erst in den frühen 30er Jahren, als viele jüdische Sportler aufgrund des wachsenden Antisemitismus aus deutschen Vereinen vertrieben wurden, ging man an die Schaffung des „Schild" als eines nationalen Netzwerkes heran, und die Führung des Reichsbundes lernte den Wert einer jüdischen

Jugend schätzen, die in defensiven Sportarten wie Boxen und Jiu-Jitsu trainiert wurde.[31]

Tatsächlich ließ die Gleichgültigkeit oder Unsicherheit, die von der Führung liberaler Organisationen gegenüber dem jüdischen Sport an den Tag gelegt wurde, Raum frei für lokale Initiativen, die eine seltene Kooperation zwischen jüdischen Sportlern verschiedener ideologischer Ausrichtung ermöglichten. Am 26. April 1925 trafen sich Vertreter von elf jüdischen Sportvereinen aus Westdeutschland in Essen und einigten sich auf die Gründung einer großen regionalen Organisation namens Vintus, die für neutral erklärt wurde. Das Treffen wurde von der örtlichen Sportgruppe Hakoach Essen initiiert, die offiziell eine neutrale Sportgruppe war. Unter den elf lokalen Organisationen befanden sich drei zionistische, drei waren mit dem RjF verbunden.[32] So ergab sich ein Feld, in dem Juden verschiedener Gruppierungen – Zionisten, Liberale und Neutrale – unter einer Dachorganisation miteinander kooperierten.

Doch es gab noch mehr Kooperation. In Dortmund war der Gründer des örtlichen zionistischen Boxklubs der Lehrer Siegmund Nussbaum, ein sehr aktiver liberaler Führer, Mitbegründer und stellvertretender Vorsitzender der Ortsgruppe der Vereinigung für das liberale Judentum. Er etablierte die zionistische Gruppe in seiner Eigenschaft als Obmann für Turnen und Sport des RjF, der – nach einem Bericht in der Jüdisch-Liberalen Zeitung (JLZ) – „auch diese Gruppe innerhalb der Sportbewegung unserer Gemeinde gründete".[33] Festzuhalten ist auch, dass die JLZ die Berichte über die Kooperation mit den Zionisten ohne jeden Kommentar brachte, obwohl eine solche Kooperation eindeutig ihrem Grundsatz zuwiderlief und sie sich sonst immer gegen zionistische Versuche verwahrt hatte, die jüdische Jugend über Sportaktivitäten für sich zu gewinnen.[34] Es gibt noch andere Beispiele liberaler und assimilatorischer Juden, die in zionistischen Sportvereinen wichtige Rollen spielten.

Um zu verstehen, wieso eine solche Kooperation zu Stande kommen konnte, müssen wir die ambivalenten Beziehungen der liberalen Führung zu solchen Sportgruppen verstehen. Diese zu unterstützen, fiel den Liberalen deswegen so schwer, weil sich die Kontroverse zwischen Zionisten und Liberalen gerade an der Frage des Sports – nachdem die ersten jüdischen Sportvereine zu Anfang des zwanzigstens Jahrhunderts gegründet worden waren – entzündet hatte. Freilich fiel es ihnen auch nicht leicht, sie zu entmutigen, da die Führung das Bedürfnis der Jugend nach Sportaktivitäten in einer zunehmend antisemitischen Gesellschaft nicht ignorieren konnte. So können wir gerade in diesem Feld eine Kooperation zwischen lokalen Aktivisten verschiedener ideologischer Couleur beobachten, – eine Kooperation, die, ohne Einmischung und sogar ohne Kritik von außen, im westlichen Deutschland zur Schaffung einer neutralen Dachorganisation führte, die Zionisten und Liberale gleichermaßen umfasste. Ich glaube, dass die Libera-

len durch die Existenz nicht-zionistischer Strukturen wie Vintus und vieler
neutraler Sportvereine in ganz Deutschland in die Lage versetzt wurden, ihrer Philosophie, die doch die Schaffung spezifisch jüdischer Organisationen
ablehnte, im Bereich des Sports treu zu bleiben und die Gründung einer eigenen Organisation zu vermeiden. Sonst hätten sie sich wohl, um der zionistischen Herausforderung etwas entgegenzusetzen, zu einem Einstieg in
dieses Feld durchgerungen.

Warum konnte gerade im Feld des Sports eine solche Kooperation zustande kommen? Weil hier die Aktivitäten strikt neutral sind. Gespräche
und Diskussionen gehören zum Alltag von Jugendbewegungen. In Kultur-
vereinen – Musikverein, Sängerverein oder Theaterverein – wird inhaltlich
debattiert: Welche Lieder sollen gesungen werden? Welches Stück soll gespielt werden? Bei solchen Entscheidungen spielt die Weltanschauung der
Teilnehmer natürlich eine Rolle. Im praktischen Sport jedoch spielt Weltanschauung kaum eine Rolle: So etwas wie eine zionistische Fußballtaktik
oder eine liberale Hochsprungtechnik gibt es nicht. Deswegen konnten Liberale, Zionisten und Neutrale, so lange sie sich nur im Sport engagierten,
miteinander wetteifern, ohne befürchten zu müssen, in eine ideologische
Krise zu geraten.

In der zweiten Hälfte der 20er Jahre kann man in Deutschland einen zunehmenden gesellschaftlichen Ausschluss von Juden beobachten. Diese
Tendenz war am kontinuierlichen Rückgang in der Zahl von Presseberich-
ten über diverse öffentliche Ehrungen von Juden durch Vereine oder die
christliche Öffentlichkeit abzulesen. Bei wichtigen Geburtstagen, Jubiläen
oder Beerdigungen jüdischer Honoratioren war es üblich, besonders in
Dörfern und kleinen Städten, dass die Vereine, deren Mitglied sie gewesen
waren, eine Delegation, zuweilen auch eine kleine Musikkapelle schickten
oder gar einen Fackelzug veranstalteten. Gegen Ende des Jahrzehnts jedoch
blieben solche Ereignisse, die früher eine gewisse öffentliche Beachtung
fanden, zunehmend auf jüdische Kreise beschränkt. Berichte mit Bemer-
kungen wie „Die große Beliebtheit des Verstorbenen zeigte sich in der breiten Anteilnahme der Bevölkerung aus allen Klassen und Religionen" gingen
in der jüdischen Presse stark zurück; noch seltener waren Berichte über die
Anwesenheit von Vereinen bei jüdischen gesellschaftlichen Ereignissen.[35]
Der prozentuale Anteil von Berichten über die Teilnahme von Nicht-Juden
an jüdischen privaten gesellschaftlichen Ereignissen fiel im IF von 32 Prozent 1926 auf 22 Prozent 1931, während der Prozentsatz von Berichten, in
denen Nicht-Juden nicht teilnahmen, von 2 Prozent 1926 auf 20 Prozent
1931 steil anstieg.

Das mag zum Teil seinen Grund in der ökonomischen Krise und ihrer
Auswirkung auf die Vereine haben. Viele waren teilweise oder vollständig
gelähmt.[36] Der Hauptgrund jedoch ist – wie die Berichte selbst zeigen, einschließlich der wenigen, die eine christliche Teilnahme an jüdischen Ereig-

nissen erwähnen – anderswo zu suchen. Denn letztere Teilnahme geschah, wie vereinzelt ausdrücklich vermerkt, der herrschenden Stimmung am Ort zum Trotz. So hielt ein Bericht über einen in Moers abgehaltenen Fackelzug anlässlich des fünfundachtzigjährigen Geburtstages eines ortsansässigen Juden zum Beispiel fest, dass dies „trotz der anti-jüdischen Strömung, die leider auch hier stark ist", stattfinde.[37]

Nachdem dieser Trend immer deutlicher wurde, bemühten sich die Lokalreporter und Herausgeber des IF, den Eindruck, den solche Berichte machen konnten, zu verschleiern. So wurden zum Beispiel immer mehr Berichte in einer Weise formuliert, die offen ließ, ob Nicht-Juden teilgenommen hatten oder nicht. Geburtstage wurden mit den „vielen Freunden" des Ehrengastes gefeiert. Bei Beerdigungen gab es eine „große Anteilnahme". Der Anteil solcher Wendungen in den Berichten über private gesellschaftliche Ereignisse in kleinen Städten im IF stieg von 1 Prozent 1928 auf 11 Prozent 1931. Diese Änderung scheint eine Richtlinie der Redaktion gewesen zu sein, da sie in Berichten aus ganz Deutschland auftaucht. Was eine solche Richtlinie über die gesellschaftliche Stellung selbst prominenter Juden (und nur über sie wurde in einer überregionalen Zeitung wie dem IF berichtet) aussagte, muss nicht eigens herausgearbeitet werden.

Ein Indikator für die schwindende gesellschaftliche Stellung von Juden ist die plötzliche Blüte jüdischer Vereine in kleinen Städten, insbesondere die Gründung vieler örtlicher Jugendbünde. Von der umgebenden Gesellschaft abgelehnt, reagierte die jüdische Jugend auf diese Erfahrung mit einer Wendung nach innen. Juden, die bereits Mitglieder bestehender Vereine waren, blieben es jedoch, bis sie von den Nationalsozialisten herausgeworfen wurden.

Als eine Folge davon hätte man in jenen Jahren ein starkes Anwachsen jüdischer Sportaktivitäten erwarten können. Tatsächlich zeigt die Berichterstattung über solche Aktivitäten einen klaren Wachstums- und Entwicklungstrend, jedoch keinen dramatischen Anstieg. Im November 1931 wurde in Mainz – einer der assimilierteren jüdischen Gemeinden – ein jüdischer Sportverein gegründet. In seiner Eröffnungsrede wies der Vorsitzende der neuen Gruppe, Tobias, darauf hin, dass die Gründung des Vereins einem starken Interesse der jüdischen Jugend zu verdanken sei. Eigentlich habe sich der neue Verein mit einem schon bestehenden – natürlich nicht-jüdischen – Sportverein zusammenschließen wollen, doch sei kein Verein zur Kooperation bereit gewesen, mit der Begründung, man müsse auf ihre Anhänger und Mitglieder Rücksicht nehmen, die vorwiegend aus rechtsradikalen Kreisen kämen.[38] Nachrichten dieser Art hätte man aus jenen Jahren eigentlich in größerer Anzahl erwartet, doch bleibt die Information aus Mainz ein Einzelfall.

Ein Hauptgrund für das Ausbleiben verstärkter jüdischer Sportaktivitäten ist die große Not der damaligen Wirtschaftskrise. In seiner Mainzer Rede

weist Tobias darauf hin, dass der neue Verein trotz der Wirtschaftskrise geöffnet bleibe. Anderen Vereinen ging es sehr schlecht. Die Jahresversamm-
lung von Bar Kochba Breslau zum Beispiel gab bekannt, dass der Verein in
tiefen Finanznöten stecke, da die Gemeinde ihre Fördergelder drastisch reduziert habe und zugleich ein Teil der Mitgliedschaft seine Beiträge nicht
bezahlen könne.[39] Es war schwer, neue Vereine zu bilden; bestehende Vereine mussten ihre Aktivitäten einschränken.

Ein anderer Grund war, dass, wie schon erwähnt, jüdische Sportvereins-
mitglieder aus ihren Vereinen nicht ausgeschlossen wurden (ausgenommen
die jüdischen Mitglieder der Alpenvereine). Lieber blieben sie in ihren alten
Vereinen und trainierten in den Einrichtungen, die ihnen vertraut waren,
und arbeiteten mit einem Trainer, der sie kannte.

Trotz dieser Umstände nahm der jüdische Sport weiter zu. Zwei Bereiche
verzeichneten einen markanten Aufwärtstrend. Der eine war Schwimmen
und Wassersport im allgemeinen. Die Mitgliedschaft des Schwimmvereins
Breslau schnellte zwischen 1930 und 1931 von zwei- auf dreihundert – ein
Zuwachs von 50 Prozent. Die Erklärung ist nicht schwer zu finden: Athleten, die in Deutschland mehr und mehr zu den Nationalsozialisten über-
liefen, waren über den Anblick eines Juden im Schwimmbecken nicht besonders erfreut. Wir kennen aus der NS-Zeit viele Fälle, in denen örtliche
Nationalsozialisten versuchten, Juden aus Schwimmbädern und öffentlichen Badeanstalten zu vertreiben, selbst wenn sie dafür keinen offiziellen
Auftrag hatten. Man kann sich vorstellen, dass sich Juden schon vor der
NS-Machtergreifung in öffentlichen Schwimmbädern zunehmend unwohl
fühlten und sich jüdischen Vereinen zuwandten.

Der andere Bereich, der sich eines wachsenden Zuspruchs erfreute, war
Tischtennis. Die Berichte über das Wachstum in diesem Bereich kommen
aus Zentral- und Südwestdeutschland, einem Gebiet zwischen Wiesbaden
im Norden und Saarlouis an der Saar im Süden. Erst gegen Ende 1932 liegen
auch Berichte über eine wachsende jüdische Teilnahme am Tischtennis in
Leipzig und dann in Liegnitz im Nordosten vor.[40] Für die wachsende Beliebtheit dieses Sports habe ich keine endgültige Erklärung, doch könnte
der jüdische Trend einen allgemeinen Trend in der deutschen Gesellschaft
selbst widerspiegeln, vielleicht weil Tischtennis als ein Sport, der weder ein
Spielfeld noch ein Stadium noch eine komplizierte Ausrüstung verlangte,
den Umständen einer Wirtschaftskrise am besten entsprach. Juden, die sich
in der gesellschaftlichen Atmosphäre der frühen 30er Jahre diesem neuen
Sport zuwandten, taten dies lieber in einem jüdischen Rahmen; sie fühlten
sich im deutschen Sport nicht erwünscht.

Wie oben erwähnt, war Erfolg im Sport für Juden anfangs ein wirkungsvolles Mittel, sich in die deutsche Gesellschaft zu integrieren. Doch mit
dem nahenden Ende der Weimarer Republik wurde selbst dieser Weg versperrt. Immer mehr Sportvereine übernahmen den „Arierparagraphen" –

eingeschlossen akademische Gruppen, die unter dem Einfluss der rechts-radikal ausgerichteten Studentenschaft standen. In Hamburg zum Beispiel führte das Institut für Leibesübungen der dortigen Universität seinen prak-tischen Teil mit Hilfe solcher rassistischen Sportvereine durch, was de facto bedeutete, dass jüdische Studenten von der Nutzung der universitären Sporteinrichtungen (die zum Teil mit Hilfe jüdischer Beiträge aufgebaut worden waren) ausgeschlossen waren.[41]

Schluss

1932 erschienen in der jüdischen Presse Berichte über eine Diskriminierung jüdischer Sportpersönlichkeiten. So hieß es, der jüdische Trainer des Fuß-ballvereins 1. FC Nürnberg sei gefeuert worden, nachdem ihn eine lokale Nazi-Zeitung angegriffen habe.[42] Auf der Suche nach einem neuen Trainer habe der Verein für Bewegungsfreiheit in Leipzig einen Brief an den Ge-burtsort eines Spitzenkandidaten geschickt, um Auskünfte über dessen Ab-stammung einzuholen.[43] Sport war nicht länger neutral; Resultate allein wa-ren nicht länger der einzig entscheidende Faktor.

Tatsächlich führte in mindestens einem Fall der Erfolg eines Juden in der Erlangung einer Führungsposition in einem Sportverein dazu, dass seine Fa-milie aus der Stadt vertrieben wurde. In Dolgesheim in Rheinhessen hatten es die lokalen Nationalsozialisten besonders auf den Juden Nathan Frank abgesehen, weil er der Vize-Präsident des örtlichen Turnvereins war. „Wir Nationalsozialisten sind der Ansicht, dass Mitglieder des jüdischen Volkes nicht als Schiedsrichter für Deutsche tätig werden oder als Fremde in Deutschland Einfluss ausüben dürfen", erklärten sie.[44] Der NS-Ortsgrup-penleiter Seemann strebte im Verein eine größere Rolle an. Auf einem Tref-fen 1930 beschloss die Ortsgruppe, Frank durch Schikanierungen seiner Fa-milienmitglieder aus der Stadt zu ekeln. Aus einer nahestehenden Nazi-Wohnung bewarfen sie sein Haus mit Steinen und Kohleklumpen, grölten antisemitische Lieder vor seinem Fenster und riefen ihm in den Straßen Pa-rolen nach. Die Blumenkästen vor seiner Wohnung wurden zerbrochen oder gestohlen. Ein Ziegelstein wurde durch ein Fenster seines Hauses ge-worfen. Wilde Gerüchte wurden über ihn ausgestreut und in einer Natio-nalsozialisten-Zeitung wiederholt. Wenn Nationalsozialisten auf der Straße waren, verließen die Franks ihr Haus nicht; ihre Tochter ging nur in Beglei-tung Erwachsener aus.

Schließlich entschloss sich Frank dazu wegzuziehen. Während seiner letzten Tage in Dolgesheim kamen Freunde zu ihm ins Haus, um ihn nicht alleine zu lassen. Als eine Gruppe von Freunden eines Nachts sein Haus verließ, traf sie auf eine Gruppe von Nationalsozialisten. In der sich darauf-hin entwickelnden Schlägerei wurden zwei von ihnen verletzt. Die Natio-nalsozialisten reagierten sofort. Von Seggern, der örtliche SA-Führer, und Seemann zogen mit ihren Gefolgsleuten vor Franks Haus, wo die Familie

Abb. 4: Leichtathleten eines jüdischen Sportklubs
beim jährlichen Sportfest des Verbands Berliner Athletik-Vereine, Berlin 1924
© Jüdisches Museum Berlin.

bereits zu Bett gegangen war. Jemand aus dem Mob schlug ein Fenster ein;
die Nationalsozailisten umringten das Haus und riefen die ganze Nacht
Drohungen und Beschimpfungen. Die Polizei wurde gerufen und schützte
das Haus, während die Familie den Rest der Nacht in einem Versteck auf
dem Dachboden verbrachte. Am Morgen packte sie ihre Möbel und Habe
und flüchtete nach Worms.[45]

Selbst über dem berühmtesten jüdischen Sporthelden, den Tennisspieler
Daniel Prenn verdüsterte sich der Himmel. 1931 verhandelte Prenn mit der
Tennisschläger-Firma Hammer, in der Hoffnung, nach dem Ende seiner
Karriere als Repräsentant tätig werden zu können. Als die Verhandlungen
scheiterten, reichte die Firma beim Deutschen Tennisverband eine Klage gegen Prenn ein, in der sie ihm vorwarf, das Prinzip des Amateursports verletzt zu haben. Nachdem der Verband die Klage abgewiesen hatte, strengte
die Firma vor Gericht eine Verleumdungsklage gegen Prenn an. Prenn gewann zwar den Prozess, doch der Tennisverband entschied, ihn für sechs
Monate zu sperren, bis die Sache geklärt sei. Dieser letzte Schritt bedeutete
nicht nur für Prenn einen schweren Schlag, sondern auch für seine vielen
Fans. Das IF beschuldigte den Tennisverband offen einer Doppelmoral: wä-

re Prenn kein Jude und gebürtiger Russe gewesen, so hätte man ihn weit fairer behandelt.[46] Prenn nahm nach der Suspendierung seine Karriere wieder auf und konnte im Davis Cup noch wichtige Tennisspiele für Deutschland gewinnen.[47] Doch die bittere Erfahrung eines in Ungnade gefallenen jüdischen Idols und Symbols der Integration muss bei vielen jüdischen Athleten und Sportenthusiasten ihre Spuren hinterlassen haben. Prenn selbst verließ den Deutschen Sportverband und wurde Mitglied des Bar Kochba Berlin, wo er nicht nur Tennis, sondern auch in der Handballmannschaft spielte.[48]

Ein bester Beweis dafür, dass jüdischer Erfolg den Nationalsozialisten ein Dorn im Auge war, ist die folgende Geschichte: 1932 nahmen Mitglieder des Bar Kochba Berlin an einem großen Athletikwettkampf in Rostock teil. Als Juden mehrere Kämpfe gewannen, reagierte die Menge mit Pfiffen und „Hep Hep"-Rufen. Dieses Verhalten rief bei den Führern der Vereine Bestürzung hervor und sie drohten, ihre Sachen zu packen und nach Hause zu fahren.[49]

Alle diese Geschichten zeigen, dass jüdischer Erfolg im Sport für große Teile der deutschen Öffentlichkeit bereits vor 1933 eine Provokation darstellte; und so nimmt es nicht Wunder, dass den Juden selbst dieser Weg zu einer Anerkennung innerhalb der deutschen Gesellschaft versperrt wurde. Es war nur noch eine Frage der Zeit – einer kurzen Zeit –, bis dieser Ausschluss offizielle Politik wurde.

Anmerkungen

Die diesem Artikel zu Grunde liegenden Recherchen wurden teilweise vom Vidal Sassoon International Center for the Study of Antisemitism at the Hebrew University of Jerusalem und vom Leo Baeck Institute Jerusalem finanziert.

1 Walter Laqueur, Generation Exodus, The Fate of Young Jewish Refugees from Nazi Germany, Hannover 2001, 8.

2 Hajo Bernett, Der jüdische Sport im nationalsozialistischen Deutschland 1933–1938, Schondorf 1978, 17; Paul Yogi Mayer, Equality – Egality. Jews and Sport in Germany, in: Leo Baeck Institute Year Book (im Folgenden LBIY) 25, 1980, 221–41, hier 227.

3 Central-Verein Zeitung (im Folgenden CVZ) 8, Nr. 30 (26. Juli 1929), 391. Zu Prenn siehe auch Mayer, Equality – Egality. Jews and Sport in Germany, in: LBIY 25, 1980, 225.

4 Yad Vashem Archive, O 3/10887, 3.

5 Israelitisches Familienblatt (IF) 34, Nr. 24 (16. Juni 1932), 3, über Prenn, der seine beiden Einzelpartien gegen irische Konkurrenten gewann und einen entscheidenden Anteil am deutschen Sieg in der Doppelpartie hatte; IF 34, Nr. 27 (7. Juli 1932), 3 (Jiu-Jitsu).

6 Zwar druckte das IF sehr wohl Fotos prominenter jüdischer Persönlichkeiten, die

im Nachrichtenteil erwähnt wurden, doch tat es dies en bloc und am Fuß der Seite. Fotos, die direkt neben dem Nachrichtenartikel gedruckt wurden, waren extrem selten.

[7] Vossische Zeitung, 7. November 1932, zit. in IF 34, Nr. 29 (21. Juli 1932), 10.

[8] Gemeindezeitung für die israelitischen Gemeinden Württembergs 8, Nr. 6 (16. Juni 1931), 62.

[9] Hajo Bernett, Der jüdische Sport im nationalsozialistischen Deutschland 1933–1938, Schondorf 1978, 16.

[10] Interview mit Professor Eliyahu Lehmann, 13. März 2002.

[11] Geschichtswerkstatt Geschwister Scholl, Geschichte der Bensheimer Juden im 20. Jahrhundert, mit Erinnerungen und Betrachtungen von Hans Sternheim (Bensheim, ohne Datum).

[12] Zu den Reaktionen in der jüdischen Mitgliedschaft der Alpenvereine auf diese Entwicklungen siehe die Akte im Archiv des Central-Vereins deutscher Staatsbürger jüdischen Glaubens (CV): Central Archives for the History of the Jewish People (CAHJP), Jerusalem Fond 721, Delo 2256. Zu den Beziehungen zwischen dem CV und dem Alpenverein, siehe CAHJP, Fond 721, Delo 3433. Zum Antisemitismus im D. Ö. Alpenverein siehe Frank Bajohr, Unser Hotel ist Judenfrei. Bäder-Antisemitismus im 19. und 20. Jahrhundert, Frankfurt a. M. 2003, 68–69.

[13] Siehe zum Beispiel die Bemühung Herrn Laasers, Mitglied des Stadtparlaments von Tilsit und Mitglied des CV, ein Ersuchen des Vereins um eine Spende von 500 RM zur Finanzierung einer in der Nähe von Salzburg zu errichtenden Ostpreußenhütte abzublocken: CV Archiv, CAHJP, Film HM 2/8828, Akte 3433, Regal 48, 50.

[14] Joseph Walk (Hg.), Pinkas Hakehillot Württemberg-Hohenzollern-Baden, Jerusalem 1986, 133 [hebräisch]; Utz Jeggle, Judendörfer in Württemberg, Tübingen 1969, 248 (das Gründungsjahr ist nicht angegeben). Richard Strauss, ein führender Geschäftsmann in Ulm und später Gründer der Fa. Strauss Molkereiprodukte in Israel, war ein Mitglied des Reitvereins in seiner Stadt, siehe Walter Strauss (Hg.), Signs of Life. Jews from Wuerttemberg, New York 1982, 326. Dieser Verein in Ulm war sicherlich ein Freizeitverein.

[15] Zum Antisemitismus in der Turnbewegung vor 1914 siehe Hartmut Becker, Antisemitismus in der deutschen Turnbewegung vor dem ersten Weltkrieg, in: Manfred Lämmer (Hg.), Die jüdische Turn- und Sportbewegung in Deutschland 1898–1938, Sankt Augustin 1989, 1–8 (Ich bedanke mich bei Professor Lämmer für die Überlassung einer Kopie dieses wichtigen Buches). Zu späteren Fällen von Antisemitismus siehe Hans-Jürgen König, Die Anfänge der jüdischen Turn- und Sportbewegung, in: Die jüdische Turn- und Sportbewegung, 9–28; Hajo Benett, Opfer des Arierparagraphen – Der Fall der Berliner Turnerschaft, in: Die jüdische Turn- und Sportbewegung, 29–43.

[16] Siehe Jacob Borut, Bin ich doch ein Israelit, ehre ich auch den Bischof mit. Village and Small Town Jews within the Social Sphere of Western German Communities during the Weimar Period, in: Wolfgang Benz/Arnold Paucker/Peter Pulzer (Hg.), Jüdisches Leben in der Weimarer Republik, Tübingen 1998, 120–21; Jacob Borut, Juden im gesellschaftlichen Leben süd- und westdeutscher Dörfer und Kleinstädte zur Zeit der Weimarer Republik, in: Haus der Geschichte Baden Württemberg (Hg.), Nebeneinander – miteinander – gegeneinander? Zur Koexis-

tenz von Juden und Katholiken in Süddeutschland im 19. und 20.Jahrhundert, Gerlingen 2002, 168.

17 Mayer, Equality – Egality, Jews and Sport in Germany, in: LBIY 25, 1980, 225.

18 Hans-Christian Rohde, Wir sind Deutsche mit jüdischer Religion, Geschichte der Juden in Eldagsen und Springe, Bennigsen, Gestorf, Völksen, Springe 1999, 56.

19 Jacob Borut, Bin ich doch ein Israelit, ehre ich auch den Bischof mit. Village and Small Town Jews within the Social Sphere of Western German Communities during the Weimar Period, in: Wolfgang Benz/Arnold Paucker/Peter Pulzer (Hg.), 124–25; Jacob Borut, Juden im gesellschaftlichen Leben, 174.

20 Siehe Bernhard Deneke, Fragen zur Rezeption bürgerlicher Sachkultur bei der ländlichen Bevölkerung, in: Günter Wiegelmann (Hg.), Kultureller Wandel im 19.Jahrhundert, Göttingen 1973, 50–71; Ernst M. Wallner, Die Rezeption des bürgerlichen Vereinswesens durch die Bevölkerung auf dem Lande, in: Kultureller Wandel, 160–163; Utz Jeggle: Judendörfer in Württemberg, Tübingen 1969, 248.

21 Günter Heuzeroth, Jüdisch-deutsche Bürger in unserer Heimat, Teil 3, in: Heimat-Jahrbuch des Kreises Altenkirchen 19,1977, 124. Natürlich ist „Siegfried" ein sehr alter deutscher Name, Fakt ist jedoch, dass die Einwohner dachten, Hony habe den Verein nach sich selbst benannt, siehe Jeggle, Judendörfer. Hony kann nicht so orts- und lebensfremd gewesen sein, um nicht zu wissen, was es bedeutete, dem Verein seinen eigenen Namen zu geben. Und doch war es genau das, was er tat.

22 Utz Jeggle, Judendörfer in Württemberg, Tübingen 1969, 248; Hans-Christian Rohde, Wir sind Deutsche mit jüdischer Religion, Geschichte der Juden in Eldagsen und Springe, Bennigsen/Gestorf/Völksen, Springe 1999, 57.

23 George Eisen, Zionism, Nationalism and the Emergence of the Jüdische Turnerschaft, LBIY 28, 1983, 247–62, hier 247. Zu einer Debatte über die Gründe zur Wahl eines jüdischen oder nicht-jüdischen Sportvereins siehe Frith Themal, Wo sollen wir Juden Sport treiben?, Gemeindezeitung für die israelitischen Gemeinden Württembergs 5, Nr. 11, 18. September 1928 und die Antwort von Fritz Glück in Nr. 14, 16. Oktober 1928, 170–71.

24 Dazu siehe auch König: Die Anfänge der jüdischen Turn- und Sportbewegung. Zu jüdischen Frauen siehe Gertrud Pfister, Die Rolle der jüdischen Frauen in der Turn- und Sportbewegung (1900–1933), in: Die jüdische Turn- und Sportbewegung, 77–81.

25 George Eisen, Zionism, Nationalism and the Emergence of the Jüdische Turnerschaft, LBIY 28, 1983, 253.

26 Siehe zum Beispiel Yehoyakim Cochavi, Jewish Spiritual Survival in Nazi Germany (hebräisch), Tel Aviv 1988, 11–12.

27 Weitere Details dazu siehe Jacob Borut, Verjudung des Judentums. Was There a Zionist Subculture in Weimar Germany?, in: Michael Brenner/Derek Penslar (Hg.), In Search of Jewish Community. Collective Jewish Identities in Germany and Austria 1918–1932, Bloomington IN 1998, 92–114.

28 Siehe Robert Atlasz, Barkochba. Makkabi – Deutschland 1898–1938, Tel Aviv 1977, bes. 86–109; zu lokalen Gruppen in Deutschland siehe Mayer, Equality – Egality. Jews and Sport in Germany, in: LBIY 25, 1980, 227–230.

29 Jüdische Rundschau 35, Nr. 3, 10. Januar 1930, 21.

30 Ulrich Dunker, Der Reichsbund jüdischer Frontsoldaten 1919–1938. Geschichte

eines jüdischen Abwehrvereins, Düsseldorf, 1977, 96, 102–4, 164; Mayer, Equality – Egality. Jews and Sport in Germany, in: LBIY 25, 1980, 230–31. Für eine einschlägige Lokalstudie siehe die ausführliche Beschreibung bei Günter Erckens, Juden in Mönchengladbach, Mönchengladbach 1988, Band 1, 559–68. Siehe auch Gertrud Pfister: Die Rolle der jüdischen Frauen in der Turn- und Sportbewegung (1900–1933), in: Die jüdische Turn- und Sportbewegung, 83.

[31] Zur neuen Wahrnehmung des jüdischen defensiven Sports vor dem Hintergrund des anwachsenden Antisemitismus siehe: Von jüdischen Boxern, in: CVZ 7, Nr. 34, 24. August 1928, 473.

[32] Jüdisch-Liberale Zeitung (JLZ) 5, Nr. 20, 15. Mai 1925, 1. Beilage, 3; JLZ 5, Nr. 34, 21. August 1925, 1. Beilage, 3. Zu Hakoach Essen siehe Fritz Levison, Turn- und Sport-Klub Hakoach Essen, Münster am Hallweg 32, Heft 1 / 4, Januar 1979, 42–28; Hakoach – Die Kraft. Ein jüdischer Sport- und Turnverein in Essen, in: Zwischen Alternative und Protest. Zu Sport und Jugendbewegungen in Essen 1900–1933, Essen 1983, 8–25.

[33] JLZ 6, Nr. 52, 24. Dezember 1926, Beilage, 1.

[34] JLZ 6, Nr. 29, 16. Juli 1926, 2.

[35] Eine quantitative Analyse der Berichte, an der ich zur Zeit arbeite, hoffe ich in einem anderen Rahmen zu veröffentlichen.

[36] Oded Heilbronner arbeitete diesen Punkt an den Vereinen der Schwarzwald-Region heraus. Siehe Oded Heilbronner, Der verlassene Stammtisch. Vom Verfall der bürgerlichen Infrastruktur und dem Aufstieg der NSDAP am Beispiel der Region Schwarzwald, in: Geschichte und Gesellschaft 19, 1993, 178–201.

[37] IF 33, Nr. 6, 5. Februar 1931, 5.

[38] IF 33, Nr. 46, 17. November 1931, 6.

[39] IF 33, Nr. 44, 29. Oktober 1931, 6.

[40] IF 34, Nr. 44, 1. November 1932, 5 (Leipzig); IF 34, Nr. 50, 15. Dezember 1932, 6 (Liegnitz).

[41] IF 33, Nr. 32, 6. August 1931, 1.

[42] IF 34, Nr. 34, 25. August 1932, 4.

[43] IF 34, Nr. 3, 4. August 1932, 3.

[44] CVZ 10, Nr. 13, 27. März 1931, 151–52 (das Zitat stammt aus einer Erklärung des Nationalsozialisten-Anwalts Jung während des darauf folgenden Prozesses).

[45] CVZ 10, Nr. 13, 27. März 1931, 151–52.

[46] IF 33, Nr. 30, 23. Juli 1931, 4, und Nr. 32, 6. August 1931, 4; Pfister, Die Rolle der jüdischen Frauen in der Turn- und Sportbewegung (1900–1933), in: Die jüdische Turn- und Sportbewegung, 76.

[47] IF 34, Nr. 24 (16. Juni 1932), 3 über Prenn, der seine beiden Einzelpartien gegen irische Konkurrenten gewann und einen entscheidenden Anteil am deutschen Sieg in der Doppelpartie hatte; IF 34, Nr. 27 (7. Juli 1932), 3 (Jiu-Jitsu); Vossische Zeitung, 7. November 1932, zit. in IF 34, Nr. 29 (21. Juli 1932), 10.

[48] IF 34, Nr. 24, 16. Juni 1932, 3.

[49] Robert Atlasz, Der jüdische Sport in Deutschland vor und nach dem Jahre 1933, Yad Vashem Archiv 0.1/233, 5–6.

7. Die Politik in der jüdischen Sportbewegung in Polen zwischen den Weltkriegen

Jack Jacobs

Im Oktober 1998 erklärte Miryam Shomrat, eine Repräsentantin der israelischen Regierung, in einer Ansprache anlässlich der Eröffnung einer Ausstellung über jüdischen Sport in Berlin, dass die jüdischen Sportvereine vor dem Zweiten Weltkrieg die zionistische Bewegung und die Gründung des israelischen Staates unterstützt hätten.[1] Diese Aussage ist zu pauschal gehalten – zumindest für Polen in den Zwischenkriegsjahren. Wie die polnische Judenheit insgesamt, so stellte auch die jüdische Sportbewegung in Polen zwischen den Weltkriegen keine Einheit dar, und zwar weder hinsichtlich ihrer Einstellung zum Zionismus noch bezüglich anderer Themen, die für die polnischen Juden damals von Interesse waren. Ganz im Gegenteil zeigt eine Untersuchung der Beitrittstendenzen in den Jahren vor dem Zweiten Weltkrieg ein Anwachsen von Sportorganisationen, die mit dem antizionistischen Allgemeinen Jüdischen Arbeiterbund in Polen, Litauen und Russland (Bund) assoziiert waren.

In Kongresspolen konnten sich jüdische Sportorganisationen in großem Maßstab erst mit einer gewissen Verzögerung gegenüber den jüdischen Gemeinden in den deutschsprachigen europäischen Ländern entwickeln. Die Neigung der orthodoxen jüdischen Autoritäten, alle als Ablenkung vom Studium religiöser Schriften angesehenen Betätigungen zu missbilligen, sowie die von der zaristischen Regierung angeordneten Einschränkungen jüdischer Organisationsformen verhinderten, dass es in den ersten Jahren des Zwanzigsten Jahrhunderts in Kongresspolen zu einer großen jüdischen Sportbewegung kommen konnte. Dies schließt jedoch nicht aus, dass es in einigen kleineren oder größeren Städten den einen oder anderen jüdischen Sportverein gab.[2] Jedoch gab es keine einheitlichen jüdischen Sportorganisationen.

Die deutsche Besetzung Kongresspolens während des Ersten Weltkriegs schuf eine für die jüdische Bevölkerung wesentlich freiere Atmosphäre und vergrößerte den Gestaltungsraum in der Gemeinde oder sonst kulturell aktiver jüdischer Gruppen erheblich. Ein Ergebnis war die Entstehung von zionistischen Makkabi-Gruppen in Warschau, Wilna und Plock. Die Gründung des jüdischen Sportvereins Bar Kochba mit Sitz in Lodz, der zu einem späteren Zeitpunkt mit der Maccabi World Union (Makkabi Weltverband)

assoziiert war, fällt ebenfalls in diese Zeit. 1921 wurde ein offizielles Netzwerk der Makkabi-Vereine in Polen gebildet.

Die polnische Judenheit war jedoch entlang einiger Trennlinien in sich
gespalten, wobei Überschneidungen zwischen den Gruppierungen möglich
waren. Es bestanden starke Meinungsunterschiede nicht nur zwischen religiös praktizierenden und säkularen Juden, sondern auch zwischen Befür-
wortern des Jiddischen und Anhängern des Hebräischen, Zionisten und
Gegnern des Zionismus, sowie zwischen Liberalen, Sozialisten und Kommunisten. Die Makkabi-Bewegung war eine ziemlich große und dynamische
Organisation der Zwischenkriegszeit in Polen. In den 20er Jahren, wenn
nicht schon früher, hing dieser Vereinigung der Ruf an, vor allem für zur
Mittelschicht gehörende, wohlhabende Teile der polnisch-jüdischen Gemeinschaft und solche Juden attraktiv zu sein, die sich dem Mainstream der
Allgemeinen Zionisten verbunden fühlten. Diese Einschätzung war einer
der Auslöser für die Entstehung einiger neuer Organisationen und Vereine
im jüdischen Sport, die alle mit jeweils bestimmten, unterschiedlichen jüdischen politischen Parteien in Verbindung standen. Beispielsweise war die
1923 gegründete, als Gwiazda (Stern) bekannte Organisation mit der links-
zionistischen Poalei Zion assoziiert.[3] Der Morgnshtern, eine offiziell gegen
Ende des Jahres 1926 etablierte Organisation, wurde von den Bundisten
betrieben.[4] Auch Hapoel, eine mit der Poalei Zion-Rechten verbundene Organisation, war in den Jahren zwischen den beiden Weltkriegen in Polen
aktiv.[5] Es gab darüber hinaus auch selbständige Sportvereine ohne ausgebil-
dete Organisationsstrukturen, die mit den bürgerlich-nationalistischen revi-
sionistischen Zionisten[6] und der für eine kulturelle Autonomie eintreten-
den Folkisten[7]-Bewegung sympathisierten. Wenigstens ein örtlicher Sportverein – Skala (Fels) – bestand hauptsächlich aus Mitgliedern der jüdischen
Sektion der Kommunistischen Partei.[8] Gewiss war das Spektrum der Meinungen unter den Führern der jüdischen Sportgruppierungen nicht so groß
wie das breite Spektrum unterschiedlicher Perspektiven in der polnischen
Judenheit im Ganzen. Die orthodoxe politische Partei Agudes Yisroel gründete beispielsweise keine eigenen Sportvereine. Trotzdem gab es erhebliche
Unterschiede zwischen den diversen jüdischen Sportorganisationen Polens,
die in den verschiedenen Ideologien ihrer Führungspersonen oder der ihnen
nahe stehenden Parteien wurzelten.

Dr. Pribulski zum Beispiel, der langjährige Leiter des Bar Kochba, setzte
sich dafür ein, dass die Befehlssprache der jüdischen Sportvereine Hebräisch
sein müsse. In einem Interview von 1924 erklärte Pribulski, dass sein Verein
darum ringe, eine jüdische Sportbewegung zu schaffen, die in mehreren
Ländern zugleich aktiv sein könne und sprach sich dafür aus, dass nur das
Hebräische zur Lingua franca einer solchen Bewegung tauge.[9] Er begründete dies damit, dass Hebräisch das Symbol der jüdischen Einheit sei und dass
das Jiddische jedenfalls nicht hinreichend standardisiert sei, um als Befehls-

sprache im Sport zu dienen. Obgleich Pribulski außerdem großen Wert darauf legte, dass sein Verein unpolitisch sei und jede Zugehörigkeit zu einer politische Partei ablehne, wurde der Standpunkt, den Pribulski bezüglich der Sprache sowie einer ganzen Reihe anderer Tagesfragen einnahm, von Anderen als Hinweis darauf gewertet, dass die Organisationen Bar Kochba und Makkabi in eine besonders reaktionäre Ecke im politischen und sozialen Spektrum jüdischen Lebens in Polen gehörten. Sowohl der Morgnshtern als auch der Gwiazda traten für den Gebrauch des Jiddischen ein und kritisierten unter anderem an Gruppen wie Bar Kochba oder Makkabi als empfindlichen Mangel, dass diese sich nicht zum Gebrauch des Jiddischen bekannten. Zudem waren Bar Kochba und Makkabi sowohl in den Augen des Morgnshtern als auch des Gwiazda zu bürgerlich. Beispielsweise kritisierte der Lodzer Morgnshtern-Verein in einer öffentlichen Stellungnahme von 1931 Bar Kochba und Makkabi, ohne ein Blatt vor den Mund zu nehmen: „Unter dem Deckmantel der Leibeserziehung", hieß es da,

> werden in den Bar Kochba- und Makkabi-Vereinen […] Sklaven für die […] kapitalistische Herrschaftsordnung herangezüchtet; es werden Nationalisten aufgezogen, Militaristen, die Freude an glitzernden Epauletten und Säbelrasseln haben. Die bürgerlichen Sportvereine sind Brutstätten der Feinde der Arbeiterklasse und ihrer Freiheitsideale.[10]

Ebenso wie die Arbeiterklasse sich eigene Organisationen im Bereich der Politik und Wirtschaft schaffen musste, so die Bundisten, war es auch notwendig, eigene sozialistische Sportorganisationen zu schaffen, um die Arbeiterjugend dem schädlichen Einfluss bürgerlicher Sportverbände zu entziehen.

Der zum linken Flügel der Arbeiterzionisten gehörende Gwiazda hätte dieser Erklärung bestimmt zugestimmt, denn er selbst legte Wert darauf, dass

> der Arbeiter-Sportler um die Befreiung der Arbeiterklasse kämpft. Sport ist für ihn kein Ziel in sich, sondern ein Mittel zur Erziehung körperlich gut entwickelter und klassenbewusster Mitglieder der internationalen Arbeiterfamilie. […] Das Hauptziel des Arbeiter-Sportlers ist der Sozialismus. Ein persönlicher Sieg hat nur dann Wert, wenn er der Menschheit nützt. Eigeninteressen stehen hier an zweiter Stelle, das Kollektiv ist das Wesentliche.[11]

Obgleich sowohl die Mitglieder des am Bund orientierten Morgnshtern als auch die des zum linken Flügel der Arbeiterzionisten gehörenden Gwiazda ihrem eigenen Selbstverständnis nach eine linkssozialistische Ausrichtung hatten, gab es zwischen beiden Organisationen – zumindest anfangs – wesentliche Unterschiede. Gewiss stand der Morgnshtern in einer größeren geistigen Nähe zum Gwiazda als zu den meisten anderen jüdischen Sportorganisationen. Obwohl der Bund eine standhaft antizionistische Linie verfolgte, gab es Gemeinsamkeiten mit der Poalei Zion-Linken: Beide Gruppierungen waren marxistisch, säkularistisch und jiddischistisch orientiert.[12] Die Bundisten und die linkssozialistischen Arbeiterzionisten kooperierten im Rahmen der TSYSHO (der Zentralen Organisation Jüdischer Schulen) und schlossen zeitweilig sogar Wahlbündnisse.

Sehr erhellend sind die unterschiedlichen Akzentsetzungen beim Morgnshtern und beim Gwiazda. Der Morgnshtern konzentrierte sich beispielsweise auf Aktivitäten, an denen viele Personen gleichzeitig teilnehmen konnten (wie Gymnastik, Wandern und Radfahren), und legte weniger Wert auf populäre Sportarten wie Fußball und Boxen.[13] Im Gegensatz zu anderen Sportgruppierungen bekämpfte der Morgnshtern ausdrücklich die Ausbildung oder Förderung einzelner Stars auf Kosten der anderen Mitglieder.[14]

Dagegen vertrat der Gwiazda die Meinung, es gebe gar keinen proletarischen Sport. „Für den bürgerlichen oder proletarischen Charakter" einer Sportbewegung, erklärte 1931 die Arbeter-Tsaytung, ein Organ der linken Arbeiterzionisten, „ist nur ausschlaggebend, wer die Sportorganisation führt und welche Ziele sie verfolgt". So förderte die Gwiazda-Organisation, obwohl es in der Poalei Zion-Linken durchaus Meinungsverschiedenheiten über die Angemessenheit dieser Politik gab, seit ihrer Gründung den Fußballsport.[15] Als der Warschauer Gwiazda 1928 in einer öffentlichen Darstellung seiner Aktivitäten und Leistungen für sich beanspruchte, der mitgliederstärkste Ortsverein im jüdischen Arbeitersport Polens zu sein, nannte er stolz die Fußballsektion an erster Stelle wobei er betonte, dass siebzig seiner insgesamt dreihundert Mitglieder zur Fußballsektion gehörten und die Gwiazda-Fußballmannschaft an zahlreichen Spielen außerhalb Warschaus teilgenommen hätte.[16]

Die Leitung des Morgnshtern befürchtete hingegen, dass Fußball (zumindest wie er vom Gwiazda und bürgerlichen Sportverbänden gespielt wurde) zu viel Gewicht auf die individuelle Leistung und die Verherrlichung von Sportchampions lege. „Geschäftemacherei, Fußball-Kommerz und Überzeugungen", höhnte ein Blatt der bundistischen Jugend 1929, „überlassen unsere Sportler den ‚Experten' in der Arena des politischen und gesellschaftlichen Kommerzes".[17] Es gab jedoch selbst in den 20er Jahren mit dem Morgnshtern assoziierte Fußballvereine. Nur hatte Fußball für den Morgnshtern weniger Bedeutung als für andere Sportverbände.

Bezüglich des Boxens ging der Unterschied zwischen der Position des Gwiazda und der des Morgnshtern tiefer und dauerte auch länger an. Über eine ganze Reihe von Jahren hinweg gehörten die Bundisten zu den schärfsten Gegnern des Boxsports in der Sozialistischen Arbeitersport-Internationalen [Socialist Worker Sport International (SWSI)].[18] Der Warschauer Ortsverein der Sportorganisation der linken Arbeiterzionisten war dagegen in den späten 20er Jahren für seine fünfundzwanzig Mann starke Boxsektion bekannt und beteiligte sich an Wettkämpfen gegen polnische Boxer aus den polnischen Arbeitervereinen.[19] 1933 war Shepsl Rotholts, ein Mitglied des Warschauer Gwiazda-Vereins, der beste Boxer seiner Gewichtsklasse in ganz Polen.[20] Die Befürworter des Boxens unter den Gwiazda-Mitgliedern argumentierten, es sei nicht wahr, dass Boxen an sich Brutalität, Blutrünstigkeit, Chauvinismus und Egoismus fördere (wie ihre sozialistischen Gegner behaupteten). Arbeiterzionisten, die etwas Derartiges unterstellten, so ein Anhänger des Boxkampfes, kämen zu diesem falschen Bild, weil sie sich am bürgerlichen Sport orientierten. Der Gwiazda als Teil der proletarischen Bewegung habe eine marxistische Perspektive, betonte er ferner, und eine „sozialistisch proletarische Ethik". Man würde bei Gwiazda-Boxern, die von dieser Ethik durchdrungen seien, fuhr er fort, die von den Gegnern des Boxens befürchteten Haltungen einfach nicht finden. Boxen mache die Jugendlichen stärker, kampfbereit und bereite sie auf ihre Aufgabe vor, erfolgreich am Sieg des internationalen Proletariats über die Bourgeoisie mitzuwirken. Wegen seines Beitrags zur Erziehung gesunder, bewusster Arbeiter-Kämpfer sollte der Boxsport trotz der Bedenken einiger Arbeiterzionisten gefördert werden.[21]

Trotz anhaltender Einwände gegen das Boxen aus seinen eigenen Reihen bildete der Warschauer Zweig des Morgnshtern – die bei weitem größte Morgnshtern-Abteilung in ganz Polen – in der zweiten Dezemberhälfte des Jahres 1935 eine Boxsektion.[22] In den späten 30er Jahren trat diese nicht nur gegen den Gwiazda und polnische Vereine an, sondern sogar gegen den Makkabi-Verein. Die Sprecher der mit dem Morgnshtern assoziierten Boxer betonten, dass gesundheitliche Bedenken, die zuvor von Gegnern des Boxens geäußert worden waren, sich als grundlos erwiesen hätten. Sie ließen auch verlauten – und dies war möglicherweise als politische Analogie gedacht – dass Boxen zuerst und vor allem ein defensiver Sport sei, der aber auch „eine wichtige Wahrheit über das Leben lehre, nämlich, dass Angriff die beste Verteidigung sei".[23]

Kapitulierte der Morgnshtern vor bürgerlichen Werten, als er die Aufnahme von Fußball und Boxen akzeptierte? Möglich wäre es. Eine alternative Erklärung für dieses Nachgeben könnte aber auch sein, dass die Führungsriege dieser Bewegung sich den Wünschen ihrer Mitglieder beugte. Die Vermutung, dass das nationale Programm des Bundes im zaristischen Russland womöglich durch Druck von der Basis beeinflusst war, könnte auch für das Programm des Morgnshtern in Polen während der Zwischenkriegsperiode angestellt werden. Infolge dieser Wandlungen wurde der Morgnshtern dem Gwiazda viel ähnlicher, als es anfangs der Fall gewesen war.

Andererseits unterschied sich der Morgnshtern in mancher Hinsicht auch weiterhin von seiner linkssozialistischen, dem Arbeiterzionismus zugehörigen Entsprechung. Anders als der Gwiazda, wo es (zumindest am Warschauer Standort) eine Frauensektion gab,[24] beschloss der Morgnshtern bewusst, keinen eigenen Frauenausschuss zu schaffen, mit der Begründung, dass ein solcher überflüssig sei, weil Frauen bereits eine große Rolle in der

Organisation spielten. Im Warschauer Zweig des Morgnshtern war die Hälfte der Mitglieder in der Gymnastik- und der Handballsektion sowie in den anderen Sektionen weiblichen Geschlechts. Außerdem beteiligten sich Frauen, einem vom Warschauer Verein herausgegeben Tätigkeitsbericht von 1938 zufolge, „nicht nur als ,Sportkonsumenten', d. h. als Mitglieder, sondern auch als ,Produzenten' oder Ausbilder […] und Vereins-Aktivisten".[25]

Auch mit welchen Organisationen der Morgnshtern zusammenarbeitete, ist einer genaueren Betrachtung wert und gibt uns Hinweise auf einen weiteren bleibenden Unterschied zwischen dieser Organisation und dem Gwiazda. Die letztere, zum linken Flügel der Arbeiterzionisten gehörende Sportorganisation war maßgeblich an der Gründung des Polnischen Arbeitersportverbandes (im Folgenden: ZRSS) beteiligt, in dem Mitglieder der Sozialistischen Partei Polens die Oberhand hatten.[26] Obwohl der Gwiazda die verhältnismäßig positiven Beziehungen missbilligte, die der ZRSS zu den bürgerlichen polnischen Sportorganisationen und zu den für die Leibeserziehung zuständigen polnischen Regierungsbehörden unterhielt, und auch mit der Entscheidung des ZRSS, bestimmte linksgerichtete Vereine aus dem Verband auszuschließen, nicht einverstanden war, blieb er im ZRSS aktiv, selbst nachdem er deshalb wichtige Abstimmungen verloren hatte.[27] Der Gwiazda glaubte im Prinzip an „einheitliche Klassenorganisationen" und war daher der Meinung, dass er solange im ZRSS bleiben müsse, wie er darin das Recht hatte, seine Meinung zu äußern und für ihn die Möglichkeit bestand, Einfluss auf die Politik dieser Organisation zu nehmen.[28]

Anders als der Gwiazda hatte der Morgnshtern kaum etwas mit dem ZRSS zu tun.[29] Die Beziehung des Bundes zur Sozialistischen Partei Polens war vielschichtig und nicht immer unproblematisch: Aus der Perspektive des Bundes war deren Ausrichtung zu reformistisch, zu nationalistisch und sie war ihm zu unentschlossen in der Bekämpfung des Antisemitismus.[30] In den späten 20er Jahren wurde die Möglichkeit eines Anschlusses des Morgnshtern und anderer Organisationen, die Leibeserziehung und Leistungssport förderten, an den ZRSS erörtert. Im Verlauf dieser Sondierungsgespräche wurden innerhalb des ZRSS Diskussionen geführt, die stark an die Debatten über die so genannten „Organisations-" und „nationalen" Fragen erinnerten, von denen die russische sozialdemokratische Arbeiterpartei vor dem Ersten Weltkrieg erschüttert wurde. Am Ende kam man überein, sich als Föderation mit voraussichtlich polnischen, jüdischen, deutschen und ukrainischen Sektionen zu reorganisieren.[31] Der Gwiazda erklärte jedoch, er wäre nur bereit, zusammen mit dem Morgnshtern unter bestimmten sehr spezifischen Bedingungen (von denen er wusste, dass der Bund sie nicht akzeptieren würde) eine jüdische Sektion im ZRSS zu bilden, und somit scheiterten die Verhandlungen.

Aber auch die Differenzen zwischen dem Morgnshtern und dem Gwiazda – und ebenso ihre Annäherung im Laufe der Zeit – deuten auf die Vielfalt an Meinungen und Aktivitäten in der Welt polnisch-jüdischer Sportorganisationen in den größten polnischen Städten hin. Man tut gut daran, dabei mitzubedenken, dass Sportvereine, die mit einer Reihe verschiedener politischer Organisationen zusammenarbeiteten, oftmals eine große Bandbreite an Aktivitäten aufwiesen, einschließlich mancher, die man normalerweise nicht von Organisationen erwarten würde, deren Ziel die Förderung von Sport und Leibeserziehung war. Der Wilnaer Morgnshtern-Verein unterhielt beispielsweise ein Mandolinenorchester, das unter seiner Schirmherrschaft auftrat sowie eine Theatergruppe und ein Lesezimmer.[32] Morgnshterns Warschauer Verein organisierte Lesungen, Theaterreisen und Kinobesuche.[33]

Sportorganisationen, die mit jeweils unterschiedlichen politischen Parteien assoziiert waren, trugen auch zur physischen Verteidigung der jüdischen Bevölkerung bei. Yechiel Dobekirer, ein Aktivist von Hapoel in Wilna, beschrieb in einem Interview, wie in Wilna Hapoel-Mitglieder in einer Zeit reagierten, als Antisemiten vor jüdischen Geschäften zu demonstrieren pflegten, wobei sie Fenster einschlugen und Schilder schwenkten, auf denen geschrieben stand „kauft nicht bei Juden". Sie versuchten die Antisemiten zum Weitergehen zu zwingen [...] und einmal wurde dabei sogar ein Demonstrant mit einem Steinwurf getötet.[34]

Es sollte auch bedacht werden, dass die hier von mir beschriebenen politischen Unterschiede am deutlichsten in den größten Städten Polens zur Geltung gebracht werden konnten und dass die Situation in kleineren Ortschaften und Städten ganz anders sein konnte als in Metropolen wie Warschau oder Lodz. Boruch Yismach beschreibt in seinem Beitrag im Yiskor-Buch *Sefer Vishkov* (Erinnerungsbuch an Vishkow) die Bildung des Makkabi-Vereins, des Gwiazda und des kommunistischen Sportvereins Skala in seiner Heimatstadt und fügt hinzu, „wenn eine der Mannschaften ein Spiel in einer anderen Stadt hatte, lieh sie sich Spieler aus den anderen Mannschaften aus. Dies waren auch Gelegenheiten, die zum Betrug einluden. Wenn beispielsweise der Arbeiterverein Gwiazda ein Spiel gegen einen bürgerlichen Verein aus einer anderen Stadt auszutragen hatte und sich einen oder zwei Spieler auslieh, dann spielten diese Leihspieler absichtlich schlecht, damit ihre politischen Kumpels gewannen. Forderte aber ein polnischer Verein einen unserer Vereine heraus, lagen die Dinge ganz anders. Dann waren Makkabi und Gwiazda vollkommen solidarisch und gaben alles, um zu siegen."[35]

Es ist schwierig, die jeweilige Stärke der jüdischen Sportvereine Polens auf der örtlichen Ebene im Zeitraum zwischen den Weltkriegen zu belegen und einzuschätzen, obwohl in den letzten Jahren vor dem Zweiten Weltkrieg ein sehr ambitionierter Versuch in dieser Richtung unternommen worden ist. 1935 hat das Yidisher visnshaftlekher institut (YIVO), eine in Wilna angesiedelte wissenschaftliche Institution, die sich dem Studium der

Sprache, der Geschichte und Kultur der osteuropäischen Juden verschrieben hatte, eine speziell jüdischen Sportbewegungen gewidmete Abteilung gegründet. Diese kündigte an, ein Zentralarchiv zur Dokumentation jüdischer Sportbewegungen in Polen und andernorts einzurichten, eine Sportbibliothek und Leseräume unter der Schirmherrschaft des YIVO zu schaffen, Publikationen herauszugeben, Beratungen für Sportler durchzuführen und jüdischen Organisationen in abgelegenen Ortschaften Hilfestellung zu geben.[36]

Diese YIVO-Gruppe entwickelte einen Fragebogen mit dreiundvierzig Fragen, der an viele Sportvereine in ganz Polen ausgeteilt wurde. Darin wurde nach den institutionellen Verbindungen des jeweiligen Vereins, nach seinen Aktivitäten, seinen Einrichtungen, dem Gründungsdatum, der in der Vereinsarbeit verwendeten Sprache, der Anzahl der passiven und aktiven Mitglieder, dem Geschlecht und dem Beruf der Mitglieder sowie nach Publikationen etc. gefragt.[37] Ein in den frühen 30er Jahren veröffentlichter Bericht zeigt jedoch, dass nur achtundvierzig Vereine den Fragebogen beantwortet haben.[38] Aus dem Protokoll einer im Mai 1937 abgehaltenen Versammlung geht hervor, dass trotz der vom YIVO aufgenommenen Kontakte zu den zentralen Koordinationsstellen der Organisationen Makkabi, Morgnshtern und Gwiazda die Gesamtzahl der ausgefüllten und an das YIVO zurückgesandten Fragebögen zu klein war, als dass man aus den darin enthaltenen Informationen wissenschaftlich gültige Schlussfolgerungen hätte ziehen können. Nur 13 von insgesamt 107 Morgnshtern-Zweigstellen hatten den Fragebogen beantwortet, bei dem Gwiazda waren es 11 von 44 Zweigstellen und bei den Makkabi-Vereinen nur 31 von 190.[39] Dieses entmutigende Ergebnis hat wohl zum Absterben des Projektes geführt. Außerdem sind anscheinend die ausgefüllten Fragebögen, die bei dem YIVO eingegangen sind, zum größten Teil verloren gegangen; bisher sind nur fünf dieser beantworteten Fragebögen wieder zum Vorschein gekommen, die übrigens alle in den Nachkriegsjahren zusammen mit anderen Dokumenten in Litauen aufbewahrt wurden und sämtlich von mit dem Morgnshtern assoziierten Vereinen stammen. Daher sind für den Zeitraum zwischen den Weltkriegen Aussagen über die Größe, Art und Ausdehnung der jüdischen Sportbewegung in Polen bislang nur auf der Grundlage sehr fragmentarischen Informationsmaterials möglich.

Zumindest eine Schlussfolgerung kann jedoch gezogen werden: Die bundistische Morgnshtern-Organisation wuchs in der polnischen Hauptstadt während der letzten Jahre vor dem Zweiten Weltkrieg auf spektakuläre Weise an. Zum Beispiel gab der Warschauer Verein in seinem Tätigkeitsbericht für das am 1. Februar 1936 endende Geschäftsjahr an, dass er 956 aktive Mitglieder hatte.[40] Ein Jahr später hatte sich die Anzahl seiner Aktivisten auf 1.500 vermehrt, so dass er beanspruchen konnte, die größte örtliche Sportorganisation Polens zu sein, und zwar sowohl im Vergleich zu anderen

Abb. 5: „Tretet dem Shtern bei!"
Plakat für die Mitgliederwerbung der „Gwiazda"-Bewegung in Polen
© YIVO Institute for Jewish Research, New York.

jüdischen als auch zu polnischen, sozialistischen oder nichtsozialistischen Vereinen. Im Februar 1938 war die Gesamtzahl aller Mitglieder des Warschauer Morgnshtern auf 1.855 angewachsen.[41] Es ist auch so gut wie sicher, dass der Morgnshtern-Ortsverein in Warschau nicht nur absolut wuchs, sondern auch stärker als seine jüdischen Konkurrenten. Der Warschauer Gwiazda-Verein, um nur eine der anderen Organisationen zu nennen, hatte im Februar 1937 700 aktive Mitglieder, im Januar 1939 aber nur noch 400. An dieser Stelle soll daran erinnert werden, dass der Bund seine beeindruckendsten Wahlergebnisse bei den Kommunalwahlen 1938 und 1939 errang. Morgnshterns wachsende Mitgliederzahlen in den Jahren unmittelbar vor diesen Wahlen und der gleichzeitige Mitgliederschwund beim

Gwiazda lassen stark vermuten, dass die Wahlsiege des Bundes auf eine tiefer greifende Veränderung in der politischen Orientierung der polnischen Juden hinweisen.

Ich möchte damit schließen, dass es innerhalb der jüdisch-polnischen Sportbewegung ebenso wie in der polnischen Judenheit insgesamt scharfe ideologische Trennlinien gab. Jüdische Sportorganisationen hingen nicht unbedingt dem Zionismus oder einem anderen politischen Programm an. Das Anwachsen des Morgnshtern, einer Organisation, die von explizit antizionistischen jüdischen Sozialisten geführt wurde, unterstreicht die Tatsache, dass jede Behauptung der Art, dass die jüdische Sportbewegung im Ganzen die Schaffung eines unabhängigen jüdischen Staates befürwortet hätte, eine Verzerrung der historisch dokumentierten Wirklichkeit ist.

Anmerkungen

Die Transkription jiddischer Wörter erfolgt gemäß den international akzeptierten Regeln des YIVO.

[1] Friedhard Teuffel, Bar Kochba Berlin – Ursprung der internationalen Makkabi-Bewegung. Der erste jüdische Sportverein in Deutschland wurde 100 Jahre alt, Frankfurter Allgemeine Zeitung, 29. Oktober 1998, 39; Vgl. Diethelm Blecking, Jüdischer Sport in Polen in: Sozial- und Zeitgeschichte des Sports 13, Nr. 1, März 1999, 22.

[2] Aus dem Protokoll einer Versammlung des YIVO-Zweiges für die jüdische Sportbewegung geht hervor, dass der älteste jüdische Sportverein, der in den späten 30er Jahren in Polen aktiv war, 1901 gegründet wurde. Jedoch gibt das Protokoll nicht an, an welchem Ort dieser Verein geschaffen wurde (und lässt damit die Möglichkeit offen, dass der Ort zur Zeit der Vereinsgründung eher zum Kaiserreich Österreich-Ungarn gehörte als zum Russischen Reich); Protokoll [des YIVO-Zweiges für die jüdische Sportbewegung], 5. Mai 1937, YIVO Institute, New York, (YIVO), RG 29, Akte 86.

[3] Der Shtern leitete sich von einer unter dem Namen Spartakus bekannten Gruppe ab, die 1920 von der den Arbeiterzionisten zugehörigen Jugendorganisation Yugnt gegründet wurde; P. Frim, Fun varshever arbeter sport-klub „shtern", Di fraye yugnt 5, Nr. 2, Februar 1928, 18. Der Name Spartakus sollte mit großer Wahrscheinlichkeit an die deutsche marxistische Vereinigung erinnern, mit der Rosa Luxemburg während des Ersten Weltkriegs identifiziert wurde und die 1918 die Kommunistische Partei Deutschlands gründete. 1923 vereinigte sich die polnisch-jüdische Sportgruppe Spartakus mit dem Gwiazda (dem polnischen Wort für Stern), einer Sportgruppe, die aus Mittelschul-Schülern bestand, und diese Vereinigung begann sich selbst als „Shtern (Stern) Arbeitersportverein" zu bezeichnen. Die Gründung des Shtern-Vereins in Warschau gab den Anstoß zur Gründung weiterer ähnlicher Gruppen in anderen Gebieten Polens. Die Shtern-Gruppe in Lodz – Polens zweitgrößter Stadt mit einer besonders großen Anzahl

jüdischer Arbeiter – wurde um 1925 aufgebaut und begann 1926 aktiv zu werden. 1928 hatte sie eine Gymnastiksektion, eine Fußballsektion mit fünfzig aktiven Mitgliedern und eine Tischtennissektion. Die Mehrheit der Führungspersonen der Lodzer Gruppe bestand in dieser Zeit entweder aus Mitgliedern der Poalei Zion-Linken oder Mitgliedern der Jugendorganisation eben dieser Partei. Dazu siehe B.R., Fun lodzsher sport-klub „shtern", Di fraye yugnt 5, Nr.5, Mai 1928, 17; vgl. Rirevdike tetikayt fun lodzsher sport-klub „shtern", Arbeter-tsaytung 5, Nr.8, 21. Februar 1930, 10. Mitte der 30er Jahre führte ein Streit innerhalb des Arbeiterzionismus zur Auflösung der Shtern-Abteilung in Lodz. Ein neuer Sportverein, Tyfun, trat de facto an die Stelle des bisherigen Vereins. Dazu siehe A. Lagerist, Prekhtiker derfolg funm sport-lager funm lodzsher „tyfun", Arbeter-tsaytung 10, Nr.24, 14. Juni 1935, 8; B.Sh., Unzer sport-bavegung in lodzsher reyon, Arbeter-tsaytung 10, Nr.35, 30. August 30 1935), 6; M., Opklangen fun der „aktivistisher" provokatsie kegn lodzsher „shtern", Arbeter-tsaytung 10, Nr.40, 11. Oktober 1935, 7; Erev dem turn-yontef fun lodzsher „tyfun", Arbeter-tsaytung 11, Nr.6, 7. Februar 1936, 6. Berichte örtlicher Shtern-Gruppen wurden regelmäßig in der Presse der zionistischen Sozialdemokratie abgedruckt.

[4] Ich habe in diesem Aufsatz Teile eines früheren Artikels übenommen, den ich über die Geschichte und die Ideologie Morgnshterns verfasst habe. Siehe Jack Jacobs, Creating a Bundist Counter-Culture. Morgnshtern and the Significance of Cultural Hegemony in: Jack Jacobs (Hg.), Jewish Politics in Eastern Europe. The Bund at 100, New York 2001, 59–68.

[5] N. Kantorowicz (Kantorovitsh), Die tsienistishe arbeter-bavegung in poyln, Yorbukh „Alef"S, New York 1964. Die Führungspersonen von Hapoel waren Meyer Peker, Dov und Mietek Zilberman sowie Khayim Glavinski.

[6] Dovid Rogoff, Sport in vilne, Forverts, 8. September 2000, 20.

[7] An onfrage tsum varshever sport-klub „samson" Arbeter-sportler 5, 1. November 1929, 7.

[8] Borukh Yismakh, Sports Clubs and Self-Defense, in: Jack Kugelmass und Jonathan Boyarin (Hg.), From a Ruined Garden. The Memorial Books of Polish Jewry, New York 1983, 61. Yismakhs Beitrag wurde zuerst 1964 veröffentlicht.

[9] I. R-G., Di yudishe sport-bavegung. A gesprekh mit'n dr' pribulski, Sport-tsaytung 2, 15. Juli 1924, 4.

[10] Arb[eter] gezelshaft far fizisher dertsiung „morgnshtern" in poyln, optaylung in lodz, Vendung, Lodz, Februar 1931 in: Bund Archives, YIVO, MG 9–159.

[11] Shtern Mitgliedsbuch Bolek Lemberger, YIVO, RG 28, Mappe 60. Das Mitgliedsbuch enthält auch eine Reihe erbaulicher Zitate aus Karl Marx und Ber Borochov. Für weitere Einblicke in die relevanten Meinungen linker Arbeiterzionisten über die Ziele und Aufgaben einer Arbeiter-Sportorganisation siehe I. A-tsh, Arbeitersport, Arbeter kultur, 28. September 28 1928, 4; Di oyfgabn fun arbeiter-sport, Arbeter-tsaytung 5, Nr.23, 11. Juli 1930), 6.

[12] Die beste Einzeluntersuchung über den Bund in Polen im Zeitraum zwischen den Weltkriegen ist die Arbeit von Gertrud Pickhan, Gegen den Strom. Der Allgemeine Jüdische Arbeiterbund „Bund" in Polen 1918–1939, Schriften des Simon-Dubnow Instituts Leipzig, Bd.1, Stuttgart, 2001. Zur Poalei Zion-Linken siehe Bine Garntsarska-Kadari, Di linke poyle-tsien in poyln biz der tsveyter velt-milkhome, Tel Aviv 1995 und den hervorragenden Aufsatz von Samuel Kassow, The Left

Poalei Tsiyon in Inter-war Poland, in: Gennady Estraikh/Mikhail Krutikov (Hg.), Yiddish and the Left, Oxford 2001, 109–28.

[13] Auf Massensportarten wurde besonderes Gewicht gelegt, weil sie für Amateure und Anfänger leicht zugänglich waren, weil sie gesundheitsfördernd waren und wenig Übung erforderten. Die Menschen, die sich dem Morgnshtern anschlossen verfügten, so wurde angenommen, über wenig Zeit und konnten sich keine Sportarten leisten, für die teure Ausrüstungen benötigt wurden. Die genannten sportlichen Betätigungen waren trotzdem nicht die einzigen Aktivitäten oder Arten von Aktivitäten, die unter der Schirmherrschaft des Morgnshtern durchgeführt wurden. Beispielweise fand auch Schach einige Förderung.

[14] Vi azoy darf oyszen a sotsialistishe sport organizatsie?, Arbeter-sportler 9–10, 15. November 1930, 7.

[15] Moshe Kligsberg, Di yidishe yugnt-bavegung in poyln tsvishn beyde velt milkhomes (a sotsiologishe shtudie), in: S. Fishman (Hg.), Shtudies vegn yidn in poyln 1919–1939. Di tsvishnshpil fun sotsiale, ekonomishe un politishe faktorn inem kamf fun a minoritet far ir kiem, New York 1974, 221–22. Es gab Poalei-Zionisten, die der Meinung waren, Fußball und Boxen wären keine proletarischen Sportdisziplinen. Jedoch war die Führung des Shtern damit nicht einverstanden. Siehe die Arbeter-tsaytung 6, Nr. 43, 6. November 1931, 70.

[16] P. Frim, Fun varshever arbeter sport-klub „shtern", Di fraye yugnt 5, Nr. 2, Februar 1928

[17] Sh. Tshernetski, Unzere sportler marshirn faroys (der ershter tsuzamenfor fun unzere sport-organizatsies), Yugnt-veker 10, 15. Mai 1929, 4.

[18] Arbeter-gez. far fizisher dertsiung „morgnshtern" in poyln. varshever optaylung, A yor arbet. tetikayts-berikht far der tsayt fun II.1 1937 bizn II.1 1938, 21, Bund Archives, YIVO, RG 29, Akte 86.

[19] P. Frim, Fun varshever arbeter sport-klub „shtern", Di fraye yugnt 5, Nr. 2, Februar 1928

[20] Natan, Kh. sh. rotholts boks-mayster fun poyln, Arbeter-tsaytung 8, Nr. 17, 28. April 1933, 5. Rotholts setzte seine Karriere mit weithin beachteten Siegen über drei deutsche Boxer fort, woraufhin die Nazis diese Boxer aus der deutschen Nationalmannschaft entfernten; siehe den Brief von Ben Tsheisin an den Herausgeber, Forverts, 9. März 2001, 21.

[21] Nekhamia, Boks un der arbeter-sport (diskusie artkil), Arbeter-tsaytung 8, Nr. 17, 28. April 1933, 5.

[22] Arbeter-gezelshaft far fizisher dertsiung „morgnshtern" in poyln (yidishe sektsie fun arbeter-sport-internatsional). varshever optaylung, barikht tsu der alg. farzamlung dem 14tn fevruar 1936 far der tsayt-1. II. 1935–1. II. 1936, 5, YIVO, RG 29, Akte 86.

[23] Varshever optaylung, barikht tsu der alg. farzamlung, 5. Vgl. Mik, Boks derobert birger-rekht, Der nayer arbeter-sportler, Juni 1937, 7.

[24] P. Frim, Fun varshever arbeter sport-klub „shtern",Di fraye yugnt 5, Nr. 2, Februar 1928. 1933 führte die Frauensektion des Warschauer Shtern-Vereins eine Kampagne zur Anwerbung neuer Mitglieder durch: Verbir-aktsie fun arb. froyensportlerins, Arbeter vort 11, 10. Mai 1935, 5. Shtern drängte Frauen zum Beitritt in die Arbeiter-Sportbewegung, weil Frauen unter der „kapitalistischen Unterdrückung und Ausbeutung litten". Die Organisation ermunterte Frauen dazu, „ge-

sunde, freie Menschen zu werden", und dies durch „die gemeinsame Erschaffung der Arbeiter-Sportbewegung" (Di arbeter-froy in di reyen fun der arb. sport-ba-vegung), Arbeter vort 11, 10. Mai 1935, 5.

25 Arbeter-gezelshaft far fizisher dertsiung „morgnshtern" in poyln. varshever op-taylung, 1938. yor barikht, 7, Bund Archives, YIVO MG 9–158.

26 A.V. Di proletarishe sport-bavegung, Di fraye yugnt 5, Nr. 1, Januar 1928, 17. Titlman und Yitskhok Gotlib (1902–1973) wurden im Oktober 1927 als Vertreter von Stern in die Geschäftsführung des ZRSS gewählt. 1929 wurde Dr. Ber Opnhaym (geb. 1892) vom Shtern in das Präsidium des Dritten Kongresses des ZRSS gewählt und übte die Funktion des Zweiten Vorsitzenden des Präsidiums aus. Siehe Arbeter-sport-kongres, Arbeter-tsaytung 4, Nr. 6, 8. Februar 1929, 7; und Driter kongres fun arbeter-sport-farband in poyln, Arbeter-tsaytung 4, Nr. 7, 15. Februar 1929, 6. Zu biographischen Informationen über Gotlib, Opnhaym und andere Shtern-Aktivisten (z. B. Dr. Hersh Liberman) siehe: Shlomo Schwei-zer (Shloyme Svaytser) (Hg.), Shures poyle-tsien. Portretn, Tel Aviv 1981.

27 Die für Leibeserziehung zuständige Regierungsstelle war auch für die militärische Erziehung und Vorbereitung verantwortlich. Die Führung von Shtern befürchtete daher, dass der Einfluss dieser Stelle zur Militarisierung der Arbeiter-Sportbewe-gung führen könnte und zur „Faschisierung" junger Arbeiter. Siehe Der aroystrit fun „shtern" forshteyer in z. r. s. s. kegn der militarizirung fun di sport-klubn, Ar-beter-tsaytung 4, Nr. 35, 23. August 1929, 7.

28 Arbeter-tsaytung 6, Nr. 43, 6. November 1931, 7. Vgl. A. V-s., Finf yor arbeter-sport-farband, Arbeter-tsaytung 5, Nr. 10, 7. März 1930, 6. Die Beziehungen zwi-schen dem ZRSS und dem Shtern verschlechterten sich in den späten 30er Jaren. Siehe: 6ter kongres fun arbeter-sport-farband in poyln, Arbeter-tsaytung 12, Nr. 11, 12. März 1937), 6 und 8.

29 In einem Grußwort an den ZRSS anlässlich des Dritten Kongresses des ZRSS 1929 wies Lucian Blit, ein Repräsentant von Morgnshtern, auf die anhaltenden Spaltungen in Polens Sportbewegung hin und äußerte die Hoffnung, dass diese Bewegungen in nächster Zukunft auf gemeinsame Ziele hinarbeiten würden. Siehe Driter kongres fun poylishn arbeter-sport-farband, Naye folkstsaytung 4, Nr. 42, 17. Februar 1929, 4. Blits Grußwort wurde von einem Berichterstatter der Arbei-terzionisten als „einen kläglichen Eindruck hinterlassend" bezeichnet; N., Driter kongres fun arbeter-sport-farband in poyln, Arbeter-tsaytung 4, Nr. 7, 15. Fe-bruar 1929, 6. Eine kleine Anzahl von Abgeordneten des Bundes nahm am Sechs-ten Kongress des ZRSS teil; siehe 6ter kongres fun arbeter-sport-farband in poyln. Kein Vertreter des Bundes hielt es für nötig, am Siebenten Kongress teil-zunehmen (bei dem 24 der 140 Abgeordneten den Shtern und zwei Abgeordnete Hapoel vertraten). Siehe: Der 7ter kongres fun arbeter-sport-farband in poyln, Arbeter-tsaytung 14, Nr. 4, 19. Februar 1939.

30 Abraham Brumberg, The Bund and the Polish Socialist Party in the Late 1930s, in: Yisrael Gutman u. a. (Hg.) The Jews of Poland between Two World Wars, Ha-nover (NH) 1989, 75–82; Piotr Wróbel, From Conflict to Cooperation. The Bund and the Polish Socialist Party, 1897–1939, in: Jack Jacobs (Hg.), Jewish Po-litics in Eastern Europe, 161–65.

31 A. V., Di proletarishe sport-bavegung.

32 Vgl. Fragebogen des Yidisher visnshaftlekher institut optsvayg far der yidisher

sport bavegung, ausgefüllt von der Arbeter gezelshaft far fizisher dertsiung „morgnshern" in poyln, vilner optsvayg, eingegangen bei YIVO am 19. Januar 1936; YIVO RG 1.1, Akte 600.

[33] Arbeter-gezelshaft far fizisher dertsiung „Morgnshtern" in poyln. varshever optaylung, 1938. Yor barikht, Bund Archives, YIVO, MG 9–158.

[34] Interview mit Yekhiel Dobekirer geführt von Jack Jacobs, am 5. Februar 2000, New York. Dobekirer gab auch an, dass der Hapoel-Aktivist, der den Demonstranten getötet hatte, aus Polen hinausgeschmuggelt wurde.

[35] Yismakh, Sports Clubs and Self-Defense, 61.

[36] Optsvayg far der yidisher sport-bavegung, Yedies fun yivo, Dezember, 1935, 4 [54], 7.

[37] Optsvayg far der yidisher sport-bavegung, Yedies fun yivo, März 1935, 2 [51], 10–11.

[38] Fun optsvayg far der yidisher sport-bavegung, Yedies fun yivo, Januar-März 1936, 1–2 [54–54a], 11. 25 der Vereine, die geantwortet haben, waren Makkabi angegliedert, zwölf dem Morgnshtern, zehn dem Gwiazda und einer Hapoel. Die Vereine befanden sich an 33 verschiedenen Standorten.

[39] Protokoll [des YIVO-Zweiges für die jüdische Sportbewegung], 5. Mai 1937, YIVO, RG 29, Akte 86.

[40] Arbeter-gezelshaft far fizisher dertsiung „morgnshtern" in poyln. yidishe sektsie fun arbeter sport internatsional. varshever optaylung, Barikht tsu der alg. farzamlung dem 14-tn fevruar 1936 far der tsayt fun 1.II.1935–1.II.1936, YIVO, Rg 29, Akte 86.

[41] Arbeter-gezelshaft far fizisher dertsiung „morgnshtern" in poyln. yidishe sektsie fun arbeter sport internatsional. varshever optaylung, Barikht fun der tsayt 1.II.1936–1.II.1937, Bund Archives, YIVO, MG 9–158.

8. Hakoah Wien: Gedanken über eine Legende

John Bunzl

Bei der Gründung der Hakoah Wien im Jahr 1909 stand Sport schon auf der Schwelle zum gesellschaftlichen Durchbruch. Sportveranstaltungen begannen große gesellschaftliche Ereignisse zu werden, Fußballspiele lockten oft zehntausend Besucher an. Die Zahl der Aktiven und Vereine war bereits beträchtlich (so gab es etwa 1907 in Wien bereits 70 Fußballvereine, und die vorwiegend deutsch-österreichischen Vereine des Arbeiterturnerbundes zählten 1911 über 15.000 Mitglieder).

Obwohl sich der Aufschwung des Sports verhältnismäßig schnell vollzog und binnen kurzer Zeit Angehörige fast aller gesellschaftlichen Schichten und politischen Richtungen daran teilhatten, mussten die Sportler hart um ihre gesellschaftliche Anerkennung kämpfen. Noch für Jahrzehnte stand der Sport – abgesehen von einigen vorwiegend auf akademischer Ebene betriebenen Disziplinen wie dem Fechten sowie dem Pferdesport, der eine eigene Entwicklung hatte – in der Öffentlichkeit immer etwas im Geruch von Straße, Pöbel und Vulgarität. In diesem Sinn stieß auch die jüdische Sportbewegung bei der Mehrheit der jüdischen Bevölkerung Wiens mindestens bis zum Ende des Ersten Weltkriegs auf Skepsis und Ablehnung, als Sportbewegung ebenso wie als jüdische Bewegung.[1]

Sport war damals in hohem Maße von der Initiative einzelner Sporttreibender und von ihrer Bereitschaft abhängig, berufliche, materielle und nichtsportliche private Interessen hintanzustellen. Die Chance, für diesen Einsatz irgendwann einen anderen Lohn zu bekommen als die Freude, das Selbstbewusstsein und das ausgefüllte Leben, die die sportliche Aktivität und die damit zusammenhängenden Erlebnisse (Gemeinschaft, Sieg etc.) selbst bringen konnten, war dabei nicht gegeben.

Dennoch war der organisierte Sport der ersten Jahrzehnte des 20. Jahrhunderts von der Verwirklichung des Amateur-Ideals, vom Modell des Athleten, der stets selbstdiszipliniert, fair und nicht in erster Linie erfolgsorientiert ist und den Sport wesentlich als Selbstzweck betreibt, ebenso weit entfernt wie der heutige Sport. Denn der überwiegende Teil der Sportvereine setzte von seinen Anfängen bis 1945 seine Aktivitäten in einen Bezug zu politischen und ideologischen, jedenfalls außersportlichen Zielen. In dieser Hinsicht war die Gründung eines Sportvereins mit national-jüdischer Programmatik nichts Ungewöhnliches. Mochte es auch vielen, wahrscheinlich den meisten Aktiven aller Gesinnungen vorwiegend um den Sport gehen:

Sobald sie sich organisierten, standen sie unter programmatischen Zielen, waren sie einer mehr oder minder massiven Erziehungsarbeit von Trainern und Funktionären ausgesetzt und wurden auch in der Öffentlichkeit bestimmten politischen Richtungen zugerechnet.

Sport ist immer politisch, wird aber nicht immer als Politik betrieben. Die folgenden Hinweise zu den verschiedenen politischen Richtungen im Sport sollten nicht den Eindruck hervorrufen, dass die Sporttreibenden vorwiegend politische Ziele verfolgten und dass der Sportbetrieb bis 1938 von offenen politischen Auseinandersetzungen bestimmt war. Zum Verständnis der Hakoah aber ist der sportpolitische Rahmen ebenso wichtig wie die sporttechnische Entwicklung, die allgemeinen gesellschaftlichen Bedingungen und die Überlebens- und Entfaltungsstrategien der jüdischen Bevölkerung Wiens.[2]

Als die Hakoah gegründet wurde, bestanden in der Turn- und Sportbewegung bereits zwei starke politisch orientierte Richtungen. Die Turnvereine, ursprünglich eine freisinnig-großdeutsche Bewegung, die bis in die 1880er Jahre und darüber hinaus viele jüdische Mitglieder hatte, hatten sich in ihrer Mehrheit zu einem Turnkreis der Deutschen Turnerschaft entwickelt und waren überwiegend deutschnationale bis völkische, antidemokratisch und antisemitisch orientierte Organisationen.[3] Im Rahmen der Arbeiterbewegung hatten sich – lange Jahre von der Sozialdemokratischen Partei mit Misstrauen betrachtet – seit den 1890er Jahren Sportorganisationen entwickelt. Aber auch viele andere Klubs bekannten sich offiziell oder inoffiziell zu politischen Richtungen, Weltanschauungen und außersportlichen Zielen. So hatte etwa die tschechische Wiener Bevölkerung in Form des Sokol (auf gesamttschechischer Ebene 1862 in Prag gegründet) seit 1866 eigene Turnvereine, die ihre sportliche und pädagogische Tätigkeit als Teil einer „Emporführung der tschechischen Nation zur völligen Selbständigkeit und Unabhängigkeit" begriffen und 1910 in Wien an die 1800 Mitglieder zählten.[4]

Die Gründung der österreichischen Republik im Jahr 1918 und die ab dem Ende der 20er Jahre wachsenden politischen Konfrontationen verstärkten das Interesse der politischen Parteien an Sport und Sportverbänden. Die offene und vorsätzliche Funktionalisierung des Sports für außersportliche Ziele schritt voran, zugleich aber versuchten Sportvereine, sich von jeder Ideologisierung abzugrenzen. Die deutschnationalen Turnvereine formierten sich 1919 zum Deutschen Turnerbund, einer Organisation von über 110.000 Mitgliedern (1933), die „Nichtarier" per Statut von der Aufnahme ausschloss, in zunehmendem Maße nazistische Standpunkte vertrat und nach dem Verbot der österreichischen Nazi-Partei teilweise als Tarnorganisation fungierte. Die Arbeitersportbewegung, zusammengeschlossen im Arbeiterbund für Sport- und Körperkultur Österreich (ASKÖ), wie die Organisation ab 1924 heißt, war 1931 zu einer an die 250.000 Mitglieder starken

Organisation angewachsen; die Arbeitersportvereine lehnten Wettkämpfe und Spiele mit anderen Verbänden ebenso ab wie mit Profis oder politisch anders Orientierten. Zusammen mit den anderen Verbänden der Sozialistischen Arbeitersport-Internationale veranstalteten sie eigene Arbeiter-Olympiaden (1931 in Wien).[5] Mit der Gründung des Verbands der christlich-deutschen Turnerschaft Österreichs im Jahr 1914 (der erste christlich-deutsche Turnverein in Wien war 1900 gegründet worden) hatten auch die Christlichsozialen und der politische Katholizismus eine eigene Turnbewegung; 1928 kam mit der Reichsbund-Turn- und Sportgemeinschaft auch eine Sportbewegung dazu. Auch die christlich-deutsche Turnerschaft, die 1925 bereits 30.000 Mitglieder zählte, hatte in ihrem Statut einen Arierparagraphen.[6]

Neben den großen Strömungen gab es zahlreiche unabhängige Vereine, die der antisemitischen Bewegung nahestanden (die meisten Ruder- und Fechtklubs, aber auch der Wiener Sportklub und der Erste Wiener Amateur-Schwimmklub EWASK standen der von den deutschen Turnern vertretenen Richtung nahe), sowie deutlich antisemitisch orientierte Fachverbände (so beschloss etwa der Skiverband 1926 den Arierparagraphen, was zum Austritt jener führte, die sich dagegen aussprachen). Aber es gab auch zahlreiche Klubs, die sich ausdrücklich von allen Zuordnungen und Auseinandersetzungen fern hielten. Mitte der 20er Jahre wurden im Fußball offiziell Profivereine zugelassen, zu denen auch die Hakoah-Fußballer gehörten. Und es gab schließlich in Form des Österreichischen Hauptverbands für Körpersport einen nach Sparten organisierten Zusammenschluss all jener Vereine und Vereinssektionen, die über die Grenzen von Klubs, politischen Ideologien und Dachverbänden hinaus gemeinsame sportliche Wettkämpfe und Meisterschaften austragen wollten. (Die „Österreichischen Meister" waren also nicht für alle Sportler repräsentativ). Diesem Verband gehörten viele Sektionen der Hakoah an und stellten dort auch Funktionäre.

Die Zerschlagung der Republik durch die Regierung Dollfuß im Jahr 1934 und der Versuch dieser Kräfte und des Dollfuß-Nachfolgers Schuschnigg, einen autoritären Ständestaat zu errichten, wirkten sich auch auf den Sport aus. Die Vereine und Verbände der Arbeitersportbewegung wurden nach der Niederschlagung der bewaffneten Aktion, mit der Teile der Sozialdemokratie im Februar 1934 der Regierung Dollfuß Widerstand zu leisten versuchten, verboten. Der Deutsche Turnerbund wurde nach dem Scheitern des Nazi-Putsches im Juli 1934 aufgelöst. Alle legalen Sportvereine und -verbände mussten sich der Österreichischen Turn- und Sportfront anschließen, einer Einheitsorganisation unter der Leitung des Heimwehrführers Ernst Rüdiger Starhemberg, deren Funktionäre mehrheitlich der Christlich-Deutschen Turnerschaft angehörten. Für die Hakoah veränderte sich in diesen Jahren nicht viel.[7]

In der systematischen Kontrolle der sportlichen Tätigkeit (Starhemberg) durch den Staat waren die Nazis später viel erfolgreicher und radikaler als die Vertreter des Ständestaats. Nach dem Einmarsch deutscher Truppen im März 1938 wurde der österreichische Sport staatlich-nationalsozialistisch durchorganisiert. Die Turn- und Sportfront wurde in den Deutschen Reichsbund für Leibesübungen eingegliedert, die Fachverbände wurden von unliebsamen Funktionären und Aktiven gesäubert, Vereine staatlich reglementiert und neu organisiert, Gefolgsleute des Regimes an die Spitze der Verbände gestellt, alle jüdischen Vereine verboten und Jüdinnen und Juden auf Anordnung aus Vereinen ausgeschlossen und aus Schwimmbädern geworfen. Zwar gelang dem Nazi-Regime nie die vollständige Kontrolle über das Geschehen in den Vereinen, auf den Spielfeldern und in den Zuschauerrängen, aber die Freiheit war sehr begrenzt, und für Juden gab es sie nach kurzer Zeit überhaupt nicht mehr.[8]

Ziele und Bedeutung der Hakoah
Hakoah Wien wurde um die folgenden Ziele und Funktionen herum gegründet:

1. Sammlung aller jüdischen Sporttreibenden, denen es aufgrund von verdecktem oder offenem Antisemitismus oder wegen des Arierparagraphen unmöglich war, anderen Vereinen beizutreten;
2. Schulung der Körperkraft und damit der Wehrfähigkeit und des Selbstbewusstseins der Juden;
3. demonstrativer Nachweis gegenüber der – jüdischen wie nichtjüdischen und auch der antisemitischen – Öffentlichkeit, dass Juden anderen Teilen der Bevölkerung an Körperkraft und in der Fähigkeit zum allseitig gebildeten Menschen nicht nachstehen;
4. Förderung des jüdischen Nationalbewusstseins.[9]

Auf dieser Grundlage entwickelte sich die Hakoah innerhalb weniger Jahre zu einem Klub mit über 1.500 Mitgliedern und einer großen Anhängerschaft, zu einem Verein, der in einem guten Dutzend Sportarten aktiv war und in vielen davon Meistertitel und Rekorde erzielte. Die Hakoah war nicht die einzige jüdische Sportorganisation: Neben ihr bestanden auch jüdische Turnvereine, die ihre turnerische Aktivität um andere Sportarten ergänzten. Außerdem entstand eine Reihe kleinerer jüdischer Sportvereine sowohl in Wien (u.a. Achduth, Hapoel, Hasmonea, Jüdischer Athletik Club, Kadima) als auch in anderen Städten (z.B. Hakoah Innsbuck, Hakoah Graz und Hakoah Linz). Die Hakoah und die übrigen jüdischen Sportvereine, die zusammen den Jüdischen Turn- und Sportverband bildeten, waren keineswegs die einzigen Organisationen, in denen Jüdinnen und Juden Sport trieben: Nach dem 1. Weltkrieg gehörten viele von ihnen nichtjüdischen Vereinen an, weil sie sich dort wohl fühlten oder weil sie sich nicht als Juden deklarieren wollten oder national-jüdische Zusammenschlüsse ablehnten

Abb. 6: Medaille des Sportklubs Hakoah Wien, undatiert
© Jüdisches Museum Berlin.

(Juden stellten einen großen Teil der Mitglieder in den Vereinen der Arbeitersportbewegung, u.a. im Wiener Amateur-Sportverein, der ab 1926 Austria hieß, bei der Vienna und im WAC). Außerdem begannen jüdische Organisationen, die sich nicht als Sportklubs verstanden, Sport in ihr Betätigungsfeld aufzunehmen. Zu diesen Organisationen zählten zionistische Vereinigungen, die Jüdische Studentenschaft Judäa und die Jugend der Union österreichischer Juden (jene Gruppierung, die in den 20er Jahren die Israelitische Kultusgemeinde führte).[10] Der Hakoah aber kam eine einzigartige Stellung zu: Sie wurde der wichtigste Allround-Sportverein und der in der Öffentlichkeit am besten erkennbare Kristallisationspunkt jüdischen Selbstbewusstseins in Österreich. Dieser Aufstieg war nicht nur das Ergebnis der Veränderungen, die die Stellung der Juden und des Sports innerhalb der Gesellschaft betrafen. Er war darüber hinaus dadurch bedingt, dass die Hakoah über einen Kern aufgeschlossener und einsatzbereiter Menschen verfügte, die neue Sektionen aufbauten, Öffentlichkeitsarbeit leisteten und ein Vereinsleben außerhalb der sportlichen Aktivitäten organisierten; er war auch eine Folge der politischen und sportlichen Programmatik des Vereins und deren Umsetzung.

Die Hakoah war auf der Basis jüdischer Identität – Nichtjuden waren nur als Trainer zugelassen – ein nach liberalen Prinzipien strukturierter Verein. Alle, die diesen jüdischen Rahmen nicht grundsätzlich ablehnten, konnten Mitglieder werden und sich im Verein heimisch fühlen, ohne von ihren politischen oder sonstigen Überzeugungen Abstriche machen zu müssen. Die

Hakoah war somit – um die Extreme zu nennen – ein Verein für Juden, die ohne programmatische Absichten lediglich in Ruhe Sport betreiben wollten, also unbelastet von dem in vielen österreichischen Sportvereinen grassierenden offenen oder latenten Antisemitismus, aber auch ein Verein für Juden, die ihren Sport als Teil des zionistischen Projekts und als Vorbereitung auf die physischen Anstrengungen des Lebens in Israel/Palästina begriffen. Und obwohl sich der Verein – durch seine Mitgliedschaft beim 1921 gegründeten internationalen jüdischen Sportverband Makkabi auch öffentlich – zur zionistischen Bewegung bekannte, wirkte diese Ausrichtung doch nicht als Beitrittsschranke für Sporttreibende anderer Gesinnungen, sofern sie einen jüdischen Sportklub nicht prinzipiell ablehnten.

Aber auch innerhalb der österreichischen Öffentlichkeit kam der Hakoah eine mit keiner anderen jüdischen Organisation vergleichbare Stellung zu. Während die politischen jüdischen Vereinigungen, die jüdischen Berufs- und Kulturorganisationen, die religiösen, pädagogischen und wohltätigen Verbindungen zum überwiegenden Teil nur innerhalb der jüdischen Öffentlichkeit oder in bestimmten Schichten der jüdischen Bevölkerung Wiens wirkten, war die Hakoah mit ihrem Selbstverständnis als österreichischer Verein in der breiten Öffentlichkeit gut sichtbar, und das auf einem Gebiet, das politisch insofern am wenigsten verfänglich war, als Wettstreit und reglementierter Kampf zu seinen Grundlagen gehörten.[11] Somit bot die Hakoah einerseits selbst jenen Jüdinnen und Juden, die aus welchen Gründen auch immer national-jüdischen Projekten gegenüber skeptisch waren – weil sie auf Assimilation als Lösung der „Judenfrage" setzten oder befürchteten, ein kollektives politisches Auftreten als Juden würde den Antisemitismus fördern oder aus sonst einem Grund –, die Möglichkeit zur Beteiligung an einem Programm des kollektiven Judentums. Für viele Juden ging selbst das zu weit, weil sie als radikale Sozialisten, bürgerliche Assimilierte, eingeschworene Deutschnationale oder Monarchisten jegliche Form kollektiven Auftretens von Juden als Juden ablehnten, oder weil für sie als konsequente Zionisten die Errichtung eines österreichischen Sportvereins innerhalb der österreichischen Sportszene die Gefahr des Arrangements mit der österreichischen Gesellschaft barg, oder weil sie sich als Orthodox-Religiöse mit ganz anderen Problemen beschäftigten oder weil sie grundsätzlich gegen Sport waren.

Andererseits bot die Hakoah Juden ein Feld – und wahrscheinlich das einzige –, auf dem sie als Juden in Österreich Erfolge feiern konnten und durften und darin sogar offiziell anerkannt wurden. In der Politik war das unmöglich: Eine gleichberechtigt neben anderen österreichischen politischen Parteien stehende jüdisch-nationale Partei wurde von der großen Mehrheit der jüdischen Bevölkerung nicht gewählt (bei den Nationalratswahlen 1923 erhielt sie 2,4% der Stimmen, 1927 0,9% und 1931 0,2%), und der Kampf gegen den Antisemitismus und für jüdische Bürgerrechte glich in dieser Zeit eher einem Rückzugsgefecht. Auf anderen Gebieten war es zumindest schwierig: Die Pionierleistungen eines jüdischen Arztes, die revolutionäre Neuerung eines jüdischen Komponisten und Ähnliches wurden in betont jüdischen Kreisen zwar als Erfolge gefeiert und mögen durchaus zur Stärkung des jüdischen Selbstbewusstseins beigetragen haben, aber es handelte sich dabei um Leistungen einzelner Menschen, die noch dazu oft assimilierte oder getaufte Juden waren. Die Siege eines Sportvereins hingegen, der sich als kollektive jüdische Aktion deklarierte und als solche in offenem Wettstreit gegen allgemeine und zum Teil explizit „arische" Vereine antrat, waren von vornherein nicht vom Bekenntnis zum Judentum zu trennen. Nur als Hakoah-Mitglied konnte man mit dem Davidstern auf der Brust siegen. Die Hakoah war zwar nicht in erster Linie ein politischer Verein, aber ihre Aktivitäten waren unabhängig vom Willen der einzelnen Sporttreibenden von Politik nicht zu trennen, und das trug in starkem Ausmaß zu ihrem Erfolg bei. Letztendlich ließ sich diese Verquickung – auch was die sportlichen Gegner der Hakoah angeht – selbst im Wettkampf nicht lösen.

Sportliche Begegnungen zwischen Teams der Hakoah und nichtjüdischen Vereinen wurden mit wenigen Ausnahmen (z. B. die Partien Hakoah-EWASK im Wasserball) nicht von vornherein als ideologische oder nationale Kämpfe ausgetragen. Nur die Fans einiger weniger Vereine kamen schon mit der Absicht auf den Platz, ordentlich eine Judenhatz betreiben zu können. Zu systematischen Benachteiligungen von Hakoahnern durch Kampfgerichte und Schiedsrichter kam es nur in wenigen Sportarten, insbesondere beim Schwimmen. Wurde also in Sportarten, in denen die sportlichen Gegner einander direkt gegenüberstanden, manchmal hart gespielt, rührte dies meist von sportlicher Rivalität her. Ähnlich war der Fanatismus des Publikums oft das Ergebnis davon, dass es jeden Gegner durch eine Vereinsbrille ansah. In punkto Härte, Unfairness und Fanatismus dürften sich die meisten Partien des Hakoah-Fußballteams nicht sehr von Begegnungen zwischen Rapid und Sportklub oder Austria und Hertha unterschieden haben. Dennoch kam bei Spielen und anderen Wettkämpfen, an denen Hakoah beteiligt war, von vornherein ein Moment dazu, das bei Begegnungen zwischen nichtjüdischen Vereinen fehlte. Es war eben eine Sache, wenn Admira-Fans einen Wacker-Spieler als „Drecksau" beschimpften, und eine ganz andere, wenn sie einen Hakoah-Spieler als „Judensau" titulierten. Und es bestand schon ein wesentlicher Unterschied darin, ob ein gefoulter Spieler den Übeltäter wutentbrannt „Mistkerl" oder „Drecksjude" nannte. Je härter es aus Gründen sportlicher Rivalität zuging, umso mehr kam der Antisemitismus (und die jüdische Antwort darauf) zum Vorschein. Und je stärker die Stimmung vom Antisemitismus aufgeheizt war, desto weniger wurden Auseinandersetzungen als sportliche geführt. Das nichtsportliche Element war dem Publikum im Allgemeinen wichtiger als den Spielern.

Die Erfolge der Hakoah waren jedoch auch das Ergebnis der Auffassung von Sport, die der Verein vertrat. Aufgrund ihrer Zielsetzungen, ihrer Geschichte und ihrer Träger war die Hakoah in der Lage, Bedürfnissen Ausdruck zu verleihen, die in der Gesellschaft und in der Sportbewegung entstanden. Die Hakoah war frei vom Konservatismus der Turnvereine – Turnen überließ sie im Übrigen von vornherein den jüdischen Turnvereinen – und von den Schranken traditioneller Ein-Sparten-Vereine. Sie teilte nicht die Vorbehalte der Arbeitersportvereine (Ablehnung des Professionalismus, Abneigung gegen Zuschauerwesen und Rekordjagd, Einschränkung des Wettkampfbetriebs) und stand dem Frauensport mit mehr Sympathie gegenüber als viele andere Vereine und Verbände. Der jüdische Verein förderte Breitensport ebenso wie Spitzensport; neben der Gründung einer Profi-Fußballmannschaft und eines Touristikklubs organisierte die Hakoah eine Vielzahl anderer Disziplinen, darunter Schwimmen, Leichtathletik, Ringen, Hockey, Fechten, Handball, Eishockey, Tischtennis, Tennis, Skifahren, Schach und zum Teil Boxen. Die Hakoah war auch in der Jugendarbeit aktiv, griff kulturelle Bedürfnisse außerhalb des Sports auf, stellte ein Orchester und veranstaltete Lesungen, Bälle und Ähnliches.

Die zahlreichen sportlichen Erfolge der Hakoah, ihre Rekorde, Meisterschaften und Spielergebnisse sind in den Listen und Tabellen der österreichischen Sportverbände nachzulesen. Am bekanntesten dürfte wohl sein, dass Hakoah im Fußball 1925 österreichischer Meister wurde. Die Stellung, die dem Verein in der Entwicklung der neuen kollektiven jüdischen Identität zukommt, wird vielleicht einmal von Historikerinnen und Historikern der national-jüdischen und zionistischen Bewegung in Österreich näher bezeichnet werden. Die Bedeutung, die der Verein für das Leben vieler seiner Mitglieder und Fans hatte, geht aus den Sportberichten der damaligen Zeit und aus den Erinnerungen von Beteiligten deutlich hervor. Die Hakoah war für zahllose Menschen ein Feld, in dem sie Fähigkeiten und Bedürfnisse sportlicher oder sonstiger Natur verwirklichen konnten, die sonst möglicherweise brach gelegen hätten. Die Hakoah war ein Raum, in dem sie Gemeinschaft, Selbstbewusstsein und Lebensfreude fanden und schufen, eine Aktivität, die ihrem Leben mehr Sinn gab. Diese Bedeutung kommt der Hakoah auch dann zu, wenn man die ganze Geschichte der Hakoah in den 20er und 30er Jahren aus der Perspektive von Auschwitz betrachtet. Letztlich sind zwanzig, zehn oder auch nur zwei Jahre „kleines Glück" und ein halbwegs erfülltes Leben nicht durch eine nachfolgende Katastrophe ungeschehen zu machen. Im Übrigen dürfte die Erziehung und Aktivierung, die die Hakoahner sich durch ihren Sport selbst zuteil werden ließen, sehr dazu beigetragen haben, dass der überwiegende Teil der Vereinsmitglieder sich der Vernichtungsmaschinerie Hitlers rechtzeitig durch Emigration entzog.

In einer Hinsicht allerdings besiegelte das Jahr 1938 ein Scheitern der Hakoah, das schon lange vor dem Sieg der Nazis deutlich wurde oder hätte

werden können. Die Hakoah hatte sich bei ihrer Gründung unter anderem
zum Ziel gesetzt, den Antisemitismus praktisch zu widerlegen. Mit ihren
sportlichen Aktivitäten sollte die Hakoah in der Öffentlichkeit demonstrieren, dass Juden ebensolche Menschen sind wie Nichtjuden, dass sie es in
Willenskraft, körperlicher Stärke und Disziplin mit anderen aufnehmen
können und dass die antisemitische Wahrnehmung von Juden als schwach-
brüstige, hinterlistige, wortverdrehende, wehleidige, würdelose, leistungs-
scheue Parasiten nicht mit der Wirklichkeit übereinstimmt. Nun mögen
einzelne Sportler durch den Kontakt mit Hakoahnern ihr Bild durchaus geändert haben. In der Masse aber, auf gesamtgesellschaftlicher Ebene und
auch im Sportbereich, wurde der Antisemitismus keineswegs dadurch erschüttert, dass Hakoah-Mitglieder und -Teams österreichische Rekorde aufstellten oder im Wettkampf nichtjüdische Gegner bezwangen, die sich als
arisch oder christlich bezeichneten. All diese Erfolge waren für Antisemiten
ein weiterer Beweis für die Gemeingefährlichkeit, Verschlagenheit und Ver-
logenheit der „jüdischen Rasse". Die Hakoah versagte in dieser Hinsicht
ebenso wie die jüdischen schlagenden Studentenverbindungen, die jüdischen Verbände von Veteranen des Ersten Weltkriegs, Offiziersvereinigun-
gen und alle übrigen jüdischen Gruppierungen im Kampf gegen den Antisemitismus.[12]

Anmerkungen

Diesem Beitrag liegen Auszüge aus einem von mir herausgegebenen Buch über jüdischen Sport in Österreich zugrunde: John Bunzl (Hg.), Hoppauf Hakoah. Jüdischer
Sport in Österreich, Wien 1987.

[1] Zur Entstehung der jüdischen Sportbewegung im österreichischen Teil der Monarchie siehe Adolf Gaisbauer, Davidstern und Doppeladler, Wien 1988, insbes.
424.

[2] Es gibt zahllose Publikationen über die sozialpolitische Situation Österreichs zu
Beginn des 20. Jahrhunderts. Ich verweise hier nur auf den Klassiker: Albert
Fuchs, Geistige Strömungen in Österreich 1867–1918, Wien 1949.

[3] Zu den Hintergründen der völkischen Bewegung in Österreich siehe Francis Lud-
wig Carsten, Faschismus in Österreich. Von Schönerer bis Hitler, München 1977;
Bruce F. Pauley, Hitler and the Forgotten Nazis. A History of Austrian National
Socialism, Chapel Hill 1981.

[4] Über die tschechische Minderheit in Wien siehe Monika Glettler, Die Wiener
Tschechen um 1900, München 1972; über Sokol siehe dort: 85; einen Überblick
über die ethnische Vielfalt in Wien geben Michael John und Albert Lichtblau,
Schmelztiegel Wien einst und jetzt. Zur Geschichte und Gegenwart von Zuwanderung und Minderheiten, Wien 1990.

[5] Über den Austromarxismus und die Entwicklung einer sozialdemokratischen
Subkultur im Wien der Zwischenkriegszeit gibt es zahlreiche Publikationen. Eine

Einführung findet sich bei Josef Weidenholzer, Auf dem Weg zum *Neuen Menschen*. Bildungs- und Kulturarbeit der österreichischen Sozialdemokratie in der 1. Republik, Wien 1981. Zur Jugendkultur siehe Wolfgang Neugebauer, Bauvolk der kommenden Welt. Geschichte der sozialistischen Jugendbewegung in Österreich, Wien 1975; zum Fußball siehe Mathias Marschik, Wir spielen nicht zum Vergnügen. Arbeiterfußball in der Ersten Republik, Wien 1994; ders., Vom Herrenspiel zum Männersport. Die ersten Jahre des Wiener Fußballs, Wien 1997.

[6] Zur Einführung siehe Alfred Diamant, Die österreichischen Katholiken und die Erste Republik, 1918–1934, Wien 1960.

[7] Die Zeit des Dollfuß-Schuschnigg-Regimes (1934–1938) behandeln Emmerich Talos und Wolfgang Neugebauer (Hg.), Austrofaschismus. Beiträge über Politik, Ökonomie und Kultur 1934–1938, Wien 1984.

[8] Eine Analyse der Auswirkungen des Anschlusses Österreichs findet sich bei Emmerich Talos, Ernst Hanisch und Wolfgang Neugebauer (Hg.), NS-Herrschaft in Österreich, 1938–1945, Wien 1988; siehe auch Evan Burr Bukey, Hitler's Austria. Popular Sentiment in the Nazi Era, 1938–1945, Chapel Hill 2000.

[9] Der grundlegende Klassiker über die Geschichte der Hakoah ist Arthur Baars 50 Jahre Hakoah 1909–1959, Tel Aviv 1959.

[10] Zur Geschichte der jüdischen Kultusgemeinde im Wien der Zwischenkriegszeit siehe Harriet Pass Freidenreich, Jewish Politics in Vienna, 1918–1938, Bloomington (IN) 1991.

[11] Siehe Mathias Marschik, *Muskel-Juden*. Mediale Repräsentation des jüdischen Sports in Wien, in: Dietrich Schulze-Marmeling (Hg.), Davidstern und Lederball, Die Geschichte der Juden im deutschen und internationalen Fußball, Göttingen 2003, 263; Peter Cardorff/Conny Böttger, Der letzte Paß. Fußballzauber in Friedhofswelten, Göttingen 2005, 143.

[12] Die umfassendste Untersuchung über den österreichischen Antisemitismus findet sich bei Bruce F. Pauley, Eine Geschichte des österreichischen Antisemitismus. Von der Ausgrenzung zur Auslöschung, Wien 1993.

9. Ein *kultureller Code*?
Antisemitismus im österreichischen Sport der Ersten Republik[1]

Michael John

Auf dem Gebiet der Habsburgermonarchie waren 1918/1919 eine Reihe neuer Staaten entstanden. Vor allem im einstigen Zentrum Österreich herrschte in den 20er und 30er Jahren eine wirtschaftliche und politische Dauerkrise. In dieser Situation war der Antisemitismus zu einem Massenphänomen und merkbar aggressiver geworden. Der deutschnationale Antisemitismus wurde ergänzt vom Antisemitismus hunderttausender Zuwanderer aus den nicht-deutschsprachigen Gebieten der Monarchie, die im postmonarchistischen Österreich mit Chauvinismus und Judenfeindlichkeit den „Makel" ihrer vermeintlichen Herkunft zu kompensieren trachteten. Dazu kam noch der wirtschaftliche Antisemitismus des Mittelstands, aber auch vieler Arbeiter, die den Klassenkonflikt aus einer antisemitischen Perspektive betrachteten. Dies alles wirkte sich im zeitgenössischen Sportgeschehen aus. In diesem Beitrag soll das Auftreten aggressiver Formen des Antisemitismus anhand exemplarischer Beispiele untersucht werden. Dabei stehen Kampf- bzw. Mannschaftssportarten im Mittelpunkt, im Falle des Fechtsports wurde insofern eine Erweiterung vorgenommen, als hier der gesamte Bereich des „Fechtens und Schlagens" herangezogen wurde, und dies betrifft auch die Auseinandersetzungen zwischen Studenten bzw. Burschenschaftern auf Hochschulboden.

Antisemitismus auf den Fußballplätzen

Fokus der sportlichen Auseinandersetzungen zwischen Juden und der Mehrheitsbevölkerung waren immer wieder die deklariert jüdischen Mannschaften, also Hakoah (= hebräisch Kraft) bzw. andere zionistisch oder jüdisch-national eingestellte Vereine.[2] Unter anderem waren in Österreich zeitweilig Hakoah Graz, Hakoah Linz (Oberösterreich), Hakoah Innsbruck, Hasmonea, Hapoel Hechadasch, Unitas, Kadima (= hebräisch Vorwärts) und Hakoah Wien für den Spielbetrieb angemeldet. Hakoah Wien, im Jahre 1909 gegründet, war die bei weitem stärkste Mannschaft, die auch im Mittelpunkt der Sportöffentlichkeit stand. Nur Monate nach dem Zusammenbruch der Monarchie kam es zu ersten massiven antisemitischen Manifestationen auf dem Fußballplatz. 1923 war als Wahljahr ein besonders ereignisreiches Jahr, ein Jahr aber auch gehäufter antisemitischer Ausschreitungen, denn Antisemitismus war in der zeitgenössischen politischen Auseinandersetzung in hohem Maß präsent.

Im August 1923 ereigneten sich Zwischenfälle beim Spiel Hakoah – Ostmark, dabei versuchte „der Mob Ausschreitungen. Autos und deren Insassen wurden bespuckt und mit Steinen beworfen. [Offenbar handelte es sich um die Autos jüdischer Zuschauer.] Initiator war der ausgeschlossene Ostmarkspieler Lackenbauer."[3] Die Wiener Morgenzeitung berichtete im November über Ausschreitungen auf dem Fußballplatz:

> Menschen, die im gewöhnlichen Leben die Regeln des Anstandes und der guten Sitten befolgen, werden bei den Spielen der Hakoah brutale Terroristen. [...] Was sich z. B. beim Spiel Admira – Hakoah zugetragen hat, übertrifft alle noch so phantastischen Vorstellungen. Schimpforgien, in denen das Wort ‚Saujud' immer wiederkehrte und wilde Drohungen konnte man von allen Seiten vernehmen. Es vergeht fast kein Wettspiel, bei dem die Hakoahner nicht in der niedrigsten Weise beschimpft und bedroht werden. Auf dem eigenen Sportplatz in der Krieau muss eine Kolonne berittener Wachleute aufgeboten werden, um die Zuschauerhorden in die Schranken zu weisen [...][4]

Nach diesen Vorkommnissen kündigte Hakoah an, sich nicht mehr an den Meisterschaften zu beteiligen. Einige Monate vorher war bereits Hakoah-Präsident Körner im Rahmen der Meisterschaft von einem WAF-Spieler tätlich angegriffen worden. Anlässlich der Diskussion um den Meisterschaftsrücktritt von Hakoah im Zusammenhang mit den Tätlichkeiten auf den Sportplätzen und dem Verhalten antisemitischer Zuschauer, erschien in der Prager Presse, einer deutschsprachigen, tschechoslowakischen Zeitung, folgende Bemerkung:

> Speziell die tschechischen Vereine werden die Motive, die den jüdischen Klub zu dem gewiss nicht leicht gefassten Entschluss führten, verstehen, denn auch sie haben jedes Mal, wenn sie gegen irgend einen der Wiener Vereine in Wien antreten, nicht nur gegen elf Spieler, sondern zumeist auch gegen die große Masse der fanatisierten, blindwütigen und hasserfüllten Klubanhänger zu kämpfen[5]

An antisemitischen Ausschreitungen der 20er Jahre nahmen verschiedenste Schichten teil, auf den Fußballplätzen kann man im allgemeinen nicht von organisierten Exzessen ausgehen. Körperliche Übergriffe wurden vor allem von jungen Männern durchgeführt, obwohl bei den stetigen Rauereien und Prügeleien auch sehr junge Personen teilnahmen. Sportzeitungen berichteten immer wieder auch über jugendliche Angreifer:

> Mit den Worten: „Der schaut auch so aus wie ein Jud" fiel diese jugendliche Horde über einzelne Erwachsene her und verbleute sie buchstäblich. Dies hatte natürlich große Tumulte zur Folge, an denen sich Tausende von Personen (natürlich mehr oder weniger inaktiv) beteiligten[6]

Die antisemitischen Vorfälle blieben indes nicht nur auf Hakoah Wien beschränkt. Beim Spiel des in der 2. Klasse spielenden zionistischen Vereins Hasmonea-Josefstädter S.F. kam es infolge von Spieler- und Zuschauerausschreitungen zu einem Abbruch zugunsten von Hasmonea.[7] Beim Spiel Wörgl – Hakoah Innsbruck kam es in der Tiroler Kleinstadt ebenfalls zu Beschimpfungen der Tiroler Hakoah-Spieler. „Die Wörgler", so die Wiener Morgenzeitung, „von Seiten des Publikums durch Zurufe, wie ‚Saujud',‚Haut's zsamm die Judenbagage' ‚Jetzt gibts an Pogrom' usw. aufgehetzt, bearbeiteten die Haoahner mit Fouls jeglicher Art." Als zwei jüdische Spieler verletzt und die Drohungen des Publikums immer stärker wurden, trat Hakoah Innsbruck ab.[8] In der Steiermark lehnten einige Vereine Matches gegen jüdische Spieler ab, der Leobner Deutsche Sportverein, der Grazer AK, der Leibnitzer SV und der SV Knittelfeld hatten den im Bereich des Fußballsports im Allgemeinen seltenen „Arierparagraphen" eingeführt.[9]

„Bohème" und „Kaffeehauskultur" – Die Existenz einer Gegenszene
In Wien umfasste die jüdische Bevölkerung in den 20er und 30er Jahren 180.000 bis 200.000 Personen, sodass es durchaus eine Gegenszene gab. Aus dieser Bevölkerungsgruppe kam eine Reihe von Zentralfiguren jener Form der Fußballkultur, die wie gerne zitiert wird, mit „Elementen der Bohème und Kaffeehauskultur durchsetzt war" und mit Theater, Journalismus und anderen Kultursparten in Verbindung stand. Poesie, Essays, intelligente Bonmots wurden in diesen Kreisen Fußballinteressierter in großer Zahl produziert. Der Schriftsteller Friedrich Torberg, der über den Austria-Spieler Matthias Sindelar ein bekannt gewordenes Gedicht geschrieben hatte (Ballade auf den Tod eines Fußballspielers), der fußballbegeisterte Opernstar Leo Slezak und der Essayist Alfred Polgar sind beispielsweise in diesem Zusammenhang zu nennen.[10] Neben den deklariert jüdischen Vereinen zählte zu dieser Gegenszene der Verein Austria Wien, vormals Amateure.[11] Assimilierte Juden – als Anhänger, Funktionäre und Spieler – waren auch beim ältesten Wiener Fußballverein, Vienna, zu finden, ebenso wie beim Verein Libertas, unter dem Präsidenten Josef Gerö, der bis 1938 auch Präsident des Wiener Fußballverbandes war.[12]

Einen wesentlichen Beitrag zu dieser Szene stellte einerseits Hakoah Wien dar. Der jüdische Klub war einer der ersten Vereine, der professionelles Fußballspiel förderte und internationale Tourneen veranstaltete. Hakoah Wien wurde 1925 erster österreichischer Fußballmeister der Professional-Liga; in demselben Jahr wurde Hakoah in einer weiteren „harten" Kampfsportart österreichischer Meister, und zwar im Hockey.[13] In den USA wurde der Wiener Verein mit zwei stark beworbenen und erfolgreichen Tourneen der Fußballmannschaft bekannt.[14] Österreichischer Fußballmeister und zwar mehrmals, wurde die Austria Wien (früher Amateure). Austria war mit der Aura des assimilierten liberal gesinnten jüdischen Bürgertums und des Intellektuellenvereins umgeben, es spielten unter anderem Juden in der Mannschaft ebenso wie es jüdische Spitzenfunktionäre gab. Antisemitische Vorkommnisse ereigneten sich auch rund um die Austria, allerdings seltener als bei Hakoah-Spielen. Im Gegensatz zu Hakoah stellte der Klub keinen rein jüdischen, sondern einen integrierten Profiverein dar. Mehr noch, es bestand eine starke Rivalität zu Hakoah, die sogar zu mehrfachen körperlichen Auseinandersetzungen zwischen den Anhängern führte, wie die Hakoah-Vereinsillustrierte berichtete.[15] Für dieses Spannungsverhältnis war einerseits der soziale Hintergrund der jeweiligen Klubanhänger verantwortlich, ebenso wie zum Teil auch die unterschiedliche Herkunft: assimiliertes autochthones Wiener Judentum versus osteuropäische, jüdische Zuwanderer.

Weit ausgeprägter waren jedoch die Friktionen im Zusammenhang mit Vereinen, deren Fans aus der sog. Vorstadt bzw. aus den Wiener Unterschichten stammten.[16] Wenn Amateure gegen Wacker oder gegen die Simmeringer Mannschaft Red Star spielte, dann hieß es: „Da kommen die Juden." Ähnlich verhielt es sich bei den Treffen mit dem österreichischen Rekordmeister Rapid. „Wenn Rapid – Amateure gespielt hat", so der ehemalige Teamspieler und Amateure- bzw. Austria-Crack Karl Geyer, „war dem Schönecker (Dionys Schönecker, Rapid-Sektionsleiter, MJ) sein Ausspruch folgendermaßen: ‚Burschen paßts auf, heute gehts gegen die Juden. Ihr wißt's, hauts es eini, dann sind's dort, wo's hingehören'. Das hat er jedes Match gegen uns gesagt. Das hat man zur Kenntnis genommen."[17] Im Illustrierten Sportblatt formulierte man die Unterschiede zwischen Rapid und Amateure (Austria) folgendermaßen: „Rapid wurzelt in der Bevölkerung und vernachlässigt den heimischen Boden nie. Die Grün-Weißen sind ein Vorstadtklub im besten Sinne des Wortes." Demgegenüber wurde Amateure als „Team des Gagenfußballs benebelt vom stickigen Kaffeehausdunst" bezeichnet.[18] Amateure gewann in der Saison 1923/24 und 1925/26 den Meistertitel.

In der Saison 1924/25 war Hakoah Meister geworden, danach spielte die jüdisch-nationale Mannschaft keine Rolle mehr im Titelkampf der österreichischen Fußballmeisterschaft, es galt gegen den Abstieg anzukämpfen. Zumindest bis 1926/27 erhielt die Hakoah-Mannschaft Anerkennung auch aus Kreisen, die dem Judentum fern standen. Nach der Saison 1927/1928 musste Hakoah allerdings absteigen, stieg aber später wieder in die oberste Spielklasse auf. Zum einen mag der Abstieg mit dem Engagement einiger Spieler in den USA zu tun haben, die nach der großen Hakoah-Tournee angeworben worden waren, zum anderen gibt es einige Hinweise, die die Vermutung nahe legen, dass die Hakoah-Spieler beim Gewinn des Meistertitels 1924/1925 besonders motiviert waren. Zur üblichen Motivation, die die Spieler aufweisen, kommt in diesem Fall eine zusätzliche: Diese kann ethnisch, national, sozial oder in einer anderen spezifischen Form begründet sein. Im Fall des Vereins Hakoah galt es eben darum, bei der ersten Professional-Meisterschaft zu zeigen, dass Juden in diesem Sport nicht unterlegen, sondern womöglich erfolgreicher als die anderen Mannschaften waren.[19]

Wassersportskandale in Linz, Krems und Wien
Im Zuge der Wirtschaftskrise nahm der manifeste Antisemitismus erneut zu: So schrieb die Zeitschrift der Linzer Kultusgemeinde im Februar 1931 von „schweren wirtschaftlichen und politischen Angriffen, die gegen uns geplant, verkündet und bewerkstelligt werden" sowie „von bösartigen Umtrieben" und setzte einen Vortrag zur Thematik „Krisis und Entscheidung im Judentum" im Kaufmännischen Vereinshaus an.[20] Kurz danach, im Sommer 1931, erlaubte sich der Linzer Schwimmer und NS-Sympathisant Sepp Staudinger gegenüber den in manchen Sparten des Schwimmsports führenden jüdischen Hakoah-Schwimmern bei den Staatsmeisterschaften (1./2. August) im Linzer Parkbad grobe Unsportlichkeiten und reizte zu antisemitischen Meinungsäußerungen.[21] In einem Bericht zu den Vorgängen hieß es: „Antisemitische Skandale in Linz. Die sportlichen Leistungen waren schwach […]. Das angesetzte Propaganda-Wasserballspiel konnte wegen der Weigerung der Ewask [antisemitischer, den Nationalsozialisten nahestehender Wiener Wasserball- und Schwimmverein, MJ] mit Juden in einer Mannschaft zu spielen, nicht stattfinden. Während des Meetings […] kam es als Antwort auf die Erfolge der Hakoah zu hässlichen antisemitischen Ausschreitungen […]. Schließlich mussten die Hakoahner einen Überfall, der auf sie auf dem Weg zum Bahnhof gemacht wurde, selbst abwehren, weil die Gendarmen erst unmittelbar vor Abgang des Zuges eintrafen."[22] Im sozialdemokratischen Tagblatt wurde am nächsten Tag vom Linzer Bahnhof ein weiterer Zwischenfall gemeldet: „Im Bahnhof Linz verließ eine Gruppe von Arbeitersportlern den Zug, um während des Aufenthalts spazieren zu gehen. Dies taten auch die Beamte des Bahnamtes Linz Ziegler und sein Freund. Die beiden trugen das Hakenkreuz. Zieglers Freund belästigte die Arbeitersportler dadurch, dass er sie als Judengesindel bezeichnete, das schauen solle, dass es aus Linz wieder weiterkomme […].." In der Folge entwickelte sich eine physische Auseinandersetzung.[23]
Im Jahr 1932 schlug Ewask Hakoah in einem entscheidenden Meisterschaftsspiel nach hartem Kampf 3:2, obgleich Hakoah nach der Pause stark überlegen war und auch geführt hatte. Auf der Tribüne kam es während des Spieles Hakoah – Ewask zu wüsten Prügeleien, da aus einer Gruppe von Ewask-Leuten der Ruf „Juda verrecke" gehört wurde.[24] Die jüdische Zeitung „Die Stimme" schlug in einem empörten Artikel vor:

Schluss machen! Man erinnert sich wohl noch an die Verhandlungen, die mit den Führern des Ewask nach dem Linzer Krach geführt wurden und die einen (unbefriedigenden) Kompromiss brachten, der die Hakenkreuz-Pöbeleien zu beendigen schien. Nun haben die Führer des Ewask, die damals hoch und heilig verspra-

chen, Politik und Sport zu trennen, ihr wahres Antlitz enthüllt. Das Wasserball-
meisterschaftsspiel Ewask gegen Hakoah wurde so aufgezogen, als ob die Rettung
Österreichs mit diesem Sieg über die Hakoah gelingen würde [...]. Es kam zu beispiellosen Schlägereien fern vom Spielfeld.[25]

Die Deutsch-Österreichische Tages-Zeitung sah ebenfalls im Jahr 1932 bei
Sportveranstaltungen „Zionisten, widerliche und übelste Krummnasen" inmitten einer „wutschnaubenden jüdischen Meute", die sich zur „asiatischen
Raserei" steigerte, in erster Linie als Angreifer. Für das völkische Blatt waren im Stadionbad „Juden soweit das Auge reichte, dazwischen ganz
schüchtern irgend ein Arier." Unmissverständlich verdeutlichte die Zeitung, dass Juden ihrer Meinung nach im Sport nichts zu suchen hatten: „Allen arischen Sportlern, aber auch unseren Turnern hat der Tag gezeigt, wie
wichtig es ist, den Sport nicht den Juden zu überlassen, sondern im forschen Angriff in die internationale Domäne einzubrechen, sie für den deutschen Menschen zu erobern und die Werte, die unleugbar in der sportlichen
Erziehung vorhanden sind, allein unserem Volke dienstbar zu machen."[26]
Die aggressive Diktion „im forschen Angriff" blieb nicht Phrase, nicht in
Linz, wie bereits gezeigt wurde, auch nicht in Krems, 1932 bei den Strom-
meisterschaften- bzw. nach dem Ende der Wettbewerbe:

[Es] überfielen einige Kremser den Hakoahner Lichtenstein in seiner Kabine im
Kremser Bad, verprügelten ihn und warfen ihn aus dem Bad. Als er im Auto flüchtete, wurde das Auto mit einem Tiegel roter Lackfarbe beworfen und dadurch arg
beschädigt. Eine Gruppe von Hakoah-Schwimmern und Schwimmerinnen, die
sich Lichtensteins annahmen, wurde mit Steinen beworfen, die auch einem zweiten Auto galten, das arg beschädigt wurde. Ein einziger Gendarm, der zugegen
war, erwies sich als machtlos. Die Hakoah-Schwimmer sammelten sich in einem
Hotel in der Stadt und waren auch dort Insulten von auf der Straße angesammel-
ten Nationalsozialisten ausgesetzt. Polizei musste ihren „Rückzug" aus Krems sichern. Polizei und Gendamerie nahmen eine Untersuchung vor und stellten auch
einige Attentäter fest. Die weitere Amtshandlung wurde eingeleitet.[27]

Fechten und „Schlagen"
1910 hatte die Hakoah eine Fechtsektion gegründet, während des Weltkriegs
wurde der Betrieb eingestellt, 1919 wurde die Sektion reaktiviert. Anders als
etwa in Ungarn, wo jüdische Fechter eine starke Position innehatten, spielten Juden hierzulande in diesem Sport keine besondere Rolle. Einen der
größten Erfolge konnten die Hakoah-Fechter 1926 bei der Florett-Europa-
meisterschaft in Budapest erringen und dieser bestand in einem achten
Platz.[28] Eine Dauerklage jüdischer Sportberichterstattung lautete, dass es an
Trainingsmöglichkeiten und mitunter auch an Bereitschaft mangle, die Jungen mögen doch ihre Interessen auf den organisierten Fechtsport lenken.[29]
Der versteckte Hinweis mit dem organisierten Fechtsport kam nicht von
ungefähr; der einzige Bereich, in dem jüdische Fechter ernsthaft reüssieren

konnten, waren die (nicht an Vereinsmitgliedschaft gebundenen) Hoch-
schulmeisterschaften. Jüdische Studenten und Akademiker errangen bei den
Herren sowohl im Einzel als auch in den Mannschaftsbewerben einige Meistertitel. Dass sich die Erfolge auf den Hochschulbereich konzentrierten, war
nicht zufällig. Im Hochschulbereich wurde viel gefochten, jedoch häufig
auch außerhalb sportlicher Organisationen. Im Rahmen der sogenannten
Burschenschaften war Fechten Mutprobe und imagebildend zugleich. In
Wien gab es drei Richtungen innerhalb dieser Studentenorganisationen: die
dominanten alldeutschen (deutsch-radikalen), die liberaleren deutsch-frei-
heitlichen Verbindungen, die Juden akzeptierten und den rassistischen Antisemitismus ablehnten, sowie die zionistischen Burschenschaften.

„Das Ziel dieser (zionistischen) Burschenschaften war", so der Schriftsteller und ehemalige Burschenschafter Arthur Köstler,

> der Welt zu beweisen, dass die Juden im Saufen, Singen und Bramarbasieren nicht
> weniger ihren Mann zu stellen verstanden als jeder andere auch. [...] Die Gründer
> der ersten zionistischen Burschenschaft Kadimah übten sich sechs Monate lang
> volle acht Stunden im Tag in der Kunst des Säbelfechtens im „Deutsch-Hoch-
> Stil": dann zogen sie zum erstenmal in voller Wichs in der Aula der Wiener Uni-
> versität auf. Als sich die Teutonen, Saxonen, Gothen und Vandalen von ihrem
> Staunen erholt hatten, fing eine wüste Schlägerei an. Die Schlägerei hatte eine Se-
> rie von Duellen zur Folge, in deren Verlauf die Kadimahner ihren Gegnern be-
> trächtliche Schmisse beibrachten. Nach der Kadimah wurde meine eigene Bur-
> schenschaft, die Unitas gegründet; es folgten Ivriah, Libanonia, Robur, Jordania
> und die anderen [...]. „Libanonen" und „Jordanen" [wurden] die draufgänge-
> rischsten und gefürchtetsten „Klingen" der Universität [...].[30]

Der Waidhofener Beschluss deutschnationaler Burschenschafter war 1896
gefasst worden, Juden nicht nur nicht als Mitglieder von Verbindungen zu-
zulassen, sondern sie auch als nicht satisfaktionsfähig anzusehen. Köstler
beschreibt die Auswirkungen des „Waidhofener Prinzips" in der ersten
Hälfte der 20er Jahre:

> [Es] wurde die Wiener Universität zum Schauplatz ständiger blutiger Prügeleien.
> Meist ereigneten sie sich an den Samstagvormittagen bei dem herkömmlichen
> „Bummel" im Säulengang der Aula [...]. Die Keilerei entstand beinah immer auf
> die gleiche Weise. Ein Libanone oder Jordane fühlte sich durch eine wirkliche
> oder eingebildete Handlung, wie einen Blick oder ein Gestreiftwerden mit dem
> Ellbogen „provoziert"; dann trat er auf den Saxonen oder Teutonen zu, knallte die
> Hacken zusammen und fuhr ihn schneidend an: „Herr Kollege, Sie haben mich
> provoziert. Ich ersuche Sie, mir auf die Rampe zu folgen". In der Folge wurde auf
> der Rampe der weitere Vorgang zwischen den Kontrahenten verhandelt. In der
> Regel erfolgte – so Köstler – die Frage seitens des Beleidigers: „Herr Kollege sind
> Sie Arier?" Die Vorschriften der jüdischen Verbindungen verpflichteten ihre Mit-
> glieder, diese Frage mit einem Schlag ins Gesicht oder einem Stockhieb auf den
> Kopf des Beleidigers zu beantworten.[31]

Diesem Schlag folgte meist eine körperliche Auseinandersetzung der anwesenden Burschenschafter.

Die ursprünglich rituell anmutenden Auseinandersetzungen zwischen alldeutschen und zionistischen Burschenschaftern sollten sich im Laufe der
zwanziger Jahre nachhaltig verändern; sie sollten fallweise zur organisierten
Hatz mutieren. Eine deutschnationale Mehrheit versuchte Studenten, die
sie für Juden hielten, von der Universität zu verweisen, jagte schließlich jüdische Studenten und Studentinnen durch die Gänge und verprügelte sie.
1923 war ein Höhepunkt erreicht worden, als laut Polizeibericht „150
deutschvölkische Studenten" am 19. November den Eingang der anato-
mischen Institute der Universität Wien besetzten; es kam zu Auseinandersetzungen mit „freiheitlichen, jüdisch-nationalen und sozialdemokratischen
Studenten."[32] Tags darauf ereigneten sich an der Hochschule für Welthandel
schwere Ausschreitungen; wer nach der Formulierung der christlich-sozialen Reichspost „provokant gegen Arier handelte", wurde mit Gummiknüp-
peln und Stöcken geschlagen, auf die Rampe vor dem Hauptgebäude gezerrt
und hinuntergeworfen.[33] Den nächsten Höhepunkt sollten die akademischen Krawalle in den Jahren 1927 und 1929 erreichen; vor allem 1929 wurde in Polizeiberichten zum wiederholten Male von Zusammenstößen zwischen deutschnationalen und jüdischen Studenten berichtet – so beispielsweise auch auf der Rampe der Universität Wien am 8. Juni 1929. Es kam zur
Prügelei zwischen rund 80 bis 100 Studenten, die Verhaftung eines
Deutschnationalen wurde vorgenommen, es meldeten sich eine Reihe ver-
letzter jüdischer Studenten.[34]

In das Jahr 1930 fällt neben immer wiederkehrenden körperlichen Auseinandersetzungen auf den Universitäten ein Ereignis, das nicht unmittelbar
mit dem Sportgeschehen in Verbindung stand, das aber als Indikator einer
insgesamt sehr aufgeheizten gesellschaftlichen Atmosphäre angesehen werden kann. Damals äußerte sich in einer Wahlkampfrede der christlich-sozia-
le österreichische Innenminister (!) Ernst Rüdiger Starhemberg. Der als
ehemaliger Adeliger häufig als „Fürst" Titulierte rief – auf einem Pferd sit-
zend – am Wiener Heldenplatz aus: „Den Wienern werde ich ein gutes Re-
zept […] geben: Sie sollen die Wahlschlacht im Zeichen Breitners führen.
Nur wenn der Kopf dieses Asiaten in den Sand rollt, wird der Sieg unser
sein." Dabei zeigte er mit der Hand zu Boden, während tausende Zuhörer
begeistert Beifall klatschten. Der verbalradikale Ausfall galt dem prominenten sozialdemokratischen Politiker Hugo Breitner, der jüdischer Herkunft
war.[35] Der einflussreiche Starhemberg war mit einer Jüdin verheiratet, was
auf den ambivalenten und populistischen Charakter des christlich-sozialen
Antisemitismus hinweist.

Die antijüdischen Ausschreitungen eskalierten im Jahre 1931 weiter.
Überfälle, bei denen seitens der völkischen Studenten Stahlruten, Peitschen,
Messer und Schlagringe zum Einsatz kamen, hatten eine Reihe von Verletz-

ten zur Folge, unter den jüdischen Verletzten befanden sich auch immer
wieder US-amerikanische Studenten; bei einer Gelegenheit waren einmal
amerikanische Studenten zum Herunterlassen ihrer Hosen gezwungen worden; man wollte überprüfen, ob sie beschnitten waren. Jüdische Studenten
protestierten gegen die nunmehr Verfolgungscharakter annehmenden Ausschreitungen am 27. Juni 1931 in einer großangelegten und friedlichen Demonstration. Dabei war von zionistischer Seite an ihren antisemitischen
Gegnern ein Mangel an „Sportsgeist" beklagt worden.[36] Über die Jahre hatten sich an der Universität allerdings mittlerweile die deutschnationalen
Burschenschafter-Aktivitäten mehr und mehr mit von der Nationalsozialistischen Partei organisierten Ausschreitungen durchmischt und wurden in
den beginnenden dreißiger Jahren mittlerweile von dieser im Alleingang ge-
staltet. Gegen das Auftreten der Nationalsozialisten an der Universität protestierten die „Radikalen Zionisten" in einer eigenen Kundgebung.[37]

Die US-amerikanische „Liga zum Schutze der ausländischen Studenten
in Wien" hat schließlich eine scharfe Protestnote gegen die Hochschulkra-
walle an der Universität abgefasst:

> Wir protestieren hiermit gegen die wiederholten Angriffe auf ausländische Mino-
> ritäten, wie gegen Ungarn, Polen, Juden an der Wiener Universität […]. Durch
> die Auswüchse, die wir miterleben mussten, sind wir aber auf das tiefste empört
> und bedauern, dass auch die übrige Kulturwelt von diesen Vorgängen Kenntnis
> nehmen und in gleicher Weise entsetzt sein wird. Als amerikanische Bürger pro-
> testieren wir gegen die Feigheit, Unmenschlichkeit und den Mangel an Sports-
> geist, dass einzelne fremde Studenten von 50 bis 100 köpfigen Banden attackiert
> werden. Wir waren Zeugen, wie ausländische Studenten mitleidslos verprügelt
> wurden. Sogar Frauen wurden verletzt […].[38]

In Wien studierten in den zwanziger und dreißiger Jahren hunderte US-
amerikanische Medizinstudenten, die meisten von ihnen Juden. Im Zusammenhang mit der Protestnote begann der US-Botschafter in Österreich
nachhaltig zu intervenieren; er traf einige Male persönlich mit dem christlich-sozialen Bundeskanzler Dollfuß zusammen und übersandte eine offizielle Protestnote, ebenso wie die diplomatischen Vertreter Polens, Bulga-
riens, Jugoslawiens und Rumäniens.[39] Ab dem Herbstsemester 1932 ließen
in der Folge die Gewalttätigkeiten an der Universität nach.

Die Situation während des Autoritären Regimes (1934 bis Februar 1938)
Berichte über antisemitische Ausschreitungen, die sich in den zwanziger
und beginnenden dreißiger Jahren häuften, fehlten im Fußballsport und
auch im Schwimmsport in diesen Jahren weitgehend. Zum einen wäre es
möglich, dass sich die Art der Berichterstattung geändert hat; dem steht
entgegen, dass auch in den politischen Akten, in den Akten der Staatspolizei und des Bundeskanzleramtes kaum derartige Vorfälle aufgefunden wur-

den. Ab 1933/34, als die Demokratie in Österreich ausgeschaltet worden war, sind jedenfalls, zumindest in den ersten Jahren des autoritären Regimes, das eine Konkurrenz-Diktatur zum Nationalsozialismus darstellte, offen antisemitische Manifestationen auf den Sportplätzen als verbotene, illegale nationalsozialistische Betätigung geahndet worden. Die Aktivitäten der völkischen Burschenschaften an den Hochschulen ebenso wie der deutschnationalen Turnerschaft standen in den Ständestaatjahren unter permanenter Beobachtung.

Nach dem Ersten Weltkrieg war in Österreich durch den Zusammenschluss von drei Verbänden der Deutsche Turner Bund 1919 (DTB) gegründet worden; innerhalb des DTB galt ein „Arierparagraph.". Noch im März 1934 war in der Bundesturnzeitung des DTB zu lesen: „Die Juden [...] sind ein Fremdkörper in unserem Volke [...] und jeder Fremdkörper ist schädlich."[40] Einige Monate später wurde der DTB vom Regime verboten. Hintergrund des Verbots war wohl in erster Linie die Beteiligung der Turner am Juliputsch 1934, wobei die Turnhalle dieser Vereinigung als Versammlungsort der nationalsozialistischen Attentäter galt, die Bundeskanzler Dollfuß ermordet hatten; ferner gab es eine offensichtliche Zusammenarbeit zwischen Turnern und der SS-Standarte 89, die zu dieser Zeit in Österreich als Organisation verboten war.[41]

Unzweifelhaft ist, dass das Ständestaat-Regime insgesamt ambivalent agiert hat: Zum einen wurden einige als antisemitisch auszulegende Maßnahmen gesetzt, die Diskriminierung von Juden im Alltagsleben nahm ebenfalls weiter zu, zum anderen galten jüdische Institutionen und Wirtschaftstreibende als Verbündete gegen den Nationalsozialismus. Die autoritäre Regierung stand unter Druck von verschiedener Seite insbesondere durch US-amerikanische Interventionen, die österreichischen Juden zu schützen, aber auch unter dem Druck von österreichischen Antisemiten innerhalb und außerhalb der vaterländischen Front das genaue Gegenteil zu tun; ab 1936 kam verstärkter wirtschaftlicher und politischer Druck seitens Hitlerdeutschlands hinzu. In der Ständestaat-Diktatur wählte man den Mittelweg: Toleranz und teilweise Förderung des Antisemitismus auf unterer Ebene, Ablehnung auf höherer Ebene. Dazu gehörte auch die Unterbindung antisemitischer Ausschreitungen. Jene Ereignisse, die Schlagzeilen in ausländischen Medien bedeutet hätten, sollten vermieden werden.[42] Karl Haber, langjähriger Präsident der Hakoah, schilderte die damalige Situation folgendermaßen:

> Es wäre falsch zu glauben, die Wiener Sportszene hätte [damals] nur aus Antisemiten bestanden. Es gab Vereine, zu denen wir gute Beziehungen hatten [...] und in den meisten Sportarten haben sich die Aktiven durchaus fair verhalten. Bei den Einzelsportarten hat es kaum Auseinandersetzungen gegeben. [...] Tätlichkeiten hat es allerdings bei den Mannschaftssportarten gegeben. Es wurde von vornherein schärfer gespielt, und wenn es in einem normalen Spiel nach einem Foul hieß:

„Pass auf, ich geb Dir eine", hieß es bei uns natürlich „Saujud". Aber wir haben uns nichts gefallen lassen. Wenn antisemitische Äußerungen fielen, haben wir zurückgebrüllt: „Scheißnazi" oder „Drecksnazi" – für uns war ein Antisemit ein Nazi.[43]

Der aggressive Antisemitismus sollte auch 1934–38 nicht unterschätzt werden, er war weniger spontan und stärker von nationalsozialistischen Aktivisten getragen. „Antisemitische Äußerungen – das war man gewohnt, die gab's dauernd, man hat sie gar nicht mehr wahrgenommen. Es waren aber vor allem Nazis, die ganz gezielte Angriffe gestartet haben", erzählt Norbert Lopper, Hakoah- und Austria-Spieler bzw. Funktionär, geb. 1919: „Manchmal haben sich massenweise andere Leute mitreißen lassen, wie beim Spiel Straßenbahn gegen Hakoah, das war beängstigend, da hatte ich schon irgendwie Angst bekommen. [...] Ganz gezielt wurde auf uns Juden hergeschlagen." Lopper setzt fort:

Um ein Beispiel zu geben, 1936, da war ich ein Installateurlehrling und mein Meister hat versucht mich, von der Leiter herunter zu stoßen, auf der ich gestanden bin, der war antisemitisch. Ich habe ihm dann einen Hammer nachgeworfen und gekündigt. [...] Aber dennoch, ich habe mich insgesamt nicht gefährdet gefühlt, habe nicht geglaubt, dass uns etwas passiert.[44]

Die aggressiven Potentiale die den nationalsozialistischen Aktivitäten bei Fußballspielen innewohnte, waren jedenfalls erheblich.

Am 25. März 1935 planten illegale Nationalsozialisten das Länderspiel Österreich – Italien nachhaltig zu stören. Konfidenten hatten der österreichischen Staatspolizei Informationen zugetragen, denen zufolge man in Berlin der illegalen österreichischen SA 10.000 Karten gekauft hatte, damit die italienische Nationalmannschaft und die im Stadion anwesenden Regierungsmitglieder ausgepfiffen werden. Die Informanten berichteten, dass die Absicht bestand, während des Spiels eine große Hakenkreuzfahne an Ballons heruntergleiten zu lassen. Das Werfen von Biergläsern und verschiedenen Gegenständen, der tausendfache Ruf „Heil Hitler" hätten einen Abbruch provozieren, das österreichische Regime in Misskredit bringen und die Beziehungen zu Italien stören sollen.[45] Drei radikale Mitglieder der Partei hätten die Möglichkeit, auf die Ehrentribüne zu gelangen und sollten auf der Tribüne „besonders konstruierte Böller, welche im Innern Hakenkreuze enthalten" explodieren lassen. Schließlich – so der Informant – „planen die Nationalsozialisten Tumulte bei Spielen jüdischer Mannschaften zu provozieren." Die Beamten bedienten sich aller Polizeimittel, um zu vermeiden, dass das Länderspiel zu einer politischen Demonstration wurde.[46]

Als Ende Juli 1936 das olympische Feuer auf seinem Weg von Athen nach Berlin die österreichische Hauptstadt Wien passierte, wurde die in diesem Zusammenhang eingerichtete vorolympische Feier zu einer Art pro-nationalsozialistischer Veranstaltung.[47] Die jüdische „Stimme" berichtete, dass zahlreiche Menschen es sich damals „nicht nehmen ließen, ihrem

Antisemitismus bei dieser Gelegenheit freien Lauf zu lassen. Vom Schwarzenbergplatz zum Burgtheater und weiter zum Heldenplatz marschierten die Hakoahner durch ein Spalier von Verbalinjurien, von denen das Wort Saujud noch die kleinste Beschimpfung war. Was sich insbesondere die jüdischen Mädchen, die in derselben eisernen Disziplin über den Ring gingen, wie ihre männlichen Kameraden, anhören mussten, ist zu niederträchtig und gemein, als dass es gedruckt werden könnte." Schließlich wurde von den Zuschauern auch auf Hakoah-Sportler gespuckt. Immerhin, so „Die Stimme", habe „ein erheblicher Teil der Zuschauer" die Vorkommnisse missbilligt.[48]

Bei der Olympiade 1936 in Berlin kam es zu keinen antisemitischen Ausschreitungen, diese wurden offenkundig von den Sicherheits- und Ordnungsdiensten des Dritten Reichs unterbunden. Im Zusammenhang mit einem Fußballspiel der österreichischen Olympiaauswahl entstand allerdings ein Skandal mit eindeutig rassistischem Hintergrund. Im Mittelpunkt stand hier eine auffällige Fraternisierung der deutschen Zuschauer mit dem österreichischen Team und mit österreichischen Schlachtenbummlern. Österreich spielte gegen Peru um den Einzug ins Finale, folgender Vorgang sorgte für Aufregung und internationale Verwicklungen: Die Südamerikaner führten in der Verlängerung 4:2, nach dem Foul eines Peruaners geriet das Publikum am Gesundbrunn-Platz außer Rand und Band; die Barrieren wurden übersprungen, Zuschauer strömten aufs Feld, Peruaner wurden attackiert, als „Affen" und „Neger" beschimpft, das Spielfeld vom Publikum förmlich überflutet. Abbruch! Die peruanische Mannschaft weigerte sich zu einem Wiederholungsspiel anzutreten. Nach einer umstrittenen Entscheidung der FIFA am grünen Tisch kam Österreich weiter und errang schließlich die Silbermedaille.[49]

Disziplin, Selbsthilfe, Verdrängung – Reaktionen von jüdischer Seite
Mehr als „eiserne Disziplin" wird von jüdischen Medien häufig das Phänomen der „jüdischen Selbsthilfe" hervorgehoben. Mediale Selbstdarstellung war auf jeden Fall von besonderer Bedeutung.[50] Bereits in der Saison 1919/1920, als es um den Aufstieg in die höchste Spielklasse ging, berichtete das Neue Sportblatt von einer „Masse der vollständig versammelten Hakoah-Anhänger", etwa 8.000 Personen. Nach dem entscheidenden Spiel, der Hakoah den Aufstieg brachte, gab es erstmals Zuschauerausschreitungen bei einem Hakoah-Spiel: „Als der Schlusspfiff ertönte, stürzten sich die wütenden Germania-Spieler auf die Hakoahner [...]. Auf dem Weg zur Kabine bekamen dann die rauflustigen Schwechater von den [Hakoah-]Zuschauern den gebührenden Lohn."[51] Es gibt über die 20er Jahre eine Reihe von Beispielen, bei denen sich auch die jüdischen Fans in Massenschlägereien engagierten. Als der Makkabi-Verband 1925, nach dem Gewinn von Meisterschaftstiteln im Wasserball, Hockey und der damals populärsten Sportart

Fußball durch Hakoah Wien vorläufige Bilanz zog, wurde dies in der damaligen Diktion formuliert:

> Aus den verlachten Judenjungen sind nun doch junge Juden geworden. Die Weltorganisation der jüdischen Turner und Sportler ist kein leerer Begriff, ist vielmehr volle Wirklichkeit. Jüdische Würde und jüdisches Selbstbewusstsein sind in guter Hut, die Witzblattfigur des krummbeinigen, ängstlichen, verächtlichen Juden mutet bereits anachronistisch an, seitdem jüdische Siege sonder Zahl von der kraftvollen Durchbildung des jüdischen Leibes beredtes Zeugnis ablegen.[52]

Tatsächlich agierten ab den zwanziger Jahren jüdische Jugendliche, aber auch junge jüdische Männer (teilweise auch Frauen) nicht mehr rein defensiv oder lediglich verbal auf massiv vorgebrachten Antisemitismus. Dies traf auf die Hochschulen ebenso wie auf die Sportplätze zu und es gibt dafür Dutzende Beispiele: So berichtete Die Stimme vom Spiel Vienna gegen Hakoah:

> Machu (Vienna) wurde wegen einer Reihe von aufreizenden Fouls in der 60. Minute ausgeschlossen. Da gingen einigen Hakoah-Anhängern die Nerven durch und sie eröffneten gegen den […] Vienna-Mann ein Bombardement mit Kracherlflaschen. Die Folge waren polizeiliche Interventionen und eine Reihe von Skandalen im Publikum […].[53]

Auch bei einem Spiel Hakoah gegen Floridsdorfer AC kam es zu Ausschreitungen, ein Floridsdorfer Spieler war schwer verletzt worden und die blauweißen Anhänger (Hakoah) waren zu einem Angriff übergegangen; letztlich griff die Polizei ein.[54]

Schließlich wurde das Verhalten der Hakoah-Anhänger zum Diskussionsgegenstand der Sportpresse, zum Teil in offen antisemitischer Weise in den einschlägigen Blättern, aber auch in sachlicherer Form; so heißt es etwa im linksliberalen Tag zum Spiel Hakoah – WAC im Dezember 1926:

> Wir sind hoffentlich über den Verdacht, gehässig oder unobjektiv zu sein, erhaben, wenn wir die ganz unverständliche Haltung einer Gruppe von Zuschauern als durchaus sportfeindlich bezeichnen. Die Begeisterung des Hakoah-Publikums in allen Ehren, denn sie zeigt, dass hier zwischen Mannschaft und Anhängern ein inniger Kontakt besteht. Der Fanatismus aber ist eine Gefahr. Die Hakoah-Mannschaft bedarf sicherlich auf ihrem nicht leichten Wege der Begeisterung ihrer Anhänger, der Fanatismus jedoch, bedeutet für sie nur Nachteile. Das müssen die Hakoah-Anhänger, soweit sie in jene Gruppe der „Barrieren-Frontkämpfer" gehören, bedenken.[55]

Im Sport-Tagblatt war im Hinblick auf das Spiel Slovan gegen Hakoah vom „Terror des Publikums" die Rede, gemeint waren die Hakoah-Anhänger.[56] Die Berichte führten zu Repliken in der Hakoah-Vereinszeitschrift, in einer exemplarischen Stellungnahme hieß es dazu:

Das Hakoah-Publikum hat den inneren Kontakt mit der Mannschaft gefunden, es spürt den gesunden Geist und soll sich durch die diversen Zeitungspolemiken nicht beirren lassen. Wer die jüdische Mentalität kennt, weiß, dass unsere Anhänger die Spieler anspornen können, ohne dadurch auf die Stufe des Pöbels zu sinken, der uns ungehindert in unzähligen Matches terrorisiert hat. Wehe, wenn wir aber einmal den sportlichen Anstand überschreiten! Dann fällt beinahe die gesamte Sportpresse über uns her [...]. Hakoahner, Ihr habt das Recht, gegen augenfällige Benachteiligungen durch die Schiedsrichter zu protestieren. Unsere Spieler sind kein Freiwild, Ihr habt sie zu schützen![57]

In den zwanziger und in den dreißiger Jahren wuchs eine neue Generation männlicher jüdischer Jugendlicher heran, die aktiv in körperliche Auseinandersetzungen hineingingen und eine ausgeprägte Vorstellung von „jüdischer Würde" hatten. So erinnert sich beispielsweise Richard Kadmon, ein erfolgreicher Ringer der Hakoah an einen Sonntagsspaziergang von Wiener Juden und Jüdinnen am Franz Josefs-Kai in Wien. Dies rief Antisemiten auf den Plan, sie veranstalteten einen „Antisemitenbummel", um die jüdischen Spaziergänger zu attackieren. Nun schalteten sich Ringer der Hakoah-Equipe in das Geschehen ein, meist konnten sie die Angreifer vertreiben. Auch andere Sportler wie etwa Walter Frankl, ein erfolgreicher Leichtathlet, setzten sich ein: „Als in Wien die organisierten Antisemitendemonstrationen begannen, wurden wir Hakoahner zu ‚Haganah-Gruppen' [Verteidigungsgruppen] zusammengeschlossen, die jederzeit bereit waren mit ihrer ganzen Kraft die Leopoldstädter Judenviertel zu verteidigen."[58]

Angesichts des massiven Antisemitismus waren die Reaktionen junger sportlicher Juden mitunter von hoher Emotionalität geprägt, wie sich etwa bereits in Arthur Köstlers Erinnerungen gezeigt hat und wie sich auch aus den einschlägigen Erinnerungen einzelner Aktiver entnehmen lässt. So bekräftigte Erich Feuer, Leichtathlet und Mitglied der Verbindung Tiberias, geboren 1917: „Wir haben uns nichts bieten lassen, meine Freunde von der Verbindung und ich. Ich war auch bei der Haganah und wenn da Anpöbeleien oder so etwas ähnliches war, haben wir sofort reagiert. Wir haben uns absolut nichts gefallen lassen."[59] Und Hans Selinko, geboren 1919 erinnert sich:

Wir sind auf der Schwedenbrücke gestanden und wir sind vom Schwimmtraining gekommen. Plötzlich kommen so zwei, drei Burschen uns entgegen. Der eine sagt Saujud und stößt mich. Plötzlich schlägt auch der andere zu; ich war ganz perplex. Wir haben dann erbittert gerauft, ich habe mir das nicht gefallen lassen. Und der hat mich dann auch noch getreten, da hab ich rot gesehen. Ich habe den einen Burschen geschnappt und ihn dann von der Brücke in den Donaukanal geschleudert. Also ich hab den hinuntergeschmissen. Der andere Antisemit, der ist also vor Schreck erstarrt und er ist dann so schnell weggelaufen, wie er nur konnte.[60]

Im Gegensatz zur Reaktion auf den wachsenden Antisemitismus seitens aktiver Sportler stand die offizielle Reaktion jüdischen Sportvereine, insbesondere des wichtigsten Vereins, Hakoah. Die Vereine waren in jenen Jahren vor der nationalsozialistischen Machtübernahme in ihrer Politik eindeutig defensiv eingestellt. Nach der Machtergreifung Hitlers in Deutschland wurden dort alle Arbeitersportorganisationen aufgelöst. Kein Jude durfte Mitglied eines deutschen Sportvereins sein. Um aber dem Ausland ein wenig Toleranz zu zeigen, durften die jüdischen Sport- und Turnvereine weiter bestehen. Im Ausland und auch in Österreich antwortete man mit eine Art „Appeasement-Politik" im Sportbereich. Hakoah-Sportler nahmen an den Olympischen Spielen 1936 in Berlin teil, die Funktionäre des Vereins hatten großteils dafür votiert; dies führte zu einer innerjüdischen Kontroverse mit dem Makkabi-Verband Österreich, der zum Boykott aufgerufen hatte. Einige junge Schwimmerinnen sagten tatsächlich für die Olympiade ab und traten aus dem Verein Hakoah aus.[61] Noch 1937 nahmen jüdische österreichische Sportler an Wettkämpfen in Deutschland teil. Im August 1937 fuhren die Wiener Vereine Hakoah und Hasmonea mit Fußballern und Hockeyspielern nach Berlin, Frankfurt und Leipzig. Kurz vor dem März 1938 war in Österreich eine Reihe jüdischer Funktionäre der Meinung, so arg, wie man es prophezeit hatte, werde es unter Hitler nicht werden.[62] Besondere Vorkehrungen für den Fall eines Machtwechsels wurden weder von Hakoah noch von anderen jüdischen Vereinen getroffen.

Antisemitismus als „kultureller Code" – Abschied von einer These?
Nach der gängigen These von Shulamit Volkov fungierte in der Kaiserzeit im deutschsprachigen Raum der Begriff „Jude" auch als Synonym für Negativfigur und als anti-emanzipatorische Metapher. Antisemitismus wurde als Schlagwort genutzt, in erster Linie symbolisch und nicht in konkrete, durchdachte Aktionen umgesetzt. Dem Antisemitismus kam in dieser Funktion auch Bedeutung bei der Verständigung innerhalb einer Gruppe zu, in diesem Fall den nationalistischen, nichtjüdischen Patrioten.[63] Kulturelle Symbole haben jedoch eine gewisse Zähigkeit und so zirkulierten sie, laut Volkov auch im neuen sozialen, politischen und kulturellen Kontext – konkret gemeint war die Weimarer Republik: „Für Millionen Deutsche und für die Mehrheit der deutschen Juden blieb ‚Antisemitismus' ein kultureller Code. Sie wiegten sich in der – wenngleich nicht mehr ganz unangefochtenen – Sicherheit, es mit einem vertrauten Bündel von Auffassungen und Einstellungen zu tun zu haben […]."[64] Gewalt sei jedenfalls als kein brauchbarer Indikator für die Intensität des Antisemitismus in der Weimarer Republik anzusehen, meint auch Moshe Zimmermann in seinem Standardwerk *Die deutschen Juden.*[65] Albert Lichtblau adaptiert die These für Österreich: „Bis dahin (1938) galten antisemitische Einstellungen als salon- und regierungsfähig, als ‚kultureller Code'. Antisemitische Haltungen […] stießen auf breite Resonanz, die in der Ersten Republik aber nur zu vereinzelten antisemitischen Handlungen führte."[66]

Angesichts des massiven Antisemitismus in den zwanziger und beginnenden dreißiger Jahren, angesichts körperlicher Auseinandersetzungen, Schlägereien, Verletzten (ja auch Morden und Anschlägen im außersportlichen
Bereich) auf den österreichischen Sportplätzen, in den Schwimmhallen und
Schwimmbädern sowie auf der Universität und ihrem Nahbereich stellt sich
nach Ansicht des Autors die Frage, ob nicht jene These, die Antisemitismus
damals als „kulturellen Code" begreift, ad acta gelegt werden muss. Schläge
ins Gesicht, blutige Nasen, Fußtritte, Säbelduelle, Schlagringe und Stahlruten sind kein diffuser „kultureller Code", sondern sehr konkret. Der aggressive, körperbetonte Antisemitismus in Österreich ging auf jeden Fall über
mentale Formen der Judenfeindschaft hinaus. 1919 bis 1932 war Österreich,
besonders aber Wien, das als Brennpunkt des Phänomens angesehen werden
muss, Schauplatz vieler Gewalttätigkeiten zwischen Juden und Nichtjuden.
Von 1933 bis zum „Anschluss" im März 1938 kamen sie auf den Sportplätzen und auf der Universität seltener, auf einer privaten bzw. halböffent-
lichen Ebene aber doch durchaus häufig vor.

Wie kann nun dieser aggressive, körperbetonte Antisemitismus, der in einer ganzen Reihe von Beispielen dargestellt wurde und der in seiner Ausprägung und Verbreitung nach Ansicht des Autors einen klaren Bruch zur
Kaiserzeit darstellt, erklärt werden: 1.) Als Folge von Anomie – Österreich
befand sich in der Zwischenkriegszeit im Wesentlichen in einer Dauerkrise.
Die unbewältigten Desintegrationsfolgen im Zusammenhang mit dem Zusammenbruch des Habsburgerreiches, damit einhergehende Anpassungs-
schwierigkeiten, eine problematische Wirtschaftspolitik und sozialpsycho-
logische Hemmfaktoren, wie der „Größenpessimismus", der durch die
plötzliche Kleinstaatlichkeit ausgelöst wurde – zusammen mit den ungüns-
tigen weltwirtschaftlichen Einflüssen – führten letztlich zu einer Schrump-
fung des Sozialprodukts über weite Teile des Zeitraums 1919 bis 1937. Politische Instabilität, Korruption und ein einseitig agierendes Rechtssystem
waren weitere Begleiterscheinungen. 2.) Diese gesellschaftliche Entwicklung führte in Österreich im allgemeinen, nicht nur gegenüber Juden, zu einer gewissen Dezivilisierung und zu einer Zunahme der politischen und
nicht nur der politischen Gewaltbereitschaft.[67] In diesen Zusammenhang
fällt wohl auch die spontane oder auch organisierte Gewalt auf den Sportplätzen, in den Schwimmhallen oder auf den Universitätsrampen. Zum einen handelt es sich dabei um ein allgemeines Phänomen. Gewaltsame Zu-
sammenstöße kamen bei Fußballspielen im Österreich der Zwischenkriegszeit im allgemeinen häufig vor.[68] Andererseits war es ein Vorgang mit
spezifischer Bedeutung, denn körperliche Attacken gegen Juden waren ver-
glichen mit der Kaiserzeit ein Phänomen, das in der Zwischenkriegszeit
stark zugenommen hatte. Albert Lichtblau spricht in diesem Zusammenhang von einer „Brutalisierung des Antisemitismus."[69] Dies galt im Übrigen nicht nur für Österreich, sondern war ebenso im benachbarten Frei-

Abb. 7: „Jeder will Hakoah sehen" – Zuschauer beim Spiel von Hakoah Wien.

staat Bayern zu beobachten.[70] 3.) Die neue Gewaltbereitschaft gegenüber
Juden lief parallel zu einem ebenfalls vergleichsweise neuen Phänomen: zur
Bereitschaft von Juden zu reagieren und auch zu agieren. Mit dem ideologischen Vordringen zionistischer Ansichten und der Sozialisierung junger Juden in der österreichischen Krisengesellschaft der Zwischenkriegszeit ver-
mehrten sich die Zeichen jüdischer Resistenz gegen antisemitische Attacken; auf den Fußballplätzen und in den Universitäten wurden diese –
zumindest ansatzweise – massenhaft ausagiert. Zum Aufrechterhalten des
„kulturellen Codes" im Idealtypus sind vermutlich Juden mit defensiver
Grundhaltung notwendig, Juden die diese spezifische antisemitische Praxis
nicht in Frage stellten oder gar attackierten. Dazu kam eben die Sozialisati-
on der jüngeren jüdischen Generation im Zeitgeist des härteren gesellschaftlichen Klimas der zwanziger und mehr noch der dreißiger Jahre;
selbst innerjüdische Gegensätze, sei es in sportlichen oder politischen Be-
langen, wurden damals manchmal körperlich ausgetragen.[71] 4.) Die mit zionistischer Grundhaltung aufgewachsenen Jugendlichen bzw. eigentlich die
gesamte Anhängerschaft des Sportvereins Hakoah mit allen seinen Sparten
folgte dem Ideal des körperlich gestärkten und selbstbewussten Juden. In

der zionistisch geprägten Gesellschaft der österreichischen Juden wurde dies permanent hervorgehoben; aggressiver Antisemitismus wurde in sämtlichen zionistischen Zeitungen und Zeitschriften zumindest bis 1934 nicht herabgespielt und als reale und konkrete Gefahr, als reale Attacke interpretiert.

Ein erheblicher Teil der älteren Generation war damals jedoch der Ansicht, mit Anpassung und Konzessionen dem aggressiveren Klima gegenüber Juden begegnen zu können; diese Leute gingen nicht in Stadien, Schwimmhallen und dergleichen, erlebten daher körperliche Übergriffe meist nicht persönlich und nahmen diese Ausprägung des österreichischen Antisemitismus daher auch nicht in dieser konkreten Form wahr; Leon Botstein hat in diesem Zusammenhang von der „passiven Entpolitisierung des jüdischen Mitbürgers in Österreich" gesprochen; die auf staatlicher Ebene erfolgte Rückdrängung des offensiven Antisemitismus der ab 1933 in Österreich illegalen Nationalsozialisten hat diese Haltung wohl bewirkt.[72] Von einem Teil der jüdischen Bevölkerung wurde der aggressive, physische Antisemitismus also kaum wahrgenommen; von einem anderen Teil, und im Besonderen betraf dies die jüngere Generation, wurde der aggressive Antisemitismus sehr deutlich verspürt; den körperlichen Auseinandersetzungen hat man jedoch ein gewisses Ausmaß an „Sportsgeist" zugeschrieben oder es wurde zumindest herbeigewünscht. Dabei verfestigte sich bei den jungen Zionisten die Annahme, man könne diesem aggressiven Antisemitismus – individuell sowie mittels jüdischen Abwehrorganisationen – widerstehen. Insgesamt war den gegebenen Fehleinschätzungen sicher die lange Koexistenz der jüdischen Minderheit mit dem österreichischen, katholischen, christlich-sozialen Antisemitismus zuträglich, die möglicherweise dazu führte, die mentale antisemitische Präformierung breiter Teile der Bevölkerung nicht hinreichend einzuschätzen. Diese Präformierung war eine wesentliche Voraussetzung für den Erfolg der antijüdischen Politik der Nationalsozialisten.

Nach der nationalsozialistischen Machtübernahme in Österreich wurden vor allem in Wien massenhaft alte, aber auch junge Männer zu Turnübungen und Frauen zum Straßenreiben gezwungen; die pogromartigen Ausschreitungen, die im besonderen auf „Körper" und „Körperlichkeit" rekurrierten und gezielt als Demütigung angelegt waren, waren ein Spezifikum, das damals im Deutschen Reich erstaunt beobachtet wurde. In den ersten Wochen des neuen Regimes wurden in Österreich mehr als 18.000 jüdische Männer verhaftet, in Konzentrationslager verschickt oder in Arrestzellen festgehalten. Im Bereich des Sports begannen die Nationalsozialisten sofort mit ihren Säuberungen. Jüdische Sportler schloss man aus der laufenden Meisterschaft aus, der Vorstand des Vereins Austria Wien wurde seines Amtes enthoben, Klubpräsident Emanuel Schwarz als Jude festgenommen. Josef Gerö, der Präsident des Wiener Fußballverbandes, wurde seines Amtes enthoben und nach Dachau deportiert.[73] Den jüdischen Verein Hakoah Wien löste hat man auf, das Vereinsvermögen wurde beschlagnahmt, die Resultate der in Meisterschaftsspielen stehenden jüdischen Vereine wurden annulliert, ebenso ihr Vermögen eingezogen.[74] Das zionistische Projekt des österreichischen Sportvereins Hakoah sowie andere Facetten jüdischer Sportausübung war durch die NS-Machtergreifung zu einem Ende gelangt, in der Krise hatten sie sich angesichts der massiven Anfeindungen bereits in den Jahren davor befunden.[75]

Anmerkungen

1 1918 bis 1938 spricht man in Österreich von der Ersten Republik (1918–1933 parlamentarische Demokratie, 1934 bis 1938 Bundesstaat mit ständischer Verfassung). Das System von 1945 bis zur Gegenwart wird als Zweite Republik bezeichnet.

2 Bereits seit geraumer Zeit ist der Verein Hakoah Fokus eines besonderen historischen Interesses vgl. dazu John Bunzl (Hg.), Hoppauf Hakoah. Jüdischer Sport in Österreich. Von den Anfängen bis zur Gegenwart, Wien 1987; Michael John, Körperlich ebenbürtig [...]. Juden im österreichischen Fußballsport, in: Dietrich Schultze-Marmeling (Hg.), Davidstern und Lederball. Die Geschichte der Juden im deutschen und internationalen Fußball, Göttingen 2003, 231–262; Gunnar Persson, Hakoah. Stjärnor Pa Flykt. Historien Om Hakoah Wien, Stockholm 2004; Der Beitrag: Michael John, Aggressiver Antisemitismus im österreichischen Sport der Zwischenkriegszeit anhand ausgewählter Beispiele, in: Zeitgeschichte. 25. Jahrgang, Heft 3 (1999), 203–223 ist als Vorläufer des vorliegenden Artikels anzusehen.

3 Ernst Vogel, Fußballdämmerung, Brünn 1924, 90.

4 Wiener Morgenzeitung vom 8. November 1923, 5.

5 Prager Presse vom 12. November 1923, 7.

6 Sport-Tagblatt vom 27. November 1923, 9.

7 Wiener Morgenzeitung vom 23. November 1923, 10.

8 Wiener Morgenzeitung vom 18. November 1923, 9.

9 Vgl. Ernst Vogel, Fußballdämmerung, Brünn 1924, 92–93.

10 Vgl. Roman Horak/Wolfgang Maderthaner, Mehr als ein Spiel. Fußball und populare Kulturen im Wien der Moderne, Wien 1997, 113–140.

11 Vgl. dazu Matthias Marschik, Wiener Austria, Die ersten 90 Jahre, Schwechat 2001.

12 Vgl. Roman Horak, Fußballkultur in Wien, in: SWS-Rundschau, 30. Jahrgang, Heft 3/1990, 371–376.

13 Vgl. dazu Jüdischer Sport (Offizielles Organ des Makkabi-Weltverbandes und des Jüdischen Turn- und Sportverbandes), vom 9. Juli 1925, 1.

14 John Bunzl, Hoppauf Hakoah, 69; Vgl. ferner Arthur Baar, Fußballgeschichten – Ernstes und Heiteres. Hakoah, Wien/Tel Aviv 1974, 80–87.

15 Hakoah. Offizielles Organ des Sportklubs Hakoah vom 5. August 1926, 5; Hakoah vom 18. September 1925, 77.

[16] Zum Fußballvereinswesen der Zwischenkriegszeit in Österreich vgl. Michael John, Sports in Austrian Society 1890s-1930s. The example of Viennese Football, in: Urban Space and Identity. Central European University, Budapest. History Department. Working Paper Series 3, Budapest 1995, 140 ff.

[17] Karl Geyer zit. nach Michael John/Albert Lichtblau, Schmelztiegel Wien – einst und jetzt. Geschichte und Gegenwart der Zuwanderung nach Wien. Aufsätze, Quellen, Kommentare, Wien 1993, 437.

[18] Illustriertes Sportblatt vom 8. Oktober 1928, 3.

[19] Wer allerdings erwartet hatte, der Meistertitel würde den Antisemitismus dauerhaft abschwächen, wurde enttäuscht. Zwar nicht sofort, aber in dem Moment, als klar wurde, dass Hakoah in den Abstiegskampf verstrickt wurde, kam es wieder zu Ausschreitungen und physischen Auseinandersetzungen.

[20] Mitteilungen für die jüdische Bevölkerung der Alpenländer vom 13. Februar 1931, 2.

[21] Vgl. Mitteilungen für die jüdische Bevölkerung der Alpenländer vom 14. August 1931, 2; vom 28. August 1931, 2.

[22] Arthur Baar, 50 Jahre Hakoah 1909–1959, Tel Aviv 1959, 111–112.

[23] Linzer Tagblatt vom 4. August 1938, 6.

[24] Die Neue Freie Presse vom 20. Juni 1932, 11.

[25] Die Stimme vom 23. Juni 1932, 8.

[26] Deutschösterreichische Tages-Zeitung vom 21. Juni 1932, 7.

[27] Neue Freie Presse vom 11. Juli 1932, 11.

[28] Hakoah vom 2. Juli 1926, 7.

[29] Jüdischer Sport vom 9. Juli 1925, 4; Hakoah vom 2. Juli 1926, 7.

[30] Arthur Köstler, Pfeil ins Blaue. Bericht eines Lebens 1905–1931, Wien, München u. Basel 1953, 100–101.

[31] Ebd., 102.

[32] Österreichisches Staatsarchiv (ÖStA), Bundeskanzleramt (BKA), Sgn. 22 in genere, 1923: Aktenzahl 60146 bis 61.999–29.

[33] Reichspost vom 20. November 1923, 2.

[34] Österreichisches Staatsarchiv (ÖStA), Bundeskanzleramt (BKA), Sgn. 22 in genere, 1929: Aktenzahl 132.645 bis 132.648–29.

[35] Vgl. Wolfgang Fritz, Der Kopf des Asiaten Breitner. Politik und Ökonomie im Roten Wien. (Hugo Breitner, Leben und Werk), Wien 2000, 13.

[36] Die Stimme vom 3. Juli 1931, 1–2, 5, 7.

[37] Der jüdische Arbeiter vom 4. Dezember 1931, 1.

[38] Die Stimme vom 3. Juli 1931, 7–8.

[39] Vgl. Bruce Pauley, Eine Geschichte des österreichischen Antisemitismus. Von der Ausgrenzung zur Auslöschung, Wien 1993, 176.

[40] A. Kaltschmied, Verjudung, in: Bundesturnzeitung vom 21. März 1934, 125.

[41] Vgl. dazu Ulrike Maria Gschwandtner, Jüdischer Sport in einer antisemitischen Umwelt. Kontinuitäten antisemitischer Verhaltensmuster im österreichischen Sport des zwanzigsten Jahrhunderts exemplarisch behandelt am Beispiel des jüdischen Sportklubs „Hakoah" (Dipl.-Arb.), Salzburg 1989, 16.

[42] Vgl. Bruce Pauley, Eine Geschichte des österreichischen Antisemitismus. Von der Ausgrenzung zur Auslöschung, Wien 1993, 326–333.

[43] Karl Haber, Antisemiten kann man nichts beweisen, in: Jüdisches Museum der

Stadt Wien (Hg.), Hakoah – Ein jüdischer Sportverein in Wien 1909–1995, Wien 1995, 102–108, 103.

44 Interview mit Norbert Lopper, geboren 1919, am 25. April 2002.

45 Vgl. dazu im speziellen Diego Cante, Propaganda und Fußball. Sport und Politik in den Begegnungen zwischen den italienischen *Azzurri* und den *Weißen* aus Wien in der Zwischenkriegszeit, in: Zeitgeschichte, 25. Jahrgang, Heft 3 (1999), 224 ff.

46 Vgl. Österreichisches Staatsarchiv (ÖStA), Bundeskanzleramt (BKA), Sgn. 22 in genere, Inneres, Zl. 318.263–35/22/Wien, G.D. 1–2.; Zl. 321.134–35/22/Wien, G.D. 1–2; Bericht der Bpoldion Wien vom 22. März 1935, enthalten im Bericht der Generaldirektion für die öffentliche Sicherheit an das BKA vom 27. März; Zl. 321.134–35/22/Wien, G.D. 1–2.

47 Vgl. Armin Dutzler, Anteil der Juden an den Olympischen Spielen und am Sportgeschehen in Österreich zwischen 1896 und 1936 (Dipl.-Arb.), Wien 1995, 118 f.

48 Die Stimme vom 31. Juli 1936, 1 f. Vgl. auch den Bericht eines Informanten der Staatssicherheit, der den Vorfall weniger dramatisch bewertete, Österreichisches Staatsarchiv (ÖStA), Bundeskanzleramt (BKA), Sgn. 22 in genere, Inneres, Zl. 525.009 -36/22/Wien, Bericht des Leiters des Informationsdienstes im Generalsekretariat der V.F. an das BKA, Büro des Staatssekretärs, an die Generaldirektion für öffentliche Sicherheit vom 29. Juli 1936.

49 Leo Schidrowitz, Geschichte des Fußballsports in Österreich, Wien 1951, 83.

50 Vgl. Matthias Marschik, „Muskel-Juden" – Mediale Repräsentationen des jüdischen Sports in Wien, in: Dietrich Schultze-Marmeling (Hg.), Davidstern und Lederball. Die Geschichte der Juden im deutschen und internationalen Fußball, Göttingen 2003, 263–276.

51 Arthur Baar, 50 Jahre Hakoah 1909–1959, Tel Aviv 1959, 60.

52 Jüdischer Sport vom 11. Juni 1925, 1.

53 Die Stimme vom 29. September 1932, 12.

54 Vgl. Illustriertes Sportblatt vom 2. Jänner 1926, 2.

55 Der Tag vom 15. Dezember 1926, 7.

56 Sport-Tagblatt vom 17. November 1926, 3.

57 Hakoah vom 19. November 1926, 5.

58 Walter Frankl, Leichtathletik und Vereinspatriotismus, in: John Bunzl, Hoppauf Hakoah, 87.

59 Interview mit Eric (Erich) Feuer, geboren 1917, anlässlich der Hakoah Reunion 1995 in Wien am 6. Mai 1995 (gemeinsam mit Albert Lichtblau).

60 Interview mit Hans Selinko, geboren 1919, anlässlich der Hakoah Reunion 1995 in Wien am 7. Mai 1995 (gemeinsam mit Albert Lichtblau).

61 Ulrike Maria Gschwandtner, Jüdischer Sport in einer antisemitischen Umwelt. Kontinuitäten antisemitischer Verhaltensmuster im österreichischen Sport des zwanzigsten Jahrhunderts exemplarisch behandelt am Beispiel des jüdischen Sportklubs „Hakoah" (Dipl.-Arb.), Salzburg 1989, 32.

62 Vgl. Paul Nittnaus/Michael Zink, Sport ist unser Leben. 100 Jahre Arbeitersport in Österreich, Wien 1992, 76.

63 Vgl. Shulamit Volkov, Antisemitismus als kultureller Code, in: dies., Jüdisches Leben und Antisemitismus im 19. und 20. Jahrhundert, München 1991, 13–36.

64 Ebd., 36.

65 Vgl. Moshe Zimmermann, Die deutschen Juden 1914–1945, München 1997, 42 f.

66 Albert Lichtblau, Antisemitismus – Rahmenbedingungen und Wirkungen auf das Zusammenleben von Juden und Nichtjuden, in: Emmerich Talos et al. (Hg.), Handbuch des politischen Systems Österreichs. Erste Republik 1918–1933, Wien 1995, 454–471, 470.

67 Vgl. dazu Anton Pelinka, Zur österreichischen Identität. Zwischen deutscher Vereinigung und Mitteleuropa, Wien 1991; Susanne Breuss/Karin Liebhart/Andreas Pribersky, Inszenierungen. Stichwörter zu Österreich, Wien 1995, 19–29; ferner Gerhard Botz, Krisenzonen einer Demokratie. Gewalt, Streik und Konfliktunterdrückung in Österreich seit 1918, Frankfurt/New York 1987, 13–118.

68 Vgl. Horak/Maderthaner, Fußball und populare Kulturen, 47–56 (Kap. Fußball und Devianz).

69 Albert Lichtblau, Antisemitismus – Rahmenbedingungen und Wirkungen auf das Zusammenleben von Juden und Nichtjuden, in: Emmerich Talos et al. (Hg.), Handbuch des politischen Systems Österreichs. Erste Republik 1918–1933, Wien 1995, 456.

70 Vgl. Dirk Walter, Antisemitische Kriminalität und Gewalt. Judenfeindschaft in der Weimarer Republik, Bonn 1999.

71 Beispiele dazu bei John Bunzl (Hg.), Hoppauf Hakoah. Jüdischer Sport in Österreich. Von den Anfängen bis zur Gegenwart, Wien 1987, 95 (Wasserball-Spiel Hagibor Prag gegen Hakoah Wien); Bruce Pauley, Eine Geschichte des österreichischen Antisemitismus. Von der Ausgrenzung zur Auslöschung, Wien 1993, 273–284 (Kap. Ein geteiltes Haus: Innerjüdische Politik).

72 Leon Botstein, Judentum und Modernität. Essays zur Rolle der Juden in der deutschen und österreichischen Kultur 1848–1938, Wien/Köln 1991, 209.

73 Vgl. dazu Matthias Marschik, Vom Nutzen der Unterhaltung. Der Wiener Fußball in der NS-Zeit: Zwischen Vereinnahmung und Resistenz, Wien 1998, 80–149.

74 Zur Vorgangsweise gegenüber jüdischen Vereinen vgl. generell Shoshana Duizend-Jensen, Jüdische Gemeinden, Vereine, Stiftungen und Fonds. „Arisierung" und Restitution (Österreichische Historikerkommission Band 21/2), Wien 2004.

75 Vgl. Horak/Maderthaner, Fußball und populare Kulturen, 187–194; Michael John, Körperlich ebenbürtig […]. Juden im österreichischen Fußballsport, in: Dietrich Schultze-Marmeling (Hg.), Davidstern und Lederball. Die Geschichte der Juden im deutschen und internationalen Fußball, Göttingen 2003, 231.

10. Juden, Antisemitismus und Sport in England

Tony Collins

England ist die Wiege des modernen Sports. Die Entstehung von Fußball, Rugby, Kricket, der modernen Leibesübungen einschließlich der Wettkampfdisziplinen und vieler anderer Sportarten lässt sich bis auf die englischen Public Schools in der ersten Hälfte des 19. Jahrhunderts zurückverfolgen. Hier wurden die einzelnen Sportarten aber nicht nur in ein Regelwerk gebracht und organisiert, sondern – was ebenso wichtig war – diese Schulen trugen auch wesentlich dazu bei, dem Sport zugeordnete moralische Haltungen zu definieren. Begriffe wie „sportsmanship" (Sportsgeist), „fair play" und „athleticism" (Sportlichkeit/Fairness) wurden an ihnen entwickelt und über sie bekannt gemacht. Gleichzeitig verbreiteten aber dieselben Verfechter der sportlichen Tugenden – gleichsam im Kontrast zum Ideal sportlich aktiver Männlichkeit – das überkommene britische Stereotyp des schwächlichen, kraftlosen und intellektuellen Juden. Antisemitismus, und zwar sowohl als Definition des Juden als „Anderen", gegen den der britische Sport sich selbst definieren konnte, als auch als Ausschluss oder Einschränkung jüdischer Partizipationsmöglichkeiten, ist ein wichtiger, bislang aber vernachlässigter Aspekt der Geschichte des Sports in Großbritannien. Dieser Mangel ist frustrierend, denn während wissenschaftliche Untersuchungen zur Geschichte des jüdischen Sports auf dem europäischen Festland und in Nordamerika während der letzten Jahre geradezu in Blüte standen, wurde in Großbritannien so gut wie nichts zu diesem Thema verfasst. Möglicherweise hängt diese Abstinenz mit der ungebrochenen Stärke des antijüdischen Vorurteils zusammen wie auch die Meinung, es hätte in England wenn überhaupt, dann nur wenige „Sport treibende Juden" gegeben.

Obwohl der Antisemitismus in England im 19. Jahrhundert keine so gewalttätige Formen annahm wie in Osteuropa und auch keinen mit Frankreich oder Deutschland vergleichbaren politischen Zündstoff darstellte, war er doch tief in der Gesellschaft verwurzelt. Den Juden wurde die volle politische Emanzipation, d. h. das Recht, in die örtlichen und nationalen Regierungen gewählt zu werden, erst 1858 gewährt. In kultureller Hinsicht braucht man nur an literarische Figuren wie Shakespeares Shylock oder Charles Dickens' Fagin zu denken, um die Allgegenwart des Vorurteils vom ränkeschmiedenden, geldgierigen Juden in der britischen Kultur zu erkennen.

Da das Ideal des athletischen Körpers im britischen Sport des 19. Jahrhunderts von zentraler Bedeutung war, ist es wichtig, darauf hinzuweisen, dass das traditionelle antijüdische Stereotyp sich fest auf den angeblichen physischen Eigenschaften der Juden gründete. Im besten Fall wurden sie als exotisch, unmännlich und fremdartig angesehen. So war beispielsweise P. J. MacDonell darüber beunruhigt, dass Benjamin Disraeli die traditionelle englische Männlichkeit „verderbe". Im schlimmsten Fall wurden sie wie Fagin als moralisch und physisch hässlich gezeichnet. Um nur zwei von vielen Beispielen zu nennen: Lord Robert Cecil machte nach dem Treffen mit Chaim Weizmann eine abfällige Bemerkung über dessen „abstoßendes Äußeres"; Joseph Chamberlain sagte zum italienischen Außenminister, dass alle Juden in „physischer Hinsicht Schwächlinge" seien.[1]

Dieses Bild vom Juden stand in krassem Gegensatz zu jenem, das sich die britische Elite, vor allem in der zweiten Hälfte des 19. Jahrhundert von sich selbst machte. Das Muskelchristentum [muscular Christianity], das aus den Public Schools hervorging, war auf der Suche nach einem neuen angelsächsischen Ideal des athletischen Männerkörpers. Den Sport wollte man in diesem Zusammenhang für die moralische Erziehung der sich damals erweiternden viktorianischen Elite nutzen. Der Kult sportlicher Wettkämpfe und Spiele lässt sich auf eine Art britischen Kulturnationalismus zurückführen, der physischer Virilität und einem auf „Sportlichkeit" gegründeten Ehrenkodex übersteigerten Wert beimaß. In diesem Zusammenhang sei darauf hingewiesen, dass Thomas Arnold, Rektor an der Public-School in Rugby von 1828 bis 1842 und geistiger Urheber der „muscular Christianity", ein entschiedener Gegner der Judenemanzipation war.[2]

In derselben Zeit, in der das Muskelchristentum aufkam, flohen seit Beginn der 1880er Jahre Zehntausende jüdischer Menschen aus Osteuropa und siedelten sich in England an. 1882 zählte die jüdische Bevölkerung der britischen Insel ungefähr 60.000 Seelen; 1914 war sie auf etwa 250.000 angewachsen. In diesem Zeitraum entstand vor allem im Londoner East End eine verhältnismäßig große jüdische Arbeiterklasse. Juden aus Osteuropa hatten zwar schon in den 1850er Jahren begonnen, sich in England anzusiedeln, aber die unmittelbare Ursache der in den 1880er Jahren einsetzenden, aufeinander folgenden Einwanderungswellen waren die nach der Ermordung Zar Alexanders II. im Jahr 1881 im ganzen Russischen Reich um sich greifenden antisemitischen Pogrome.[3]

Dieser Zustrom osteuropäischer Juden wurde in den englisch-jüdischen Führungskreisen nicht unbedingt begrüßt. Befürchtungen, dass dadurch die Stellung der alteingesessenen Juden in der britischen Gesellschaft beschädigt und Antisemitismus ausgelöst würde, waren weit verbreitet. Manche riefen sogar nach Einwanderungsbeschränkungen, um die Zuwandererflut einzudämmen. Jedoch bestand die hauptsächliche Antwort auf diese Situation in der Gründung einer enormen Anzahl von Arbeitervereinen, Jugendvereinen, Schulen, Sportvereinen und Hilfswerken. Alle diese Organisationen verfolgten das Ziel, die Neueinwanderer in den englischen Werten und kulturellen Normen zu unterweisen. Sport und die Ideale der „Sportlichkeit" – also das englischste aller Wertesysteme – wurden als grundlegende Elemente des von den ansässigen Juden durchgeführten „Anglisierungs-Kreuzzuges" zur Integration der Neuankömmlinge angesehen. Die englischen Juden befanden sich insofern in einem Gegensatz zur Idee des Muskeljudentums, zu dem Max Nordau auf dem zweiten Zionistischen Kongress 1889 aufgerufen hatte, um die Lebensfähigkeit des jüdischen Volkes zu beweisen, als sie die Inhalte des Muskelchristentums rückhaltlos übernahmen, in der Überzeugung, dies sei ein Weg in die Assimilation. Alle diese sozialen Verbände und Sportvereine, die seit den 1880er Jahren von Juden in England gegründet wurden, legten die Betonung auf die britische und nicht die jüdische Zugehörigkeit der britischen Juden. Ihr Ziel war das zu schaffen, was man in der Terminologie jener Zeit als „Engländer mosaischen Glaubens" bezeichnete. Darin folgten sie dem Beispiel der Elite unter den englischen Juden, deren Integrationsanspruch von Männern wie Sir Ernest Cassel und Baron Maurice de Hirsch perfekt verkörpert wurde. Diese waren in den Prozess zunehmender gesellschaftlicher Akzeptanz unter den höheren Schichten der britischen Gesellschaft einbezogen und zuletzt selbst Eigentümer von Rennpferden und Förderer des „königlichen Sports".

Ein frühes Beispiel für den Einsatz des Sports als Mittel zur Akkulturation zugewanderter Juden aus den unteren Gesellschaftsschichten war der 1874 in London gegründete Jewish Working Men's Club and Institute (Verein und Institut jüdischer Arbeiter). Die Aufnahme von Sport in sein Programm überschnitt sich beinahe genau mit den ersten jüdischen Zuwanderungswellen. Er führte Leichtathletik und Turnen in den 1880er Jahren ein; Radfahren, Fußball und Kricket kamen um 1900 hinzu. 1894 begann der Verein mit Frauenturnen, gefolgt von Leichtathletik für Frauen in den ersten Jahren des 20. Jahrhundert. Die Begeisterung für den englischen Sport war nicht auf diejenigen beschränkt, die sich mittels Akkulturation in die britische Gesellschaft integrieren wollten. Auch Theodor Herzl äußerte die Hoffnung, dass alle Knaben im zukünftigen jüdischen Staat Kricketspielen lernen würden.[4]

Neben Arbeitervereinen wurde in den 1880er und 1890er Jahren auch eine große Anzahl von Jugendvereinen gegründet, vor allem im East End, das um 1914 wahrscheinlich die Hälfte der jüdischen Bevölkerung Englands beherbergte. Vereine wie der Stepney Jewish Lads' Club (Verein jüdischer Burschen Stepney), der Whitechapel's Brady Street Lads' Club (Verein jüdischer Burschen Brady Street Whitechapel) und der West Central Jewish Working Lads' Club (Verein jüdischer Arbeiterburschen West Central) legten besonderen Wert auf Sport; der zuletzt genannte Verein war übrigens im Fußball sehr erfolgreich. Das Interesse an Sport aller Art und das ihm beigemessene Gewicht waren so groß, dass 1899 die Jewish Athletic Association (Jüdischer Turnverband), die ihren Namen später in Association of Je-

wish Youth (Jüdischer Jugendverband) umänderte, eigens zu dem Zweck
gegründet wurde, die verschiedenen Sportaktivitäten der jüdischen Jugendvereine und Schulen zusammenzufassen und zu koordinieren. Indem sie
Aktivitäten dieser Art ins Leben riefen, kamen diese Organisationen gewissermaßen der etwas später in der britischen Umgebungsgesellschaft aktuel-
len, besorgten Debatte über die „physische Entartung" der männlichen Bevölkerung zuvor. Zwei Faktoren – der misslungene Versuch, im Burenkrieg
einen leichten Sieg über die Afrikaander zu erringen und die ungesunden
Verhältnisse, unter denen die urbane Industriearbeiterschaft lebte – führten
zu ausgiebigen Diskussionen über die Notwendigkeit einer physischen Ertüchtigung der britischen Männer und Jugendlichen. Der Bericht von 1904
des Inter-Departmental Committee on Physical Deterioration (Abteilungs-
übergreifender Ausschuss zur Untersuchung der physischen Entartung),
beleuchtete den schlechten Gesundheitszustand vieler Rekruten in der britischen Armee und empfahl die Aufnahme von Sport und Leibeserziehung
in den Lehrplan der staatlichen Schulen.

Sport wurde daher zu einem entscheidenden Faktor im Alltag der Schulen, die von der englisch-jüdischen Mittelschicht gegründet worden waren,
wie die Jews Free School (Freie jüdische Schule) in London und die Manchester Jews School (Jüdische Schule Manchester). Sie machten sich für britische Sportarten an den Schulen stark und waren bestrebt, die Ideologie
der britischen Public und Grammar Schools (Privatschulen und Gymna-
sien) zu verbreiten.

Es war sogar möglich, dass an diesen Schulen, die für die Kinder der jüdischen Zuwanderer aus der Arbeiterklasse eröffnet worden waren, der Angli-
sierungsdruck besonders stark war. Die meisten, wenn nicht alle dieser
Schulen ließen nicht zu, dass die Kinder Jiddisch sprachen. Einige zwangen
sie sogar dazu, anglisierte Namen anzunehmen.[5]

Eine der wichtigsten Organisationen, die in dieser Zeit entstanden sind,
war die Jewish Lads' Brigade (im Folgenden: JLB). Sie wurde 1895 gegründet und folgte ausdrücklich dem Beispiel der Boys Brigade (Knaben-Bri-
gade) und der Church Lads' Brigade (Kirchliche Burschen-Brigade), die
von Anglikanern gegründet worden war, um der Arbeiterjugend in den
Städten christliche Werte zu vermitteln. Uniformen, Drill und militärähnli-
che Strukturen gehörten zum Erscheinungsbild dieser Organisationen. Die
JLB waren damit vollkommen konform. Ihre Gründer, die selbst zur englisch-jüdischen Mittelschicht gehörten, sahen die Aufgabe dieser Organisation darin, aus der jüdischen Einwandererjugend das zu machen, was
sie „gute Juden und gute Engländer" nannten. Die JLB organisierten
Schwimmfeste, Fußball- und Kricketspiele sowie athletische Wettkämpfe in
der Absicht, ihren Mitgliedern englische Werte wie Sportlichkeit, Fair Play
und Mannschaftsgeist näher zu bringen.[6] Es gab jedoch einen ausgeprägten
Unterschied zwischen der JLB und der Boys Brigade oder der Church Lads'

Brigade: Die beiden letztgenannten Organisationen legten großen Wert auf die religiöse Unterweisung. Die JLB sah ihre Aufgabe dagegen nicht in der Übermittlung religiöser Inhalte. Es gab keinen Religionsunterricht und Kontakte zu den Synagogen waren auf ein Minimum beschränkt. Die ihrem Slogan vom „guten Juden und guten Engländer" innewohnende Spannung sorgte gelegentlich dafür, dass die JLB die englische über die jüdische Zugehörigkeit stellte. Dies lässt sich sehr gut an einem Beispiel aus dem Jahr 1936 verdeutlichen, als die Brigade, der die Dominanz ihrer Boxmannschaft beim Prince of Wales Jugend-Boxturnier peinlich war, sich zeitweilig von den Wettkämpfen zurückzog, aus Furcht, ihr Erfolg könnte antisemitische Reaktionen hervorrufen: „Es ging eine gewisse Gefahr davon aus, dass die jüdischen Vereine so erfolgreich waren, und zwar in einem so hohen Maße, dass sie möglicherweise Neid erregen und nicht-jüdische Vereine von der Teilnahme an den Wettkämpfen abhalten könnten", erklärte der Verantwortliche der JLB Manchester.[7]

Solche Beispiele unterstreichen die Tatsache, dass die jüdische Beteiligung am Sport in dieser Zeit viel größer war als allgemein angenommen. Da die derzeit verfügbaren quantitativen Nachweise sehr spärlich sind, lässt sich kaum etwas Endgültiges über das Ausmaß sagen, in dem Juden sich als Spieler oder Zuschauer am Sport beteiligten. Es gibt eine allgemein verbreitete, aber weitgehend unrichtige Erklärung für die offensichtlich niedrige Beteiligung an Sportarten wie Fußball, Rugby und Kricket. Diese lautet, dass die Einhaltung des Sabbats der Teilnahme an Sportdisziplinen entgegenstand, deren Spiele an Samstagnachmittagen ausgetragen wurden, was bei den meisten Mannschaftssportarten der Fall war.[8]

Diese Annahme ist aber auf Grund etlicher Unstimmigkeiten anfechtbar. Zunächst einmal – und dies ist das entscheidende Gegenargument – nahm es ein großer Teil der jüdischen Bevölkerung mit den religiösen Vorschriften nicht sonderlich genau, was den orthodoxen Mitgliedern der jüdischen Gemeinschaft einige Sorgen machte. In den 30er Jahren klagte Selig Brodetsky, ein angesehener Mathematiker, der in Leeds lebte und zu einem späteren Zeitpunkt zum ersten zionistischen Vorsitzenden des Board of Deputies of British Jews (offizielle Vertretung der jüdischen Bürger in Großbritannien) wurde, darüber, dass an den Samstagen mehr Juden Lust hätten, sich im städtischen Headingley Stadion ein Rugbyliga- oder ein Kricketspiel anzusehen, als in die Synagoge zu gehen.[9] Ferner ist Tatsache, dass die Eisenbahngesellschaft Southern Railways in der Zwischenkriegszeit ihre Fahrpläne zur Epsom Station zweisprachig auf Englisch und auf Jiddisch druckte, weil Pferderennen unter den Londoner Juden so populär waren. In dieser Zeit wurde auch der Fußballverein Tottenham Hotspur dafür bekannt, dass er eine große jüdische Anhängerschaft hatte.[10] Schon zu einem so frühen Zeitpunkt wie den 1890er Jahren ging eine bedeutende Anzahl von Juden in Leeds an Samstagen zu Rugby-Spielen, und dies ging so weit, dass die von ihnen unterstützte örtliche Mannschaft, Leeds Parish Church, in der näheren Umgebung unter dem antisemitischen Beinamen „the sheenies" (etwa: die „Itzigs") bekannt war.[11]

Immerhin ist für die 20er Jahre reichlich belegt, dass viele Juden nicht nur als Zuschauer, sondern auch als aktive Spieler an den Samstag-Sportveranstaltungen teilnahmen. In der Spitzenklasse hatte der professionelle Broughton Rangers rugby league club (Broughton Rangers Rugbyliga-Verein), der inmitten der jüdischen Gemeinschaft Manchesters seinen Sitz hatte, eine Reihe jüdischer Spieler wie Lester Samuels und Reuben Gleskie, die als Amateure spielten, sodass sie an Samstagnachmittagen mit gutem Gewissen antreten konnten. Ein der jüdischen Jugendorganisation Grove House in Manchester zugehöriger Fußballverein war in den 30er Jahren Sieger des Manchester Combination Cup. Andere Abteilungen der JLB spielten in den 20er Jahren ebenfalls bei Sportveranstaltungen an Samstagen. Aus den Interviews von Rosa Livshin mit Juden, die in den Zwischenkriegsjahren in Manchester aufwuchsen, geht hervor, dass es unter jüdischen Jugendlichen zu dieser Zeit üblich war, sich hinter dem Rücken gläubiger Eltern davonzumachen, um an Samstagen an Sportveranstaltungen teilzunehmen.[12]

Sport war für junge Juden so attraktiv, dass viele politische jüdische Gruppierungen sportliche Aktivitäten einsetzten, um Mitglieder zu gewinnen. 1934 klagte ein Organisator der British Young Zionist Clubs (Britische Vereine junger Zionisten) darüber, dass die meisten Vereine nichts anderes täten, als „auf Kosten der zionistischen Aktivitäten, dem eigentlichen Inhalt, Tanzabende, Billard- und Tischtennis-Meisterschaften" zu organisieren. Junge Juden aus der Mittelschicht waren auch im Schulsport sehr aktiv: Ein bemerkenswerter Fall ist in diesem Zusammenhang Arthur Gold, später ein führender Sportfunktionär und Vorsitzender der British Olympic Association (Britischer Olympia-Verband), der bei der Public School-Meisterschaft im Hochsprung 1935 Sieger wurde.[13]

Jedoch waren Juden, mit Ausnahme von Boxern und Harold Abraham, dem durch und durch anglisierten Gewinner der Goldmedaille im Hundertmeterlauf bei den Olympischen Spielen 1924, in der Spitzenklasse und im Berufssport vieler Disziplinen nicht vertreten. Antisemitismus scheint eine große Hürde für die jüdische Partizipation in den oberen Rängen gewesen zu sein – dies gilt auf jeden Fall für den Mittelschichtensport wie Golf und Tennis, wo der Ausschluss von Juden aus den Vereinen schon im ersten Jahrzehnt des 20. Jahrhundert allgemein üblich war. Jeder, der einen Blick in die Ausgaben von Golf Illustrated Magazine, der führenden Zeitschrift dieser Sportdisziplin, aus der Zeit vor dem Ersten Weltkrieg wirft, wird über die in den antisemitischen Karikaturen aufblitzende Gehässigkeit erschrecken. Der direkte Ausschluss oder die Quotierung jüdischer Mitglieder wurde zur allgemeinen Praxis in den Golfklubs. Wie weit dies ging, zeigt sich am Folgenden: Als die Nationalsozialisten 1937 alle Juden aus den deutschen Golfvereinen ausschlossen, wurde dies vom Sportredakteur der Action, dem Blatt der British Union of Fascists (im Folgenden: BUF) unter der Führung Oswald Mosleys, zwar begrüßt, jedoch mit dem Zusatz, dies sei in Großbritannien überflüssig, weil „viele Klubs sie gar nicht erst aufnehmen, und zwar ohne Angabe von Gründen".[14] Anhand diverser Anekdoten entsteht der Eindruck, dass dieser informelle Ausschluss sich bis in unsere Tage fortsetzt. Darauf reagierten die Juden mit der Gründung eigener Golfklubs, von denen jedoch keiner jemals Nicht-Juden ausschloss und in denen Nicht-Juden häufig Führungspositionen innehatten. Der erste dieser Klubs war der 1920 gegründete Moor Allerton Club in Leeds, gefolgt von Whitefields in Manchester 1921 und Potters Bar in Nordlondon 1923. Weitere neun Vereine entstanden an den Orten mit der größten jüdischen Bevölkerungsdichte nach dem Zweiten Weltkrieg.[15] Eine ähnliche Entwicklung fand auch im Tennis statt, wo der Ausschluss von Juden mindestens dasselbe Ausmaß erreichte wie im Golf, mit der Folge, dass in den frühen 30er Jahren in London und Liverpool explizit jüdische Tennisklubs gegründet wurden.[16]

Ähnlich verhielt es sich wohl im Mannschaftssport. Dem Jewish Chronicle von 1935 zufolge gab es 1935 nur vier jüdische Profi-Fußballspieler, trotz der offensichtlichen Beliebtheit dieses Sports bei den jüdischen Nachwuchsspielern. Dies war die Situation trotz eines Versuchs in den späten 20er Jahren, eine ausschließlich jüdische Fußballmannschaft zu bilden, die „Judeans", die in der professionellen English Football League (Englische Fußball Liga) spielen sollte. Dieser Plan wurde wegen der Schwierigkeit, an Samstagen zu spielen, nicht verwirklicht, aber gleichwohl lässt sich daraus folgern, dass es genügend jüdische Spieler gegeben haben muss, die in der Lage waren in den höchsten Kategorien dieses Sports zu spielen.[17]

Im Kricket beteiligten sich vor 1939 nur drei jüdische Spieler am First-Class County-Cricket („First-Class Kricket" sind Kricket-Spiele der höchsten Kategorie; „County" bedeutet „Grafschaft"), und von etwa 1400 überwiegend in Südengland angesiedelten Vereinen, die 1939 an die Club Cricket Conference (einer der drei regionalen englischen Amateur-Kricketverbände) angeschlossen waren, hatte nur einer einen unverhohlen jüdischen Namen. Manche meinen, dass das weitverbreitete, aber offenbar unwahre Gerücht, der Schlagmann in der Kricketmannschaft von Surrey und in der Kricketmannschaft von England sei jüdisch, ausschlaggebend dafür war, dass er in den 20er Jahren nicht zum Mannschaftsführer der englischen Mannschaft aufsteigen konnte.[18] 1930 beschloss die Rugby Football Union (im Folgenden: RFU, Rugby Fußball Verband), deren Mitglieder sich überwiegend aus der Mittelschicht und den Amateuren rekrutieren, jüdische Vereine nicht aufzunehmen, angeblich weil diese die anderen dazu veranlassen würden, an Sonntagen zu spielen, was nach der Satzung der RFU aus-

Ikey, Junr. : "Fader, I von two balls. Here, I make you a present of von."
Ikey, Senr. (after careful scrutiny) : "Vat's der madder vid it ?"

Abb. 8: Antisemitisches Cartoon aus der
britischen Zeitschrift „Golf Illustrated", 1910.

drücklich verboten war.[19] Die Tatsache, dass jüdische Sportvereine oft an
Sonntagen spielten, war eine der üblichen Rationalisierungen antisemitisch
motivierter Ausschlüsse. Einige davon fußten auf der allgemeinen Sozialmy-
thologie des Antisemitismus wie die platte Behauptung des Middlesbrough
Motor Clubs, dass „sich Juden und Nicht-Juden in größerer Zahl sozial
nicht vertrügen", oder das in einer Geschichte der Golfklubs vorkommende
Argument, dass Juden nicht genügend Alkohol tränken, um als Mitglieder
von Golfklubs profitabel zu sein. Derselbe Golfhistoriker, der sich hier
zum Sprachrohr antisemitischer Golfspieler machte, verbreitete überdies,
dass „der ‚überladene und luxuriöse Geschmack' jüdischer Golfspieler" früher oder später dazu führen würde, „dass jeder nicht-jüdische Verein, der
Juden in großer Anzahl aufnähme, mit Schwierigkeiten und steigenden
Ausgaben zu rechnen hätte".[20] Andere, substanziellere Einwände gingen
eher in Richtung einer Verteidigung der vom Muskelchristentum vertretenen Werte, z. B. das Argument, die Juden seien unfähig, dem Ideal des Fair
Play zu genügen. Dies scheint eine weit verbreitete Meinung in manchen
Teilen der britischen Gesellschaft gewesen zu sein. In ihrer nachdrücklichs-
ten Form wurde sie von Mosleys BUF artikuliert: „Wir sehen unsere Spiele
als etwas, das Freude macht und der körperlichen Ertüchtigung dient und

behandeln sie als bloßes Spiel. Auf die andere [jüdische] Art werden sie teilweise wie ein Geschäft behandelt, nach dem Motto ‚Bei Zahl gewinne ich, bei Kopf verlierst du'. Egal wie viel Zeit und Geld wir Briten darauf verwenden, anderen unsere Einstellung zum Sport und allen erdenklichen Wettkämpfen beizubringen, wir können ihre rassischen Eigenschaften nicht verändern [...]. Sie [die Juden] können die Bedeutung von ‚ein guter Verlierer' nicht begreifen. [...]. Ihre Mentalität ist im Geschäftsleben und im Sport die gleiche – um jeden Preis gewinnen, und zum Teufel mit dem Gegner."[21]

Interessant an dieser Überzeugung ist, dass genau dieselben Vorurteile gegenüber Athleten aus der Arbeiterschicht geäußert wurden, als in den 1880er und 1890er Jahren deren Einzug in Fußball, Rugby, Kricket und Leichtathletik begann. Dies ist ein Hinweis darauf, dass es in der englischen Mittelschicht eine beträchtliche Überschneidung von antisemitischen Gefühlen mit gegen die Arbeiterklasse gerichteter Feindseligkeit gab. Die Anhänger Mosleys gaben der Wahnvorstellung, dass die traditionellen sportlichen Werte der Mittelschicht von „Außenseitern" bedroht seien, einen besonders klaren und für die Juden in letzter Konsequenz mörderischen Ausdruck. 1936 wurde dem eine weitere Dimension hinzugefügt, als Action mit der Veröffentlichung einer regelmäßigen Kolumne unter dem Titel „The Sporting Jew" begann, die abwechselnd über die „jüdische Gaunerbande" herzog, die angeblich schon den Boxsport, das Ringen und die Pferderennen beherrschte, und über das „unsportliche" Verhalten der jüdischen Fans des Tottenham Hotspur Fußballvereins wetterte, weil diese angeblich Schiedsrichter verhöhnten und ihre eigene Mannschaft übermäßig unterstützten.

Der Erfolg von Juden im Boxsport war den Gefolgsleuten von Mosley besonders lästig, denn Boxen wurde von ihnen als genuin englische Kunst angesehen, an der sich die Kraft und Lebensfreude der angelsächsischen Rasse zeige – Mosley selbst war als Schuljunge ein guter Boxer gewesen und war sich nicht zu schade, bei seinen öffentlichen Meetings auf Demonstranten einzuschlagen. Außerdem organisierte die BUF ihre eigenen Boxschulen und -wettkämpfe – was bedeutete, dass es aus ihrer Sicht keine andere Erklärung für die jüdische Überlegenheit auf diesem Gebiet gab als eine Verschwörung gegen die britischen Werte der Fairness. Boxen war die einzige Disziplin, in der die Juden es in der Zwischenkriegszeit zu nationaler und internationaler Anerkennung brachten. Es ist kaum möglich, die Wichtigkeit des Sports in der jüdischen Arbeiterkultur zu überschätzen. Da die jüdischen Schulen und Jugendvereine in den Städten bei der Beschaffung von Sport- und Spielfeldern mit einer Mischung aus antisemitischen Vorurteilen und praktischen Problemen zu kämpfen hatten, war es im Allgemeinen einfacher, Hallensportarten zu organisieren. Aus diesem Grund wandte sich die jüdische Jugend überwiegend diesen Disziplinen zu, sodass sich eine Erfolgslinie in Boxen, Schach und Tischtennis herausbildete (die-

ses Phänomen hielt bis in die 70er Jahre an, wie in Howard Jacobsons Erzählung von 1999, „The Mighty Walzer", sehr schön geschildert wird).

Gegen Ende des Ersten Weltkriegs war Boxen zum bevorzugten Sport
der jüdischen Jugendlichen aus der Arbeiterklasse geworden. Schon 1889
hatte Alf Bowman die britische Amateurmeisterschaft im Schwergewicht
gewonnen. Jedoch waren erst die 20er und 30er Jahre das Goldene Zeitalter
des jüdischen Boxsports. Die besten Beispiele dafür sind berühmte britisch-
jüdische Boxer wie die Weltmeister Kid Lewis und Kid Berg sowie eine ganze Reihe britisch-jüdischer Champion-Fighter und jüdischer Box-Pro-
moter. Berichte über Boxkämpfe aller Art überwogen in diesem Zeitraum
auf den Sportseiten des Jewish Chronicle. In der Jugendklasse war der jüdische Erfolg noch auffälliger. Zwischen 1921 und 1939 trugen Boxmann-
schaften der JLB im wichtigsten Boxturnier der britischen Jugendvereine,
dem Prince of Wales Shield, zwölf Mal den Sieg davon. In sechs dieser Box-
turniere wurde das Finale zwischen der Londoner und der Manchester JLB
ausgetragen.[22]

Warum hatte Boxen einen so großen Einfluss in den jüdischen Gemeinden? Offensichtlich war einer der wichtigsten Gründe dafür, dass es für Jugendvereine und andere Gruppierungen einfach war, diesen Sport zu betreiben. Weit wichtiger ist jedoch, dass es im Boxsport eine lange Tradition jüdischen Erfolges auf höchstem Niveau gab, die bis auf die 1780er Jahre
zurückging, als der Champion-Preisboxer Daniel Mendoza im Ring stand.[23]
Mendoza wurde oft als die Ausnahme dargestellt, welche die Regel bestätigt,
dass jüdische Champions im Sport eher selten sind. Tatsache ist aber, dass
es noch weit mehr Sportler wie ihn gab. Wie in Pierce Egans Standardwerk
Boxiana aus dem frühen 19. Jahrhundert bezeugt wird, gab es zwischen 1760
und 1820 zahlreiche aktive jüdische Boxer, darunter besonders Samuel Elias
und später dessen Sohn sowie Aby Belasco, Barney Aaron und Elisha Crab-
be. Einige von ihnen erlebten noch den Übergang vom Boxen mit der blan-
ken Faust zu den Regeln des Marquis of Queensbury, darunter Barney Aaron Junior, Asher Moss sowie Israel Lazarus und dessen beiden Söhnen.[24]

Für die Juden in England war Boxen daher seit je eine Quelle des Stolzes
auf ihre Rasse, vergleichbar dem Stolz der Westinder auf ihre Stärke im Kricketspiel, wie C.L.R. James aufzeigte.[25] Auf einer eher praktischen Ebene
gehörte es auch zum alltäglichen Kampf gegen den Antisemitismus, und
zwar sowohl weil es nützliche Fähigkeiten vermittelte als auch, weil es das
Selbstbewusstsein stärkte. Francis Place, ein radikaler Londoner moral-for-
ce-chartist,[26] bemerkte zu Beginn des 19. Jahrhunderts über die Wirkung
von Mendozas Erfolg dass „die [Box-]Kunst sich unter den jungen Juden
verbreitete und die meisten sich darauf verstanden. Die Folgen waren schon
nach wenigen Jahren zu sehen und zu spüren. Es war nicht mehr ungefähr-
lich, einen Juden zu beleidigen, es sei denn, es handelte sich um einen alten
Mann ohne Begleitung."[27] Eine ähnliche Auffassung herrschte in den 30er

Jahren, wie beispielsweise die Bemerkung eines Boxredakteurs im Jewish Chronicle 1935 zu verstehen gibt: „Zur Bekämpfung der antisemitischen Tendenz, die anscheinend von skrupellosen und perversen Anhängern des sehr unenglischen Hasskultes gesät wurde, hat die Partizipation von Juden am [Box-] Sport mehr beigetragen als ganze Wagenladungen von Rede- und Schreibaufwand."[28] Die hervorragenden Leistungen von Juden im Boxen standen in einem extremen Gegensatz zum traditionellen Vorurteil des englischen Antisemitismus und zeigen, dass physische Kraft und deren Manifestation von großer Bedeutung im Alltag der jüdischen Arbeiterklasse waren, und zwar nicht zuletzt deswegen, weil sie einen Weg wiesen, den Drohungen des Antisemitismus zu trotzen. Gegen Ende des 19. Jahrhunderts drückte sich diese Betonung des Physischen vor allem im Boxen, Gewichtheben und – in einem geringeren Maß – im Ringen aus. Ebenso wie Alf Bowman 1889 den Weltmeistertitel im Schwergewicht davontrug, siegte Edward Levy zwei Jahre später in der britischen Amateurmeisterschaft im Gewichtheben. Ein gutes Beispiel dafür ist auch die Sportlerkarriere des Leeds-Stürmers Edward Jacobson, der in den 1890er Jahren zwölf Mal bei der Rugby-Auswahl für Yorkshire antrat und dem die örtliche jüdische Gemeinde 1897 zur Würdigung seiner sportlichen Leistungen eine eigens für ihn angefertigte Medaille überreichte.[29]

Vielleicht war ein weiterer entscheidender Grund für die Beliebtheit des Boxens sowohl bei den jüdischen Aktiven als auch bei seinen anderen Anhängern, dass dieser Sport sowohl das jüdische als auch das britische Selbstwertgefühl bediente. Mendoza und die anderen frühen jüdischen Boxer waren Berühmtheiten aus der heroischen Epoche des britischen Preisboxens, in der Boxen mit der bloßen Faust als männlich und vornehm angesehen wurde. Pierce Egan, ein Sportjournalist zu Beginn des 19. Jahrhunderts, formulierte den Gedanken, dass Boxen im Sport die männlichen Tugenden symbolisiere, die England dazu verholfen hätten, über weite Gebiete der Welt zu herrschen: „Fair Play ist des Briten Leitspruch: Er verbreitet ihn bis an die äußersten Grenzen der Welt. Gleich welches Land, Religion oder Farbe [...] [England] ist die Zuflucht aller Exilierten – Schon lange ist es der Verteidiger der Unterdrückten – der beste Boxer – und Schiedsrichter der Welt!" Außerdem waren Mendoza und die anderen jüdischen Faustkämpfer, wie Egan anmerkte, ein ganz wesentlicher Bestandteil dieses Erbes. Ganz in diesem Sinn betonte ein führender aristokratischer Förderer des Boxsports, Lord Lonsdale, in einer Grußbotschaft an junge jüdische Boxer 1935, dass „sehr viele der besten Boxer jüdisch waren". Für Juden, die danach strebten, über den Sport ihre britische Zugehörigkeit zu demonstrieren, war Boxen der praktische Beweis dafür, dass Juden keine Außenseiter waren, sondern an zentraler Stelle in der britischen Sportkultur standen.[30]

Jedoch begann sich in der Mitte der 30er Jahre die Ausrichtung der freiwilligen sportlichen Aktivitäten bei den Juden zu verschieben und sich zu-

nehmend von den – nichtreligiösen – Grundwerten des Muskelchristentums
zu entfernen. Die Machtübernahme durch die Nationalsozialisten und weitere faschistische und antisemitische Regimes in Europa, dazu noch der Erfolg der Mosley-Faschisten in England – diese Entwicklungen erschütterten
die traditionelle englisch-jüdische Einstellung zum Antisemitismus und zur
Assimilation, so dass eine tatkräftigere Haltung jüdischer Selbstbehauptung
wachsen konnte. In Arbeitergegenden führte dies zu einer bedeutenden Zunahme von Juden in der Kommunistischen Partei (im Folgenden: CP) und
deren Aktivitäten, vor allem im Londoner East End, wo CP-Mitglieder regelmäßig in den örtlichen Rat gewählt wurden und die Bevölkerung 1945
Phil Piratin als einen der beiden einzigen kommunistischen Abgeordneten
ins Parlament wählte. Jüdische CP-Mitglieder spielten eine wichtige Rolle
im Sportverband der CP, der British Workers' Sport Federation (Sportverband der britischen Arbeiter, im Folgenden: BWSF), deren Hauptgeschäfts-
stelle sich eine Zeit lang im überwiegend von Juden bewohnten Stadtteil
Whitechapel im Londoner East End befand. Hervorzuheben sind Persönlichkeiten wie Jack Cohen, der 1930 seine Partei wegen ihrer mangelhaften
Unterstützung der BWSF kritisierte, und Benny Rothman, der 1932 eine
viermonatige Haftstrafe absitzen musste, weil er als Rädelsführer einer Pro-
testaktion am Kinder Scout, einem Berg in Derbyshire, in Erscheinung getreten war, als Hunderte von Wanderern sich der Polizei widersetzten, um
ihr Wegerecht auf das Betreten privater Ländereien zu behaupten.[31]

Der Wandel in der Welt und die im Land herrschende politische Situation
bewirkten aber nicht nur eine Zunahme der jüdischen Unterstützung für
den Kommunismus, sondern trugen auch zum Wachstum der zionistischen
Bewegung bei. Dies zeigte sich am deutlichsten am kometenhaften Aufstieg
der britischen Makkabi-Organisation, die erst in der Mitte der 20er Jahre
gegründet worden war. Obwohl Makkabi hartnäckig behauptete, unpolitisch zu sein, übte dieser Verein wegen seiner engen Beziehungen zur zionistischen Bewegung und seinem Glauben an die Einheit aller Juden – ganz
zu schweigen von der großen Bandbreite seines Angebots an Sportmöglich-
keiten und gesellschaftlichen Veranstaltungen – eine große Anziehungskraft
auf breite Teile der jüdischen Bevölkerung aus. 1936 gründete er nicht nur
neue örtliche Organisationen, sondern ihm schlossen sich auch gut etablierte jüdische Sportvereine und soziale Organisationen als Zweige an wie der
Tottenham Jewish Tennis Club.

Der Unterschied zwischen den alten und den neuen Haltungen zur jüdischen Identität und Selbstbehauptung ist in zwei Reden vom November
1934 enthalten: Erst ließ Lord Bearsted, eine Stütze der englisch-jüdischen
Elite und über dreißig Jahre lang Förderer des Stepney Jewish Lads Club,
vor dem anlässlich der jährlichen Preisverleihungszeremonie des Vereins
versammelten Publikum vernehmen, „wenn Juden loyale Staatsbürger wären und einen positiven Einfluss ausübten, dann wäre dies schon ein großer

Beitrag zur Widerlegung des Antisemitismus. Es wäre aber ebenso nutzlos wie unklug, an Demonstrationen teilzunehmen und sich zu Gewalttaten hinreißen zu lassen".[32] Obwohl dieser Appell wahrscheinlich vor allem an Jugendliche gerichtet war, die sich von der sozialistischen und der kommunistischen Bewegung angezogen fühlten, schien sein Inhalt nicht mehr in die zunehmend gefährliche Welt zu passen, in der die Juden sich nunmehr befanden. Im Gegensatz dazu erklärte Sir Alfred Mond, ein führender Zionist und Makkabi-Anhänger, zwei Wochen später vor einer Versammlung in London, dass Makkabi „die jüdischen Menschen zusammenhalte und ihnen Disziplin beibringe, eine Eigenschaft, die bei ihnen derzeit vielleicht nicht ausreichend entwickelt sei. Makkabi vertrete drei Prinzipien: Disziplin, Stärke und Glauben".[33] Für Juden, die nach praktischen Möglichkeiten suchten, sich und ihre jüdische Identität in einer zunehmend bedrohlichen Atmosphäre zu schützen, war dies zumindest eine Botschaft, die ihr Selbstvertrauen stärkte.

Im Rückblick – und dies war in der damaligen Zeit ganz und gar nicht klar – war die wachsende Bedeutung Makkabis und ähnlicher Organisationen ein Indikator für einen beginnenden Wertewandel im jüdischen Sport Englands, in dessen Verlauf die traditionellen Sportvereine und gesellschaftlichen Organisationen der englischen Juden entweder verfielen oder sich von der Vorstellung verabschiedeten, sie seien in allem – mit Ausnahme der Religion – Muskelchristen. Nach Ende des Zweiten Weltkriegs war dies die dominierende Einstellung in den britisch-jüdischen Sportorganisationen unter dem Einfluss der Gründung des israelischen Staates und angesichts eines numerischen Rückganges der jüdischen Bevölkerung, der besonders die jüdische Arbeiterklasse betraf. Organisationen wie die JLB waren jetzt eher auf den Erhalt jüdischer Kultur und jüdischer Traditionen ausgerichtet, als bemüht, Juden die britische Kultur näher zu bringen. Nunmehr lag die Betonung im jüdischen Sport, dessen identitätsstiftendes Potential im Slogan der Jewish Lads' Brigade „ein guter Jude und ein guter Engländer sein" enthalten ist, entschieden auf „ein guter Jude sein".

Welche Auswirkungen hatte dieser Wandel nun auf die jüdischen Sportaktivitäten? Zweifellos ging die Teilnahme an den traditionellen Sportarten der Arbeiterklasse wie Boxen und Fußball zurück. Andererseits wurden viele Juden führende Sportfunktionäre oder – was vor allem für den Boxsport zutrifft – prominente Manager und Unternehmer. Die Mitgliedschaft in Golf- und Tennisklubs nahm zu. Die wichtigste Veränderung war aber, dass Sport nicht mehr als wesentliches Mittel zur Integration in die britische Gesellschaft verstanden wurde. Dies lag zu einem großen Teil daran, dass Juden sich inzwischen weitgehend von der britischen Gesellschaft akzeptiert fühlten – obgleich dies den unangenehmen Effekt hatte, dass sie es nunmehr mit einem mehr oder weniger starken unterschwelligen Antisemitismus zu tun zu hatten – oder dass sie ihrer jüdischen Identität keine Bedeutung mehr beimaßen und sich völlig der britischen Mehrheitsgesellschaft angepasst hatten.

Trotzdem lassen sich immer noch starke Überbleibsel vergangener Haltungen im heutigen britischen Sport nachweisen. Vor allem der sich bei Fußballspielen gegen den Fußballverein Tottenham Hotspur und seine Anhänger Luft machende Antisemitismus steht in direkter Nachfolge zu den Aktivitäten der Mosley-Faschisten in den 30er Jahren. Seit den frühen 70er Jahren warben faschistische Gruppierungen in Fußballstadien systematisch neue Mitglieder an, und es ist ganz und gar nicht ungewöhnlich, dass sich bei Spielen ganze Ränge von Fantribünen mit Sprechchören und faschistischen Grußgesten produzieren. Man stößt auch auf die altbekannte Scheu, die Zugehörigkeit zum Judentum hervorzukehren, aus Furcht, sie könne antisemitische Ressentiments hervorrufen. Dies konnte man in der Vergangenheit an der Art und Weise erkennen, wie das Management des Tottenham Fußballvereins seit je versuchte, seine Verbindungen zu den Juden von Nordlondon herunterzuspielen. Auf dieselbe Passivität stößt man aber auch in den 70er und den frühen 80er Jahren bei Leeds United, einem Fußballverein, in dessen Vorstand Juden ein großes Gewicht hatten und der schon immer von der örtlichen jüdischen Gemeinde unterstützt wurde. Dieser Verein zeigte wenig Neigung, sich von den National Front-Faschisten zu distanzieren, die einen breiten Teil seiner Anhängerschaft ausmachten.

Es bleibt noch viel wissenschaftliche Arbeit über die Beziehung zwischen Juden und Sport in England zu tun. Aus verschiedenen Gründen haben die auf das britische Judentum, bzw. den britischen Sport spezialisierten Sozialhistoriker im Allgemeinen dieses Thema vernachlässigt. Das ist wirklich zu bedauern, denn die einzigartige Geschichte des jüdischen Sports in England wäre ein lohnendes Forschungsgebiet: Sie umfasst Perioden einer Einwanderung in großem Maßstab, eine bedeutende Beteiligung in verschiedenen Strömungen der Arbeiterbewegung, eine offenbar weitgehende Assimilation an die britischen Mittelschichten und Beziehungen zu höchsten britischen Gesellschaftskreisen. Daher ist sie von besonderer Relevanz, sowohl was Erkenntnisse allgemeiner Art angeht, die als Orientierungshilfe für Untersuchungen über die Interaktion zwischen Sport und nationalen, örtlichen sowie ethnischen Identitäten dienen können als auch, weil sie einen lebendigen und wichtigen Aspekt der Sozialgeschichte jüdischen Lebens in England im Lauf der letzten beiden Jahrhunderte aufzeigt.

Anmerkungen

[1] MacDonnell ist zitiert in: Rob Colls, Identity of England, Oxford 2002, 167. Cecil und Chamberlain sind zitiert in Dan Cohn-Sherbok, The Crucified Jew, London 1992, 187.

[2] Lytton Strachey, Eminent Victorians, London 2000 (Folio-Ausgabe), 180.

[3] Zum Hintergrund siehe Todd Endelmann, The Jews of Britain 1656–2000, Berkeley CA, 2002; Geoffrey Alderman, Modern British Jewry, Oxford 1998, Kap. 3; E. C. Black, The Social Politics of Anglo-Jewry, 1880–1920, London 1988.

[4] Harold Pollins, A History of the Jewish Working Men's Club and Institute, Oxford 1981. Zu Herzl siehe Ian Buruma, Voltaire's Coconuts, London 1999, 193.

[5] Rosalyn Livshin, The Acculturalisation of the Children of Immigrant Jews in Manchester, 1880–1930, in: David Cesarani (Hg.), The Making of Modern Anglo-Jewry, Oxford 1990.

[6] Sharman Kadish, A Good Jew and a Good Englishman, The Jewish Lads and Girls Brigade 1895–1995, London 1995.

[7] Zitiert in: Sharman Kadish, A Good Jew and a Good Englishman, The Jewish Lads and Girls Brigade 1895–1995, London 1995, 126.

[8] Diese Meinung findet sich auch in Stan Shipley, Boxing, in: Tony Mason (Hg.), Sport in Britain, A Social History, Cambridge 1989, 99.

[9] Rugbyliga geht auf eine 1895 vollzogene Abspaltung der Northern Rugby Union (heute Rugby League) von der 1871 gegründeten Rugby Football Union zurück und spielt nach eigenen Regeln. Bis heute bestehen beide Varianten, also Spiele nach den Regeln der Rugby Football Union wie auch der Rugby League, nebeneinander.

[10] Siehe John Efron: Wo ein Yid kein Jude ist. Ein seltsamer Fall von Fan-Identität beim englischen Fußballklub Tottenham Hotspur im vorliegenden Band, Kapitel 14.

[11] Todd M. Endelmann, The Jews of Georgian England, 1714–1830, Tradition and Change in a Liberal Society, Philadelphia 1979, 176.

[12] Zu Broughton siehe Graham Morris, Rugby League in Manchester, Stroud 2003; und Rosalyn Livshin, The Acculturalisation of the Children of Immigrant Jews in Manchester, 1880–1930, in: Athletic News, 25 Jan. 1926, 90–91.

[13] Jewish Chronicle, 28. Dezember 1934.

[14] Action, 6 Februar 1937. Zum Antisemitusmus in diesem Zeitraum siehe Colin Holmes, Antisemitism in British Society 1876–1939, New York 1979.

[15] Geoffrey Cousins, Golf in Britain, London 1975, 141.

[16] Zum Tennis siehe die Erinnerungen von Angela Buxton, The 1956 Wimbledon's Ladies Doubles Champion, in: Observer, 8. Juli 2001.

[17] Jewish Chronicle, 15. März 1935 und 2. November 1934.

[18] Jewish Chronicle, 9. November 1934. Die Zeitung nennt nur zwei, M. J. Susskind und Victor Rothschild, und übergeht John Raphael, der in den 1900er Jahren für Surrey spielte. Jack Williams, Cricket and Race, Oxford 2001, 40–43.

[19] Rugby Football Union, Committee Minutes (Komitee-Protokolle), 3. Oktober 1930.

[20] Zitiert in Jewish Chronicle, 12. Januar 1934. Cousins, Golf in Britain, 137–142.

[21] Action, 19. März 1936.

[22] Siehe John Harding, Jack „Kid" Berg, The Whitechapel Windmill, London 1987; Sharman Kadish, A Good Jew and a Good Englishman, The Jewish Lads and Girls Brigade 1895–1995, London 1995, 126.

[23] Zu Mendoza siehe George Eisner, Daniel Mendoza, A Jewish Bruiser in the Eighteenth Century Fancy, in: Ariel Simri (Hg.), Physical Education and Sports

in Jewish History and Culture: Proceedings of an International Seminar, Wingate Institute for Physical Education and Sport, 1977.

[24] David S. Katz, The Jews in the History of England 1485–1850, Oxford 1994, 361–63.

[25] Jewish Chronicle, 27. September 1935.

[26] Die „moral-force-chartists" waren eine Chartisten-Gruppe, die ihre Ziele auf friedliche Weise erreichen wollte.

[27] Zitiert in: David S. Katz, The Jews in the History of England 1485–1850, Oxford 1994, 363.

[28] Jewish Chronicle, 27. September 1935.

[29] Yorkshire Post, 5. Mai 1897.

[30] Pierce Egan, Book of Sports, London 1832, 172. Lonsdale wird zitiert in Jewish Chronicle, 27. September 1935.

[31] Zur CP (Kommunistische Partei) und dem BWSF (British Workers' Sport Federation) siehe: Stephen Jones, Sport, Politics and the Working Class, Manchester 1992, Kap. 4, und Joe Jacobs, Out of the Ghetto, London 1978, 39. Zu Rothman siehe den Nachruf in Guardian, 25. Januar 2002.

[32] Jewish Chronicle, 23. November 1934.

[33] Jewish Chronicle, 30. November 1934.

11. *„Ein Gift, mit echt jüdischer Geschicklichkeit ins Volk gespritzt"*: Nationalsozialistische Judenverfolgung und das Ende des mitteleuropäischen Profifußballes, 1938–1941*

Rudolf Oswald

Es ist tragisch, dass die Menschheit im Allgemeinen und wir Deutsche im Besonderen unter der Treue zu einer Aufgabe fast immer die Beibehaltung der bisherigen Formen, Methoden und Prinzipien verstehen. In Wahrheit aber bedingt gerade das getreue Weiterführen eines Werkes oft eine Anpassung an die sich ständig verändernde Umwelt – und damit einen Wechsel der Methoden und manchmal sogar einen Wechsel der Prinzipien.[1]

Wird die Ausgrenzung von Juden aus dem Sportleben im Dritten Reich von der Historiographie der Körperkultur thematisiert, so richtet sich der wissenschaftliche Fokus fast ausnahmslos auf die Phase der Gleichschaltung 1933. Der Ausschluss jüdischer Sportler und Funktionäre aus den Organisationen der bürgerlichen Leibesübungen im Frühjahr und Sommer 1933, bildet seit knapp drei Dekaden einen festen Bestandteil deutscher Sozial- und Zeitgeschichte des Sports.[2] Weitgehend unbeachtet blieb hingegen bisher, dass sich die rassistischen Auswirkungen totalitärer Machtentfaltung im Sport seit Ende der dreißiger Jahre in den besetzten, abhängigen oder in den mit Deutschland verbündeten Staaten Ostmitteleuropas mehrere Male wiederholten. Dabei rechtfertigte die Presse des Dritten Reiches die Diskriminierung von Juden, indem sie eine Schuld jüdischer Vereinsführungen am teilweise ruinösen Zustand des mitteleuropäischen Professionalismus konstruierte, jener Erscheinung, in zeitgenössischer Terminologie „Bezahl"- oder „Berufsfußball" genannt, welche in der Zwischenkriegszeit zwar den Charakter der Sportart in den Nachfolgestaaten Österreich-Ungarns geprägt, welche allerdings die heftigsten Kontroversen in Deutschland selbst hervorgerufen hatte. Wurde die Debatte über den Profifußball in Deutschland bis 1938 nicht unter antisemitischen Vorzeichen geführt, so erfuhr sie mit Beginn der nationalsozialistischen Expansionspolitik in dieser Hinsicht eine qualitative Veränderung. Unter besonderer Berücksichtigung der Vorgänge im Fußballsport Wiens und Deutsch-Böhmens im Frühjahr 1938, wird diese von der Forschung bisher nicht erkannte inhaltliche Diskursverlagerung[3] in dem folgenden Beitrag näher erörtert werden.

Bürgerlicher Fußballsport und Amateurideal

In Deutschland wurde die Frage, ob die aktive Ausübung des Fußballsports dem Gelderwerb dienen dürfe, seit der Etablierung eines geregelten Spielbetriebes diskutiert, wobei der Träger der Rasenspielbewegung, der bürgerliche Deutsche Fußballbund (DFB), seit seiner Gründung einen rigiden Antiprofessionalismus predigte und auch verfolgte.[4] Bis 1918 unterlag der Amateurgedanke allerdings kaum prononcierten weltanschaulichen Rechtfertigungsversuchen. Dies änderte sich erst mit den Folgen der Niederlage Deutschlands im ersten Weltkrieg. Der Wegfall der allgemeinen Wehrpflicht als Bestimmung des Versailler Vertrages schien nach einem Ersatz für die bisher dem Militär vorbehaltene Leibeserziehung der männlichen Jugend zu verlangen – und der Sport, vor allem das Mannschaftsspiel, schien einen derartigen Ersatz zu bieten.[5] Die nun einsetzende gesellschaftspolitische Aufwertung des Fußballs befreite die Sportart in Deutschland zwar einerseits aus seiner jahrzehntelangen Defensivposition gegenüber Turnern und Bildungsbürgertum, andererseits nahm damit aber eine Debatte über deren gesellschaftliche Funktion ihren Ausgang, welche sich innerhalb sowie im Umfeld des DFB in zunehmend kulturpessimistischer Weise gegen die Kommerzialisierung des Rasensports zu richten begann. Im Rückgriff auf das „August-Erlebnis" 1914 avancierte dabei der Terminus der „Volksgemeinschaft" zum zentralen Topos der Debatte.

Seit Beginn der zwanziger Jahre wurde in den Verlautbarungen von DFB-Funktionären und bürgerlichen Sportpädagogen Fußball als Mittel „zur körperlichen Ertüchtigung des Gesamtvolkes" betrachtet, zum „Programm eines harmonisch gegliederten sozialen Organismus" stilisiert oder im umfassenden Sinne als „Aufbauarbeit an der niedergebrochenen Volksgemeinschaft" gewertet.[6] In diesem Sinne schien das neuformulierte holistische Ideal zweifellos bedroht – bedroht von einer Folgeerscheinung des ebenfalls nach dem Weltkrieg einsetzenden massenkulturellen Aufschwungs des Fußballs. Galt es die „Volksgemeinschaft" im Anschluss an den Körper- und Hygienediskurs der Zwischenkriegszeit mit Hilfe des „Volkssportes" Fußball „zu gesunden", so musste fast zwangsläufig als „krankes" und den „Volkskörper" schädigendes Glied derjenige Fußballspieler ausgemacht werden, der angesichts stark expandierender Einnahmen der Vereine seit 1919 eine Entlohnung für die Zurschaustellung seines „Artistentums" forderte. Um diesem Einkünfte zu sichern, so die gängige Argumentation, würde mit Hilfe der Presse ein „Starkult" inszeniert, welcher künstlich Zuschauermassen züchten und die Mehrzahl der Fußballbegeisterten von aktiver Sportausübung abhalten würde.[7] Auch wenn die üblichen Entlohnungspraktiken der zwanziger Jahre, die Zahlung von Handgeldern sowie überhöhte Spesenabrechnungen – zeitgenössisch „Scheinamateurismus" genannt –, kaum die Bezeichnung „Berufsspieler" rechtfertigten, wurde nichtsdestoweniger der Profi zum Feindbild schlechthin des Fußballsports in Deutschland aufgebaut. Spieler, welche gegen das rigide Amateurstatut des DFB verstießen, galten als „Verseuchung" des Sportgedankens, als „Eiter, der im kranken Körper wuchert" oder als „räudige Elemente", zu deren Bekämpfung nicht selten „Ausrotten" empfohlen wurde.[8]

Die antisemitische Wende der Profidebatte 1938

Zwar lässt die Form, in welcher der „Bezahlfußball" attackiert wurde, Anschlussfähigkeit an die Rhetorik des Dritten Reiches erkennen, in einem entscheidenden Punkt aber unterschied sich die bürgerliche Profidebatte vom nationalsozialistischen Ideenkonglomerat: Das „gemeinschaftsschädigende Element" im Fußballsport wurde nicht rassistisch definiert, es wurde nicht als ein „jüdisches" identifiziert[9] – und diese Form der Auseinandersetzung mit dem Thema blieb, abgesehen von einem Pamphlet des ehemaligen Sprinters Bruno Malitz und einigen Ausfällen des Völkischen Beobachters,[10] selbst nach der nationalsozialistischen Machtübernahme zunächst dominant.[11] Die „Selbst-Gleichschaltung" des bürgerlichen Fußballs, mit welchem die Gliederungen des DFB in vorauseilendem Gehorsam auf den 30. Januar 1933 reagiert hatten, hatte nicht nur zur Abschaffung traditioneller Organisationsstrukturen geführt, sondern auch zur Ausgrenzung der meisten jüdischen Mitglieder aus Verbänden und Vereinen innerhalb nur weniger Monate. Paradoxerweise war gerade infolge dieser raschen Diskriminierung von Juden im deutschen Fußballsport einer möglichen antisemitischen Hetze gegen die Professionalisierungstendenzen zunächst der Boden entzogen. Inhaltlich im Wesentlichen unverändert, wurde die Amateurdebatte somit auch in den ersten Jahren des Dritten Reiches im Stile der zwanziger Jahre fortgesetzt.[12] Dass diese weitergeführt wurde, ist wiederum auf die „Selbst-Gleichschaltung" der DFB-Verbände zurückzuführen, welche für personelle Kontinuität an der Spitze des deutschen Fußballs sorgte und somit die striktesten Verfechter des Amateurismus im DFB, wie etwa den Vorsitzenden des Gesamtverbandes Felix Linnemann, oder den geschäftsführenden Direktor des Westdeutschen Spielverbandes (WSV), Guido von Mengden, in die Lage versetzte, ihre Karrieren nach 1933 fortzusetzen.[13]

Erst mit dem „Anschluss" Österreichs und dem Beginn der militärischen Expansion des Dritten Reiches waren hingegen die Voraussetzungen für eine weltanschauliche Wendung in der Professionalismusfrage gegeben. Der Nationalsozialismus traf in den Nachfolgestaaten des Habsburgerreiches auf eine eigene Fußballkultur, den sogenannten „Donaufußball". Dessen integrative Momente wiesen neben einem eigenen Spielstil, dem aus Schottland stammenden Kurzpassspiel,[14] ein zwar meist bankrottes, dafür aber legales Profitum auf. Und ähnlich wie in Deutschland vor 1933, allerdings in weit höherem Ausmaß, engagierten sich in zahlreichen Vereinen Wiens, Prags und anderen mitteleuropäischen Städten jüdische Bürger als Spieler,

Sponsoren oder Funktionäre. Angesichts des Aufeinandertreffens totalitären Herrschaftsanspruches mit diesen spezifisch mitteleuropäischen Aus-
prägungen des Fußballsports, ging nun erstmals die kulturkritisch kon-
notierte Ablehnung des Professionalismus mit völkischem Rassenhass eine
Verbindung ein. Angeführt von der Wiener Tagespresse, welche auf eine lange Tradition antisemitischer Polemik in den österreichischen Fachblättern
der Zwischenkriegszeit zurückgreifen konnte,[15] fand der aggressive Antisemitismus im Zuge der Verschärfung der Sudetenkrise im April 1938 Eingang
in die Fußballpresse des Dritten Reiches und wurde in den Folgejahren
schließlich selbst von einigen Vertretern des ehemaligen bürgerlichen Fußballs als geeignetes Mittel zur Propagierung des Amateurideals akzeptiert.

Das Ende des Wiener Profifußballs

Erstes Opfer der rassistisch gewendeten Profidebatte wurde der Wiener
Fußballsport, welcher sich seit den frühen dreißiger Jahren in einer Art finanzieller Dauerkrise befand. Seit der Einführung der Wiener Profiliga mit
der Saison 1924/25, konnten zwar enorme Summen durch den Spielbetrieb
eingenommen werden, deren Löwenanteil verteilte sich jedoch auf einige
Großklubs, welche wiederum das meiste Geld in wenige Stars investierten.
Wurden den „Kanonen", um sie im Verein zu halten, mehr als die vereinbarten Höchstgagen gezahlt, so fristete die Mehrzahl der knapp 300 Berufsfuß-
baller ein eher kärgliches Dasein. Zusätzlich belastet durch hohen Abgaben-
druck, Platzerhaltungskosten und Reklame, befanden sich in den Jahren des
Professionalismus nicht wenige Klubs am Rande des Bankrotts.[16] Die pre-
käre Finanzlage des Wiener Fußballs diente nun nach dem „Anschluss" im
Frühjahr 1938 als vordergründiges Argument, den Berufsfußball in der Metropole an sich zu liquidieren.

In erster Linie wohl eher dem Zwang zur Vereinheitlichung mit dem Fußball in Deutschland geschuldet,[17] ging es in der offiziellen Sprachregelung
darum, „die Entwicklung zum einseitigen Artistentum, […] zum Gladia-
torentum" zu beenden und dadurch „wieder alle Volksgenossen ausnahmslos der Leibesübung"[18] zuzuführen. Derjenige, der die Volksgemeinschaft
im Fußballsport geschädigt habe, wurde nun jedoch nicht mehr im „Berufsspieler" erblickt. Diesen vielmehr als „Opfer liberalistischen Ungeistes"[19]
wertend, machte der Nationalsozialismus im Falle des Wiener Fußballs die
Figur des „jüdischen Funktionärs", des „jüdischen Managers" als Ursache
aller negativen Begleiterscheinungen eines professionellen Sportbetriebes
aus. Hauptsächlich betroffen von der Kampagne waren erstens einige bürgerliche Innenstadtvereine, allen voran die Wiener Austria, Kultverein der
Wiener Kaffeehausszene, deren Vorstand sich fast ausschließlich aus Juden
zusammensetzte, zweitens die zionistische Hakoah, erster Profimeister
Wiens, und drittens schließlich die Verbandsführung des österreichischen
Fußballsports. Angesprochen waren der bereits 1937 verstorbene ehemalige

Generalsekretär des ÖFB, Hugo Meisl, verantwortlich für die Einführung des professionellen Betriebes 1924, Dr. Josef Gerö, Vorsitzender des Wiener Verbandes, sowie Emanuel, genannt „Michl", Schwarz, Klubpräsident und Vereinsfaktotum der Austria.[20]

Die Wiener Ausgabe des Völkischen Beobachters diffamierte diesen Personenkreis als „jüdische Clique", welche die „Abschreckung der breiten Volksmassen" von der aktiven Sportausübung betrieben habe, indem sie mit Hilfe einer angeblich ebenfalls von Juden gelenkten „Systempresse", die „unerreichbaren artistischen Leistungen von professionellen Spezialsportlern"[21] zum Maß aller Dinge in den Leibesübungen erklärt habe. Mit dem „Eindringen des Judentums" in den Wiener Fußball, so das Blatt noch im Frühjahr 1939 im Rückblick, sei „der ursprüngliche Sinn der Leibesübungen [...] zu einer circensischen Schau" verkommen, „deren letzter Ausdruck der Professionalismus"[22] gewesen sei. Eigentlicher Gegenstand des Interesses jüdischer Funktionäre sei natürlich nie der Sport, sondern immer nur das Geschäft gewesen.[23] Nicht die Gagenforderungen der Spieler und die Steuerlast hätten die Vereine an den Rand der finanziellen Belastbarkeit getrieben, sondern die „Verjudung des sportlichen Unternehmertums"[24]. Der Topos vom „geldgierigen Juden" im Sport, dem Standardrepertoire antisemitischer Hetze entlehnt, war kurz nach dem „Anschluss" in abgewandelter Form auch in anderen Tageszeitungen Wiens präsent. Der NS Telegraf etwa bezichtigte die Leitung der Austria strafbarer Geschäftshandlungen,[25] während die Wiener Neuesten Nachrichten die Funktionäre des Wiener Fußballverbandes um Josef Gerö als „jüdische Schutzherren" von „Schmarotzern" denunzierten.[26]

Wird die Meinung des Völkischen Beobachters dem sportpolitischen Diskurs vom Frühjahr 1938 als Maßstab zugrunde gelegt, so war es für eine „Gesundung" des hauptstädtischen Fußballs unter Beibehaltung des Profitums zu spät. Aufgrund „allgemeiner Verjudung", war dem Blatt Ende März zu entnehmen, seien die „Verhältnisse im österreichischen Sport [...] untragbar geworden"[27]. Das Ziel, „die Allgemeinheit der Volksgemeinschaft" wieder dem aktiven Sport zuzuführen, sei nur noch durch konsequente „Reamateurisierung der Profußballer" zu erreichen.[28] Rasch wurde diese Forderung auch umgesetzt: Am 22. April 1938 wurde per Dekret des Reichssportführers von Tschammer und Osten dem Berufsfußball die gesetzliche Grundlage entzogen, zum 1. Juli wurden die Spielerverträge gekündigt und während des Sommers wurden schließlich die verbliebenen „arischen" Profis sukzessive in bürgerliche Berufe überführt.[29] Keineswegs aber war damit die mit der Debatte verbundene Hetze gegen die Juden Wiens beendet. Vielmehr wurde nun auch die traditionell emotionsgeladene Atmosphäre in den Wiener Stadien, welche sich nach dem „Anschluss" rasch gegen Mannschaften aus dem „Altreich" zu richten begann, mit den „Methoden" erklärt, mit welchen der Berufsfußball in der Mentalität der

Fans verankert worden sei. Den Höhepunkt dieser Form der Auseinandersetzung mit dem „Donaufußball" stellt im Herbst 1938, im Kontext des
Sportplatzverbots für Wiener Juden in die Debatte eingebracht,[30] ein Artikel Guido von Mengdens im NS-Sport dar, den der ehemalige bürgerliche
Funktionär als Reaktion auf die Niederlage Admira Wiens im Finale der
„Großdeutschen Meisterschaft" 1939 veröffentlichte.[31] Wie kaum ein anderes Dokument der zeitgenössischen Sportpresse führt die Stellungnahme
von Mengdens die rassistische Umdeutung der Profifrage und des Körper-
diskurses im Fußballsport vor Augen:

> Das Prinzip des Profitums hat in Wien zwangsläufig seine Spuren in der Bevölke-
> rung hinterlassen. Berufssport ist ein Geschäft – und ein Geschäft verlangt ge-
> schäftliche Methoden, es verlangt Reklame, Stars, Skandälchen und Sensationen.
> Dieses Gift ist jahrelang mit teilweise echt jüdischer Geschicklichkeit ins Volk ge-
> spritzt worden. Der Fußballsport musste daher notgedrungen in den Augen der
> Massen mehr eine zirzensische als eine Erziehungsaufgabe werden.[32]

Mitte 1939 war der antisemitische Reflex in der Amateurdebatte jedoch
längst zum Selbstläufer mutiert. Diejenigen, welche von der NS-Presse für
die finanzielle Notlage des Wiener Professionalismus verantwortlich gemacht wurden, waren schon wenige Tage nach dem „Anschluss" dem exklu-
siven Element der NS-Volksgemeinschaft zum Opfer gefallen. Ende März
1938 gab es nach einer für den Bereich des Sports wohl beispiellosen Diskri-
minierungswelle keine Juden mehr im Wiener Fußball: Die Gestapo hatte
die Hakoah aufgelöst und deren Vermögen beschlagnahmt, der Vorstand
der Wiener Austria war seines Amtes enthoben worden, „Michl" Schwarz,
deren Präsident, war festgenommen und mehr als siebzig jüdische Spiellei-
ter waren aus dem Schiedsrichterkollegium des ÖFB ausgeschlossen worden.[33] Handelte es sich um den Ausschluss von Vorständen und Funktionären, so wurde dieser bezeichnenderweise mit einer angeblichen „jüdischen
Verschwörung" begründet, welche die Finanznöte des Wiener Fußballs verursacht habe. So war etwa den Wiener Neuesten Nachrichten vom 13. März
1938 zu entnehmen:

> Am ärgsten wurde dem Fußballsport in den letzten Jahren mitgespielt. Eine ge-
> wisse Sorte von „Betreuern" hat ihn an den Rand des Abgrundes gebracht. Ein
> Heer von Schmarotzern hat sich in seinen Reihen schamlos breitgemacht. Jüdi-
> sche Geschäftemacher, Manager genannt, haben an seinem Lebensnerv gezerrt
> und gezogen.[34]

Der Artikel gipfelt in dem Ausruf: „Diese Schmarotzer müssen verschwinden."[35]

Der Ausschluss aus Verbänden und Vereinen stand für viele Wiener Juden
nur am Anfang des von der Presse geforderten „Verschwindens" aus dem
gesellschaftlichen und sportlichen Leben der Hauptstadt. Konnte die Mehrzahl jüdischer Spieler und Funktionäre, wie etwa der Vorstand der Austria

oder Josef Gerö, noch rechtzeitig emigrieren, so wurden 37 Mitglieder der Hakoah, darunter deren erster Präsident Fritz Löhner und der ehemalige Nationalspieler Max Scheuer, in den Konzentrationslagern des Dritten Reiches ermordet.[36]

Die „Säuberung" des sudetendeutschen Rasensports

Noch während der Ausschluss von Juden aus dem Wiener Fußball in der österreichischen Presse auf zynische Weise kommentiert wurde, wiederholte sich im Sudetenland Ähnliches. Auf Druck der Sammlungsbewegung Konrad Henleins erklärte Ende April 1938 der Deutsche Fußballverband (DFV) in der Tschechoslowakei[37] seinen Eintritt in den so genannten „Erziehungsverband der sudetendeutschen Volksgruppe", hinter dem sich nichts anderes verbarg als Henleins völkische Turnerschaft.[38] Für den Fußballsport Deutsch-Böhmens hatte dies zwei unmittelbare Konsequenzen: Angelehnt an die Turnertradition, laut dem Reichssportblatt die „Quelle echter und wahrer Volksgemeinschaft"[39], lehnte der Erziehungsverband Sport als Einkommensquelle kategorisch ab und als völkische Vereinigung in der Nachfolge Schönerers, forderte die Organisation darüber hinaus den Ausschluss der zahlreichen tschechischen und jüdischen Mitglieder aus den Klubs des DFV. Diskriminierung von „Nichtariern" sowie die Bekämpfung von Professionalisierungserscheinungen im Sport waren zwei aus dem Wesen der Henleinschen Turnerschaft zwingende Folgen. Nichtsdestoweniger wurde in der deutschen Fachpresse beides wieder argumentativ verknüpft – und wieder war die Finanznot der Vereine, welche in der Einführung des Professionalismus wurzelte, Ausgangspunkt der publizistischen Reflexionen.

Seit 1925 konnten auch Fußballklubs auf dem Gebiet der Tschechoslowakei legal Profiverträge abschließen. 1938 existierten etwa 500 derartige Abschlüsse. Die Vereine der Deutschen Division, mehrheitlich in den nordböhmischen Industriezentren beheimatet, waren allerdings rasch mit dem Profisystem und ihren mehr als 150 Berufsspielern überfordert. Vereinbarten sie, um gegenüber den großen Prager Klubs konkurrenzfähig zu bleiben, hohe Gagen, so wurde der Verein finanziell über die Maßen strapaziert. Schlossen sie niedrige Fixa ab, so wechselten die besten Spieler zu einem Prager, Wiener oder Budapester Profiverein. Offenbarte sich somit letztlich auch im Sport jenes für die Habsburger Nachfolgestaaten charakteristische Strukturproblem – auch ungarische Provinzklubs litten unter der Dominanz der Hauptstadtvereine –, so hatte ungeachtet dessen die Sportpresse des Dritten Reiches die „wahren" Schuldigen am ruinösen Zustand des deutsch-böhmischen Fußballsports parat: Jüdische Funktionäre und Sponsoren, welche mit Hilfe des Profitums Vereine und Spieler ausbeuten würden. Ins Fadenkreuz der Kampagne, in welche sich nun erstmals mit der größten deutschen Sportzeitung, dem Kicker, auch die Fachpresse in massiver Weise einschaltete,[40] gerieten, wie im Falle Wiens, Mitglieder der Ver-

bandsleitung sowie mehrere Vereine, in deren Vorständen sich jüdische Bürger engagierten. Die Finanznot des DSK Gablonz etwa könne, so Der Kicker, damit begründet werden, dass seit 1935 der „Jude Elms [...] das erste
Wort" im Klub geführt habe und auch die angespannte Haushaltslage der
Brüxer Sportbrüder sei nicht zuletzt darauf zurückzuführen, dass sich deren
„Leitung [...] durchweg aus jüdischen und marxistischen Elementen" zusammengesetzt habe.[41] Die „Abwanderung der Spitzenspieler zum tschechischen Professionalismus" sah das Blatt schließlich ebenfalls durch „stark
vertretene jüdische Elemente" auf der Verbandsebene verursacht, welche
„auf das eifrigste hinter den Kulissen"[42] gehetzt hätten. Um die angebliche
Ausbeutung der Profis in der Deutschen Division durch jüdische Vereinsführungen zu belegen, wurden mitunter auch Stellungnahmen aktiver Fußballer wiedergegeben. So wird der Rechtsaußen des Teplitzer FK, Kugler,
noch im Oktober 1938 im Kicker zitiert:

> Die Erfahrungen, die ich während meiner Berufstätigkeit als Vertragsspieler sam-
> melte, waren nicht gerade die besten und angenehmsten. [...] mir mißfiel [...]
> ganz und gar das Vertragsspielertum, weil diese Verträge alle in jüdischem Ge-
> schäftsstil abgefasst waren, nämlich 99 Prozent zugunsten des Vereins.[43]

Zwar kann mit einiger Berechtigung die Authentizität derartiger Interviews
in Zweifel gezogen werden,[44] tatsächlich dürfte diese Frage allerdings keine
Rolle gespielt haben. Kugler war ein Star, dessen Stellungnahmen unter den
Anhängern des Teplitzer FK gewiss größere Bedeutung zugemessen wurde,
als einer noch so scharfen Abrechnung mit dem Professionalismus durch
die parteiamtliche Presse.

Mitte Juni 1938 war das Schicksal des deutsch-böhmischen Berufsspieler-
tums besiegelt. Der Deutsche Fußballverband in der Tschechoslowakei
kehrte offiziell zum Amateurismus zurück. Neue Spielerverträge wurden
nicht mehr anerkannt, laufende Abschlüsse nicht mehr erneuert.[45] In jener
für die Sportpresse des Frühjahrs 1938 immer charakteristischer werdenden
Verschmelzung von Antiprofessionalismus und Antisemitismus forderte
Der Kicker ein Ende des Profitums jedoch bereits Anfang Mai, nachdem
der DFV seinen Eintritt in den „Erziehungsverband der sudetendeutschen
Volksgruppe" angekündigt hatte. „Fremde Elemente", so das Blatt, hätten
„mit Geld Eingang in verschiedene [...] Spitzenclubs" gefunden und damit
„in der sudetendeutschen Fußballbewegung [...] großen Schaden angerich-
tet [...], der kaum wieder gutzumachen"[46] sei. Folgerichtig kam die größte
deutsche Sportzeitung zu dem Schluss, dass der deutsch-böhmische Fußball
einem „Säuberungsprozess" unterzogen werden müsse, in dessen Folge
auch das Berufsspielertum „auszurotten" sei. Wie dieser „Säuberungsprozess" allerdings in der Realität aussehen konnte, darüber gibt das Beispiel
der Brüxer Sportbrüder Aufschluss: Mittels Spieler und Anhängerschaft
wurde bereits im April 1938 ein Boykott gegen die Begegnungen des nord-

böhmischen Vereins organisiert – solange, bis die jüdischen Mitglieder des Vorstands von sich aus zurücktraten.[47] Weigerten sich Fußballklubs dagegen beharrlicher einer „völkischen" Leitung Platz zu machen, so wurden diese aus dem DFV ausgeschlossen und „der Obhut des tschechoslowakischen Staatsverbandes überlassen"[48], eine Umschreibung, welche den Entzug jeglicher organisierter Spielmöglichkeit bezeichnete. Prominentestes Opfer der Ausschlüsse war der DFC Prag,[49] Heimatverein zahlreicher deutsch-jüdischer Bürger der Moldaustadt, dessen Führung sich im Herbst 1938 zur Selbstauflösung gezwungen sah.[50] Als schließlich nach dem Münchener Abkommen das Reichssportblatt das Ende der „jüdischen Quertreiberei"[51] im Fußball des Sudetenlandes ankündigte, dürfte es bereits seit Monaten keine Juden mehr im deutsch-böhmischen Sport gegeben haben.

Nach Errichtung des „Protektorates Böhmen und Mähren" wurde der antisemitisch gewendete Profidiskurs ansatzweise auch auf tschechische Vereine ausgeweitet, wobei nicht zuletzt der bürgerliche Renommierklub Prags, die Slavia, ins Visier der deutschen Fachpresse geriet.[52] Von Anbeginn nun allerdings eine „Phantomdiskussion": Zunehmender Antisemitismus im Kerngebiet der böhmischen Länder hatte dafür gesorgt, dass noch vor der nationalsozialistischen Okkupation jüdische Mitglieder aus den tschechischen Sportorganisationen ausgeschlossen wurden.[53]

Schlussbetrachtung

Im Frühjahr 1939, ein Jahr nachdem erstmals jüdische Sportfunktionäre für die durchaus als katastrophal zu bezeichnende finanzielle Lage des mitteleuropäischen Profitums verantwortlich gemacht wurden, war der Antisemitismus zu einer festen Konstante in der seit zwei Jahrzehnten in Deutschland geführten Auseinandersetzung um Amateure und Profis geworden. Jenes aus der Kulturkritik abgeleitete Paradigma einer „Volksgemeinschaft in Leibesübungen" war mit nationalsozialistischer Rassenpolitik zu einer Einheit verschmolzen, welche in der Folgezeit bei jeder passenden Gelegenheit abgerufen werden konnte. So im Juli 1939, als von den antisemitischen Wellen in Ungarn auch der Sport erfasst wurde, jüdische Funktionäre und Schiedsrichter aus dem Fußballverband ausgeschlossen wurden und es dem Kicker als kaum verständlich erschien, dass trotz dieser Maßnahme der Professionalismus in Ungarn bestehen bleiben solle.[54] So nach der Besetzung Frankreichs, als der NS-Sport fest davon überzeugt war, dass der französische Berufsfußball nun rasch „gesunden" werde, da der Minister für Leibesübungen, Jean Zay, ein Franzose jüdischer Abstammung, sein Amt nicht mehr ausübe.[55] Vertreter der ehemaligen bürgerlichen Fachpresse und des inzwischen im NS-Sport aufgegangenen DFB schienen ihrerseits Bedarf an einer rassistischen Umdeutung auch der älteren Amateurdebatte zu haben.[56] Ernst Werner, langjähriger Herausgeber der Berliner Fußball-Woche, rief in einer Artikelserie 1941 einen Profiskandal aus den zwanziger Jahren in Erinnerung, welchen er nun plötzlich, zwei Jahrzehnte später, mit „semitischer Schläue"[57] eingefädelt sah, während der ehemalige Reichstrainer Otto Nerz in einem von mehreren Beiträgen für das 12 Uhr Blatt im Frühjahr 1943 gar generell den „verjudeten" deutschen Fußballsport der Weimarer Republik als Ursache früherer Professionalisierungstendenzen ausmachte:

> Besonders in der Berufsspielerfrage machten die Juden und ihre Hörigen der oberen Führung das Leben dauernd schwer. Die großen Vereine waren stark verschuldet und vielfach waren Juden die Gläubiger. Die Tendenz zum Berufsfußball war sehr groß und der damalige Staat konnte der Sportführung keinen Halt geben, weil er selbst dem Juden hörig war.[58]

Eine Dekade später schien der Amateurismus dagegen unaufhaltsam auf dem Vormarsch. 1939 schränkte der tschechische Verband den bezahlten Fußball ein und im darauf folgenden Jahr kündigten Frankreich sowie Ungarn dessen Liquidation an.[59] Der Schriftleiter des von dem jüdischen Sportenthusiasten Walther Bensemann begründeten Kicker, Hanns J. Müllenbach, hatte offensichtlich Grund zum Jubeln: „Eine Insel" des Profitums „nach der anderen" würde verschwinden, und, so Müllenbach weiter, es sei „nicht zum Schaden des Fußballs"[60]. Dass dabei jedoch die angeblich Schuldigen am Zustand des mitteleuropäischen Fußballsports in die Emigration gezwungen oder deportiert und ermordet wurden – dies schien angesichts der Perspektiven, welche sich dem Amateurideal nun boten, keine Probleme zu bereiten. Im Gegenteil: Otto Nerz im 12 Uhr Blatt 1943 dazu: „Ein Volk nach dem anderen schüttelt das Joch des Juden ab. Am Ende steht das judenfreie Europa mit einem judenfreien Sport."[61]

Anmerkungen

* Dieser Beitrag wurde zuerst veröffentlicht in: SportZeiten 2 (2002), 53–67. Die Abdruckrechte liegen vor.

1 Guido von Mengden in einem Nachruf auf den 1955 verstorbenen Vorsitzenden der DJK, Prälat Wolker.
   Guido von Mengden/Ludwig Wolker, in: Martin Söll (Hg.), Geist und Ethos im Sport. Reden und Aufsätze von Prälat Ludwig Wolker im deutschen Sport, Düsseldorf 1958, 14–16, hier: 14.

2 Vgl. etwa Hajo Bernett, Der jüdische Sport im nationalsozialistischen Deutschland 1933–1938 (= Schriftenreihe des Bundesinstituts für Sportwissenschaft, Bd. 18), Schorndorf 1978; ders., Der deutsche Sport im Jahre 1933, in: Stadion VII (1981) 2, 225–283. Die Vorgänge um die Diskriminierung von Juden, speziell in den Gliederungen des DFB, zogen dagegen erst im zeitlichen Umfeld von dessen hundertjährigem Gründungsjubiläum verstärkte Aufmerksamkeit auf sich. Aus der Fülle an Literatur hierzu ist hervorzuheben: Arthur Heinrich, Der Deut-

sche Fußballbund. Eine politische Geschichte, Köln 2000, 140–145. Zur Rolle der Vereine beim Ausschluss jüdischer Mitglieder, vgl. die Beiträge Werner Skrentnys, in: Dietrich Schulze-Marmeling (Hg.), Davidstern und Lederball. Die Geschichte der Juden im deutschen und internationalen Fußball, Göttingen 2003; Nils Havemann, Fußball unterm Hakenkreuz. Der DFB zwischen Sport, Politik und Kommerz, Frankfurt/New York 2005, 155–172, eine Studie, die vom DFB in Auftrag gegeben wurde, erweist sich ebenfalls als sehr aufschlussreich – allerdings eher bezogen auf den Autor als auf die Thematik. Havemann verfasste den Abschnitt, der sich mit der Diskriminierung von Juden befasst (155–172), offensichtlich mit der Intention, Verständnis für die Maßnahmen des DFB aufzubringen.

[3] Dies trifft auch auf die bisher immer noch einzige Studie zum Profisport im Dritten Reich zu; vgl. Hajo Bernett, Die nationalsozialistische Sportführung und der Berufssport, in: Sozial- und Zeitgeschichte des Sports 4 (1990) H. 1, 7–33.

[4] Vgl. Arthur Heinrich, Der Deutsche Fußballbund, Eine politische Geschichte, Köln 2000, 76.

[5] Vgl. ebd., 100 ff.

[6] Nachweis der Zitate: H. Seibold, Sport und Schule, in: Fußball 10 (1920), 10.3.; Eduard Sütterle, Vom Geiste des Fußballsportes, in: Fußball 11 (1921), 17.8.; Arthur Heinrich, Der Deutsche Fußballbund. Eine politische Geschichte, Köln 2000, 89. Dass angesichts des für die Republik als typisch erachteten „Parteiengezänks" und „Klassenhasses", den Vereinen des DFB, vor allem ihren Fußballmannschaften, der Charakter einer klassen- und milieuübergreifenden „Volksgemeinschaft im Kleinen" zukomme, war ein weitverbreiteter Topos in den Debatten des bürgerlichen Fußballs, dessen Rezeption sich bis in die Zeit des Dritten Reiches verfolgen lässt; vgl. Zum Opfertag des deutschen Fußballs, in: Der Kicker 16 (1935), 19.11.

[7] Zur weltanschaulichen Fundierung des Amateurismus im DFB, vgl. Arthur Heinrich, Der Deutsche Fußballbund. Eine politische Geschichte, Köln 2000, 88–92, sowie den programmatischen Artikel von Felix Linnemann, Viel Lärm um Nichts, in: Fußball 10 (1920), 18.8.

[8] Nachweis der Zitate: Gedanken, die dazu gehören, in: Fußball 11 (1921), 15.6.; Für oder gegen Profis?, in: Fußball 10 (1920), 7.9.; Vom Spielfeld verwiesen, in: Fußball 11 (1921), 27.9.

[9] Das Fehlen antisemitischer Argumentation kann in allen gesellschaftspolitischen Fragen, mit welchen die Leibesübungen in Deutschland während der zwanziger Jahre konfrontiert wurden, als eigentliche Bruchlinie zwischen bürgerlicher und nationalsozialistischer Sporttheorie ausgemacht werden; vgl.: Hans Joachim Teichler, Internationale Sportpolitik im Dritten Reich, Schorndorf 1991, 43 f.

[10] Vgl. Bruno Malitz, Die Leibesübungen in der nationalsozialistischen Idee, München 1933; Volker Boch, Berlin 1936. Die Olympischen Spiele unter Berücksichtigung des jüdischen Sports (= Konstanzer Schriften zur Schoáh und Judaica, Bd. 10), Konstanz 2002, 32.

[11] Nils Havemann setzt aufgrund von einigen antisemitisch konnotierten Aussagen aus den Reihen des bürgerlichen Fußballs eine entsprechende Aufladung der Debatte bereits vor 1933 an; vgl. Nils Havemann, Fußball unterm Hakenkreuz. Der DFB zwischen Sport, Politik und Kommerz, Frankfurt/New York 2005, 161 und 385. M. E. allerdings ist es unzulässig, von vereinzelten Stellungnahmen auf Dis-

kurse strukturierende Muster zu schließen. Hätte Havemann über ausreichende Kenntnisse der relevanten Quellen verfügt, so hätte wohl auch von ihm die plötzliche inhaltliche Veränderung der Profidebatte im Frühjahr 1938 konstatiert werden müssen.

12 Vgl. Guido von Mengden, Deutschlands Fußball in der Feuerprobe, in: Reichssportblatt 1 (1934), 3.6.

13 Ausgestattet mit dem Führerprinzip, konnte Linnemann im Sommer 1933 die Pläne einer Profiliga zunichte machen und im Anschluss daran mit einem neuen Amateurstatut eine noch rigidere Ahndung unerlaubter Zahlungspraktiken als zur Zeit der Weimarer Republik durchsetzen; vgl. Interessengemeinschaft Deutscher Berufsfußballclubs (Hg.), Denkschrift über die Notwendigkeit einer Bereinigung der Verhältnisse im deutschen Fußballsport durch Trennung von Amateur- und Berufssport, [Stuttgart] 1947, 6; Neue Amateur-Bestimmungen des DFB, in: Der Kicker 14 (1933), 5.9.

14 Vgl. Michael John, Österreich, in: Christiane Eisenberg, Fußball, soccer, calcio. Ein englischer Sport auf seinem Weg um die Welt, München 1997, 65–93, hier: 74.

15 Hingewiesen sei etwa auf die antisemitischen Kolumnen des Wiener Sport-Tagblattes und des Sport-Papageis, sowie auf die Polemik der Arbeiterpresse im Zusammenhang mit der Hakoah; vgl. Michael John/Dietrich Schulze-Marmeling, „Haut's die Juden!", Antisemitismus im europäischen Fußball, in: Fußball und Rassismus, Göttingen 1993, 133–158, hier: 137.

16 Vgl. Roman Horak/Wolfgang Maderthanner, Mehr als ein Spiel. Fußball und populare Kulturen im Wien der Moderne, Wien 1997, 134f; Michael John, Österreich, in: Christiane Eisenberg, Fußball, soccer, calcio. Ein englischer Sport auf seinem Weg um die Welt, München 1997, 68 f.

17 Verklausuliert sprach Der Kicker mitunter diese Problematik an; vgl. Zum letzten Male: Österreich – Deutschland, in: Der Kicker 19 (1938), 29.3.

18 Sport am Scheideweg, in: Völkischer Beobachter. Wiener Ausgabe, 21.3.1938.

19 Zit. nach: Hajo Bernett, Die nationalsozialistische Sportführung und der Berufssport, in: Sozial- und Zeitgeschichte des Sports, Heft 4 1990, 24.

20 Die Wiener Tagespresse vom Frühjahr 1938 beherrschte bis zur Perfektion den indirekten Angriff auf bestimmte Persönlichkeiten des Wiener Fußballlebens. Namen wurden selten genannt, entsprechende Umschreibungen ließen jedoch keinen Zweifel, welche Person konkret angesprochen war.

21 Sport am Scheideweg, in: Völkischer Beobachter. Wiener Ausgabe, 21.3.1938; vgl. hierzu auch: Sport ohne Schminke, in: Völkischer Beobachter. Wiener Ausgabe, 3.4.1938.

22 Ein Jahr Leibeserziehung in der Ostmark, in: Völkischer Beobachter. Wiener Ausgabe, 12./13.3.1939.

23 Vgl. Wie wird das Fußballprogramm der Ostmark?, in: Völkischer Beobachter. Wiener Ausgabe, 25.6.1938.

24 Sport am Scheideweg, in: Völkischer Beobachter. Wiener Ausgabe, 21.3.1938.

25 Vgl. Sekretariat geschlossen. Austria-Leitung nicht vertrauenswürdig, in: NS Telegraf. Wien am Mittag, 16.3.1938.

26 Rudolf Kastl, Sport-Tagebuch, in: Wiener Neueste Nachrichten, 13.3.1938.

27 Wiens Sportler und Turner empfangen den Reichssportführer, in: Völkischer Beobachter. Wiener Ausgabe, 28.3.1938.

28 Nachweis der Zitate: Ludwig Haymann, Sport und Nationalsozialismus, in: Völkischer Beobachter. Wiener Ausgabe, 24.3.1938; Wiens Sportler und Turner empfangen den Reichssportführer, in: Völkischer Beobachter, Wiener Ausgabe, 28.3.1938.

29 Vgl. Einer neuen ruhmreichen Zukunft entgegen?, in: Völkischer Beobachter. Wiener Ausgabe, 20.7.1938; M.J. Leuthe, Abkehr vom Berufsspielertum, in: Der Kicker 19 (1938), 28.6.; Die Wiener Profis arbeiten […], in: Der Kicker 19 (1938), 16.8.; Bernett, Die nationalsozialistische Sportführung und der Berufssport, in: Sozial- und Zeitgeschichte des Sports, Heft 4 1990 24; Michael John, Österreich, in: Christiane Eisenberg, Fußball, soccer, calcio. Ein englischer Sport auf seinem Weg um die Welt, München 1997, 77.

30 Vgl. Für Juden verboten, in: Völkischer Beobachter. Wiener Ausgabe, 7.10.1938.

31 Angesichts der sensationellen 9:0-Niederlage gegen Schalke 04 wurde in Wien allgemein „Schiebung" vermutet. Für zusätzliche Erregung sorgte eine am Schalker Star Fritz Szepan begangene schwere Tätlichkeit des Admira-Spielers Klacl; vgl. Schalke eine große Meisterelf, in: Der Kicker 20 (1939), 20.6.

32 Guido von Mengden, Schlusswort zu neuem Anfang, in: NS-Sport 1 (1939), 25.6.

33 Vgl. John, Österreich, 75f; Auswirkungen der Säuberungsaktion, in: NS Telegraf. Wien am Mittag, 16.3.1938.

34 Rudolf Kastl, Sport-Tagebuch, in: Wiener Neueste Nachrichten, 13.3.1938.

35 Ebd.

36 Vgl. John, Österreich, 76f; Karl-Heinz Schwind, Geschichten aus einem Fußball-Jahrhundert, Wien 1994, 112.

37 Entsprechend dem Nationalitätenprinzip gliederte sich der Tschechoslowakische Fußballverband in der Zwischenkriegszeit in mehrere Unterverbände. Separate Dachorganisationen bestanden für tschechische und slowakische, für deutsche, für ungarische sowie für jüdische Vereine; vgl. Beckmanns Sportlexikon, Leipzig, Wien 1933, Sp.2287f. Der Spitzenklub des DFV, der Teplitzer FK, beteiligte sich zwischen 1929 und 1936 an der jährlich ausgespielten Staatsmeisterschaft.

38 Vgl. Die sudetendeutschen Sportler und der völkische Zusammenschluss, in: Der Kicker 19 (1938), 26.4.; Lutz Koch, Europa-Fahrtenbuch, in: Der Kicker 19 (1938), 3.5.

39 Arthur Keser, Heimkehr, in: Reichssportblatt 5 (1938), 6.12.

40 Das Aufgreifen des antisemitischen Profidiskurses durch den Kicker lässt sich fast auf den Tag genau auf Anfang Mai 1938 datieren. Weshalb ausgerechnet zu diesem Zeitpunkt, und nicht etwa mit dem „Anschluss" Österreichs, darüber können anhand der Analyse des Kicker keine Aussagen getroffen werden.

41 Nachweis der Zitate: Aus der Stadt des falschen Goldes, in: Der Kicker 20 (1939), 21.3.; Großer Säuberungsprozeß im Sudetenland, in: Der Kicker 19 (1938), 3.5.

42 Sudetengau, in: Der Kicker 19 (1938), 25.10.

43 Schattenseiten des ehemaligen sudetendeutschen Profitums, in: Der Kicker 19 (1938), 25.10.

44 Hinsichtlich der Instrumentalisierung von Spitzenspielern im Dritten Reich, wurde diese Frage erstmals im Kontext der Analyse eines 1936 erschienenen Portraits der beiden Schalker Fritz Szepan und Ernst Kuzorra erörtert: Heinz Berns/Herrmann Wiersch, Das Buch vom deutschen Fußballmeister – Szepan und Kuzorra. Die Geschichte zweier Mannen und einer Mannschaft, Wattenscheid 1936. Ku-

zorra wird darin mit Aussagen nationalsozialistischen Inhalts zitiert, deren sprachlicher Stil eine andere Urheberschaft nahe legt; vgl. Siegfried Gehrmann, Fritz Szepan und Ernst Kuzorra – zwei Fußballidole des Ruhrgebiets, in: Sozial- und Zeitgeschichte des Sports 2 (1988) 3, 57–71, hier: 69f; Dietrich Schulze-Marmeling, Der gezähmte Fußball. Zur Geschichte eines subversiven Sports, Göttingen 1992, 120 f.

[45] Vgl. Zum Amateurstandpunkt zurückgekehrt, in: Völkischer Beobachter. Münchener Ausgabe, 22. 6. 1938.

[46] Großer Säuberungsprozeß im Sudetenland, in: Der Kicker 19 (1938), 3.5.

[47] Vgl. ebd.

[48] Zum Amateurstandpunkt zurückgekehrt, in: Völkischer Beobachter. Münchener Ausgabe, 22. 6. 1938.

[49] Vgl. Sudetendeutscher Brief, in: Der Kicker 19 (1938), 28.6.

[50] Vgl. F. Richard, Tagebuch, in: Fußball 29 (1939), 21.3.

[51] Wolfgang Menzel, Heimkehr, in: Reichssportblatt 5 (1938), 1.11.

[52] Vgl. etwa F. Richard, Tagebuch, in: Fußball 29 (1939), 21.3.

[53] Vgl. Livia Rothkirchen, The Jews of Bohemia and Moravia: 1938–1945, in: Avigdor Dagan (ed.), The Jews of Czechoslovakia. Historical Studies and Surveys, Vol. III. Philadelphia, New York 1984, 3–74, hier: 4.

[54] Vgl. Doch Profis, in: Der Kicker 20 (1939), 18.7.

[55] Vgl. Der französische Sport nach dem Zusammenbruch, in: NS-Sport 2 (1940), 25.8

[56] Eine der Hauptfiguren des ehemaligen bürgerlichen Fußballsports, Felix Linnemann, vollzog trotz seiner frühen Ergebenheitsadressen gegenüber dem NS-Regime, die rassistische Wendung in der Amateurfrage nicht mit. Noch Anfang der vierziger Jahre blieb er, nun als Reichsfachamtsleiter, der Argumentation der zwanziger Jahre treu; vgl. Felix Linnemann, Wird die Berufsspieler-Frage im Fußball ein Problem?, in: Der Kicker 21 (1940), 12.11.

[57] Ernst Werner, Ein Leben mit Fußball, in: Reichssportblatt 8 (1941), 15.8.

[58] Otto Nerz, Europas Sport wird frei vom Judentum, in: Das 12 Uhr Blatt, 4. 6. 1943.

[59] Vgl. Telegramme, in: Der Kicker 20 (1939), 6.6.; Hanns J. Müllenbach, Glossen, in: Der Kicker 21 (1940), 23.7.

[60] Hanns J. Müllenbach: Glossen, in: Der Kicker 21 (1940), 23.7.

[61] Otto Nerz, Europas Sport wird frei vom Judentum, in: Das 12 Uhr Blatt, 4. 6. 1943.

12. Fußball und seine Funktionen für das Überleben im Exil: Das Beispiel der NS-Flüchtlinge in Shanghai

Albert Lichtblau

Die Exilforschung konzentrierte sich immer wieder – und das natürlich zu Recht – auf die Leistungen der Kreativen, die Werke von bleibender Dauer hinterlassen haben. Auch dem Exil der „kleinen Leute" wurde zusehends Raum beigemessen und wir wissen dank der vielfältigen Forschungssträne sehr viel über die Bedingungen des Lebens in den verschiedenen Orten des Exils so auch über das Leben der dem Nationalsozialismus Entkommenen in der mit einem „International Settlement" und der „French Concession" versehenen chinesischen Stadt Shanghai.

Zunächst jedoch kurz zu den Eckdaten: Die Exilforschung beziffert die Zahl der Shanghai-Flüchtlinge mit ca. 18.000 Personen, wobei auch Zahlen zwischen 20.000 und 30.000 genannt worden sind. Es dürften ca. zehn Prozent der religiös jüdisch-orthodoxen Richtung angehört haben. Der Anteil der aus der jüdischen Religion Ausgetretenen und der Personen, die in sogenannter Mischehe lebten, betrug ca. 13 Prozent. Insgesamt orientierte sich die überwiegende Mehrheit der Flüchtlinge in Shanghai eher an einem weltlichen Lebensstil.[1] Mehr als ein Drittel der Shanghai-Flüchtlinge dürfte aus Österreich gekommen sein.

Die Bewältigung des Alltags unter den Bedingungen der Vertreibung, des sozialen Statusverlusts, des tobenden Krieges und der Angst um Familienmitglieder und befreundete Menschen, die noch in den Fängen der Nationalsozialisten waren, wurde in der wissenschaftlichen und autobiographischen Literatur vielfach beleuchtet. Dass das mit den Nationalsozialisten verbündete Japan die kolonial geführte Macht über Shanghai ausübte, belastete das Leben der jüdischen Flüchtlinge zusätzlich, besonders nach dem Kriegseintritt Japans und der erzwungenen Ghettoisierung der Flüchtlinge.

Dieser Beitrag betrachtet die Exilerfahrungen hauptsächlich aus männlichen Blickwinkeln. Auf Grundlage der Analyse von Lebenserinnerungen und Oral History Interviews fand die Exilforschung heraus, dass sich die Belastung der Vertreibung und des Exils auf Männer und Frauen unterschiedlich auswirkte. Generell wird die These vertreten, dass Männer wesentlich größere Schwierigkeiten hatten, mit der Situation des Exils klarzukommen. Es lag nicht daran, dass es Frauen im Exil leichter hatten als Männer, sondern dass Frauen eher bereit waren, sich auf die Realität des Exils einzulassen und sehr schnell versuchten, einen Exilalltag zu leben.

Oder: Wenn Frauen mit Kindern flüchten mussten, knüpften sie schneller soziale Kontakte. Männer hingegen gerieten durch den Verlust von Arbeit, Status und anerkannter Berufsausbildung in tiefere psychische Krisen. Das aus der Literatur übernommene Bild vom „Wartesaal des Exils"[2] betrachtet die Exilforscherin Siglinde Bolbecher als einen „Männersaal".[3] In ihm warten Männer, die keine Zukunft vor sich zu haben scheinen, sie flüchten dorthin aus ihren furchtbaren Wohnungen und richten sich eine Art „Café der zuwartenden Apathie" ein. Auf Shanghai traf dieses Bild für viele der vertriebenen Männer zu. Sport bot einigen von ihnen die Möglichkeit, aus dem das Selbstwertgefühl noch tiefer untergrabenden Phlegma auszubrechen.

Sportliche Betätigung wird in den meisten Darstellungen über das Exil in Shanghai zwar erwähnt, meistens jedoch nur nebenbei. Hier soll der Frage nachgegangen werden, wie sich am Rand der Alltagskultur einer temporären Exilgesellschaft die zentralen Merkmale der Exilschicksale abbildeten.

Aufmerksam auf das Thema wurde ich vor allem durch Oral History Interviews mit ehemaligen Shanghai-Flüchtlingen, in denen sie den Fußballsport immer wieder erwähnten. Da Sport für das Selbstverständnis der deutschen und österreichischen jüdischen Bevölkerung vor dem Nationalsozialismus eine eminent wichtige Rolle gespielt hatte, versuchte ich der Frage nachzugehen, was davon im Exil übriggeblieben war. Mit Hakoah Wien hatte in der Saison 1924/25 eine jüdische Fußballmannschaft die österreichische Meisterschaft gewonnen und damit das antisemitische Klischee vom „unsportlichen Juden" ad absurdum geführt. Dies erfüllte nicht nur sportbegeisterte Juden und Jüdinnen mit Stolz, sondern auch jene, die sich nur mehr lose an die jüdische Zugehörigkeit gebunden fühlten. Sport spielte also vor dem Nationalsozialismus eine wichtige Rolle für die Selbstbehauptung der jüdischen Bevölkerung gegenüber einer immer offener antisemitisch agierenden Umwelt. Sport förderte nicht nur den inneren Zusammenhalt, gab Selbstvertrauen und „Kraft", sondern half auch, der unter starkem Druck der antisemitischen Umwelt stehenden jüdischen Identität eine positive Seite abzugewinnen. In Interviews mit NS-Flüchtlingen, die in Shanghai Zuflucht gefunden hatten, fiel mir auf, dass die aus Europa mitgebrachte Begeisterung für den Fußballsport in das Exilleben herübergerettet und ausgelebt wurde. Doch anders als zuvor in Deutschland und Österreich ging es nicht so sehr um den Wettbewerb mit Fußballmannschaften anderer ethnischer oder religiöser Gruppen. Sport war weniger Ausdruck der Selbstbehauptung gegenüber der nichtjüdischen Gesellschaft, als vielmehr vor allem die Fortsetzung einer alltagskulturellen Praxis, die aus Europa nach Shanghai transferiert worden war.

Sport hatte für die Exilanten viel mit dem Kampf ums Überleben zu tun. Wie Vereine, Treffpunkte wie Cafés und Restaurants, Kinos, Tanzveranstaltungen oder eher virtuelle Treffpunkte wie Zeitungen und Radiosendungen, bot der Fußball ein dichtes Kommunikations-Netzwerk an, das im Falle von Krisen oder von benötigter Hilfestellung zur Existenzsicherung in Anspruch genommen werden konnte. Wie sehr die sozialen Netzwerke der Sportwelt bereits vor dem Nationalsozialismus, während des Exils in Shanghai, aber auch noch danach genutzt wurden, wird vor allem am Beispiel des in Shanghai herausragenden Fußballers Leo Meyer gezeigt werden.

Dass in zahlreichen Exilländern von Exilanten Fußball gespielt wurde, verweist nicht nur auf die vorangegangene Identifikation junger jüdischer Männer mit dieser Sportart, sondern auch auf das grundlegende Bedürfnis der Ausübenden, sich dadurch kulturell auszudrücken und sich zu stabilisieren. Shanghai ist hierfür nur ein Beispiel von vielen, denn die Fußballbegeisterung kann auch an Exilorten beobachtet werden, in denen diese Sportart an sich wenig populär war. Selbst im wenig fußballbegeisterten New York wurde mit der Eastern District Soccer League eine eigene jüdische Liga gegründet.[4] In Sosua (Dominikanische Republik) mussten jüdische Flüchtlinge eine landwirtschaftliche Siedlung aus dem Erdboden stampfen. Sie haben dabei sofort einen Fußballplatz hergerichtet. Der Fußballsport bot eine Kontinuitätslinie zum Leben vor der Vertreibung an, die als biographischer Bruch erlebt wurde. Alltagskultur – seien es Essen, Musik, Sprache, Werte im alltäglichen Umgang miteinander oder seien es zwischengeschlechtliche Beziehungen – war eine wichtige Klammer, die den Bruch zu kitten half. In Shanghai war die Rückbesinnung auf mitgebrachte Praktiken deswegen so stark, weil es nur für wenige die Perspektive eines dauerhaften Aufenthaltes gab und die Existenz eines „Lebens im Wartesaal" die Integration in die Kultur des Exilortes wenig Sinn zu machen schien.

Die Exilerfahrung in Shanghai gehörte sicherlich zu den beschwerlichsten, alleine schon wegen der Entfernung, der kulturellen Differenz und der ungewohnten klimatischen Bedingungen. Sehr oft wird übersehen, dass die Vertriebenen in eine von Kampfhandlungen, spannungsgeladene Situation gelangten. 1937 etwa bombardierten japanische Kampftruppen den von vorwiegend chinesischer Bevölkerung bewohnten Stadtteil Hongkew, also jenen Stadtteil, in dem am 18. Mai 1943 von den Japanern die „designated area" errichtet wurde, das de facto-Ghetto für die NS-Flüchtlinge. Massive Zerstörungen und zivile Todesopfer waren die Folge des Angriffs.[5]

Die Jewish League
Der Fußballsport war in China schon früh durch den Einfluss der dort lebenden Europäer etabliert worden. So fanden in Shanghai bereits 1879 Spiele statt, 1887 wurde der Shanghai Football Club gegründet und 1910 die Shanghai Football Association. Der anfänglich europäisch geltende Sport wurde auch für chinesische Sportbegeisterte immer attraktiver und trotz der Dominanz der von in Shanghai lebenden Europäern geführten Teams etablierten sich Mannschaften mit chinesischen Spielern. In der Saison

1926/7 spielten bereits drei chinesische Teams in der Shanghai League.[6]
1931 wurde die Fußballsektion der Chinese Amateur Athlethic Association
von der FIFA anerkannt.[7] 1936 nahm die chinesische Fußballmannschaft
bei den Olympischen Sommerspielen in Deutschland teil, allerdings ohne
Erfolg.[8]

Den Aufstieg in die Shanghai League, in der gegen chinesische und
Mannschaften anderer Zuwanderergruppen gespielt wurde, schaffte nur eine jüdische Mannschaft: der Jewish Recreation Club, kurz J. R. C. Der Club
war bereits 1912 von russischen Juden gegründet worden.[9] Der Fußballmannschaft des J. R. C gelang jedoch erst 1933 der Aufstieg in die erste Division der Shanghai League. Einige der besten Fußballer der NS-Flüchtlinge, wie Leo Meyer und Horst – er nannte sich in den USA Robert H. – Winokur, spielten später für diese Mannschaft.

Die „europäischen" Mannschaften spielten aber – so wird berichtet – nur
widerwillig gegen chinesische Teams, da es immer wieder zu Unruhen und
Attacken gegen Schiedsrichter kam. Daran erinnerte sich auch der Herausgeber der Zeitung „Sport", Fred Fields. Auf die Frage nach seiner, den Fußballsport betreffenden Lieblingserinnerung, erzählte er nach einer kurzen
Nachdenkpause nicht nur vom Sieg „unserer Leute" gegen eine Auswahlmannschaft der in Shanghai lebenden Briten, sondern auch von einem Spiel
der jüdischen gegen eine chinesische Auswahlmannschaft, das vom jüdischen Team gewonnen wurde. Die chinesischen Fans seien darüber außer
Rand und Band geraten und hätten versucht, in ihrer Empörung die Sitz-
bänke anzuzünden.[10]

Als immer mehr jüdische Flüchtlinge aus Deutschland und Österreich in
Shanghai eintrafen, bemühte sich der J. R. C. zu helfen. Im Dezember 1938
traf sich das Exekutivkomitee des J. R. C. zum Thema „Sport for the Emi-
grants", und am 23. April 1939 wurde das erste Spiel von zwei, aus Flüchtlingen bestehenden Teams am Kinchow Place veranstaltet. Die beiden
Teams wurden vom J. R. C. zusammengefasst und für die Dritte Division
der Shanghai League nominiert. Damit war ein Impuls gegeben, und die jüdischen Flüchtlinge gründeten bald eine eigenständige Liga. Mit der Saison
1940/41 nahm die Jüdische Liga (Jewish League), der bis zu acht Mannschaften angehörten, ihren Spielbetrieb auf. Sie wurde in drei Divisionen
unterteilt, es gab auch eine Jugendliga mit Schülerteams. Gespielt wurde zunächst auf einem Platz an der Kinchow Road, der später aufgegeben werden
musste, da er für eine Schule benötigt wurde. Der J. R. C. kümmerte sich
um einen neuen Austragungsort in der Chaoufoong Road, wo am 16. November 1941 der Spielbetrieb aufgenommen wurde und auf dem auch die
Spiele der Jüdischen Liga ausgetragen wurden.[11]

Mannschaften und Meisterschaften

Die erfolgreichste Mannschaft war der A. H. V. Die Abkürzung A. H. stand für „Alte Herren". Ihr gehörten vielfach ältere Spieler an, die bereits in Deutschland oder Österreich aktiv tätig gewesen waren und somit Spielererfahrung hatten. Der A. H. V. gewann die Meisterschaft der Jüdischen Liga 1941/42, 1943/44 und 1944/45. Die erste Meisterschaft, jene der Saison 1940/41, hatte eine Mannschaft namens Embankment gewonnen, 1942/43 wurde Barcelona Meister der Jüdischen Liga. Die Benennung Barcelona beruhte auf dem gleichnamigen, in der Chusan Road 21 gelegenen Café und Restaurant mit Wiener Küche, dessen Besitzer die Mannschaft finanziell unterstützte.[12] Der Name Embankment wurde vom Embankment Building abgeleitet, in dem die Aufnahmestelle für die ankommenden Flüchtlinge untergebracht war.[13] Ebenfalls nach seinen Sponsoren nannte sich die Mannschaft Shanghai Jewish Chronicle, die 1946 in Blau Weiß umbenannt wurde. Ein Name durfte auch in Shanghai nicht fehlen: jener des legendären österreichischen, zionistisch orientierten Allround-Sportklubs Hakoah. Dem Hakoah gehörten in Shanghai jedoch nicht nur Österreicher bzw. Wiener, sondern auch Flüchtlinge aus Deutschland an. Eine weitere Mannschaft nannte sich Wayside, nach einer in Hongkew gelegenen Straße, in dem eines der Heime für die ärmste Schicht der Flüchtlinge lag. Dort lebten jene, die kaum Arbeit fanden, um für sich und ihre Angehörigen zu sorgen. Ohne Geld und z. T. mit den von Müttern und Frauen geschneiderten Trikots traten sie an. Horst Winokur spielte als Tormann auch für Wayside. Auf die Frage, welche Spiele wirklich „heiß" waren, fiel ihm jenes zwischen den A. H. V. und den „kids", die bei Wayside spielten, ein. „And when we went out and played against the A. H. V. and we beat them, that was a big thing. Unbelievable, you know. How could those kids beat the A. H. V.?"[14]

Weitere Mannschaften hießen United und B. N. Z. (Maccabi). Die Abkürzung B. N. Z. stand für Brith Noar Zioni. Es gab aber auch noch andere Mannschaften, etwa das so genannte Häusler Team, das vom gleichnamigen Marmeladen-Hersteller unterstützt wurde.[15] Oder Al Cock, benannt nach einer Straße, in dem ein weiteres Wohnheim lag.

Sport unter schwierigen Bedingungen: Klima und Krieg

Angesichts der schwierigen klimatischen Bedingungen und der geringen finanziellen Mittel konnten in der Jewish League keine hohen Ansprüche gestellt werden. Die Sommer waren für europäische Verhältnisse extrem heiß und die Emigranten litten unter der Hitze. Im Juli schwankte die Temperatur zwischen 15,9 und 40,4 Grad Celsius. Deswegen wurden die Spiele – so Fred Fields – eher spät angesetzt. In der Zeitung „Gelbe Post" hieß es über das Klima: „Im Übrigen ist nicht die Höhe der Temperatur das übelste am Shanghaier Sommer, sondern die Feuchtigkeit."[16] Der Shanghai Jewish Chronicle schrieb beispielsweise über den schlüpfrigen Boden bei einem

Cupspiel der Mannschaft Embankment, „dass man die Spieler mehr auf dem Boden als auf den Fuessen sah".[17] Der Platz der jüdischen Liga bestand lediglich aus Erde. Um das Wasser abzuleiten, bohrte man kleine Löcher in das Feld, damit trotz schlechter klimatischer Bedingungen bei Nässe gespielt werden konnte.[18]

Improvisation war für die unter den Exilbedingungen lebenden Fußballfanatiker alles. Manche hatten Fußballschuhe aus Europa mitgebracht, andere fanden welche in Shanghai, wieder andere wussten sich anders zu helfen. So fertigte ein aus Wien stammender Schuhmacher die Sohlen der Fußballschuhe aus alten Gummireifen an.[19]

Eine Besonderheit waren die Spiele um den „Mini Soccer Pokal" auf halbiertem Spielfeld mit verkleinerten Toren, einem leichteren Ball, mit sieben Spielern und verkürzter Spielzeit. Damit konnte der heiße und feuchte Sommer nach Saisonende genutzt und die Sonntagsunterhaltung für Fußballfanatiker aufrechterhalten werden.

Der Platz der Jüdischen Liga lag in Hongkew, also jenem Stadtteil, in dem die Flüchtlinge ab 1943 von den japanischen Okkupanten ghettoisiert wurden und in dem sie unter extrem schwierigen Bedingungen leben mussten. Während des Krieges herrschten dort japanische Bürokraten brutal über die zusammengepferchten Flüchtlinge.[20] Die Selbstherrlichkeit eines Mannes namens Kanoh Ghoya, der sich selbst „König der Juden" bezeichnete, richtete sich auch einmal gegen die Fußballer. Ein Artikel der in New York herausgegebenen Exilzeitung Aufbau berichtet, dass Ghoya den Fußballplatz sperren und die Fußballfunktionäre zu sich bestellen ließ. Wie in anderen Fällen, hat er sie willkürlich geschlagen. Für einige Wochen blieb der Spielbetrieb unterbrochen. Dem danach wieder aufgenommenen Spielbetrieb fehlte es zunächst an der Freude seiner Spieler und Zuschauer.[21]

Für den Spielbetrieb wurden Luftschutzbestimmungen erlassen, die beispielsweise im Shanghaier Sportkalender 1945 abgedruckt worden sind. Demnach mussten Spiele bei jedem Alarmzeichen sofort abgebrochen werden.[22]

Ablenkungs- und Stabilisierungsfunktion

Die enorme Differenz in der Lebensgestaltung zwischen den europäischen Flüchtlingen und der ortsansässigen Bevölkerung, die für viele schwer erlernbare chinesische Sprache, bittere Armut, die Ungewissheit, wie es weitergehen würde, die Sorge um Befreundete und Verwandte in Europa, die Okkupation der Stadt durch die mit den Deutschen verbündeten Japaner, die Ghettoisierung und der Krieg belasteten den Alltag der jüdischen Flüchtlinge tagtäglich enorm. Das Fußballspiel bekam hier einen hohen Stellenwert zumindest für die körperliche und psychische Stabilisierung der von Verzweiflung bedrohten Männer. Auf die Frage, was am Sport in Shanghai eigentlich wichtig gewesen sei, meinte Fred Fields, es sei die Ablenkung vom traurigen Dasein gewesen. Außerdem hätte der Sport den jüngeren Männern eine körperlich gute Kondition ermöglicht.

Der Sport im Allgemeinen und Fußball im Besonderen waren für die Flüchtlinge eine willkommene Zerstreuung an den Sonntagen. Es sei wie eine Therapie gewesen, erinnert sich Alfred Zunterstein, der in Shanghai nicht nur als Fußballer, sondern auch als „Boxer Zunterstein" bekannt war. Sport lenkte von den tagtäglichen Sorgen ab und die Nerven fanden eine Entlastung. Für Alfred Zunterstein war Sport auch eine Art Heimatersatz.[23]

Spannungsabbau nennt Robert H. Winokur die Funktion des Sports im Shanghaier Exil. Alfred Lambert sieht es ähnlich: „Es war wunderbar. Es war eine große Abwechslung für uns. Unter der Woche hatten wir gearbeitet, und sonntags haben wir Fußball gespielt."[24] Kurt Duldner persiflierte eine katholisch-deutschsprachige Redewendung: „Fußball war das Amen im Gebet am Sonntag."[25]

Ob als Sportler oder als Zuschauer: Sport bot den unter psychischen Druck Lebenden eine Art Ventil. Schreien war erlaubt und erwünscht, wenn es darum ging, die Mannschaft anzufeuern oder die Entscheidung eines Schiedsrichters lautstark zu kritisieren. Damit fanden die aufgestauten Aggressionen eine ritualisierte Form des Ausdrucks und bewahrten die Menschen davor, sie in sich „hineinzufressen" bzw. gegen andere auszuleben.

Attraktivität

„Hätte ich zu Hause sitzen sollen und Daumen drehen?", meint auch Anne Bernfield, die als junge Frau in Shanghai lebte. Fußball gehörte für sie – wie für viele andere – zu den Zerstreuungen und Selbstbehauptungsstrategien, ebenso wie Theater oder Kabarett.[26] Ihr Vater hatte beim Wiener WAC und in Wiesbaden gespielt, jedoch seine aktive Laufbahn bereits vor der Flucht aufgegeben. Erst in Shanghai begann er wieder zu spielen, und zwar in der Altherren-Mannschaft.[27] Nach den Spielen ging es für Anne Bernfield – wie für viele andere Zuschauerinnen und Zuschauer – in die Gaststätten, die als Art Cafés bzw. Nightclubs fungierten.

Die Armut untergrub das Selbstbewusstsein der Männer massiv. Fußball war eine Strategie, wie die jungen Spieler bei den Frauen attraktiv wirken konnten. Leicht war es für junge Männer in Shanghai ohnedies nicht, schon alleine wegen des Überschusses an Männern, aber auch weil sie den Frauen kaum materielle Sicherheit und eine Zukunft bieten konnten.[28] Kurt Duldner sieht den damaligen Zusammenhang von Sport und Beziehungsanbahnung ganz klar: „Alle unsere verehrten Damen waren dort. [...] Junge Damen waren das einzig wichtige." Die Vereine organisierten Veranstaltungen mit Musik und Tanz und dies gab den jungen Männern Gelegenheit, Frauen zu treffen bzw. einzuladen. Auch Robert H. Winokur bestätigt, dass es nicht nur um die Spiele ging, sondern auch um Geselligkeit: „We always had a wonderful party. If we won we had a party. If we lost we had a party."[29]

Die guten Sportler profitierten auf Grund ihrer guten physischen Konstitution. Ihr Selbstwertgefühl stieg, hatten sie doch bessere Chancen bei den jungen Frauen, wie Fred Fields im Interview bestätigt. Gute Sportler bekamen außerdem eher Jobs als Kellner oder Kassierer, konnten also besser verdienen und das wiederum steigerte in ihrer Wahrnehmung auch ihre Attraktivität. Aber sie konnten auch aus der Anonymität heraustreten und mit ihrer Einsatzbereitschaft und Begeisterungsfähigkeit imponieren. Grete Winokur stammte aus Wien und lernte ihren aus Berlin stammenden Ehemann erst in Shanghai kennen. Begeistert erzählt sie, wie die jungen weiblichen Fans hinter dem Tor ihres späteren Mannes standen und ihn mit den Rufen „Horsti, Horsti" anfeuerten.[30]

Jüdische Identität

Während Hakoah in Wien als zionistischer Verein galt, obwohl ihm auch Sportler angehört hatten, die nicht-zionistisch orientiert gewesen waren, spielte im Exil-Fußballsport Shanghais die Betonung der jüdischen Identität nur insofern eine Rolle, als die Liga eine ausschließlich jüdische war. Die Spiele des J. R. C. in der Shanghai League hingegen präsentierten die Exilgemeinde nach außen hin. Verfolgung und Vertreibung zwangen auch jene, die in Österreich oder Deutschland nur mehr lose Wurzeln zur jüdischen Herkunft hatten, sich darauf zu besinnen. Die hohe Zahl der in so genannten Mischehen Lebenden bzw. in Mischehen Geborenen wurde bereits angesprochen. Robert H. Winokur war Sohn eines russisch-jüdischen Kriegsgefangenen aus dem Ersten Weltkrieg, der eine nichtjüdische Berlinerin geheiratet hatte. Der Sohn wusste nichts von der jüdischen Herkunft seines Vaters, er war sogar Mitglied eines deutschnationalen Turnvereins. Erst nach der Machtübernahme der Nationalsozialisten wurde ihm eröffnet, dass sein Vater Jude sei. Es war ein Schock für den damals zehnjährigen Berliner Jungen. In Shanghai hingegen identifizierte er sich vollständig mit der jüdischen Schicksalsgemeinschaft. Als Boxer trat er unter dem Spitznamen „Killer Winokur" in den Ring. Photographien aus jener Zeit zeigen einen tollkühn dreinblickenden, gut aussehenden jungen Mann mit einem Davidstern an seiner Boxerdress. Auf die Frage, ob es für ihn einen Unterschied machte, für eine Mannschaft in der Jüdischen Liga gegen eine andere jüdische Mannschaft zu spielen oder für den J. R. C. in der Shanghai League im Tor gegen eine nichtjüdische Mannschaft zu stehen, antwortet er klar: Für den J. R. C. zu spielen bedeutete, mit mehr Stolz zu spielen, da die Mannschaft „uns" nach außen hin repräsentierte. „[Y]ou want to beat them, because they are richer, they have better cloths, better shoes, they had better equipment, better fields and you came out of nowhere and we tried to beat them. And so you take a little pride, if you could do it. So it's a little bit more incentive."[31]

Andere Sportarten

Boxen war eine weitere bedeutende Sportart, welche von den Flüchtlingen in Shanghai betrieben wurde. Es handelte sich um jene Sportart, die am ehesten mit dem Ansatz des „Muskeljudentums" korrespondierte, also der zionistischen Konzeption der wehrhaften Juden. Doch bei den Interviews spielte der ideologische Kontext eine geringe Rolle. Es fiel auf, dass unter den von mir interviewten, damaligen Fußballspielern, einige auch als Boxer gekämpft haben: Alfred Zunterstein und Horst Winokour, der sogar Amateurweltergewichtsmeister von Shanghai wurde. Allerdings hatte es kaum chinesische Boxer in dieser Gewichtsklasse gegeben. 1939 hatte der J.R.C. eine Boxsektion gegründet. Max Buchbaum, vormals einer der bekanntesten Boxer der Berliner Maccabi, war Trainer und organisierte Kämpfe gegen Boxer anderer europäischer Gruppen. Sam Lewko, Kid Ruckenstein, Al Laco (Alfred Kohn) gehörten neben Horst Winokur zu den bekanntesten Boxern der Shanghaier Emigranten.[32] Boxen und der Fußballsport waren eine männliche Domäne, andere Sportarten standen auch den weiblichen Sportbegeisterten offen und wurden seitens des J.R.C. und der Schule gefördert, welche der jüdische Philanthrop Horace Kadoorie für die Flüchtlingskinder errichten hatte lassen. Schach, Handball, Ping Pong, Tennis, Hockey und Leichtathletik waren andere, von Emigranten betriebene Sportarten.

Netzwerke

Die Sportbegeisterten waren über die lokalen Sportereignisse immer bestens informiert, vor allem durch die diversen Exilzeitungen. Eine wöchentlich herausgegebene Zeitung namens „Sport" kommentierte alle Fußballspiele ausführlich. Fred Fields – damals hieß er Ferdinand Eisfelder – war einer ihrer Herausgeber. Er wurde 1919 in Emden geboren und wuchs in Berlin auf, wo er schon als Jugendlicher in Zeitungen über Fußball schrieb, etwa im Jüdischen Familienblatt. Er war zudem aktiver Fußballer bei Tennis Borussia, der Berliner Sportgemeinschaft, die sich schließlich Jüdische Sportgemeinschaft nennen musste. Fred Fields flüchtete Ende 1938 alleine nach Shanghai. Die Fahrt über Neapel, Bombay und Hongkong dauerte 23 Tage. Sein Onkel, Louis Eisfelder, betrieb das legendäre, am 11. Februar 1939 eröffnete Café Louis an der Bubbling Well Road, das für seine Kuchen und eigens produzierte Schokolade bekannt war und sogar mit einer Mischung aus Himbeersirup und schwachem Shanghaier Bier eine sogenannte „Berliner Weiße" offerierte.[33]

Fred Fields erhielt zunächst Hilfe vom Familiennetzwerk. Er kam anfangs bei seinem Onkel im Café Louis unter, dann fand er Arbeit als Assistent und Lektor bei der intellektuell orientierten Exilzeitschrift Gelbe

Post.[34] Anschließend ging er zum Shanghai Jewish Chronicle, der führenden deutschsprachigen Exilzeitung Shanghais, die von einem Wiener namens Ossi Lewin herausgegeben wurde. Als der Krieg ausbrach, wurde Fred Fields wegen seiner technischen Kenntnisse Night Editor. Um zu überleben, musste er aber auch nach anderen Einkommensmöglichkeiten suchen und arbeitete beispielsweise für eine Chemiefirma bzw. managte Theateraufführungen im Eastern Theater. Dabei handelte es sich um ein Kino mit 900 Sitzplätzen.

Fred Fields hatte in Shanghai zunächst Sportberichte geschrieben. Mit seinem aus Wien stammenden Freund Blacky Schwarz gab er die Zeitung „Sport" heraus. Ihr verdanken wir einen detaillierten Überblick über das Sportgeschehen in Shanghai, besonders über die Fußballspiele. Fred Fields bestätigt viele der Hypothesen über die Funktion des Sports im Exil. Die Flüchtlinge hätten nicht nur im Sinne eines Kulturtransfers ihre alltagskulturelle Praxis des Fußballsports fortgesetzt, sondern der Sport erfüllte im Exil wichtige soziale Funktionen. Im Falle der Herausgabe der Sport-Zeitung handelte es sich nicht nur um Sportbegeisterung, sondern auch um einen Überlebenskampf. Trotz seiner vielen Aktivitäten lebte Fred Fields unter ständigem materiellen Druck. Er wohnte in einem winzigen Zimmer im Haus des Shanghai Jewish Chronicle und meinte im Interview ironisch: „Ich habe immer gesagt, wenn die Sonne scheint, muss ich rausgehen." Mit der Zeitung Sport hatte er gehofft, durch den Abdruck von Annoncen besser zu verdienen. Doch der Erfolg hielt sich in Grenzen, war doch die Konkurrenz der Exilzeitungen beachtlich. Um den Verkauf anzukurbeln, ging er an Sonntagen selbst in die Cafés, um sie zu verkaufen. Es fällt auf, dass die diversen Cafés in Sport, aber auch im Sportkalender gerne ihre Werbungen schalteten. Beispielsweise bezeichnete sich das Café-Restaurant Klinger als „Treffpunkt aller Sportler" und das Café Barcelona kündigte „ganz neue" Unterhaltungsprogramme an. Aber auch Mayer's Jam und Elite-Liköre von S.[alo] Natowic warben um sportbegeisterte Kunden, ihr Lokal in der Chusan Road 169 zu besuchen.[35] Hermann Natowic – der Sohn von Salo Natowic – leitete übrigens die Referee Section der Jüdischen Liga.[36]

Nach zwei Jahren waren bereit 95 Nummern der Zeitung „Sport" erschienen. In der damaligen Jubiläumsnummer wurde ihre Gründung in Zusammenhang mit der Eröffnung des Chaoufoongsportplatzes im November 1941 gestellt:

Es war wirklich eine Großtat der Emigration diese Schaffung des neuen Sportplatzes. […] Bei der Einweihung waren die jüdischen offiziellen Stellen vertreten, sämtliche Sportvereine marschierten auf, Leichtathletik Wettkämpfe wurden ausgetragen und zum Schluss fand ein großes Fußballspiel statt. So war es natürlich, dass auch ein Programm gedruckt wurde um die Zuschauer zu orientieren. Dieses Programm fand eine derartige Anerkennung und der Wunsch ständig über die sportlichen Angelegenheiten orientiert zu werden wurde so laut, dass ich mich entschloss diesbezügliche sportliche Nachrichten in regelmäßiger wöchentlicher Folge zu bringen und so entstand die heute wohl überall bekannte Sportzeitung der SPORT.[37]

Familienersatz und Neubeginn

Fred Fields kam ohne Familie. Seine Eltern konnten nicht mehr fliehen und wurden im Nationalsozialismus umgebracht. Die Frage, ob Sport eine Art Familienersatz war, bestätigt er ohne Zögern und erzählt, dass die Manager der Fußballmannschaften in einzelnen Fällen den Spielern halfen. In Notzeiten sind Kontakte und Informationsflüsse im improvisierten Leben einer unvermittelt einsetzenden Zwangslage und Not unersetzlich. Fred Fields, der alleine nach Shanghai gekommen war, ermöglichte das Spielen, leichter in Kontakt mit anderen Menschen zu kommen. Das hatte nicht nur mit einer Stabilisierung des belasteten psychischen Haushalts zu tun, sondern auch mit der lebensnotwendigen Suche nach Verdienstmöglichkeiten. Und im Notfall wurde einander geholfen. Robert H. Winokur erzählt von einem Freund, dessen Wohnung einem Brand zum Opfer gefallen war: „He lost all his cloths, shoes. He came home, there was everything gone. Well we got together and you gave him a coat and I gave him shoes and you underwear [...] a lady bought some linen and we furnished him."[38]

Auf die Frage nach herausragenden Spielern, fällt ein Name: Leo Meyer.[39] In einem Interview charakterisierte er sich selbst so: „Ich war kein feiner Fußballspieler. I was hard, you know!"[40] Damit machte er sich zwar nicht unbedingt beliebt, doch er hinterließ bei allen einen respekteinflößenden Eindruck.[41] 1911 in Langenfeld bei Leverkusen als Sohn eines Viehhändlers geboren, gab es für Leo Meyer von Kindesbeinen an nur eine Leidenschaft: Sport. Bis zum Ausbruch des Nationalsozialismus spielte er als Rechtsaußen für Solingen-Ohligs. Unter dem Terrorregime wich er nach Düsseldorf aus und spielte dort für Maccabi Düsseldorf. Erst 1939 gelang ihm die Flucht nach Shanghai: „[...] und der Sport hat geholfen". Leo Meyer, dessen Name als Fußballer bekannt war, bekam sofort eine Anstellung als Sportlehrer an der Kadoorie-Schule. Mit Gymnastikunterricht für die „reichen Frauen" konnte Leo Meyer zusätzlich verdienen. Er blieb auch in Shanghai aktiver Fußballer und spielte bei Hakoah und dem J.R.C. Besonders stolz erzählte er während des Interviews über seine Nominierung in die Shanghai Interport, der Auswahl aller Mannschaften Shanghais, in die er nach Kriegsende als einziger Jude nominiert wurde. Gemeinsam mit chinesischen und russischen Spielern trug er für diese Mannschaft Spiele in Hongkong und Macao aus.

Mit dem Kriegsende begann die Abwanderung der Flüchtlinge. Nur wenige sahen eine ökonomische Perspektive, die Isolation im Ghetto hatte auch die fortdauernde kulturelle Isolation zur Folge gehabt. Und spätestens mit der Machtübernahme der Kommunistischen Partei verließen auch jene

Abb. 9: Leo Meyer (hinter chinesischen Buchstaben)
bei einem Spiel von Interport Shanghai in Macao.

China, die eigentlich hätten bleiben wollen, unter ihnen Kurt Duldner. Für bekannte und beliebte Fußballspieler wurden sogar Abschiedsspiele organisiert.[42] Der Tormann Horst Winokur ging zunächst nach San Francisco und danach nach Los Angeles. Schon bei der Ankunft wurde er von Fußballbegeisterten erwartet, die ihn für die San Francisco Hakoah anwarben. Damit war auch eine Anstellung bei einer Firma verbunden. Die halbe Mannschaft, so Winokur, habe aus ehemaligen Kickern Shanghais bestanden.

1947 verließ auch Leo Meyer Shanghai und fand sein neues Asyl in New York. Auch für ihn funktionierte das soziale Netzwerk „Fußball" weiterhin. Sofort konnte er beim jüdischen Fußballklub New World Club zu spielen beginnen. Es handelte sich zwar nicht um eine Profimannschaft, doch die umworbenen Spieler wurden durch eine Arbeitsstelle bei einem der Financiers entlohnt. Da ihm die über den Fußballklub vermittelte Arbeit als Fleischhauer nicht behagte, wechselte Leo Meyer den Klub und ging zur

Hakoah in New York. Bei seinem Mäzen, einer Schuhfirma, hätte er nie viel zu tun gehabt, meinte Leo Meyer im Interview. Wiederum zählte er zu den besten Spielern seiner Liga, abermals wurde er in die Auswahlmannschaft gewählt. Dieses Mal spielte er in jener der EDSL, der Eastern District Soccer League.[43]

Die Fortdauer eines gespannten Verhältnisses: Wien und Berlin –
bzw. „Little Vienna" und „Little Berlin"
In Shanghai standen viele Cafés in Konkurrenz. Legendär waren das bereits erwähnte, am deutschen Stil orientierte Café Louis oder das Fiaker Restaurant an der Avenue Joffre, das im Wiener Stil geführt wurde. Das 85 Wayside gelegene Restaurant Klinger hatte am 28. Mai 1938 seine Pforten geöffnet und bot nicht nur Rindsschnitzel und Wiener Schnitzel, sondern auch Apfelstrudel und Powidelknödel an.[44] Diese Cafés und Restaurants waren schon alleine wegen der für europäische Gewohnheiten als katastrophal empfundenen Wohnbedingungen äußerst attraktiver Treffpunkt und Ort der Zerstreuung. Der aus Europa nach Ostasien transferierte Lebensstil führte dazu, dass das Shanghai jener Zeit mit Namen wie „Klein-Berlin" und „Klein-Wien" liebevoll charakterisiert wurde. Beim Versuch, die Emigrierten in soziale Schichten zu kategorisieren, bezeichnete David Kranzler jene, denen es gelungen war, Geschäfte aufzubauen, als die erfolgreichste Gruppe. Unter ihnen seien jene gewesen, die für das Entstehen von „Little Vienna" verantwortlich gewesen seien.[45]

Dass die Vertreibung mitgebrachte Vorbehalte nicht rasch zu überwinden half, zeigt sich am ehesten an den in Interviews immer wieder erwähnten gegenseitigen Vorurteilen der Vertriebenen aus Deutschland und Österreich. Aber es ging sogar noch weiter: Selbst die unterschiedlichen Stile im Fußballspiel der Österreicher und Deutschen wurden im Exil beibehalten.

Auch Leo Meyer erinnerte sich daran, dass Österreicher und Deutsche sich beim Fußballspiel nicht so gut verstanden hätten und nicht befreundet waren. Während einige den Stil der Wiener als eher technisch orientiert sehen und von „Dribbeln" sprechen, meint Leo Meyer, die Wiener seien eher aggressiv gewesen. „I wanted to win, too."[46] Fred Fields hingegen behauptet, dass die Unterschiede nicht besonders groß waren. Dennoch kommt ihm sofort das sogenannte „Prager Gässchen" in den Sinn, das von Slavia Prag übernommen worden war und bei dem die Spieler mit einem kurzem Kombinationsspiel ihre Gegner auszubooten versuchten. Für ihn waren die Deutschen die schnelleren und härteren Spieler.

Kurt Duldner spielte in der zweiten Mannschaft von Embankment. Manche Shanghailänder – so die Bezeichnung für die ehemals nach Shanghai Vertriebenen –, auch Kurt Duldner, bekommen noch heute leuchtende Augen, wenn sie vom Höhepunkt der Saison erzählen. Es handelte sich um die von leichten Spannungen getragene Konstellation Wien gegen Berlin. Das

Städteturnier hatte Tradition und wurde 1938 in Wien bereits zum 30. Mal ausgetragen.[47] Auch in Shanghai sei es immer laut zugegangen, so Kurt Duldner, aber zu Raufereien sei es nicht gekommen.

Es ist hier nicht der Platz, um die Ursachen für die Animositäten zwischen österreichischer und deutscher Bevölkerung herauszufiltern. Bemerkenswert ist es jedoch, wie sehr diese von der jüdischen Bevölkerung beider Länder übernommen worden waren und im Exil fortdauerten. Wenn davon ausgegangen wird, dass viele Juden und Jüdinnen in beiden Ländern patriotische Gefühle gegenüber ihrem Heimatland empfunden hatten, so dürfte die Vertreibung diese Grundempfindungen lediglich irritiert, aber noch nicht grundlegend verändert haben. Bei genauerem Nachfragen werden die Spannungen zwischen beiden Gruppen als vorhanden, aber nicht gravierend beschrieben. Die deutschen Emigrierten äußerten immer wieder, dass die österreichischen viel mehr zusammengehalten hätten. Vielleicht beruht diese Wahrnehmung auf dem Fakt, dass die aus Österreich Vertriebenen in überragender Mehrheit zuvor in Wien gelebt hatten, während die aus Deutschland Stammenden aus mehreren Regionen des Landes kamen und schon auf Grund der unterschiedlichen lokalen Herkunft weniger Gemeinsamkeiten hatten. Auch diesbezüglich leistete der Sport Wichtiges: Er brachte in einzelnen Fußballmannschaften Gruppen zusammen, die sich eigentlich nicht so gut verstanden, wie eben die aus Deutschland bzw. Österreich Stammenden.[48]

Die ehemaligen sozialen Netzwerke existieren zum Teil bis in die Gegenwart und die Shanghailänder blieben miteinander in Kontakt.[49] Als sie sich 1985 im Concord Hotel in Kiamesha Lake, N.Y. zu einer „reunion" trafen, hielten es die inzwischen betagten Männer nicht aus. Sie mussten unbedingt Fußball spielen. Welche Paarung schien am nahe liegendsten? Natürlich war es die Neuauflage Wien gegen Berlin. Wie in alten Zeiten mangelte es an Ausrüstung und Trikots, also beschlossen sie, dass die „Berliner" in Unterhemden und die „Wiener" mit nacktem Oberkörper spielten. Leo Meyer spielte wie eh und je, nämlich mit vollem Körpereinsatz und ohne Rücksicht auf Verluste. Dennoch endete das Spiel mit einem knappen Sieg der Wiener, über den selbst The New York Times berichtete:

> „It was a sport rivalry that was akin to that of the Yankees and the Red Sox and the Giants and the Jets," said Leo Meyer, a Berliner, who was known to many present as „one of the best soccer players in Shanghai." For fun, the soccer rivalry was revived Wednesday afternoon on a football field near the hotel. For 45 minutes, two older, less agile teams of Berliners and Viennese fought a spirited battle. Final score: Vienna 1, Berlin, 0.[50]

Obwohl das Spiel vor allem Spaß bereiten sollte, wurde der Kampf mit der gewohnten Härte geführt. Es ging so weit, dass einige Verletzte sogar aufgeben mussten. Fred Fields verletzte sich so stark, dass er wochenlang nur auf Krücken gehen konnte. Robert H. Winokur vergaß sein Alter und hechtete im Tor der Berliner mit alter Sorglosigkeit nach dem Ball. Der Einsatz forderte seinen Tribut, er brach sich die Schulter. Das Tor fiel erst, als er den Platz verlassen musste, meinte er schmunzelnd im Interview.[51]

Anmerkungen

[1] Vgl. Georg Armbrüster/Michael Kohlstruck/Sonja Mühlberger (Hg.), Exil Shanghai 1938–1947. Jüdisches Leben in der Emigration, Berlin 2000.

[2] Die Literatur bezieht sich dabei meistens auf die Romantrilogie „Der Wartesaal" von Lion Feuchtwanger.

[3] Siglinde Bolbecher, Die Rückkehr nach Österreich als ein zweites Exil. Integration aus der Perspektive von Frauen 1943–1945, Wien 2005 (unveröff. Typoskript). Siehe auch Peter Gay, Verstreut und vergessen. Veröffentlichungen des Lehrstuhls für Jüdische Geschichte und Kultur, München 2000.

[4] Vgl. z.B. Helmut Kuhn, Der Tiger der Thora, in: Aufbau: 7. Januar 1994, 8–9. Vgl. auch Helmut Kuhn, Fußball in den USA, Temmen 1994.

[5] Vgl. Stella Dong, Shanghai. The Rise and Fall of a Decadent City, New York 2001.

[6] Auch Shanghai Athletic Federation.

[7] Die von den in China lebenden Europäern geleiteten Clubs blieben jedoch innerhalb der Londoner FA organisiert.

[8] Vgl. auch Fußballsport im Fernen Osten, in: Gelbe Post vom 1. Dez. 1939, 7.

[9] Shanghai galt als eine der wichtigsten chinesischen Fußballstädte. Besonders beliebt waren die Länderspiele China gegen Japan, die China meist für sich entscheiden konnte. Bei den Olympischen Spielen 1936 verlor China in seinem einzigen Spiel gegen England. Vgl. Richard Henshaw: The Encyclopedia of World Soccer. Washington, D.C. 1979, 130–131.

[10] Vgl. Bill Murray, The World's Game. A History of Soccer, Urbana und Chicago 1998.

[11] Vgl. das Almanach-Shanghai 1946/47: 73–74, 76. 1946 wurde wieder in der Kinchow Road gespielt.

[12] Zum Restaurant Barcelona vgl. James R. Ross, Escape to Shanghai. A Jewish Community in China, New York/Oxford/Singapore 1994, 25.

[13] Ernest G. Heppner, Shanghai Refuge. A Memoir of the World War II Jewish Ghetto, Lincoln/London 1995, 40–41.

[14] Interview mit Robert H. Winokur am 17. Dez. 2002.

[15] Die Firma warb im Sportkalender 1945: „H. Hauesler's Jam war, ist und bleibt der beste!"

[16] Gelbe Post. Ostasiatische Halbmonatsschrift vom 16. Mai 1939, 43.

[17] Shanghai Chronicle vom 29. Dezember 1941, 6.

[18] Interview mit Kurt Maimann am 4. März 1997.

[19] Interview mit Jerry Breuer am 25. Sept. 1998.

[20] Ernest G. Heppner, Shanghai Refuge. A Memoir of the World War II Jewish

Ghetto, Lincoln/London 1995, 113–115, 132–134; James R. Ross, Escape to Shanghai. A Jewish Community in China, New York/Oxford/Signapore 1994, 205–207.

[21] Aufbau: 29. März 1946, 24.

[22] Die „Luftschutzbestimmungen am Sportplatz" wurden zitiert im Sportkalender 1945.

[23] Interview mit Alfred Zunterstein am 27. Mai 1995.

[24] Interview mit Alfred Lambert am 8. Mai 1996.

[25] Interview mit Kurt Duldner am 28. Mai 1995.

[26] Zum Theaterleben der Emigranten in Shanghai vgl. Michael Philipp, Nicht einmal einen Thespiskarren. Exiltheater in Shanghai 1939–1947, Hamburg 1996.

[27] Interview mit Anne Bernfield am 14. Okt. 1995.

[28] Unter den Flüchtlingen aus Österreich und Deutschland in Shanghai befanden sich ca. 3.000 mehr Männer als Frauen. Vgl. Helga Embacher/Margit Reiter, Geschlechterbeziehungen in Extremsituationen. Österreichische und deutsche Frauen im Shanghai der dreißiger und vierziger Jahre, in: Georg Armbrüster/Michael Kohlstruck/Sonja Mühlberger (Hg.), Exil Shanghai 1938–1947. Jüdisches Leben in der Emigration, Berlin 2000, 133.

[29] Interview mit Robert H. Winokur am 17. Dez. 2002.

[30] Interview mit Grete Winokur am 17. Dez. 2002.

[31] Interview mit Robert H. Winokur am 17. Dez. 2002.

[32] James R. Ross, Escape to Shanghai. A Jewish Community in China, New York/ Oxford/Signapore 1994, 74; Almanach-Shanghai 1946/47, 70 ff.

[33] Vgl. Horst Eisfelder, Exil in China. Meine Zeit in Shanghai, in: Amnon Barzel (Hg.), Leben im Wartesaal. Exil in Shanghai 1938–1947, Berlin 1997, 82–99.

[34] Vgl. Paul Rosdy, Adolf Josef Storfer. Shanghai und die Gelbe Post, Wien 1999 (Beilage zum Reprint der Gelben Post).

[35] Vgl. Sport [Shanghai] vom 24. Mai 1945, 4.

[36] Der 1910 geborene Hermann Natowic stammte aus Wien und wurde dort von einem befreundeten Fußballer vor einem geplanten Übergriff der Nationalsozialisten gewarnt, worauf er mit seiner Familie nach Shanghai flüchtete. Als er kurz nach Proklamation des Ghettos von den Japanern unter Spionageverdacht verhaftet wurde und monatelang im berüchtigten Gefängnis Bridge House inhaftiert wurde, war die Emigrantengemeinde sehr besorgt um ihn. Vgl. Almanach-Shanghai 1946/47, 74 und James R. Ross, Escape to Shanghai. A Jewish Community in China, New York/Oxford/Signapore 1994, 184 ff.

[37] Vgl. 2 Jahre „Sport"-Sportplatz, in: Sport vom 20. November 1943, 1.

[38] Interview mit Robert H. Winokur am 17. Dez. 2002.

[39] In einem Dokumentarfilm wird gezeigt, wie Leo Meyer nach Shanghai zurückfuhr und dabei nicht nur über sein früheres Leben erzählte, sondern mit chinesischen Jugendlichen Fußball spielte. Vgl. Diane Perelsztejn, Escape to the Rising Sun, 95 min., Brusseles 1990. Vgl. auch Ross, 74 f.

[40] Interview mit Leo Meyer am 8. Mai 1996.

[41] Vgl. auch James R. Ross, Escape to Shanghai. A Jewish Community in China, New York/Oxford/Signapore 1994, 74–75, 185–186.

[42] Vgl. z. B. Shanghaier Emigrantenzeitungen vom 16. Februar 1948, die darüber berichten, dass das zu Ehren von Robert H. Winokur angesetzte Mini-Soccer Spiel

wegen Schlechtwetter entfiel und er mit drei anderen Sportlern ersatzweise bei Tanz und Tee verabschiedet wurde. Privatarchiv Robert Winokur.

43 Albert Lichtblau, Kulturtransfer, Netzwerk und Schlammschlacht. Exilfußball in New York und Shanghai, in: Dietrich Schulze-Marmeling (Hg.), Davidstern und Lederball. Die Geschichte der Juden im deutschen und internationalen Fußball, Göttingen 2003, 459–477.

44 Restaurant Klinger good bye, in: The Shanghai Herald vom 12. April 1946, 8.

45 David Kranzler, „The Miracle of Shanghai". An Overview, in: Georg Armbrüster/ Michael Kohlstruck/Sonja Mühlberger (Hg.), Exil Shanghai 1938–1947. Jüdisches Leben in der Emigration, Berlin 2000, 37. Vgl. auch David H. Kranzler, Japanese, Nazis, and Jews. The Refugee Community of Shanghai, 1938–1945, New York 1976.

46 Interview mit Leo Meyer am 8. Mai 1996.

47 Vgl. Neues Wiener Tagblatt vom 30. Nov. 1938, 6.

48 Vgl. z. B. Shanghai Jewish Chronicle vom 11. Sept. 1942, 8.

49 Die nach Shanghai Geflüchteten hielten die interne Verbindung durch diverse Newsletter aufrecht, etwa den 1981 von Max Kopstein und Curt M. Pollak ins Leben gerufenen „The Hongkew Chronicle". Vgl. auch HTTP://WWW.RICKSHAW.ORG

50 Lena Williams, 800 Refugees at Reunion Recall Life in the Ghetto of Shanghai, in: The New York Times vom 6. Sept. 1985.

51 Für Hinweise danke ich Helga Embacher und Michael John, den Interviewpartnern und Interviewpartnerinnen, vor allem Anne Bernfield, Jerry Breuer, Kurt Duldner, Horst Eisfelder, Fred Fields, Ralph Hirsch, Alfred Lambert, Kurt Maimann, Leo Meyer, Grete und Robert H. Winokur und Alfred Zunterstein.

13. Ichud Landsberg gegen Makabi München: Der Sport im DP-Lager 1945–1948

Philipp Grammes

> Bei den jüdischen Zuschauern hat sich eine krankhafte Erscheinung eingeschlichen, die sehr schwer zu entfernen ist. Der Sport ist zum Geschäft geworden, zum Wettspiel, zum bloßen Rowdytum, und man wendet verschiedene Terror-Mittel an, nur um zu gewinnen. [...] Jedes Spiel in Feldafing endet in einer Schlägerei, und nicht nur in Feldafing, sondern auch an anderen Orten.[1]

Prügelnde jüdische Zuschauer, noch dazu in Feldafing in Bayern, kurz nach dem Holocaust: Ausgerechnet in Deutschland traten kaum ein Jahr nach Ende des Dritten Reichs jüdische Sportvereine gegeneinander an, kämpften, boxten, kickten Juden gegen Juden – in eigenen Ligen und unter großem Interesse einer zahlreichen Fangemeinde (die, wie oben zu sehen, nicht immer ganz friedlich miteinander umging). Auf deutschem Boden, „der durchtränkt ist mit unserem Blut"[2], blühte zwischen 1945 und 1950 ein letztes Mal europäisch-jüdisches Diaspora-Leben auf. Rund eine Viertelmillion Juden zumeist osteuropäischer Herkunft lebten in Westdeutschland in Kasernen und Arbeitersiedlungen, auf Bauernhöfen und in ehemaligen Zwangsarbeiterlagern. Sie hatten den Nazi-Terror überlebt und waren nun „Displaced Persons" (DPs) – oder She'erith Hapletah, wie sie sich selbst nannten.[3] In ihre alte Heimat in Mittel- und Osteuropa konnten oder wollten sie nicht zurück, da es dort zu neuerlichen Pogromen gegen jene Juden kam, die in Verstecken oder dem russischen Exil überlebt hatten. Nach Palästina oder in die USA konnten sie auch nicht, weil ihnen die britische Mandatspolitik und die strengen amerikanischen Einwanderungsregeln die Einreise verweigerten. So mussten sie in von den Besatzungsbehörden eingerichteten Sammellagern („Assembly Center") in Deutschland auf eine Besserung der weltpolitischen Aussichten warten.

In diesem Zustand der Zeitweiligkeit entwickelten sie eine eigene, „im neuzeitlichen Deutschland unbekannte jüdische Kultur".[4] Die She'erith Hapletah initiierten Selbstverwaltungsorgane und wählten politische Führer, gründeten Schulen und gaben jiddische Zeitungen heraus, sie bauten eine eigene Infrastruktur mit koscheren Küchen und jüdischen Bibliotheken auf und veranstalteten Theateraufführungen und Kulturabende. Und sie trieben ausgiebig Sport: Sie spielten in eigenen Vereinen und landesweiten Ligen, sie stritten um Pokale und Meisterschaften. Der Sport war Beschäfti-

gung und Ablenkung im Kampf gegen die Monotonie des Lagerlebens –
und er wurde ideologisch überhöht als Training für den Kampf im und um
den eigenen Staat in Palästina.

Die historische Forschung hat sich in jüngerer Zeit vermehrt mit der Geschichte der She'erith Hapletah beschäftigt, ihre Selbstverwaltungsorgane
und Lagerstrukturen, ihre Theater und Schulen sind zumindest in Grund-
zügen erforscht. Das kulturelle Leben und hier speziell die Theatergruppen
gelten allgemein als entscheidend für Bildung, Identitätsfindung und Selbstverständnis der She'erith Hapletah. Der Sport hingegen fristet ein Nischen-
dasein, dabei dürfte er für die She'erith Hapletah mindestens ähnlich be-
deutsam gewesen sein wie Theater, Schulen und andere Kultureinrichtun-
gen: Sportvereine, Trainingsgruppen und Ligamannschaften ermöglichten
einer weitaus größeren Menge von Menschen Beschäftigung und Erfüllung
als die Theatergruppen (was deren Wert keinesfalls mindern soll).

Es ist daher an der Zeit, die Entwicklung und die Rolle des Sports in den
jüdischen DP-Lagern genauer unter die Lupe zu nehmen. Dabei liegt der
Fokus auf der amerikanischen Besatzungszone, da sich hier die meisten (jüdischen) DPs befanden und ihre Sportlandschaft am vielfältigsten war.[5] Weil
auch das Gros der Selbstverwaltungsorgane der She'erith Hapletah den
Sport nicht besonders wertschätzte, existieren kaum Aufzeichnungen in
den Archiven, aus denen sich die Sportlandschaft rekonstruieren ließe. Einzig die Lagerzeitungen der She'erith Hapletah geben einen Einblick in die
Wettkämpfe und Meisterschaften: In den Spielberichten und Sportrubriken
dieser Blätter offenbart sich die ganze Bandbreite an Mannschaften, Sportarten und Klubs.[6]

Die Entstehung der She'erith Hapletah in der US-Zone
In den ersten Monaten nach der Befreiung war an Sport nicht zu denken.
Es ging ums nackte Überleben, später um die Suche nach überlebenden Angehörigen und Freunden sowie den Aufbau eigener jüdischer DP-Camps.
Der Großteil der rund 50.000 überlebenden Juden hatte die ersten Monate
nach Kriegsende in Assembly Centern nahe den Stätten ihrer Befreiung und
dort zwischen den DPs anderer Nationalität verbracht. Sie waren gezwungen, mit Polen, Ukrainern oder Letten zusammenzuleben, die teilweise mit
den Nationalsozialisten kollaboriert hatten und unter denen sich ehemalige
Kapos aus den Konzentrationslagern befanden. Angesichts dieser Situation
und nach heftigen jüdischen Protesten gingen die amerikanischen Besatzungsbehörden daran, ausschließlich jüdische DP-Camps einzurichten.
Zwischen Ende April und Mitte Juni 1945 entstanden in Bayern die Lager
in Feldafing, Föhrenwald und Landsberg am Lech, die aber teilweise erst
nach dem Report des US-Sondergesandten Earl G. Harrison, der im August
1945 die Situation der jüdischen Überlebenden in der US-Zone anpranger-
te, in rein jüdische Lager umgewandelt wurden.[7]

Während die Besatzungsbehörden ihre Politik gegenüber den jüdischen DPs änderten, ergriffen diese nun zunehmend selbst die Initiative. So trat in Landsberg erstmals Anfang September ein Lagerkomitee zusammen, das in einer demokratischen Wahl am 21. Oktober 1945 bestätigt wurde.[8] Das Komitee verfolgte laut seinem ersten Tätigkeitsbericht das Ziel, die Lagerbewohner gegenüber der jüdischen und nichtjüdischen Außenwelt zu vertreten, die Verwaltung des Lagers zu organisieren und die materielle, kulturelle und moralische Verfassung der Landsberger Juden zu heben.[9] Zu diesem Zweck wurde als erste eigene Institution ein „Kulturamt" gegründet, das die Schul- und Fachausbildung organisieren sollte, Theater- und Liederabende veranstaltete und auch die Landsberger Lager-Cajtung, das in Jiddisch erscheinende Presse-Organ der Landsberger Juden, herausgab. Später differenzierte sich die Selbstverwaltung weiter aus, es entstanden Ehrengericht, Gesundheitsamt, Rabbinat, Wirtschaftsamt und andere Stellen. Nach dem Landsberger Vorbild organisierten sich auch alle anderen großen jüdischen DP-Lager in der US-amerikanischen Besatzungszone.

Bereits am 1. Juli 1945 hatte sich eine überregionale Vertretung der befreiten Juden formiert. In Feldafing waren rund 40 Vertreter aus verschiedenen Camps zusammengekommen, um das Zentralkomitee der befreiten Juden in Bayern zu wählen, das seinen Sitz in München nahm.[10] Das Zentralkomitee schuf in der Folgezeit eine Reihe von zentralen Institutionen, die an die Strukturen innerhalb der einzelnen Lager angelehnt waren. So war bereits kurz nach der Konstituierung des Zentralkomitees das Kulturamt entstanden, im August 1945 folgte die Public-Relations-Abteilung, im September das Wirtschaftsamt und im Oktober Gesundheitsamt und Rabbinat.[11] Diese Strukturen blieben bestehen, als das bayerische Zentralkomitee Ende Januar 1946 durch den Beitritt der jüdischen Vertreter aus Hessen und Württemberg-Baden zum „Zentralkomitee der befreiten Juden in der amerikanischen Besatzungszone in Deutschland" erweitert wurde.

Die Selbstverwaltungsorgane in den Lagern und auf Zonenebene bildeten den institutionellen Rahmen, in dem sich die unterschiedlichsten Aktivitäten der She'erith Hapletah entwickeln konnten. So waren es die Kulturämter, die alsbald Schulen gründeten, Bibliotheken einrichteten und Theater- und Liederabende organisierten. Die US-Militärbehörden begrüßten die jüdische Selbstverwaltung zwar, unterstützten sie aber nicht aktiv durch die Zuteilung von finanziellen Mitteln. Von der UN-Flüchtlingsorganisation UNRRA, die die Lager verwaltete, erhielten die Komitees zwar Räumlichkeiten und Sachunterstützung, aber ebenfalls kein Geld. So kam amerikanisch-jüdischen Hilfsorganisationen wie dem American Joint Distribution Committee (AJDC) eine tragende Rolle zu, die über ihre Netzwerke in den USA Hilfsgüter wie Kleidung und Schuhe, aber auch Bücher, Schreibmaschinen oder andere Gerätschaften besorgten. Ohne ihre Hilfe hätten weder Zeitungen erscheinen noch Schulen öffnen können – und den Sportklubs hätte es an Bällen und Spielgeräten gefehlt.

Man treibt wieder Sport

Mit dem Aufbau der Selbstverwaltung, die mit dem 1. Kongress der befreiten Juden in der US-Zone vom 27. bis 29. Januar 1946 in München ihren Abschluss fand, konsolidierten sich die jüdischen DP-Lager und es entwickelte sich – wenn auch unter besonderen Bedingungen – so etwas wie ein Alltagsleben.[12] Ausdruck dessen war u. a. die Gründung von jüdischen Sport-Mannschaften: Nachdem das physische Überleben sichergestellt war und die Perspektive der Auswanderung durch die weltpolitischen Gegebenheiten wenig Verheißung versprach, begannen sich die DPs ihrer Wurzeln zu besinnen – und zu diesen gehörte eben auch ein reges Interesse an sportlichen Dingen. Wann die ersten Mannschaften zusammentraten, ist nicht zu rekonstruieren – zumal die ersten DP-Zeitungen, die in der Folge zum Forum des Lagersports werden sollten, erst Anfang Oktober 1945 erschienen.[13]

Der erste Spielbericht in der Landsberger Lager-Cajtung vermeldete, „Ichud" Landsberg habe am 28. Oktober 1945 ein Fußball-Match gegen „Makabi" Türkheim 7:0 gewonnen, über 2.000 Zuschauer hätten dem Spiel beigewohnt.[14] Eine Woche später, als Landsberg gegen „Makabi" Feldafing mit 1:0 gewann, sollen sogar 3.000 Zuschauer anwesend gewesen sein.[15] Doch gab es zu diesem Zeitpunkt bereits mehr Sportarten als nur Fußball: Im gleichen Bericht steht, dass Landsberg gegen Feldafing im Tischtennis verloren habe.

Im Oktober 1945 hat es also bereits vereinzelt jüdische Sportklubs gegeben, die auch schon gegeneinander antraten. Doch muss hierfür das Engagement von Einzelpersonen ausschlaggebend gewesen sein, da die Institutionen der Selbstverwaltung gerade erst anfingen, sich des Sports anzunehmen und ihn für eine breite Masse zu organisieren. Am 24. Oktober 1945 wurde beispielsweise in Landsberg eine Sportabteilung gegründet.[16] Die neue Sport-Sektion hatte eigene Abteilungen für Basketball, Volleyball, Boxen, Leichtathletik, Turnen, Tischtennis und Fußball.

Diese Doppelstruktur von jüdischen Sportklubs auf der einen und Sport-Institutionen auf der anderen Seite war nicht Landsberg-spezifisch: Gerade in der Anfangszeit wurden Sportklubs und offizielle Stellen der Selbstverwaltung durchaus parallel gegründet und betrieben. Erst die Gründung des zentralen Centers für physische Erziehung („center far fizisze dercijung") beim Gesundheitsamt in München im Februar 1946 brachte etwas Struktur ins Dickicht der Zuständigkeiten.[17] Das Center forderte von den Sportklubs umgehend Tätigkeitsberichte an, übernahm die überregionale Koordinierung und half bei der Versorgung mit Geräten und Ausrüstung. Dennoch blieben in vielen Lagern die Doppelstrukturen von Klubs und offiziellen Komitee-Abteilungen bestehen.

Das Jahr 1946: Meisterschaften, Sportfeste und Skandale

Zwar kam es, wie oben geschildert, bereits 1945 zu Wettkämpfen zwischen jüdischen Mannschaften, doch handelte es sich dabei hauptsächlich um Freundschaftsspiele, bei denen es nichts als Ehre zu gewinnen gab. Erst im folgenden Jahr etablierten sich eigene Ligen, und besonders im Fußball begann der Kampf um eine zonenweite Meisterschaft. Die Basis dafür waren die radikalen demografischen Veränderungen, die zur Gründung einer Vielzahl neuer Lager und Kibbuzim führte und die Zahl jüdischer Sportklubs und Mannschaften vervielfachte. Pogrome und der Wunsch zur Ausreise nach Palästina („Aliah") hatten eine Fluchtwelle der in Polen verbliebenen Juden ausgelöst, sodass sich in der US-Zone die Zahl der jüdischen DPs innerhalb des Jahres 1946 von knapp 40.000 auf über 145.000 erhöhte.[18] Die Rasanz der Entwicklung lässt sich beispielsweise am Lager Bamberg ablesen: Gegründet am 19. Dezember 1945, lebten dort zum Jahreswechsel bereits 800 Juden. Ein halbes Jahr später, Ende Juli 1946, hatte sich ihre Zahl mit 1665 mehr als verdoppelt.[19] Auf der ersten Konferenz der jüdischen Sportklubs in der US-Zone am 21. April 1946 in Landsberg konnte der Bamberger Vertreter bereits vermelden, dank der Hilfe der UNRRA sei ein Sportklub etabliert worden.[20] In anderen Lagern war es ähnlich: Mit den polnischen Flüchtlingen entstand eine Vielzahl neuer Sportvereine.

Die erwähnte Konferenz der Sportklubs lohnt einen näheren Blick: In den Äußerungen der einzelnen Teilnehmer offenbart sich die Lage des Sports der She'erith Hapletah zu diesem Zeitpunkt. So wusste der Vertreter des Zentralkomitees zu berichten, es gebe inzwischen 5.740 in Vereinen organisierte Sportler in der US-Zone, deren Klubs Namen wie „Hakoach", „Bar Kochba" oder – mit 33 Prozent die meisten – „Makabi" trugen; alleine im Distrikt München seien neun verschiedene Klubs registriert. Anschließend gaben die einzelnen Vertreter der Klubs ihre Berichte ab: Feldafing erzählte, es gebe neben „Makabi" einen Arbeiter-Sportklub „Hapoel", insgesamt seien 750 Sportler registriert, es fehle an Ausrüstung und Kleidung; Zeilsheim klagte, die UNRRA lasse dem Verein keine Hilfe zukommen, man helfe sich selbst und lasse auch noch den Freunden in Lampertheim Hilfe zukommen beim Aufbau des dortigen Klubs; Stuttgart beschwerte sich über das eigene Lagerkomitee, das die Interessen der Sportler missachte; Schwabach war stolz, dass von 80 Bewohnern die Hälfte im Sportklub „Kadima" organisiert sei – allerdings fehle es an allem, weshalb der deutsche Verein am Ort aushelfe; Föhrenwald prunkte mit seiner „prächtig eingerichteten" Turnhalle, dafür fehle es an Fußball- und Leichtathletik-Ausrüstung. Dies, um nur einige Beispiele zu nennen.

Zum Schluss berichtete der Landsberger Vertreter, seine Schilderungen machen die krassen Niveau-Unterschiede zwischen den Klubs deutlich: Während sich andere Klubs über drei Duzend Teilnehmer und eine halbwegs funktionstüchtige Turnhalle freuten, beeindruckte Landsberg mit 800 aktiven Sportlern in Landsberg selbst und 600 weiteren in den Kibbuzim im Umland. Es gebe Sektionen für Fußball, Boxen, Basketball, Tischtennis, Schach, Radrenn- und sogar Automobilsport – einzig die „Freiübungen" seien mangels Trainern noch verbesserungswürdig.

Angesichts dieses Ungleichgewichts versprach der Leiter des Centers für physische Erziehung, Dr. Boris Pliskin, auf der Konferenz größtmögliche Hilfestellung. Geld habe man keines, aber man werde einen Kurs für Trainer einrichten und bei UNRRA und Hilfsorganisationen für die Unterstützung der Sportklubs werben. Außerdem werde er Kontakt zu Mannschaften im Ausland aufnehmen. Zur Frage, ob man mit deutschen Sportlern kooperieren solle, sagte Pliskin: „Man darf sich nicht mit deutschen Mannschaften verbinden und nicht gegen sie antreten, und auch nicht gegen andere DP-Mannschaften. Man sollte mit eigenen Kräften auskommen und keine deutschen Trainer zulassen."[21] Hier entspann sich eine längere Debatte, an deren Ende sich die Konferenz darauf einigte, in Ausnahmefällen könne man deutsche Trainer beschäftigen, bis das Center jüdische Trainer geschickt habe.

Nicht nur in der Frage der Abgrenzung gegenüber anderen Nationalitäten erwies sich diese erste Konferenz der jüdischen Sportklubs als wegweisend. Hier konstituierte sich auch der Verband der jüdischen Sport-Klubs in der amerikanischen Besatzungszone, der unter dem Dach des Centers für physische Erziehung von nun an die Ligen und Meisterschaften der She'erith Hapletah organisierte. Die Konferenz war auch ein erster Schritt in Richtung Professionalisierung – viele Sport-Funktionäre in den Lagern und Vereinen waren Enthusiasten, denen es aber häufig nicht nur an Ausrüstung, sondern auch an den nötigen Kenntnissen mangelte. Einen Eindruck davon gibt folgender Dialog zwischen Pliskin und einem Funktionär in Feldafing, den der damalige AJDC-Direktor Leo W. Schwarz in seinen Erinnerungen wiedergibt:

[Funktionär:] „We could prepare the field, but before we requisition American machines to put it in shape, we have to measure the length and width of the arena. I'll take care of that. Don't worry."
[Pliskin:] „I'm not worried. But there's no need to make a special excursion to the field. It's hundred meters long and fifty wide."
„Where did you get this information?"
„What do you mean ,where'? Any athlete worth his salt knows how large a soccer field should be."[22]

War die Größe des Spielfelds ein Problem, das schnell gelöst werden konnte, so entwickelten sich die Klagen über mangelnde Ausrüstung zum Dauer-

brenner. Hier schufen Spenden aus den USA Abhilfe, die nicht nur von jüdischen Hilfsorganisationen stammten: „Many of the soccer and basket
balls and boxing gloves had been contributed by the American Catholic and
Protestant organizations."[23] Auch hier waren es die zentralen Verbände in
München, die die Verteilung der Spenden organisierten.

Die Verbände schufen also jene Voraussetzungen, die den Sport der
She'erith Hapletah zur vollen Blüte brachten und dafür sorgten, dass die
Landsberger Lager-Cajtung Ende Mai 1946 vermelden konnte: „Die Sport-
Saison ist in vollem Gange. Fast in jedem jüdischen Center finden all-
wöchentlich Sport-Wettkämpfe statt."[24] Schwarz gibt die Zahl der Sport-
Klubs, die Anfang 1946 in der US-Zone aktiv waren, mit über 40 an.[25] Im
Juli 1946 waren es schon 64 Vereine mit rund 7.800 Mitgliedern – und die
Zahl stieg weiter an.[26] Der Großteil der sportlich aktiven DPs war damit je-
doch gar nicht erfasst: Sie waren keine Vereinsmitglieder, sondern nahmen
an den offenen Angeboten wie Turnstunden etc. teil. Der Sport in den DP-
Lagern hatte einen Massencharakter angenommen.

Mit der steigenden Zahl an Sportlern und Vereinen wuchs auch der
Wunsch, sich untereinander zu messen. Zunächst waren es besonders im
Fußball einzelne Freundschaftsspiele, später organisierte man Turniere und
schließlich zonenweite Meisterschaften. Einige dieser Sport-Ereignisse sollen hier exemplarisch genannt sein.

Am 6. und 7. Juli 1946 fand in Zeilsheim bei Frankfurt eine „Boxmeisterschaft aller jüdischen Sportklubs in der amerikanischen Zone" statt. Allerdings nahmen nur vier Klubs an dieser ersten Boxmeisterschaft der
She'erith Hapletah teil.[27] Diese geringe Beteiligung erklärt auch, warum die
DP-Presse nur sehr knapp über die Meisterschaft berichtete.[28] In der Zeilsheimer Lager-Zeitung *Unterwegs* heißt es, der Leiter des Kulturamts habe
die Anwesenden begrüßt und die Bedeutung des Sports unterstrichen. Anschließend hätten der Lagerdirektor und der Komiteevorsitzende Grußwor-
te gesprochen.[29] Von den Namen der Sportler oder dem Verlauf der Kämpfe
erfährt der Leser nichts. Dass den Funktionären gerade im Boxen ein besonderer Wert zugemessen wurde, belegt im Übrigen auch das Bonmot des
Bamberger Redakteurs Chaim Goldzamd, der über die Sport-Rubrik seiner
Zeitung *Undzer Wort* lästerte: „Eine Sportrubrik (besonders Boxen) extra
für die Komiteemitglieder"[30]. Den Pokal dieser ersten Box-Meisterschaft
hatte der Zeilsheimer UNRRA-Direktor gestiftet. „Außerdem haben die
Final-Sieger ein Paket Sportkleider bekommen."[31]

Die ersten Leichtathletik-Meisterschaften der She'erith Hapletah in der
US-Zone fanden am 15. und 16. September 1946 in Landsberg statt. Der
dortige Sportplatz war unmittelbar vor Beginn der Meisterschaft feierlich
eingeweiht worden. Geboten wurden die olympischen Disziplinen, allerdings führt die Landsberger Lager-Cajtung nur beim 100-Meter-Lauf weibliche Teilnehmer auf.[32]

Über andere Sportarten finden sich wenig Berichte in der DP-Presse, die sehr stark vom Fußball dominiert war. Doch scheint es auch in anderen Sportarten Meisterschaften gegeben zu haben. So berichtet die Landsberger Lager-Cajtung von einem „Liga-Spiel" im Basketball zwischen Landsberg und Feldafing am 19. August 1946 – allerdings scheint die Liga nicht sehr groß gewesen zu sein, da sowohl Landsberg als auch Feldafing zwei Mannschaften ins Rennen schickten.[33] Ähnliche dürftige Hinweise auf eigene Ligen und Meisterschaften gibt es auch für Tischtennis und Volleyball.[34]

Am meisten Interesse brachten Zuschauer und Presse den Fußball-Wettkämpfen entgegen. Wie oben geschildert, hatte es bereits 1945 Freundschaftsspiele zwischen jüdischen DP-Teams gegeben. Die Basis für den Aufbau einer eigenen Fußball-Liga stellte allerdings das Pessach-Turnier vom 18. bis 22. April 1946 dar, zu dem „Ichud" Landsberg die besten jüdischen Mannschaften der US-Zone versammelt hatte. Den Pokal stiftete der Landsberger UNRRA-Direktor A. C. Glassgold, der in seiner Eröffnungsrede sagte: „Ich wünsche Euch, liebe Sportler, dass Ihr Euch beim nächsten Mal in einem Jahr in Eretz Israel miteinander messen mögt!"[35] Danach marschierten die Spieler mit ihren Vereinsfahnen an der Tribüne vorbei. Den anschließenden Vorrunden-Spielen wohnten mehr als 3.000 Zuschauer bei.

Am dritten Tag waren von den zwölf Mannschaften, die zum Turnier angetreten waren, nur noch Landsberg und Feldafing ungeschlagen, die das Finale vor jetzt 5.000 Zuschauern ausfochten. In der zweiten Hälfte kam es allerdings zum Spielabbruch „wegen der unsportlichen Haltung der Feldafinger Spieler gegenüber dem Schiedsrichter".[36] Nach langen Diskussionen wurde das Spiel am nächsten Morgen fortgesetzt:

„Landsberg greift an und ist technisch und taktisch besser als die Feldafinger, aber auch dieses Mal ist das Spiel nicht beendet worden, diesmal wegen der Unfähigkeit des Schiedsrichters, das Spiel zu beherrschen. Deshalb wurde das Turnier nicht beendet und es hat keinen Sieger des Turniers gegeben."[37]

Dennoch war das Pessach-Turnier in Landsberg die Initialzündung für die Gründung der Fußballliga der She'erith Hapletah in der US-Zone. Das Turnier hatte bewiesen, dass es genug Mannschaften gab, die attraktiven Sport bieten konnten und zudem ein annähernd ähnliches Niveau aufwiesen. Auch das rege Zuschauerinteresse bestärkte die Verbandsfunktionäre darin, den Liga-Spielbetrieb aufzunehmen: Die DPs lechzten nach Sport – nicht nur, um selbst aktiv zu werden, sondern auch um etwas zu haben, auf das man seine Sehnsüchte und Energien richten konnte.

Bis Mitte 1946 waren die Fußballspiele zwischen den einzelnen Lagern und Klubs also vor allem Freundschaftsspiele gewesen, die dem Austausch und dem Zusammenhalt dienten und dementsprechend von den Zeitungen ob ihrer schönen Atmosphäre gelobt wurden. Dieser Wettkampf untereinander erhielt mit der Gründung einer eigenen Fußball-Liga einen völlig anderen Charakter: Nun stand der Kampf um die Zonen-Meisterschaft im Vordergrund, was zwar die Attraktivität der Spiele steigerte, aber auch zu größerer Unsportlichkeit seitens der Akteure und Zuschauer führte.

Zur ersten Liga der She'erith Hapletah schlossen sich die besten neun Mannschaften der US-Zone zusammen. Drei weitere Klubs hatten sich beim Landsberger Pessach-Turnier als zu schwach für die erste Liga erwiesen. Sie spielten mit vielen anderen kleineren Klubs in der zweiten Liga, der so genannten „A-Klasse".[38] Der Spielbetrieb der ersten Liga startete am 13. Juli 1946 unter regem Zuschauerinteresse, dem Spiel Landsberg gegen Feldafing wohnten zum Beispiel 4.000 Zuschauer bei.[39] Höhepunkte waren vor allem die Spiele der Spitzenmannschaften gegeneinander:

> Das Spiel hat in Stuttgart großes Interesse ausgelöst. Das ganze jüdische Stuttgart ist bei diesem Fußball-Ereignis dabei gewesen. [...] Landsberg fängt mit starken Angriffen an, und schon in der 37. Minute schießt der Rechtsaußen Mundek eine Ecke und Urbach (Landsberg) köpft für Landsberg ein. Die erste Hälfte endet 1:0 für Landsberg. [...] Die Stuttgarter fangen an, ihre Gegner hart körperlich zu attackieren, mit dem Ergebnis, dass Torwart Helfing stark am Auge verletzt und der Halbrechts Urbach am Fuß getroffen wird und erst mal nicht mehr weiterspielen kann. [...] In der 35. Minute der zweiten Halbzeit schießt der Halbrechts von Stuttgart einen unhaltbaren Ball in den Winkel. [...] Es scheint, dass die Stuttgarter mit Macht gewinnen wollen. Aber die Landsberger Verteidigung sucht ihresgleichen. Sie machen totsichere Chancen zunichte, in der letzten Spielminute köpft Urbach den Ball übers Tor. [...] Mit 1:1 endet das Spiel.[40]

Die kleineren Teams konnten bei diesem Niveau kaum mithalten. Fußball-Meister der US-Zone 1946 wurde „Ichud" Landsberg, gefolgt von Feldafing und Stuttgart. Bei seinem Triumph profitierte „Ichud" Landsberg zum einen von den besseren allgemeinen Bedingungen: Landsberg war eines der größten und ältesten jüdischen DP-Lager. Der Verein zählte 853 Mitglieder, davon 210 aktive.[41] „Ichud" hatte schon Mannschaften aufgestellt, als es viele andere Lager noch gar nicht gegeben hatte. Der Hauptgrund für seinen Erfolg lag aber in der Qualität der Spieler: Anders als in anderen Mannschaften, die sich oft aus Neulingen rekrutierten, spielten bei „Ichud" ausschließlich Männer, die bereits vor dem Krieg fußballerisch aktiv waren – oft auch in jüdischen Mannschaften, wie Mittelfeldspieler Goldberg, der bei „Makabi" Warschau gekickt hatte. Unbestrittener Star des Teams war Rechtsaußen Mundek Schulsinger, 37 Jahre alt, der vor dem Krieg Profifußballer bei „Gwiazda" Warschau gewesen war und für die polnische Arbeiter-Auswahl gespielt hatte.[42] Er wurde in den Spielberichten häufig als bester Spieler hervorgehoben.

So endete die Fußball-Saison 1946 mit einer großen Festveranstaltung in München. Aus improvisierten Klubs, Spielfeldern und Ligen war binnen eines Jahres ein professioneller Sportbetrieb geworden. Wie das Center für physische Erziehung stolz verkündete, waren Ende des Jahres 1946 in der

US-Zone in 95 jüdischen Klubs rund 15.000 DPs aktiv.[43] Der professionelle
Spielbetrieb hatte allerdings nicht nur erfolgreiche Klubs und eine zonenweite Meisterschaft hervorgebracht, sondern auch die Haltung der She'erith
Hapletah gegenüber dem Sport als solchem und den Mannschaften im Besonderen verändert. Jedenfalls hielt nun ein Phänomen Einzug, das im Pro-
fi-Sport alltäglich ist, vor dem Hintergrund des besonderen Zusammenhalts
der jüdischen DPs jedoch verwundern muss: Es häuften sich Unsportlichkeiten, Zuschauerausschreitungen und Betrügereien. Die DP-Zeitungen
sind voll von Berichten über Schlägereien, wüste Attacken und Spielabbrü-
che:

> Der Regensburger Sportklub hat einen deutschen Schiedsrichter. Wenn er sieht,
> dass es schlecht steht, pfeift er nur noch die Fehler einer Seite. Die zweite Sache,
> die auffällt, sind gewisse Regensburger Juden, die sich gar unanständige Äußerun-
> gen erlauben. Der Höhepunkt bei diesem Spiel ist gewesen, als einer der Regens-
> burger mit einem Messer in der Hand herumgegangen ist und diejenigen bedroht
> hat, die zu äußern gewagt hatten, dass Straubing gewinnen würde. Das Spiel
> musste wegen der Attacken mit Händen und Füßen der Regensburger abgebro-
> chen werden.[44]

In diesem Bericht ist im Prinzip alles enthalten, was der Sport der She'erith
Hapletah an Skandalen zu bieten hatte. Oft waren die Schiedsrichter Anlass
für Ärger: Viele Vorwürfe in den Spielberichten, sie seien parteiisch, lassen
sich wohl damit erklären, dass diese Berichte in der DP-Presse in der Regel
von Spielern oder Funktionären eines der beteiligten Teams verfasst wurden. Gerade am Anfang mangelte es den Schiedsrichtern jedoch oft tatsächlich an der Fachkenntnis, die nötig war, um eine Partie zu führen, weshalb
es zu Spielabbrüchen kam – das oben erwähnte Pessach-Turnier in Landsberg ist dafür ein Beispiel. Wie emotionsgeladen die Fußballspiele insgesamt
abliefen, zeigen die zahlreichen Ausschreitungen von Zuschauern und Spielern. Nicht immer waren dabei Messer im Spiel – vom Spiel „Hakoach" Hof
gegen „Makabi" Marktredwitz berichtete die Jidisze Cajtung:

> Dass Marktredwitz die Initiative behält, kann Hof nicht vertragen; ‚Hakoach' ver-
> hält sich schlecht zu ‚Makabi', und im Ergebnis hat ein Spieler von ‚Makabi' einen
> Schlag von einem der ‚Hakoach'-Spieler erhalten. Auch die Anhänger von Hof ha-
> ben sich schlecht benommen, indem sie sich als organisierte Gruppe hinter dem
> Tor von Marktredwitz versammelt haben, um den Torwart abzulenken, und dabei
> miese Dinge abgezogen haben.[45]

Das Spiel wurde abgebrochen, nachdem die Spieler von Marktredwitz zwanzig Minuten vor Schluss unter Protest das Spielfeld verlassen hatten. Die
Geschichte ging noch weiter: „Hakoach" Hof protestierte öffentlich gegen
die Anschuldigungen und stritt ab, dass es seine Zuschauer gewesen seien,
die auffällig geworden waren. Darauf bezog Marktredwitz einige Nummern
später erneut in der Jidiszen Cajtung Stellung: „Die Menschen, die sich hin-

ter dem Tor von ‚Makabi' versammelt hatten, waren sehr wohl aus Hof, weil wie gemeldet wurde, hat zu dieser Zeit in Marktredwitz eine Typhus-Epidemie geherrscht, so dass einzig den Spielern erlaubt wurde, nach Hof hinaus zu fahren."[46]

Weiter berichten die Zeitungen davon, dass hin und wieder Vereine die Eintrittsgelder der Zuschauer für sich behalten hätten, obwohl solche Erlöse normalerweise zwischen beiden Mannschaften aufgeteilt wurden. Dies sorgte zwar für Ärger, schlug aber nicht annähernd so hohe Wellen wie das, was die Verbände als „Verletzung des nationalen Stolzes" ansahen: Wenn Mannschaften Nicht-Juden in ihren Reihen aufstellten. So warf ein Funktionär aus Amberg dem Klub aus Cham vor, er habe bei einem Meisterschaftsspiel „jugoslawische Mörder" in seiner Mannschaft eingesetzt, worauf Cham sich rechtfertigte: „Man wirft uns vor, bei uns spielten jugoslawische Mörder, dabei ist es alles in allem nur ein einziger Jugoslawe gewesen".[47]

Mehr als Erregung verursachten solche Regelverstöße und Unsportlichkeiten in der Saison 1946 allerdings nicht. Es gab keine Schiedsstellen oder Disziplinargerichte, die Gegenmaßnahmen hätten verhängen und vollstrecken können. So blieb die Presse das einzige Ventil, durch das man seinem Ärger Luft machen konnte: „Anstatt Freundschaftsspiele sollte man es eher Feindschaftsspiele nennen. […] Wäre es nicht besser, die Sportklubs aufzulösen, weil sie uns mehr Schaden als Nutzen bringen? Es ist doch die größte Schande, sich gegenseitig zum Feind zu machen, nur weil man das Spiel nicht gewonnen hat."[48] Zum Glück wurde aus diesem Vorschlag nichts. In der neuen Saison versuchte man andere Mittel und Wege, Spieler und Zuschauer zu disziplinieren.

Das Jahr 1947: Die Blütezeit des DP-Sports

In die neue Sport-Saison 1947 starteten in der US-Zone rund hundert Klubs, die in einem knappen Dutzend Sportarten Freundschaftsspiele und Meisterschaften austrugen. Zwar wurden auch 1947 noch neue Vereine gegründet, doch war die Sportlandschaft insgesamt konsolidiert.[49] Die Verbandsstrukturen waren gefestigt, die Ligen etabliert. Nach dem massiven Zustrom der polnischen Juden im Vorjahr blieb die Lagerbevölkerung nun konstant. Im Lagerleben kehrte Normalität ein, zumal sich die Hoffnungen auf eine baldige Ausreise aus Deutschland nicht erfüllten, da die weltpolitische Lage stagnierte.[50] Die Professionalisierungstendenzen, die sich 1946 gezeigt hatten, verstärkten sich weiter. Die Ligen differenzierten sich aus, zonenweite Meisterschaften wurden zu Großereignissen, und nicht zuletzt bildete die Gründung eines eigenen Sportmagazins („Jidisze Sport Cajtung") den gestiegenen Stellenwert des Sports ab. Kurz: 1947 befand sich der Sport der She'erith Hapletah auf seinem Höhepunkt.

Die „größte Sport-Veranstaltung im Jahr 1946/1947"[51] fand vom 27. bis

29. Januar 1947 im Circus-Krone-Bau in München statt: die Boxmeisterschaft aller jüdischen Sportklubs der US-Zone. „Drums rolled. The hall was filled with light. Applause thundered as two ten-year-old boys from Landsberg [...] stepped into the ring and gave a neat round of exhibition boxing which was declared, fittingly, a draw."[52] Die Meisterschaft war ein gesellschaftliches Großereignis, was sich auch an der Anwesenheit hoher Vertreter der Militärregierung und des Zentralkomitees ablesen lässt. Seinen Höhepunkt erreichte der Wettkampf zum Finale am letzten Abend. Der Circus-Krone-Bau war „vollständig besetzt mit Gästen, Anhängern, Boxern und Stammzuschauern. Hunderte Menschen sind mangels Platz draußen geblieben. Rund 2.000 Zuschauer haben den Finalkämpfen beigewohnt."[53] Sowohl jüdische als auch deutsche Reporter und Fotografen berichteten von diesem Großereignis. Die frisch gebackenen Zonenmeister erreichten beträchtliche Popularität: Wochenlang wurden in den verschiedenen Camps „victory banquets" für sie abgehalten, bei denen sie stolz ihre Pokale präsentierten.[54] Nach den langen und dunklen Jahren des Holocausts war die Meisterschaft in München für viele Boxer eine Art Rückkehr zur Normalität. „It was evident that many of the competitors were not novices. Several of the boxers had held amateur and professional records before the war." [55] Dies erklärt das hohe Niveau des jüdischen Boxsports: „Some former Polish champions are the trainers of the Jewish future champions and have very good results." [56] Die Behelfsmäßigkeit und die Notwendigkeit zur Improvisation, die den Lagersport zumindest am Anfang kennzeichneten, dürfen nicht darüber hinwegtäuschen, dass sich die sportlichen Leistungen der She'erith Hapletah sehen lassen konnten.

Davon zeugt auch der „sensationelle Boxkampf mit Negern" in München, der im Oktober 1947 stattfand.[57] Dabei trat eine Auswahlmannschaft der She'erith Hapletah gegen eine Auswahlmannschaft der amerikanischen Besatzungskräfte an, die zudem noch mit Boxern der Berliner Garnison verstärkt worden war. In diesem Turnier zeigte sich, dass die jüdischen Boxer den US-amerikanischen in nichts nachstanden. Am Ende gewannen die Amerikaner knapp mit 8:6, was die Jidisze Sport Cajtung wie einen Sieg feierte: „Unsere Boxer haben ein gutes Niveau bewiesen und wir können mit Stolz sagen, dass die jüdischen Fäuste sich mit anderen messen können."[58]

Ähnliche Wettkämpfe zwischen jüdischen Klubs und Mannschaften der Besatzungstruppen gab es häufiger, in Landsberg sogar regelmäßig. Während im Boxen die Amerikaner oft besser waren, konnten die jüdischen Mannschaften in anderen Sportarten so manches Spiel für sich entscheiden.[59] Doch nicht nur die amerikanischen Besatzungstruppen waren gern gesehene Gegner, man trat auch zu zonenübergreifenden Wettkämpfen an: Im August 1947 kämpfte eine Box-Auswahl der US-Zone gegen eine Auswahl jüdischer Boxer aus Österreich.[60] Im Dezember 1947 fuhr die Fußball-

Mannschaft von „Makabi" München nach Berlin, wo sie gegen jüdische DP-Mannschaften antrat.[61] Für die She'erith Hapletah waren solche Spiele gegen andere jüdische DP-Teams oder amerikanische Mannschaften überaus wichtig, dokumentierten sie doch, dass man sich gegenüber anderen Nationen nicht zu verstecken brauchte. In der erniedrigenden Situation des Lagerlebens gaben die Auswahlspiele Zuversicht und waren ein Beweis der eigenen Stärke.

Auch die Fußball-Liga in der US-Zone Anfang erreichte 1947 ihren Höhepunkt. Hatte sie 1946 noch eher behelfsmäßig angefangen, so herrschten 1947 klare Regeln für Zusammensetzung und Qualifikation. So wurde die erste Liga beträchtlich erweitert: Die besten Mannschaften der A-Klasse spielten im Februar und März 1947 die Qualifikation für die erste Liga aus, hinzu kam „Makabi" München, dessen Zugehörigkeit zur 1. Liga vom Center für physische Erziehung beschlossen worden war.[62] Damit stieg die Zahl der Erstliga-Mannschaften von neun auf 22. Um trotzdem einen geregelten Spielbetrieb zu ermöglichen, beschloss das Center für physische Erziehung auf seiner Sitzung am 26. April 1947, die Liga in eine Nord- und eine Südliga zu teilen, deren Trennlinie ungefähr entlang Lech und Donau verlief.[63] In der Nordliga spielten zehn Teams, in der Südliga zwölf. Während der Nordliga die A-Klassen der Bezirke Kassel, Frankfurt und Franken zugeordnet waren, vereinte die Südliga die A-Klassen der Bezirke Regensburg und Bayern I+II unter sich (s. Tabelle S. 203).[64]

Die derart neu verfassten Ligen entwickelten sich zum Zuschauermagneten. In den kleineren Städten kamen zwischen 500 und 1.000 Zuschauer, während es bei den großen und erfolgreichen Klubs wie Landsberg oder Zeilsheim auch schon mal 5.000 Zuschauer sein konnten. Diese beiden Klubs waren es auch, die ihre Ligen nahezu unangefochten beherrschten. Sie verfügten über die ausgeglichensten Teams und die meiste Erfahrung, während die Mannschaften am unteren Ende der Tabelle mit einem Problem kämpften, das die Jidisze Sport Cajtung so beschrieb: „Die Hinrunde hat eine Reihe glänzender Spieler gezeigt, die in ihren Mannschaften leider wenige gute Mitspieler haben und deshalb oft verlieren."[65] Dennoch würden die schwächeren Mannschaften von der Liga profitieren, da sich, wie die Zeitung feststellte, ihr Niveau bedeutend erhöht habe. Am Ende der Saison wurde „Ichud" Landsberg wenig überraschend der neue alte Fußball-Meister der She'erith Hapletah in der US-Zone. Auch für 1948 plante man eine Meisterschaft – um die freien Erstliga-Plätze kämpften im Dezember 1947 und Januar 1948 die Erstplatzierten der A-Klassen.[66] Wegen der Massenemigration nach Israel und der Auflösung der DP-Lager wurde aber 1948 schließlich doch kein Meister mehr ausgespielt.

Angesichts der Masse von Spielabbrüchen und Unsportlichkeiten, die das vom Zentralkomitee propagierte hehre Ideal des Sports in Frage stellten, ergriff das Center für physische Erziehung zu Beginn der Saison 1947 eine

Fußballligen in der US-Zone 1947

1.Liga

Nord-Liga	Süd-Liga
„C.S.C." Ulm	„Ichud" Landsberg
„Hakoach" Stuttgart	„Hapoel" Pocking
„Hakoach" Bamberg	„Reprezentanc" Feldafing
„Hasmonea" Zeilsheim	„Makabi" Neu-Freimann
„Hakoach" Hof	„Makabi" München
„Hakoach" Wetzlar	„Bar Kochba" Weilheim
„Kochaw" Eschwege	„Hakoach" Gabersee
„Makabi" Lampertheim	„Hapoel" Bad Reichenhall
„Makabi" Heidenheim	„Makabi" Leipheim
„Hapoel" Windsheim	„Bar Kochba" Regensburg
	„Makabi" Föhrenwald
	„Nordija" Eggenfelden

A-Klasse (2. Liga)

Regensburg	Bayern I	Bayern II
Straubing	Garmisch	Attel
Schwandorf	Planegg	Erding
Vilseck	Neu-Ulm	Pasing
Neunburg	Türkheim	Feldmoching
Weiden	Feldafing (Mak)	Altötting
Deggendorf	Föhrenwald II	Starnberg
Passau	Bad Wörishofen	Ainring II
Cham	Landsberg II	Reichenhall II
Amberg	Feldafing (Hap)	Freimann II
	Augsburg	
	Freising	
	Leipheim II	

Frankfurt	Kassel	Franken
Zeilsheim I b	Hofgeismar	Bayreuth
Bad Salzschlirf	Hess-Lichtenau	Münchberg
Frankfurt	Hasenecke	Fürth
Zeilsheim (Hap)	Eschwege II	Bamberg
Marburg	Mönchberg	Pottenstein
Bad Nauheim	Rochelle	Schwabach
Bensheim	Fritzlar	Hof Lager
Wetzlar		Ansbach
Diburg		Marktredwitz
Ziegenheim		Eichstätt
		Kulmbach
		Windsheim

Reihe von Maßnahmen, die Zuschauer und Sportler zur Einhaltung der Regeln bewegen sollten. So wurde ein Schiedsrichter-Seminar eingerichtet, das sich später sogar eine eigene Vertretung beim Verband der Sportklubs schuf.[67] Die wohl wichtigste Maßnahme war aber die Gründung einer Disziplinarkommission, die von nun an Regeln aufstellen und kontrollieren sowie Sanktionen verhängen sollte.

Unerbittlich ging die neue Kommission im April 1947 an die Arbeit. So wurden vier Fußballer „für Spielen mit und gegen Deutsche" mit jeweils zwei Monaten Sperre bestraft; „alle Spieler haben ihr tiefstes Bedauern ausgedrückt und feierlich erklärt, dass sie ihre Verbrechen einsehen, ihren Schritt tief bedauern und heilig versprechen, ihn nicht zu wiederholen".[68] Das gleiche Strafmaß verhängte die Kommission im Tischtennis und Boxen für ein ähnliches Vergehen. Weitere Strafen: Zwei Verwaltungsmitglieder wurden bis Saisonende disqualifiziert für „das böswillige Einsetzen eines christlichen Spielers". Einem Spieler wurde verboten, eine deutsche Mannschaft zu trainieren. Der Protest eines Klubs, eine gegnerische Mannschaft habe einen christlichen Spieler eingesetzt, wurde hingegen abgelehnt, „weil der Spieler Halbjude ist und dies vom Rabbinat und Regional-Verband in Regensburg bestätigt wurde".[69] Für das Schlagen eines Gegners gab es einen Monat Disqualifikation, und der Trainer einer Boxmannschaft wurde bis Ende des Jahres gesperrt, nachdem er einen Schiedsrichter geschlagen hatte.

Nachdem in der Vorsaison nicht nur Spieler, sondern auch Zuschauer ausfällig geworden waren, sah das Center für physische Erziehung nun für Unsportlichkeiten aller Art drakonische Strafen vor. Speziell der Schiedsrichter wurde unter besonderen Schutz gestellt: Sollte der Schiedsrichter von Zuschauern geschlagen werden, sei dafür die Klubleitung der Heimmannschaft verantwortlich zu machen – das Spiel könne abgebrochen, der Sieg dem Gegner zuerkannt und der Platz für bis zu ein Jahr gesperrt werden. Gleiches drohte, wenn Zuschauer das Spielfeld stürmen oder am Spielfeldrand Tumulte provozieren sollten.[70]

Obwohl derartig munitioniert, ließ die Wirkung der Entscheidungen der Disziplinarkommission im Fußball zunächst zu wünschen übrig. So spottete die Jidisze Sport Cajtung, die erste Hälfte der Saison habe mit Glück geendet, „weil es keine Toten gab, und auch keine ernsten Invaliden, und die paar Duzend geschlagenen und leicht verletzten Spieler können kein ernsterer Anlass für Lärmgeschrei sein."[71] Tatsächlich gingen die Unsportlichkeiten weiter: „Die Disziplinarkommission hatte bei ihrer Arbeit sehr viele Schwierigkeiten, im Wesentlichen undisziplinierte Spieler, Funktionäre und oft wilde Zuschauer. Sie hat beschlossen, sich energischer um alle Disziplin-Brecher zu kümmern, und wir hoffen, dass die Rückrunde einen ruhigeren Verlauf nehmen wird."[72] Ein unerfüllter Wunsch: Trotz klarer Regeln und drakonischer Strafen bekamen die Verbände das Problem randalierender Zuschauer und Spieler bis zuletzt nicht in den Griff.

Das Jahr 1948: Sportler werden mobilisiert

Im November 1947 hatte die UNO den Teilungsplan für Palästina beschlossen, im Mai 1948 endete das britische Mandat und der Staat Israel wurde ausgerufen. Die jüdischen DP-Lager lösten sich nach und nach auf, die Bewohner wanderten in Scharen nach Israel aus. Lebten im April 1948 noch 165.000 jüdische DPs in Deutschland, so waren es fünf Monate später nur noch 30.000 – Tendenz fallend.[73] Damit brach auch die jüdische Sportlandschaft zusammen.

Obwohl die Verbände um das baldige Ende des britischen Mandats und die damit verbundene Perspektive der Ausreise wussten, hatten sie die Saison 1948 begonnen, als sei nichts geschehen – man ging mit Elan an die Planung der neuen Saison. Anfang März begannen die Liga-Spiele im Fußball, Anfang April kam eine Neuerung hinzu: Bisher war jedes fünfte Wochenende spielfrei, hier sollte jetzt zwischen sämtlichen 52 Mannschaften der ersten und zweiten Liga ein Pokal ausgespielt werden.[74] Starttermin war der 10. April 1948, doch bereits für dieses erste Wochenende vermeldete die Jidisze Sport Cajtung eine „schwache Beteiligung“.[75] Viele Klubs hätten die zweite Runde erreicht, weil ihre Gegner nicht angetreten seien. Ob es einen zweiten Pokal-Spieltag noch gab, ist zweifelhaft. In den DP-Zeitungen tauchte der Pokal jedenfalls nicht mehr auf.

Mit der Gründung des Staates Israel am 14. Mai 1948 und dem unmittelbar darauf folgenden Überfall der arabischen Nachbarn rückten auch im Sport wichtigere Dinge in den Blickpunkt. Die militärische Übermacht der Araber machte eine schnellstmögliche Mobilisierung („Gijus“) für die israelische Armee nötig, die auch die Mitglieder der DP-Selbstverwaltungsorgane in der US-Zone in Aufregung versetzte.[76] Die Sportverbände riefen nun zur Mobilisierung auf: „Wir Sportler müssen beweisen, dass wir die Avantgarde des Volkes sind. In dieser schicksalhaften Stunde müssen sich alle Sportler der Mobilisierungsaktion anschließen und sich in die erste Reihe für die Mobilisierung stellen!“[77] In der Folge ließen sich ganze Mannschaften geschlossen für die Armee rekrutieren und verließen Deutschland.[78] Den Meisterschaften wurde damit ihr Lebenselixier entzogen. So dauerte die Boxmeisterschaft Mitte April 1948, die die Veranstalter ähnlich imposant geplant hatten wie die vorjährige, nur zwei statt drei Tage. Die Berichterstattung in der Jidiszen Sport Cajtung dokumentiert die Auflösungserscheinungen:

> Trotz angestrengter Bemühungen ist es nicht gelungen, eine größere Zahl Teilnehmer zusammenzubringen und damit einen besseren Überblick über unsere Boxer zu gewinnen. Ein Teil der Boxer sind bereits im Rahmen der Mobilisierung abgefahren, ein Teil befindet sich in speziellen Vorbereitungskursen für die Mobilisierung, und die übrigen paar Duzend, die nach München gekommen sind, haben weder mit ihrer Vorbereitung noch mit Kämpferherz beeindrucken können.[79]

Für die Fußball-Ligen ist die Auflösung nicht so genau dokumentiert. Die letzte Meisterschaftstabelle der Süd-Liga druckte die Jidisze Sport Cajtung mit Stand 18. April.[80] In der Juni-Ausgabe vermeldete die Jidisze Sport Cajtung dann den „zeitweiligen Abbruch" der Meisterschaft. Stattdessen sollten Jugendmeisterschaften eingerichtet werden.[81] Ob es dazu kam, ist angesichts des rapiden Aderlasses im Sportsystem unwahrscheinlich.

Allerdings wurden nicht alle Klubs schlagartig aufgelöst. So berichtete Undzer Weg im Dezember 1948, dass „Makabi" München eine Delegation zum „Makabi"-Weltkongress nach Tel Aviv schicke.[82] Dies war allerdings auch die letzte Meldung über DP-Sport in dieser Zeitung. Wann der letzte Klub geschlossen, das letzte Team aufgelöst wurde, lässt sich aus der DP-Presse nicht rekonstruieren. Mit dem Ende des Lagerlebens ging jedenfalls auch die kurze Blüte jüdischen Nachkriegssports in Deutschland zu Ende.

Dem Holocaust entronnen, nach unvorstellbaren Entbehrungen gerade zu Kräften gekommen, an der Ausreise ins Land ihrer Träume gehindert, festgehalten in Lagern, die zumindest am Anfang an die überlebten KZs erinnerten, gefangen in Verzweiflung und Monotonie – so stellte sich die Situation der jüdischen Überlebenden in Deutschland in den Jahren zwischen 1945 und 1948 dar. Hier würde man wohl kaum eine derart vielfältige Sportlandschaft erwarten wie die der She'erith Hapletah in der US-Zone. Doch 175 Sportvereine, rund ein Dutzend Sportarten, mehrere zonenweite Ligen und Tausende von Zuschauern sind ein Ausdruck dafür, dass gerade der Sport im sozialen System der DP-Lager extrem wichtige Funktionen erfüllte.

Sport als Ventil

„Physische Schwäche, geistige Zerbrochenheit, moralische Nacktheit, Apathie, Resignation – das ist das Bild der She'erith Hapletah gewesen, als sie von den hohen Höhen der Befreiung hinabgeschleudert wurden in die niedrigen Täler der DP-Lager."[83] Aus den KZs befreit, hatten sie gehofft, möglichst sofort in Länder wie Palästina oder die USA ausreisen zu können. Daraus wurde nichts, stattdessen saßen sie fest auf verhasstem deutschem Boden – und die enttäuschten Hoffnungen hielten mehr als zwei Jahre lang an. Diese Situation der Zeitweiligkeit zehrte an den Nerven und erzeugte Aggressionen, die von der Beengtheit und den sozialen Zwängen in den Lagern nur verstärkt wurden.

Dabei darf man sich die Lagerbewohner nicht als homogene Gruppe vorstellen. Da war zunächst die unterschiedliche Herkunft: Es gab Juden aus dem Baltikum, aus Polen, aus Ungarn, Rumänien oder Griechenland – sie unterschieden sich in ihren Traditionen, ihren Sprachen und ihrer sozialen Stellung im Lager voneinander: Juden aus dem Baltikum bekleideten oft Leitungsfunktionen und zählten sich zur Intelligenz, während polnische Juden zwar den Großteil der Lagerbewohner stellten, aber wenig zu sagen hatten. Diese sozialen Unterschiede führten ebenso zu Spannungen wie die unterschiedlichen politischen Ansichten: Die Lagerkomitees waren von zionistischen Gruppen dominiert, weshalb auch die meisten Sportklubs – genauso wie die Presse – zionistisch orientiert waren. Nicht-zionistische Parteien und Verbände kamen hingegen kaum zum Zug, weshalb die Anhänger unterschiedlicher politischer Lager einander in herzlicher Feindschaft verbunden waren. Traten dann Sportklubs unterschiedlicher politischer Orientierung gegeneinander an, konnte es schnell zu den oben geschilderten „Feindschaftsspielen" kommen.

Allerdings war den meisten Spielern vermutlich relativ egal, welche Politik ihre Vereinsführung propagierte. Deshalb ist auch nach den psychologischen Ursachen für die Gewaltausbrüche auf und neben dem Spielfeld zu fragen. Innerhalb der Lager gab es zahlreiche Prozesse, in denen Juden sich gegenseitig der Kollaboration mit den Nationalsozialisten beschuldigten: Oft erkannten ehemalige Häftlinge Blockwarte und Kapos aus den KZs wieder, die dann umgehend angeklagt wurden. Dadurch entstand innerhalb der Lager eine aufgeheizte Atmosphäre aus Verdächtigungen und gegenseitigem Misstrauen – die DP-Zeitungen sind voll von Fällen, in denen Lagerpolizei und Besatzungstruppen Selbstjustiz und Lynchmorde gerade noch verhindern konnten. Auch hier konnte der Sport ein Ventil sein, durch das die DPs ihren Aggressionen in „erlaubter" Weise Luft machen konnten.

Für die Komitee-Mitglieder waren solche Vorfälle aber keinesfalls tolerierbar. Sie standen der zionistischen Ideologie des „neuen Menschen" entgegen. Viele Aufrufe und Klagen in den DP-Zeitungen beschäftigen sich zudem mit der Ungeheuerlichkeit, dass hier Juden auf Juden losgingen:

> Fühlt Euch auf dem Platz feierlich, jüdisch, heimisch, fühlt Euch alle wie Brüder einer Sippe, von einer nachsichtigen, verkrüppelten Familie […] Es fehlt ihnen [den Spielern, d. Verf.] leider das Gefühl von Bruderliebe und Sympathie gegenüber allen Mitgliedern der kleinen, nach der Vernichtung übriggebliebenen jüdischen Sport-Familie.[84]

Dies ist zum einen mit der Verrohung der Sitten zu erklären, die das unmenschliche Leben im KZ mit sich brachte.[85] Zum andern aber war der Sport tatsächlich die einzige Möglichkeit für die DPs, ihren Frust und ihre Aggressionen abzubauen – dass dabei ihre jüdischen Brüder zu Schaden kamen, war da zweitrangig.

Sport als Beschäftigung

Aggressionen weckte auch ein anderes großes Problem in den DP-Lagern: Es gab kaum Arbeit und sinnvolle Beschäftigung, selbst die jüdischen Feiertage versanken in Monotonie. „Das dritte Pessach-Fest auf unreiner deutscher Erde […]. Ein Feiertag ist ähnlich dem zweiten. Einer ist schlimmer als der zweite – auf alle unsere Tage hat sich eine öde Melancholie gelegt, eine nagende Trauer – wir sind in der Fremde!"[86] In dieser eintönigen Situation bot der Sport Beschäftigung – nicht nur in Vereinen und festen Mannschaften, sondern auch in offenen Trainingsangeboten, die von einer großen Zahl DPs genutzt wurden.[87] In Landsberg und anderswo standen Sporträume und Geräte täglich zu festen Stunden jedem, der wollte, zur Verfügung.

In diesem Zusammenhang übernahm der Sport eine weitere wichtige Funktion: Der Zustand der Zeitweiligkeit, den die DPs erlebten, bot wenig Möglichkeiten zur Strukturierung des Alltags. Ob es Montag oder Mittwoch, Morgen oder Abend war, wurde unerheblich. Damit fehlte den DPs aber auch ein wichtiges Gerüst zur Orientierung im Alltag. Der Sport konnte hier Strukturen schaffen: Regelmäßige Trainingseinheiten unter der Woche, Ligaspiele am Sabbat und Sonntag waren zeitliche Fixpunkte in einem ziel- und strukturlosen Zustand.

Sport schafft Gemeinschaft

Das KZ hatte die jüdischen DPs nicht nur körperlich zerstört, sie waren auch in ihren kulturellen Grundfesten erschüttert. Der Stolz auf die jüdische Tradition und Herkunft hatte unter der Nazi-Ideologie, die in den Juden nur Untermenschen sah, gelitten. Da das „Propaganda-Gift" nachwirkte, sahen die politischen Führer der She'erith Hapletah eine ihrer Hauptaufgaben darin, „die verkrüppelten, psychischen Abneigungen auszurotten, die die KZs uns einzupflanzen sich bemüht haben, wie Minderwertigkeitsgefühle und Selbsthass."[88] Sport war ein Mittel dazu.

Da waren zunächst die Namen der Sportvereine. Mit „Makabi", „Hapoel" oder „Bar Kochba" knüpften sie an glorreiche Zeiten an. Zum einen hießen so die jüdischen Vereine, die es in Europa vor dem Krieg gegeben hatte und in Palästina noch gab. Zum anderen verwiesen manche Namen auf jüdischen Widerstand in der Vergangenheit – Simon Bar Kochba zum Beispiel hatte einen jüdischen Aufstand gegen die Römer angeführt. Indem sie ihre Vereine nach den historischen Vorbildern benannten, stellten sich die DPs bewusst in ihre jüdische Tradition.

Auch die Wettkämpfe gegen polnische, amerikanische oder schweizerische Mannschaften trugen zur Identifikation mit dem jüdischen Volk bei. Die Berichte der Zeitungen belegen dies: Hier traten nicht Landsberger Lager-Bewohner gegen Besatzungssoldaten an, sondern ganz bewusst Juden gegen Amerikaner – und wenn bzw. weil die Juden dabei sehr gut abschnitten, verstärkte dies auch das Zugehörigkeitsgefühl zum jüdischen Volk. Nach den Erniedrigungen des Nazi-Terrors enthielten diese Wettkämpfe und ihre Betrachtung durchaus ein „Wir sind wieder wer"-Moment.

Interessant ist unter dem Gesichtspunkt der Identität auch die Ablehnung jeglichen Wettkampfs mit deutschen Mannschaften. Sicher spielte dabei die Abscheu gegenüber dem Volk der Mörder die größte Rolle, vielleicht hin und wieder auch die Angst, eine Niederlage könnte symbolisch betrachtet werden und alte Reflexe wecken. Aber es wurde hier auch ein Feindbild geschaffen, das das Zusammengehörigkeitsgefühl der jüdischen Sportler stärkte, durch klare Abgrenzung die Zugehörigkeit zum jüdischen Volk betonte und hohe integrative Kraft entwickelte. Dass dieser Prozess gewollt war, belegt die Tatsache, dass es die Verbände waren, die solche Wettkämpfe untersagten und Verstöße drastisch sanktionierten, während die „einfachen" Sportler den Kontakt zu Deutschen nicht weiter schlimm fanden. In jedem Fall war der Sport ein probates und überaus populäres Mittel, die Identifikation mit dem eigenen Volk zu stärken.

Sport als Ausbildung für den Kampf in und um Eretz Israel

„Die Richtung unserer Arbeit auf dem Gebiet der physischen Erziehung muss streng der Linie folgen, unsere Jugend physisch darauf vorzubereiten, die schweren Aufgaben zu erfüllen, die in der nächsten Zeit vor ihr stehen. Durch die Körperkultur müssen wir unsere Jugend erziehen im Geiste von Stärke, Heldenmut, Gesundheit und allgemeiner physischer Vorbereitung."[89]

Die Bildung und Erziehung des Volkes ist ein Moment, das quasi alle Aktivitäten und Äußerungen der Vertreter der Selbstverwaltung durchzog. Hier spielte zum einen das zionistische Menschenbild hinein, dem zufolge in Eretz Israel nicht nur ein eigener Staat, sondern auch ein neues, gebildetes, kulturell anspruchsvolles und moralisch integres Volk geschaffen werden sollte. Diesem Ideal stand die oben geschilderte physische und psychische Zerrüttung nach den Jahren im KZ gegenüber. Der Sport war hier zunächst ein Mittel zur physischen Wiederherstellung der Menschen. Er wurde aber auch ideologisch überhöht zu einer Waffe im (militärischen) Kampf in Palästina.[90] Auch vor diesem Hintergrund ist das Faible der Komiteemitglieder für das Boxen zu sehen, das sie als „nationalen Verteidigungssport für Juden" interpretierten:

Zunächst wird durch das Boxen beim Menschen der Gesundheitszustand und die physische Kraft entwickelt. Weiter entwickelt er Schnelligkeit, Ausdauer, Kaltblütigkeit, Kampfeslust, Siegeswillen und das Schönste: Heldenmut. […] Zieht man das alles in Betracht im Zusammenhang mit der Lage, in der wir uns nach dem großen Unglück unseres Volkes befinden, müssen wir verstehen, dass Boxen bei uns einen Massen-Charakter annehmen muss, weil er für uns die Bedeutung von Selbstverteidigung hat.[91]

Schwang das Moment der Vorbereitung für den Kampf um Palästina am Anfang eher unterschwellig mit, wurde sie mit dem UNO-Teilungsbeschluss im November 1947 zur vordringlichen Funktion des Sports erklärt. So schrieb Boris Pliskin, Vorsitzender des Verbands der jüdischen Sportklubs, in der Jidiszen Sport Cajtung:

Abb. 10: Im Maccabi-Kinderzentrum,
Displaced Persons Lager Bad Reichenhall, um 1946
© Jüdisches Museum Berlin.

Man muss eine mächtige Freiheitslegion schaffen, die sich in die heldenhafte Haganah [Vorläuferorganisation der israelischen Armee, d. Verf.] eingliedern soll, die
die Geburt unserer Staatlichkeit bewacht. Wir müssen stark sein, mutig, diszip-
liniert, und bereit, wenn der Ruf [zum Kampf] kommt.[92]

Zwei Monate später hieß es angesichts arabischer Drohungen an gleicher
Stelle: „Nur ein starker, energischer Mensch kann sich der Gefahr ent-
gegenstellen, nur ein forscher, physisch entwickelter Jude kann am besten
unsere Ehre, unser Heim und unser Leben verteidigen."[93]

Die ganze ideologische Überhöhung des Sports zeigte sich dann an der
Reaktion der DP-Funktionäre auf den Unabhängigkeitskrieg des Staates Israel: „Heute ist für jüdische Sportler der Tag gekommen, da alles das, was
wir auf den Sportplätzen in unsere Körper gepflanzt haben, heraussprießen
muss mit der nötigen Kraft des Volkes, mit Ausdauer, Ehrgeiz und Kamp-
feswillen."[94] So war aus Sicht der Verbände völlig klar, dass die Sportler sich
als erste für die Mobilmachung melden müssten – und tatsächlich wanderten viele Mannschaften geschlossen nach Israel aus. Ob aber auch diese
„einfachen" Sportler ihre Wettkämpfe in den Jahren zuvor schon als Übung
für den Ernstfall betrachtet hatten, darf bezweifelt werden. Eine sinnvolle
Beschäftigung zu haben, Aggressionen abzubauen und Selbstbewusstsein
zu gewinnen war wohl mindestens ebenso wichtig.

Allerdings genossen in den DP-Lagern die kulturellen Aktivitäten ein höheres Ansehen bei den Vertretern der Selbstverwaltung, weshalb sie sich beispielsweise in der DP-Presse überdurchschnittlich häufig niederschlugen, während der „profane" Sport bestenfalls am Rande vorkam. Mit Kultur und Bildung war Staat zu machen, hier konnte man sich profilieren. Der Sport hingegen bedeutete schlimmstenfalls Ärger, wenn sich Spieler und Sportler wieder mal daneben benahmen. Dass er breitere Massen ansprach als die kulturellen Aktivitäten, machte ihn darüber hinaus in den Augen mancher Komiteemitglieder wohl eher suspekt. So führte der Sport in den Gremien und Zeitungen der She'erith Hapletah eine Randexistenz, während er in den Lagern und Assembly Centern zur Massenbewegung wurde.

Und wer weiß, ob das fragile Gebilde „Lagergesellschaft" die zweieinhalb Jahre auf der verhassten deutschen Erde so friedlich durchgehalten hätte, wenn es nicht den Sport gegeben hätte: Als Ventil für Leid und Ärger, als Ziel für Wünsche und Sehnsüchte, als Vehikel und Ausdruck jüdischen Stolzes und jüdischer Identität.

Anmerkungen

[1] Jidisze Cajtung, Nr. 117, 04.07.1947, 9.

[2] So steht es in der Bamberger Wochenzeitung Undzer Wort, Nr. 1, 12.03.1946, 1.

[3] Es ist ungeklärt, wie der biblische Begriff „She'erith Hapletah" („der Rest, der gerettet wurde", 1. Chronik 5, 43) in den Sprachgebrauch der jüdischen DPs gelangte. Er ist ab Juli 1945 nachweisbar, als Rabbi Klausner die ersten Listen von Überlebenden unter just diesem Titel veröffentlichte. Vgl. Yehuda Bauer: The Initial Organization of the Holocaust Survivors in Bavaria. In: Yad Vashem Studies 8/1970, 127–157; hier: 127.

[4] Michael Brenner, Nach dem Holocaust. Juden in Deutschland 1945–1950. München 1995, 10.

[5] Zwar gab es auch in der britischen Zone jüdische Sportklubs, doch konnten sie – mit Ausnahme von Belsen vielleicht – weder bei der Anzahl der Sportarten noch bei der Professionalität mit den Klubs der US-Zone mithalten. Außerdem sind die Quellen zu den britischen DP-Lagern weitaus schlechter erschlossen.

[6] Bis Ende 1946 existierte in jedem größeren Lager eine Zeitung in jiddischer Sprache. Nachdem die Besatzungsbehörden für die jüdische Presse eine Lizenzpflicht eingeführt hatten, blieben sechs Regionalzeitungen übrig, von denen wiederum vier Ende 1947 liquidiert wurden. Nur Undzer Weg (Zeitung des Zentralkomitees in München) und die Jidisze Cajtung überlebten. Diese beiden größten DP-Zeitungen sind neben der 1947 gegründeten Jidiszen Sport Cajtung die Hauptquellen des vorliegenden Texts. Zur Entwicklung der DP-Presse vgl. Philipp Grammes: „Ein Beweis, dass wir da sind!" Die jiddische Wochenzeitung „Undzer Wort" – Kommunikationsstrukturen und -interesse von Displaced Persons. Diplomarbeit, München 2004, 28–46.

[7] Zur Geschichte der genannten Lager vgl. Juliane Wetzel: Jüdisches Leben in Mün-

chen 1945–1951. Durchgangsstation oder Wiederaufbau? (= Miscellanea Bavarica Monacensia, Bd. 135) Diss., München 1987, 241–262; sowie Angelika Eder: Flüchtige Heimat. Jüdische Displaced Persons in Landsberg am Lech 1945 bis 1950 (= Miscellanea Bavarica Monacensia, Bd. 170). Diss., München 1998, 94 ff.

[8] Irving Heymont, Among the Survivors of the Holocaust – 1945. The Landsberg DP Camp Letters of Major Irving Heymont, United States Army (= Monographs of the American Jewish Archives, No. 10). Cincinnati 1982, 12 und 62.

[9] Tetikajts-baricht fun der farwaltung, Landsberger Lager-Cajtung, Nr. 2, 20. 10. 1945, 7.

[10] Yehuda Bauer: The Initial Organization of the Holocaust Survivors in Bavaria. In: Yad Vashem Studies 8/1970, 127–157; hier: 149 f.

[11] Juliane Wetzel, Jüdisches Leben in München 1945–1951. Durchgangsstation oder Wiederaufbau?, München 1987, 178–195.

[12] Zum Kongress in München vgl. Leo W. Schwarz, The Redeemers. A Saga of the Years 1945–1952. New York 1953, 80–88.

[13] Dos fraje Wort (Feldafing) erschien erstmalig am 4. Oktober, die Landsberger Lager-Cajtung am 8. Oktober und das Zentralorgan Undzer Weg (München) am 12. Oktober 1945.

[14] Landsberger Lager-Cajtung, Nr. 4, 04. 11. 1945, 8.

[15] Landsberger Lager-Cajtung, Nr. 5, 12. 11. 1945, 6.

[16] Landsberger Lager-Cajtung, Nr. 3, 28. 10. 1945, 6.

[17] Die Gründung des Centers für physische Erziehung vermeldete Undzer Weg, Nr. 22, 01. 03. 1946, 8.

[18] Wolfgang Jacobmeyer: Jüdische Überlebende als „Displaced Persons", in: Geschichte und Gesellschaft 9/1983, 429–444, hier: 436 f.

[19] Bamberger Wochenzeitung Undzer Wort, Nr. 4, 05. 04. 1946, 2; Jim G. Tobias, Vorübergehende Heimat im Land der Täter. Jüdische DP-Camps in Franken 1945–1949, Nürnberg 2002, 40.

[20] Über die Konferenz berichtet die Landsberger Lager-Cajtung, Nr. 26, 26. 04. 1946, 8.

[21] Landsberger Lager-Cajtung, Nr. 26, 26. 04. 1946, 8.

[22] Leo W. Schwarz, The Redeemers. A Saga of the Years 1945–1952, New York 1953, 140.

[23] Leo W. Schwarz, The Redeemers. A Saga of the Years 1945–1952, New York 1953, 140.

[24] Landsberger Lager-Cajtung, Nr. 30, 24. 05. 1946, 6.

[25] Leo W. Schwarz, The Redeemers. A Saga of the Years 1945–1952, New York 1953, 140.

[26] Landsberger Lager-Cajtung, Nr. 37, 12. 07. 1946, 7.

[27] Landsberger Lager-Cajtung, Nr. 39, 19. 07. 1946, 9.

[28] In der gesamten Literatur und auch beim Zeitzeugen Schwarz wird erst die Boxmeisterschaft 1947 in München als „first Boxing Championship of all the sport clubs in the zone" bezeichnet, in: Leo W. Schwarz, The Redeemers. A Saga of the Years 1945–1952, New York 1953, 206.

[29] Unterwegs, Nr. 5, 15. 08. 1946, 3.

[30] Bamberger Wochenzeitung Undzer Wort, Nr. 50, 21. 03. 1947, 5.

[31] Unterwegs, Nr. 5, 15.08.1946, 3.

[32] Landsberger Lager-Cajtung, Nr. 52, 25.09.1946, 43. Ob die Zeitung hier aus Platzgründen die Frauen weglässt oder diese tatsächlich nur in dieser einen Disziplin antraten, ist unklar. Allerdings berichten die Zeitungen auch bei den 1947er Meisterschaften nicht über weibliche Teilnehmer. Vgl. Jidisze Sport Cajtung, Nr. 11, Oktober 1947 (B), 2–6.

[33] Landsberger Lager-Cajtung, Nr. 51, 13.09.1946, 7. Die Niveau-Unterschiede zwischen den Basketball-Teams in der US-Zone müssen eklatant gewesen sein: Gegen Leipheim gewann „Ichud" Landsberg mit 100:2! Landsberger Lager-Cajtung, Nr. 49, 30.08.1946, 12.

[34] Z. B. Landsberger Lager-Cajtung, Nr. 22, 15.03.1946, 10.

[35] Landsberger Lager-Cajtung, Nr. 26, 26.04.1946, 8.

[36] Ebd.

[37] Ebd.

[38] Die A-Klasse war nach den Verwaltungsbezirken („Rajons") organisiert, hier spielten vor allem die Teams kleinerer DP-Center. Da die DP-Zeitungen 1946 kaum über die A-Klasse berichteten, lässt sich ihr System erst für das Jahr 1947 vollständig rekonstruieren.

[39] Landsberger Lager-Cajtung, Nr. 39, 19.07.1946, 9.

[40] Landsberger Lager-Cajtung, Nr. 41, 26.07.1946, 7.

[41] Landsberger Lager-Cajtung, Nr. 37, 12.07.1946, 7.

[42] Biografien der „Ichud"-Spieler finden sich in Jidisze Cajtung, Nr. 59, 15.11.1946, 9.

[43] Jidisze Cajtung, Nr. 64, 13.12.1946, 9.

[44] Landsberger Lager-Cajtung, Nr. 40, 23.07.1946, 3.

[45] Jidisze Cajtung, Nr. 55, 25.10.1946, 9.

[46] Jidisze Cajtung, Nr. 61, 29.11.1946, 9.

[47] Jidisze Cajtung, Nr. 64, 13.12.1946, 9.

[48] Jidisze Cajtung, Nr. 58, 08.11.1946, 8.

[49] Ende 1947 gab das Center für physische Erziehung die Zahl der Klubs mit 175 an – knapp 80 mehr als zu Beginn des Jahres, Jidisze Sport Cajtung, Nr. 16, Januar 1948 (A), 2.

[50] Zwar hatte Großbritannien die Lösung der Palästina-Frage an die UNO delegiert, doch die dort eingesetzte Kommission kam erst Ende 1947 zu einem Ergebnis. Zwischenzeitlich verschärfte Großbritannien zudem die Flüchtlingspolitik, stoppte illegale Flüchtlingsschiffe mit Gewalt und errichtete Flüchtlingslager auf Zypern. Dies führte besonders Mitte 1947 zu großer Hoffnungslosigkeit unter der She'erith Hapletah. Erst der im November 1947 beschlossene UN-Teilungsplan ließ ein baldiges Ende des Lagerlebens näher rücken.

[51] Jidisze Cajtung, Nr. 71, 10.01.1947, 10.

[52] Leo W. Schwarz, The Redeemers. A Saga of the Years 1945–1952, New York 1953, 207.

[53] Jidisze Cajtung, Nr. 78, 04.02.1947, 7.

[54] Leo W. Schwarz, The Redeemers. A Saga of the Years 1945–1952, New York 1953, 207

[55] Ebd.

[56] Our Way (English Edition of Undzer Weg), Nr. 1, 25.11.1947, 16.

[57] Jidisze Sport Cajtung, Nr. 11, Oktober 1947 (B), 10.

[58] Ebd.

[59] So verlor im Januar 1948 eine Auswahl der Besatzungstruppen gegen die frisch gegründete Eishockey-Mannschaft von „Hapoel" München mit 0:4. Jidisze Sport Cajtung, Nr. 17, Februar 1948 (A), 7.

[60] Die Österreicher gewannen 9:7. Our Way, Nr. 1, 25.11.1947, 16.

[61] Jidisze Sport Cajtung, Nr. 15, Dezember 1947 (B), 7.

[62] Jidisze Cajtung, Nr. 76, 28.01.1947, 3.

[63] Jidisze Cajtung, Nr. 101, 06.05.1947, 6.

[64] Vermutlich gab es auch eine A-Klasse im Bezirk Stuttgart, doch ist deren Zusammensetzung unklar, da die Jidisze Sport Cajtung von ihr keine Tabellen und Spielberichte abdruckte. Einziger Hinweis auf diese A-Klasse sind die 1948er-Aufsteiger Schwäbisch Hall und Lechfeld.

[65] Jidisze Sport Cajtung, Nr. 9, 04.09.1947, 2.

[66] Jidisze Sport Cajtung, Nr. 20, April 1948 (A), 7.

[67] Jidisze Sport Cajtung, Nr. 10, 26.09.1947, 9.

[68] Jidisze Cajtung, Nr. 99, 25.04.1947, 6

[69] Jidisze Cajtung, Nr. 99, 25.04.1947, 6.

[70] Jidisze Cajtung, Nr. 101, 06.05.1947, 6.

[71] Jidisze Sport Cajtung, Nr. 9, 04.09.1947, 2.

[72] Ebd.

[73] Vgl. Michael Brenner, Nach dem Holocaust. Juden in Deutschland 1945–1950, München 1995, 61.

[74] Jidisze Sport Cajtung, Nr. 20, April 1948 (A), 8. Den Pokal stiftete der Chefredakteur des Zentralorgans Undzer Weg, Reuben Rubinstein.

[75] Jidisze Sport Cajtung, Nr. 21, April 1948 (B), 5.

[76] Vgl. Leo W. Schwarz, The Redeemers. A Saga of the Years 1945–1952, New York 1953, 282.

[77] Jidisze Sport Cajtung, Nr. 21, April 1948 (B), 2.

[78] Jidisze Cajtung, Nr. 204, 25.05.1948, 6.

[79] Jidisze Cajtung, Nr. 21, April 1948 (B),3.

[80] Ebd., 7.

[81] Jidisze Sport Cajtung, Nr. 23, Juni 1948 (A), 5. Nach dieser Nummer wurde die Zeitung eingestellt.

[82] Undzer Weg, Nr. 234, 21.12.1948, 4.

[83] Bamberger Wochenzeitung Undzer Wort, Nr. 85, 05.12.1947, 1.

[84] Jidisze Sport Cajtung, Nr. 4, 25.06.1947, 2.

[85] Auch der erste Landsberger Lager-Kommandant Irving Heymont berichtet von der Schwierigkeit der Lagerbewohner, mit den Umgangsformen der KZs zu brechen und sich wieder an ein normales Leben zu gewöhnen. Vgl. Irving Heymont, Among the Survivors of the Holocaust – 1945. The Landsberg DP Camp Letters of Major Irving Heymont, United States Army (= Monographs of the American Jewish Archives, No. 10). Cincinnati 1982, 5.

[86] Bamberger Wochenzeitung Undzer Wort, Nr. 52/53, 04./11.04.1947, 1.

[87] Sportfunktionäre schätzten den Anteil der Sportler unter der She'erith Hapletah auf 50 Prozent. Landsberger Lager-Cajtung, Nr. 37, 12.07.1946, 7.

[88] Bamberger Wochenzeitung Undzer Wort, Nr. 1, 12.03.1946, 1.

[89] Bamberger Wochenzeitung Undzer Wort, Nr. 20, 02.08.1946, 10.
[90] Ein Beispiel dafür ist das Anfang 1947 geschaffene Sportabzeichen, das den Namen „HAMLU" (Hejeh muchan leawodah u'lhagana = Sei bereit zur Arbeit und Verteidigung) trug.
[91] Jidisze Cajtung, Nr. 55, 25.10.1946, 9.
[92] Jidisze Sport Cajtung, Nr. 13, November 1947 (B), 2.
[93] Jidisze Sport Cajtung, Nr. 16, Januar 1948 (A), 2.
[94] Jidisze Sport Cajtung, Nr. 23, Juni 1948 (A), 2.

14. Fußball und Antisemitismus in Ungarn*

Victor Karady/Miklós Hadas

Fußballerische Rivalitäten vor Beginn der kommunistischen Herrschaft
Auch wenn die ungarischen Vereinsmannschaften sich von Anfang an durch
ihre Anhängerschaft voneinander unterschieden, so ist doch bei den bedeutendsten die Identität der Mannschaft ein historisches Konstrukt. Sie konstituiert sich nach und nach aufgrund eines „Erbes", das bestimmt wird
durch die gesellschaftliche Stellung ihrer Gründer und ersten Sympathisan-
ten, durch das sportliche Erscheinungsbild, das sich das Team durch seinen
Stil und seine Spielweise gibt, und vor allem durch den Platz, den es nach
den vorgegebenen Kriterien unter den konkurrierenden Mannschaften behauptet – und zwar, wie der Blick zurück zeigt, durchaus mit einer gewissen
Beharrungskraft.

So gibt es in Budapest schon um die Jahrhundertwende nebeneinander einen „jüdischen" Klub, den VAC (Fecht- und Athletik-Klub), und einen für
„christlich" und überdies „Schickimicki" geltenden Klub blaublütiger Provenienz, den MAC (Ungarischer Athletik-Verein). Letzterer lehnt, wenn
auch nur stillschweigend, die Aufnahme jüdischer Mitglieder ab. Die identi-
tätsstiftenden Bezüge jedoch der beiden großen anderen nun aufkommenden Klubs, deren Rivalität die Meisterschaften der ersten Jahrhunderthälfte
beherrschen sollte, die des MTK (Ungarischer Verein für Leibeserziehung)
und des FTC (Gymnastik-Klub Franzstadt), beruhen nicht auf solch klaren
und einfachen Unterschieden.

Der MTK verdankt seine Gründung im Jahre 1888 und dann seine Finanzierung sicherlich Mitgliedern des jüdischen Bürgertums (und, wie es heißt,
vor allem den Textilhändlern) der zentralen Stadtbezirke 6 und 7 von Budapest. Und zwar stand dahinter der Wunsch sportlicher junger Liberaler nach
einem Verein ohne Exklusivitätsansprüche, der sich dem Leistungssport zumal in den damals neuen Disziplinen Schwimmen, Radfahren, Rudern (als
Schnelligkeits- und Kraftsport) widmen sollte – im Unterschied zu den als
„vornehm" geltenden (weil hauptsächlich von den Sprösslingen des Adels
gepflegten) Disziplinen wie Gymnastik, Fechten und Reiten. Der MTK
suchte vorzugsweise, aber ohne Exklusivitätsanspruch, jüdische Spieler anzuziehen. Einer der Streitpunkte mit seinem Rivalen, dem FTC, sollte in
den 20er Jahren der Vorwurf sein, er habe ihm einen seiner Herkunft nach
deutschen Spieler namens Schlosser „abgeworben". Der Präsident des MTK
in dessen großer Zeit, die sich vom Ersten Weltkrieg bis in die Epoche der

Faschisierung erstreckte, Alfred Brüll, eine dominante charismatische Erscheinung, wurde als eine jener „dekadenten" Gestalten des kultivierten jüdischen Bürgertums angesehen, die sich unter anderem auch dem Sport widmeten. Man sagte ihm homosexuelle Neigungen nach, was sein Image eines empfindlichen Patrons nur verstärkte und seine Mannschaft gleichzeitig in einen zwielichtigen Ruf brachte, der geeignet war, antisemitische Vorurteile zu nähren. Dieses Team irritierte jedenfalls durch seinen allzu „bourgeoisen" Charakter. Bis 1918 beschäftigte es regelmäßig Trainer aus Großbritannien, dem Lande, das als das Mekka des Fußballsports galt.[1]

Der MTK bezeugt bis in seinen Namen hinein den Willen zur Affirmation seiner Verbindung mit den Milieus der magyarisierten und der nationalen Assimilation verpflichteten Juden. Sein Vereinsname besteht aus den Anfangsbuchstaben ausschließlich ungarischer Wörter, die dem Wortschatz der Sprachmodernisierer des 18. und 19. Jahrhunderts entnommen sind. Er beruft sich auf ein von jeglichem „Lokalpatriotismus" oder sonstigem Partikularismus unabhängiges „allgemeines Magyarentum". Bei seinem Übergang in den Profifußball sollte er sich dann den Beinamen ‚Hungaria' zulegen, und zwar direkt nach dem Namen der breiten Ringstraße, an der er sein Stadion errichtete, um dem bereits 1911 von seinem Rivalen, dem FTC, errichteten ersten modernen Stadionsbau der Kapitale Paroli zu bieten. Der MTK eröffnet also 1912 sein eigenes Stadion, erheblich größer (mit einem für die damalige Zeit ganz beträchtlichen Fassungsvermögen von 20.000 Zuschauern) und dazu perfektionierter Ausstattung. Dank dieser Platzierung des Stadions konnte die Mannschaft in der Professionalisierung des ungarischen Fußballs (1926) einen untadelig „nationalen" Ruf gewinnen, dessen Vorzeigefunktion in diesen für alle Randständigen schwierigen Zeiten des christlich-autoritären Regimes offensichtlich war. Das prononciert magyarische Erscheinungsbild, das die Mannschaft bieten will, ist übrigens schon an den Namen der Spieler abzulesen, unter denen jüdische neben nicht-jüdischen auszumachen sind. Und man kann dabei feststellen, dass die Namen der Spieler des MTK in ihrer Mehrzahl – bis zu 55% beispielsweise schon in den Jahren vor 1914 – immer ungarisch gewesen sind (die magyarisierten inbegriffen), während die Spieler nicht-magyarischer Abstammung bei den anderen großen Klubs noch deutlich überwogen.[2]

Der FTC als seitheriger Rivale des MTK kommt nicht aus derselben Krippe. Schon seine Benennung verrät die etwas unbeholfenen, um nicht zu sagen prätentiösen Ambitionen der kleinen Leute: „Club" schreibt er sich, nach lateinischer Art; und der Herkunftsverweis auf ein etwas außerhalb von Pest gelegenes Stadtviertel verortet den FTC von Beginn an in einem ganz bestimmten sozialen Raum der Hauptstadt. Es ist ein Ort des Übergangs von den schicken Geschäfts- und Ladenvierteln des Zentrums zu den proletarischen Vororten der Südstadt. Seine Bevölkerung bestand dazumal zum guten Teil aus kleinem und mittlerem Bürgertum, Facharbeitern und anderen Angehörigen der Zwischenschichten (Transportarbeitern, Friseuren, Schankwirten, kleinen Angestellten usw.) oftmals deutscher Abstammung. Das Diminutiv Fradi, mit dem seine Anhänger wie seine Gegner die Mannschaft zu bezeichnen pflegen, gemahnt ausdrücklich an den zur Jahrhundertwende allgemein üblichen, noch heutzutage bekannten deutschen Namen Franzstadt des Stadtviertels, jedenfalls eher als an seinen offiziellen ungarischen Namen Ferencváros. Doch es ist auch kein Zufall, dass das grün-weiß gestreifte Vereinstrikot, in dem die Mannschaft antritt, zwei der drei der ungarischen Landesfarben enthält.[3] Zeugnisse bekräftigen, dass seine Gründerväter auf diese Weise daran erinnern wollten, dass der Fradi im Grunde doch „nationaler" eingestellt sei als sein Nebenbuhler mit dem „M" wie Magyar als Vereinsinitiale. Schon immer hat sich die Klientel des „Clubs" in einem Bild ihrer Authentizität gefallen, das aus der Verbundenheit mit dem städtischen Pflaster geschöpft ist, aus dem er hervorgegangen war. Sie sah sich nämlich als die Mannschaft, die „mit dem Herzen spielt", und nicht, wie sie es der Mannschaft des großen Nebenbuhlers nachsagte, „mit dem Kopf". Diese schon früh formulierte Entgegensetzung von den „kleinen Leuten" und zwar solchen „mit Herz" auf der einen Seite und dort den räsonierenden und kalkulierenden „Bourgeois" auf der anderen Seite sollte das Selbstbild der geschworenen Fradi-Anhänger immer wieder beschwingen. Vielleicht war es ihm zu verdanken, dass sich in den folgenden Jahrzehnten bei ihnen eine moralisierende, ja politische Selbstwahrnehmung als tendenzieller Nonkonformisten und Rebellen festsetzen konnte, die sich, wenn sie auch diffus blieb, doch auch in den Stadien manifestierte: die Anhänger des Fradi standen demnach für „die da unten", „die rechtschaffenen Leute", die „guten Ungarn" und Leute „von echtem Schrot und Korn", die auch vor den Mächtigen und Stärkeren nicht klein beigeben.

Wenn der Fradi in der ganzen Zwischenkriegszeit, als die maßgebliche politische Doktrin christlich-autoritär war (im Gegensatz zur vorangegangenen „liberalen" Periode, für die die Rechte später nur noch beißenden Spott übrig hatte, während ihr bei der Linken ein eher nostalgisches Andenken bewahrt wurde), als ein „christlicher" Sportklub galt, so hatte diese Positionierung in der ideologischen Landschaft von damals lange Zeit keinerlei sektiererischen Charakter. Man hatte keine Bedenken, auch hervorragende jüdische Spieler wie Bordi oder Bukovski zu engagieren, deren Namen vor dem Aufkommen der radikalen Rechten offenbar keinerlei Missfallen erregten. Und im übrigen kann man konstatieren, dass die Spieler der Fradi-Mannschaft bei aller „Christlichkeit" seltener als die des MTK ungarische Namen trugen, nämlich nur zu 45% vor 1914. Der Fradi avancierte bereits vor dem Ersten Weltkrieg zum erklärten Hauptrivalen des MTK im Kampf um die Tabellenspitze der ersten Liga (bzw. „Division") und um die Meisterschaften. Erst die historische Situation und ihre Entwicklung zum Faschismus brachte es dahin, dass diese Konkurrenz zu einer Konfrontation zwischen „Juden" und Antisemiten verkam. In der Zeit der klaren Dominanz des MTK, der zwischen 1913 und 1925 alle Meisterschaften zu seinen Gunsten entschied, und zumal nach 1919, während und nach dem ‚weißen Terror', arteten etliche Begegnungen zwischen diesen Mannschaften in Raufereien zwischen den Anhängern des MTK und den ungarischen „Erweckungs"-Agitatoren des Fradi aus.

Die ideologischen Strukturen, die die Position der Mannschaften kennzeichneten, machten eine derartige Entwicklung gewiss unausweichlich; und mit dem durch die antijüdischen Gesetze ab 1938 amtlich institutionalisierten Antisemitismus konnte es nur noch schlimmer werden. Diese Gesetze sahen unter anderem die Staatskontrolle, Enteignung oder forcierte „Arisierung" der vom „jüdischen Kapital" finanzierten Unternehmen, Presseorgane und sonstigen Agenturen und Organisationen vor. Um 1939 wurde dem MTK-Hungaria von der rechtsextremen Regierung ein Staatskommissar zur Durchführung der Arisierung vorgesetzt. 1940 wurde der Sportklub aufgelöst. Bei dieser Gelegenheit wurde auch noch ein anderer „jüdischer Fußballverein" der ersten Liga verboten, der sich – nicht ohne Grund – „Nationaler" nannte. Der Fradi seinerseits profitierte von der Situation, indem er Schritt für Schritt seine Siegesserie als großer Champion fortsetzte und ebenso, im ideologischen Spektrum der Zeit, sein immer weiteres Abdriften nach rechts. Im Jahre 1944, unter der deutschen Besetzung, sollte als sein Vereinspräsident nicht von ungefähr der den Nazis ergebene Innenministerminister unseligen Angedenkens, Andor Jaross, persönlich fungieren. (Als einer der Hauptorganisatoren der Juden-Deportationen aus der Provinz, wurde er bei der Befreiung wegen Verbrechen gegen die Menschlichkeit schuldig gesprochen und gehenkt.) Die von den Nazi-Besatzern eingesetzte kurzlebige Regierung hatte anscheinend der Versuchung nicht widerstehen können, sich mit dem damals dominierenden Klub zu verbandeln, um ihr zweifelhaftes Prestige etwas anzuheben. Das ist diesem aber schlecht bekommen. Bei der Auflösung des MTK wurde seinen Anhängern von der Vereinsleitung empfohlen, ihre Unterstützung auf den Verein Vasas der Metallarbeiter zu übertragen, eine damals nur mittelmäßige Mannschaft, die aber als Organ der sozialdemokratischen Arbeitergewerkschaften ihrer politischen Option nach antikonformistisch war. Tatsächlich ist der Vasas in kurzer Zeit in die erste Liga aufgestiegen und hat dabei in seiner Leistungsfähigkeit so sehr zugelegt, dass er es sogar schaffte, den Fradi zu schlagen. Vielleicht war es eine Strafaktion, dass man ihn in den letzten Jahren des Krieges noch seinen Namen in Kinizsi ändern ließ.

Aus dem Gesagten darf man nicht umstandslos auf ein schlichtes Abdriften des Fradi nach rechts – unter dem Eindruck der allgemeinen Faschisierung der öffentlichen Meinung beim Herannahen des Zweiten Weltkriegs und nach Ausbruch der Kampfhandlungen – schließen. Gewiss boten der Fradi und seine Anhängerschaft keine schlechten Voraussetzungen für ein

Abgleiten zur extremen Rechten. Die Franzstadt (bzw. der Neunte Bezirk) hat seit den Wahlen von 1939 in der Tat stärker als jeder andere Innenstadt-bezirk von Budapest die mit den Nazis kollaborierenden Pfeilkreuzler ge-wählt. Wie viele andere konnte auch ein großer Teil der aus Angestellten und Facharbeitern der Großindustrie bestehenden Fradi-Anhänger kaum umhin, für „die deutsche Technologie", wie sie vom Dritten Reich voran-getrieben wurde, eine rechte Bewunderung zu empfinden. Und die überwie-gend deutschstämmigen Einwohner dieses Stadtteils dürften dafür natürlich noch eher empfänglich gewesen sein als andere. Aber die extreme Rechte zog auch durch ihre egalitaristische Propaganda dieses Publikum der „klei-nen Leute", unter denen viele „von der Sozialdemokratie Enttäuschte" wa-ren, in ihren Bann. Diesem summarischen Bild der ideologischen Orientie-rung der Fradi-Klientel muss man unbedingt den Hinweis auf den in den plebejischen Schichten der Hauptstadt grassierenden populistischen Natio-nalismus hinzufügen. Diese zumeist erst kürzlich „in die Stadt gezogenen" oft fremdstämmigen Leute ohne große Ansprüche mochten gar nicht so gerne auf die Linie des revanchistischen Irredentismus einschwenken, wie er von „denen da oben", die zumeist aus der ungarischen Gentry kamen, of-fiziell propagiert wurde, sondern sie hingen einem Nationalismus der „klei-nen Leute" an, der sich in Opposition sah sowohl zur herrschenden gesell-schaftlichen Hierarchie wie auch zu „den Juden" als den Repräsentanten des „Bourgeois" und des „Fremden" zugleich. Aufgrund dieses in der Unter-stützerszene des Fradi festzustellenden zweischneidigen Populismus, hat diese Vereinsmannschaft in der Zeit der Faschisierung kein wirklich rechts-extremes Profil ausgebildet, und umso weniger, als ihr Stammpublikum sich seit Beginn des Jahrhunderts nicht mehr auf die Schlachtenbummler aus dem Neunten Bezirk beschränkte. Denn schon vor der Einführung der Pro-fimeisterschaften 1926 hatten sich um die beiden Rivalen MTK und Fradi herum zwei deutlich gegeneinander abgegrenzte Lager von Parteigängern gebildet. Ein Grund für diese Polarisierung war unter anderem die Tatsache, dass die anderen Viertel der hauptstädtischen Agglomeration (mit Ausnah-me von Ujpest, das in der kommunistischen Ära noch eine große Rolle spie-len sollte) keine weiteren Mannschaften aufzuweisen hatten, die stark ge-nug gewesen wären, Fansympathien auch von außerhalb ihres eigenen Vier-tels auf sich zu ziehen. So übertrugen die Fußballenthusiasten von Kispest (das vom kommunistischen Regime dann in Honved umbenannt werden sollte) ihre Sympathien auf den Fradi. Überdies haben auch etliche Fußball-liebhaber aus der Provinz, allerdings wohl nur mangels eigener konkurrenz-fähiger Mannschaften, damals den Fradi zu ihrer Lieblingsmannschaft erko-ren. Mit der extremen politischen Rechten sind vielmehr andere Mannschaf-ten assoziiert worden, die wie Csepel (zum größten metallverarbeitenden militärischen Komplex des Landes gehörend) oder Gamma (zu einem Rüs-tungsbetrieb gehörend) von den großen „arisierten" Fabriken aus der Peripherie von Budapest unterhalten wurden. Und der Csepel-Klub, dieser Neuankömmling unter den großen Vereinsmannschaften – dessen Kampfgeist zweifellos auch durch die dank der Kriegskonjunktur (von der, ihrerseits runderneuerten, Werksleitung der vormaligen Weiss-Manfred-Werke) realisierten Extraprofite gut gefüttert worden ist –, hat es während der Kriegsjahre tatsächlich zweimal (1943 und 1944) geschafft, ungarischer Meister zu werden. In derselben Zeit figuriert auch der Gamma-Klub unter den Spitzenmannschaften. Anderseits ist es wohl wahr, dass die letzte 1943–1944 noch unter dem alten Regime ausgetragene Meisterschaft von einer Mannschaft aus der Provinz, nämlich von Nagyvarad, einer Stadt im südlichen Transsylvanien (jenem verlorenen Territorium, das dank Hitler und Mussolini provisorisch von Ungarn zurückgewonnen wurde), gewonnen worden ist. Jedoch hat man es zweifelsohne auch in diesem Fall mit einem politisch manipulierten Sieg zu tun. Die Mannschaft von Nagyvarad ist nämlich zu eben diesem Zweck künstlich aufgepeppt worden, indem man Spieler aus dem ganzen Land rekrutiert und dort eingesetzt hat.[4]

Von der kommunistischen Machtergreifung bis zur Krise des Regimes 1956
Unter dem neuen Regime baute die Staatsmacht das Prinzip der politischen Manipulation im Fußball wie auch in den anderen Sportarten aus. Immer unverhohlener versuchte sie, die Mobilisierung der Massen in den Stadien nach ihren Zielen umzulenken und die Erfolge der großen Mannschaften in ihre Strategie der selbstverblendenden Manipulation nach innen und der Propaganda pro domo nach außen einzuspeisen. Desgleichen sind es nun explizite politische Zielsetzungen, die der in Angriff genommenen Reorganisation der Fußballklubs und der Zuweisung von Privilegien an einige wenige unter ihnen vorschweben. Es gibt fürderhin nun – bis hin zu regelrechten Autorisierungen, wer in der ersten Liga spielen und wer die Meisterschaft gewinnen darf! – rein gar nichts mehr, das irgendwie mit Fußball Berührung hat und nicht Gegenstand willkürlicher Entscheidungen von hochpolitischer Brisanz gewesen wäre. Der herrschenden Macht steht es, wie die Anekdote von dem Parteichef beglaubigen mag[5], nicht an, anzuerkennen, dass der Sport eine politische Angelegenheit erster Ordnung darstellt. Es wäre gewiss interessant, könnte man hierzu über konkrete Hinweise und detailliertere Beobachtungen verfügen, denn dann würde man genauer sagen können, bis zu welchem Grade die Vereinsmannschaften, trotz des mannigfachen politischen Drucks, noch eine gewisse Autonomie wahren konnten, und man könnte besser die symbolischen Besetzungen erfassen, welche die Anhänger ihrer jeweiligen Lieblingsmannschaft nach wie vor angedeihen ließen. Sämtliche Klubs sind gleich zu Beginn der stalinistischen Herrschaft brutal in Anhängsel sei es eines Sektors der Ökonomie, sei es eines Verwaltungsapparats, sei es eines territorialen Kollektivs umgewandelt worden, und zwar im Rahmen einer Kampagne der „Gleichschal-

tung", deren erklärtes Ziel es war, sie auf dem Umweg einer gleichzeitigen Umschaffung ihrer materiellen Grundlagen von ihren Wurzeln abzuschneiden. Es dürfte also von Interesse sein, hier gewissen bezeichnenden Details der Verteilung der finanziellen und symbolischen Ressourcen nachzugehen, um die Marge von Freiheit ermessen zu können, die den Mannschaften auf dem Rasen des Fußballfeldes dann noch blieb.

Nach seiner halbherzigen Mésalliance mit der extremen Rechten ist der Fradi nach der Befreiung nun seinerseits ernsthaft von der Auflösung bedroht gewesen. Während das neue Regime die Opfer des vorigen, den MTK und den aus ihm hervorgegangenen Vasas, aus unterschiedlichen Gründen als zwei verschiedene Mannschaften wiedererstehen ließ, schwebte über dem Fradi in den ersten Monaten der neuen Regierung ein rechtes Damoklesschwert. Zwar entgeht er dem Verbot, wird aber regelrecht „zerschlagen". Seine besten Spieler werden anderen Mannschaften zugeteilt, es wird ihm untersagt, in Zukunft einen Meistertitel zu gewinnen (welches Verbot bis zur Entstalinisierung 1959 – mit einer einzigen Ausnahme im Jahr 1949 – in Kraft bleibt), und diese Strafe beinhaltet auch einen aufgenötigten Wechsel des Vereinsnamens, der dann bis 1956 beibehalten wird. Sein neuer Name, Kinizsi, ist eine Prägung mit militaristischer Schlagseite.[6] Mehrere Kasernen und andere militärische Einrichtungen tragen diesen Namen, sogar zwei große regionale Biermarken. Es wurde bereits erwähnt, dass dieser Name schon in der Epoche des Faschismus der Mannschaft der Metallarbeiter-Gewerkschaften, dem Vasas, beigelegt worden war: also waren Nationalsozialisten wie Kommunisten sich darin einig, mit diesem ultra-nationalistischen Beinamen just die nicht geradezu zerstörte, wohl aber geächtete Mannschaft herauszuputzen (denn die platte Zerstörung haben diese Regime, vielleicht mit einem Gespür dafür, dass man in der Frustration des betroffenen Anhänger-Lagers „nicht zu weit gehen" darf, wohlweislich vermieden). Während die Präsidien der bedeutendsten Fußballklubs der Hauptstadt um 1949 den Würdenträgern des kommunistischen Regimes zugesprochen werden, wird der Fradi einem Ferenc Münnich, für kurze Zeit Innenminister und örtlicher Polizeichef (wie einige Jahre zuvor schon sein nazifreundlicher Vorgänger), anvertraut. Dieser farblose Bürokrat ohne Format, aber von bewährtem Konformismus wurde wohl nicht von ungefähr dazu ausersehen, den Fradi zu „frisieren" (bzw. „auf eine Linie zu bringen"), war er doch einer der wenigen Führungskader deutscher Herkunft, der überdies auch noch seinen deutschen Namen beibehalten hatte.[7] Mit ihrer Präsenz an der Spitze des Fradi trug die kommunistische Staatsmacht dafür Sorge, per symbolischer Assoziation doch eine gewisse Kontinuität von dieser geschwächten zu jener berühmten Franzstädter Mannschaft von ehedem zu gewährleisten. Im Zuge seiner Unterstellung unter die Kontrolle des Staates fand der Verein dann neue Leitungskader in der Direktion der Lebensmittelindustrie, welche im Prozess der sozialistischen Industrialisie-

rung allerdings keine bedeutende Rolle spielte. Eine solche Patronage reichte allenfalls hin, dem Fradi einen honorigen Stammplatz im Mittelfeld der
ersten Liga zu sichern, aber ohne Aussichten, so je die Mittel aufzubringen,
um Spitzenspieler anzuziehen, mit denen man wieder ganz oben hätte mit-
spielen können, obschon die Fangemeinde die Hoffnung darauf nie aufgeben wollte.

Im Gegensatz zum Fradi erhielt der MTK vom neuen Regime eine dis-
krete Unterstützung. Wiewohl sie wieder ihren klingenden alten Namen
führen durfte, war die Mannschaft dennoch nicht die Favoritin der Kommunisten, gewiss auch deshalb, weil sie zu ostentativ ihr „jüdisches" Erscheinungsbild beibehielt. Die Zuständigkeit für ihren Unterhalt und ihre
Förderung fiel der Gewerkschaft der Textilindustrien zu, womit ebenfalls
eine gewisse Kontinuität der Patronage einherging. Präsident des Fradi
wurde nach dem Wechsel des Vereinsstatuts der Plankommissar István
Vas, ein bemerkenswerter Außenseiter in der Parteidirektion, bekannt für
seine „humanistischen Faibles", und damit auf einer solchen Spitzenpositi-
on im Parteiapparat eine reine Ausnahmeerscheinung. Unter anderem weigerte er sich immer, seinen jüdischen Ursprung zu verleugnen oder auch
nur so zu tun, als wolle er ihn vergessen, wie es doch in den Kreisen der
jüdischen Kader die Regel war. Er erlaubte sich sogar – in einem Augenblick, in dem es noch nicht verboten war – einige prozionistische Sym-
pathiebekundungen. Man sagte ihm Beziehungen zum Joint, einer amerikanischen Hilfsorganisation für die Überlebenden der Konzentrationslager, nach, deren Aktivitäten in Ungarn bald darauf verboten wurden.
Die zeitweilige Präsenz einer solchen Persönlichkeit an der Spitze des
MTK ist das deutlichste Indiz für die Bestärkung der Kontinuitätsmale
dieses „jüdischen Klubs", aber nicht das einzige. In den 50er Jahren,
der Epoche des härtesten Stalinismus, erhält der Verein den Beinamen
Bastya (Bastion/Bollwerk), was den Kulminationspunkt einer erzwungenen Gleichschaltung mit der herrschenden Symbolik des Regimes bezeichnet, in der alles auf Parteilinie gebracht wird. Die Bezeichnung Bastya-
Bastion gemahnt die Zeitgenossen an eine berühmt gewordene Redefigur,
mit der der Parteichef für Ungarn die Rolle einer „mächtigen Bastion" im
„Kampf für den Frieden und gegen den Imperialismus" reklamierte. Dieses Symbol wiegt umso schwerer, als der MTK-Bastya damals schon als
die Vereinsmannschaft der so gefürchteten „Behörde für die Verteidigung
des Staates" (AVO), der Organisatorin des „proletarischen" Polizei-Ter-
rors, galt. Tatsächlich hieß er nun offiziell Bastya-VL (was die Abkürzung
für „Rote Fahne" ist). Angesichts ihres (zum guten Teil begründeten)
Rufs, wonach diese säkulare Partei-Armee ein Organ in den Händen jüdischer Amtsinhaber („Offiziere") war, kann man darin allerdings leicht einen vielleicht unfreiwilligen Aktualisierungsversuch des traditionellen „jüdischen" Image des MTK sehen. Was jedoch kein Hinderungsgrund war,

den MTK-Bastion-Rote Fahne abwechselnd mit dem Honved, der vom Regime am stärksten favorisierten Vereinsmannschaft, die ungarischen Meisterschaften gewinnen zu lassen.

Die Rivalität zwischen Fradi und MTK war aber noch nicht begraben, weder auf dem Rasen noch in den Rängen der Fans. Der Fradi zog weiterhin die Sympathien einer Menge fußballbegeisterter Budapester auf sich, während der MTK den zähen Nostalgien einer von der Schoa grausam dezimierten Anhängerschaft als Ankerplatz diente. Während man den Fradi im unteren Bereich der Tabellenplätze herumdümpeln ließ, war der MTK autorisiert, zu gewinnen. Die alte Rivalität Fradi-MTK spielte also in den entscheidenden Matches um die „Rangbestimmung" – d.h. um die Tabellenspitze (rangado lautet der einschlägige ungarische Ausdruck dafür) – von seltenen Ausnahmen abgesehen keine Rolle mehr, sondern nur noch in Form von Begegnungen zwischen zwei mehr oder weniger gut platzierten Teams der ersten Liga. Und doch gaben diese Begegnungen bisweilen Anlass zu Zwischenfällen, die wieder in Erinnerung brachten, dass die ideologischen Zwistigkeiten, die sich in den Reaktionen der Fanblöcke auf das Geschehen auf dem Rasen widerspiegelten, ebenfalls ihre Aktualität behielten. So ist es nicht verwunderlich, dass sich ein mit ideologischen Animositäten aufgeladener Streit auch auf dem Umweg über die Mannschaft Ausdruck verschaffen konnte. Im Jahre 1948 wurde das Fradi-Stadion von den Behörden für ein halbes Jahr geschlossen, zur Strafe für antisemitische Anpöbelungen, denen die Vasas-Mannschaft während ihres Spiels gegen den Fradi ausgesetzt war. Aber der Vasas ordnete sich im ideologisch-symbolischen Spektrum der Mannschaften immer der Linken zu. Und so ist es zu verstehen, dass sich im „Jahr der Wende", nämlich dem der absoluten Machtergreifung der moskautreuen Parteilinie, eine antisemitische Demonstration den Vasas zur Zielscheibe wählt, um einer antikommunistischen Stimmung Luft zu machen.

Die Gunsterweise des neuen Regimes gelten in erster Linie seinen eigenen Teamschöpfungen, also vor allem dem Honved und dem Ujpesti-Dózsa, und dann solchen, die sich wie der Vasas eine „linke Vergangenheit" zugute halten können, oder auch solchen wie dem Csepel, den man, im Einklang mit dem kommunistischen Diskurs, als eine „proletarische Mannschaft" vorführen konnte, welcher Couleur auch immer ihre Vorgänger waren (in diesem Fall, von ihrer Nazikollaboration her, brauner).

Der Honved war unstreitig das Lieblingskind des Regimes. Das Team ging aus der alten, im unteren Tabellenbereich der ersten Liga rangierenden Formation von Kispest hervor, einem Vorstadtbezirk von Angestellten und Kleinbürgern. Dort war ein Publikum zu Hause, das ehemals dem Fradi als der großen Elf von nationalem Rang zugetan war. Der Kispest wurde dann zugunsten des Verteidigungsministeriums als seines neuen Patrons enteignet. Sein neuer Name Honved (d.h. Verteidiger des Vaterlandes) war Programm reinsten Wassers. Er erinnert an den Unabhängigkeitskrieg gegen Österreich, in dem die nationalen Streitkräfte erstmals so genannt wurden. Er bezeugt die in der Tat erfolgreichen Bemühungen der damaligen kommunistischen Führungskader Ungarns (die in der stalinistischen Epoche zum großen Teil jüdischer Herkunft waren), mit denen sie ihr Spiel geschickt zu tarnen verstanden. Indem sie die künftige Favoritenmannschaft der Regierung mit „nationalen" Konnotationen aufluden, gelang es ihnen, unbestreitbare und tatsächlich selten bestrittene affektive Bindungen zwischen den Massen der Fußballbegeisterten im Lande und der neuen Staatsmacht zu knüpfen; diese Schubkraft ermöglichte den Aufstieg etlicher hochbegabter Spieler, aus denen dann die „Goldene Mannschaft", die Nationalelf der 50er Jahre, hervorgehen sollte. Tatsächlich bildete der Honvéd – mit Spielern wie Puskás, Kocsis, Csibor, Bozsik, Grosics, Budai, Lóránt – das tragende Gerüst jener großen ungarischen Mannschaft, die eine Zeitlang den Weltfußball dominierte. (Die anderen Spieler dieser Nationalelf – die Hidegkuti, Lantos, Zakariás – kamen vom MTK.) Die Mitglieder dieser Ausnahmemannschaft sollen dafür auch Privilegien genossen haben, die in diesen kargen Jahren des Stalinismus, als der Lebensstandard der übergroßen Mehrzahl der Bevölkerung sank, nicht nur für gewöhnliche Sterbliche unerschwinglich waren, sondern selbst für hochrangige Kader. Puskás und seine Genossen, deren Schulbildung teilweise dem Analphabetismus kaum entwachsen war, paradierten in Offiziersuniformen, ließen sich mit allem Pomp von den Parteibonzen empfangen, wurden als Ehrengäste zu den vom Regime rituell organisierten internationalen Großereignissen eingeladen und sahen sich sanft genötigt, zum Dank Datschen, Gratifikationen, Aufenthalte in (polizeilich geschützten) Luxustrainingslagern etc. entgegenzunehmen.

Der Honvéd brachte die Investitionen, die das Regime in ihn hineingesteckt hatte, leicht wieder herein. Die „Gold-Elf" gewann die Olympischen Spiele 1952 und schlug ein Jahr später England auf eigenem Boden, was noch keine Mannschaft des Kontinents geschafft hatte. In diesem Jahr 1953 wurde in Budapest auch das „Stadion des Volkes" eröffnet, der bedeutendste Sportbau des Regimes und eine der weiträumigsten Sportarenen des zeitgenössischen Europas. Nur ein Jahr später kam die Weltmeisterschaft von 1954, in der die Mannschaft die Gunst eines begeisterten Publikums errang, wenn sie auch das Endspiel verlor. Die Enttäuschung darüber erfasste das ganze Land in einem solchen Ausmaß, dass die an den Trainer gerichtete Kritik sich in den Straßen von Budapest in spontanen Demonstrationen entlud, wie sie das kommunistische Regime noch nie erlebt hatte. Der tiefen Trauer, die der ungarische Fußball trug, entsprach die Jubelstimmung, die in der Bundesrepublik herrschte: Dem Gefühl von Frustration über einen herben Misserfolg auf ungarischer Seite steht auf der Seite Nachkriegsdeutschlands die erste große Gelegenheit gegenüber, Selbstbewusstsein an den Tag zu legen über seine in einem internationalen Wettkampf von symbolischem Gewicht wiedergefundene Stärke.

Um in der Spitzengruppe der ersten Liga in Ungarn, die ohnehin den bei der Staatsmacht wohlgelittenen Mannschaftsvereinen vorbehalten war, einen neuen Freiraum für Wettbewerb zu schaffen, ließ das Regime auch anderen Vereinen eine gewisse Förderung zuteil werden, damit sie mit den „demokratischen Klubs" mithalten konnten. Das traf vor allem auf die Mannschaft von Ujpesti-Dózsa zu, die sich in den 50er Jahren aber noch regelmäßig mit dem dritten Rang begnügen musste. Dieser Klub vereinte in seinem Namen wenigstens zwei Typen gewichtiger sozialgeschichtlicher Bezüge. Ujpest, einst eine selbständige Stadt, war ein weiterer Industrievorort von Budapest, für den lange Zeit die Präsenz einer starken jüdischen Gemeinde kennzeichnend war; nach dem Krieg waren es vor allem die Arbeitermassen der großen Industriekomplexe, die dort unter kommunistischer Herrschaft und früher errichtet worden waren. Dózsa aber war der Name des Anführers des größten Leibeigenenaufstandes gegen die Feudalherren am Anfang des 16. Jahrhunderts. Deswegen hatte ihn die offizielle Geschichtsschreibung auf einen Sockel gehoben. Der Ujpesti-Dózsa vereinigte auf sich also eine dreifache Referenz: populistisch, „links" und „jüdisch", womit er die affektiven Saiten des „linken Volkes" auf sehr unterschiedliche Weise zum Klingen brachte. Überdies machte man den Dózsa auch noch zum offiziellen Verein der Nationalpolizei. So gehörte er nun zur internationalen „Familie" der Innenministerien der Volksdemokratien. Der auf sein Emblem applizierte (und auf die Spielertrikots aufgenähte) Buchstabe D stellte ihn in eine Reihe mit den „Dynamo"-Mannschaften aus Moskau, Kiew, Ost-Berlin und Bukarest.

Das Regime schritt zu einer allgemeinen Reorganisation des ganzen symbolischen Feldes des Fußballs, indem es für die meisten wichtigen Mannschaften der ersten Liga Beinamen „sozialistischen" Typs einführt. So begegnete man von da ab üblicherweise provinziell anmutenden Vereinsnamen wie Metallarbeiter, Bergarbeiter, Bauarbeiter, Honved [= Vaterlandsverteidiger], Fortschritt, Lokomotive, Vorwärts, Eintracht. Eine alte Vereinsmannschaft wie der Csepel wurde damit zu Csepel-Metallarbeiter. Die ideologische Symbolik des Csepel, der ebenfalls die Förderung des Regimes genoss, bewahrte übrigens viel krudere Elemente. Es war dies nämlich die alte Truppe der „roten Zone" von Budapest, deren Legende, die sie als „proletarische Mannschaft" identifizierte, die kommunistischen Machthaber zur offiziellen zu machen nicht umhin konnten, ungeachtet ihrer durch die provisorische Nazi-Annexion ideologisch getrübten Vergangenheit. Was den Vasas angeht, der in Vasas-Budapest umgetauft und damit zum Anführer des Stammes der Vasas[Metallarbeiter]-Mannschaften im Lande wurde, beließ man ihm eine achtbare, wiewohl im Kampf um die Meisterschaft absolut chancenlose Position. Er, der weiterhin mit der Sozialdemokratie assoziiert wurde, die von der herrschenden kommunistischen Partei 1948 zwangsweise absorbiert wurde, fiel zwischen 1945 und 1948 vom zweiten und dritten Platz zurück; und in den Jahren des obsiegenden Stalinismus bis 1956 rutschte er noch weiter nach unten vom vierten bis auf den siebten Platz ab.

Nach 1956: Fußball unter dem „real existierenden Sozialismus"
Die Staatsmacht, die sich nach dem Oktoberaufstand des Jahres 1956 schlecht und recht wieder konsolidiert hatte, sah sich nun zu einem Pragmatismus genötigt, der fast nichts mehr gemein hatte mit der Brutalität der ersten, von nun an öffentlich verpönten Variante des Nachkriegskommunismus. Im Übrigen zog sie in den drei folgenden Jahrzehnten ihre Legitimität im Wesentlichen aus einer Art „Kontrastwirkung" gegenüber ihrem Vorläufer. Die Neuorganisation des Fußballs, die sie nach ihrer Übernahme der Staatsgeschäfte sofort in Angriff nahm, zeugt von einem geschärften Sinn für die Nutzung der Symbolik der Vereinsmannschaften. Diese Operation war umso dringlicher geboten, als die alten Lieblingshelden sich zumeist aus dem Staub gemacht hatten. Denn die Mehrzahl der Spieler des Honved und etliche andere Spitzenspieler hatten die Wochen der revolutionären Unruhen dazu genutzt, aus ihrem goldenen Käfig auszubrechen und „die Freiheit zu wählen".

Die Umgestaltung der Verhältnisse im Fußball betraf mehrere Aspekte der vorigen Ordnung. Sie sah neben anderen Kompensationen für die bis dahin benachteiligten Teams die Wiederherstellung ihrer historischen Vereinsnamen sowie eine Neuordnung des Systems der Vergünstigungen vor und, last but not least, die Chance, dem Spiel wieder mehr „Spielraum" zu lassen.

Während man die alten „klassischen" Vereinsnamen wie MTK oder Fradi restituierte, deren Unterdrückung nach der Befreiung zu den kommunistischen Gleichschaltungsmaßnahmen gehört hatte und (sicherlich wohlüberlegt) den Anhängern der großen Traditionsmannschaften schwere Frustrationen zugefügt hatte, behielt man die neuen Namen den jüngeren oder erst später zu Ansehen gekommenen Vereinsgründungen vor. So behielt der Honved seinen Namen und auch der Ujpesti-Dózsa, der nach wie vor der Patronage der Polizei unterstand. Zwei erstrangige neue Formationen blieben somit den Ordnungskräften zugetan. Diese Operation erlaubte also, an Anhänglichkeitstraditionen bald lokaler Art (wie bei Ujpest, Csepel oder Provinzvereinen), bald „sektorenbezogener" oder partikularistischer (wie beim MTK oder dem Vasas) oder gar an solche „nationaler" Art (wie im Falle des Fradi) anzuknüpfen. Die partielle Neutralisierung der zuvor durch den kommunistischen Willen, tabula rasa zu machen, künstlich auferlegten Benennungen, stellte jedenfalls eine wichtige Konzession an die öffentliche Meinung im allgemeinen und an das „Volk der Stadien" im besonderen dar: einen Preis, den das Kádár-Regime seiner Zustimmungsdividende wegen zu zahlen bereit war, zumal er unmittelbar politisch nichts kostete und auch keine nennenswerten ökonomischen Unkosten befürchten ließ.

Das Zurückfahren der autoritären Gleichschaltungsmaßnahmen wurde begleitet von einer behutsameren Manipulationspolitik und von gezielt zuerkannten Vergünstigungen für die Vereine. Man installierte ein Kontrollsystem, das einem „meritokratischen" Pluralismus nahe kam, obwohl die Regierung sich auch weiterhin das Recht vorbehielt, bei der Zusammenstellung der Tabellenspitze in den Meisterschaftskämpfen der ersten Liga ein Wörtchen mitzureden, wobei sie aber von nun an gewisse Einschränkungen der Regel zugestand, die ihr in dieser Materie die Entscheidungshoheit zusicherte. All dies reimt sich auf ein Konzept, wonach die obersten Ränge der Meisterschaften nach einer wohlabgewogenen Mischung von Zugeständnissen an die effektiven Leistungen der Mannschaften und von immer noch sehr „politischen" Erwägungen vergeben wurden.

So fand die Abonnements-Doppelspitze von Honved und MTK bereits im ersten Jahr der Ära Kádár (1957) zugunsten des Vasas ihr Ende, der nun zum ersten Mal in seiner Karriere ungarischer Meister wurde. In den folgenden Jahren sollte der Vasas diesen Streich noch einige Male wiederholen (1960 und 1961, dann wieder 1965 und 1966, und noch einmal 1977). Der MTK hingegen, der sich 1957 auf dem zweiten Platz und auch im Jahr darauf noch in der Tabellenspitze behauptete, verschwand danach für zwanzig Jahre aus den oberen Rängen und musste sich im Mittelfeld, ja sogar am Tabellenende durchschlagen. Auch dem durch die erwähnten Abwanderungen seiner Spitzenspieler empfindlich geschwächten Honved (defensor patriae) sollte es erst in den 80er Jahren wieder gelingen, Meister zu werden, nachdem er in der Zwischenzeit immer nur unter „ferner liefen" auf den Plätzen zwei bis sieben verzeichnet worden war. Der neue (und alte) Lieblings- und Vorzeigeverein des Regimes war aber unbestritten der Ujpesti-Dózsa, der 1969 bis 1975 in Folge und noch zweimal 1978 und 1979 die Meisterschaften errang und im Zeitraum von 1960 bis 1980 nicht weniger als neunmal einen zweiten oder dritten Platz belegte.

Für den im Stalinismus gestürzten Fradi wurde im Zuge dieser Liberalisierung der staatlichen Kontrolle nun der Weg frei, um wieder unter den besten Mannschaften Fuß zu fassen. 1963, im Jahr einer weitgehenden Amnestie für politische Gefangene, die nach dem gescheiterten Oktoberaufstand Opfer der Repression geworden waren, konnte der FTC erstmals wieder Meister werden, so wie in der Folgezeit noch mehrmals (nämlich 1964, 1965, 1968, 1976 und 1981).[8] Von den andern großen alten Namen konnte der Csepel noch ein einziges Mal (1959) Meister werden, fiel aber in den folgenden Jahrzehnten auf einen Platz im Mittelfeld zurück.

Die große Innovation der Kádár-Zeit bestand auf alle Fälle in dem historisch beispiellosen Vorrücken einiger Mannschaften aus der Provinz in die Spitzengruppe der ersten Liga. Bekanntlich hatte man vor 1926 für die

Provinz und für die Hauptstadt noch separate Meisterschaften ausgetragen, und in der Folgezeit war die Überlegenheit der Budapester Mannschaften immer drückender geworden. Diese Vorherrschaft wurde 1963 erstmals gebrochen, als der Vasas-Gyor den ersten Platz belegte, den er in den 80er Jahren noch mehrmals wiederbeleben konnte. Auch andere Provinzmannschaften gelangten nun häufiger auf Plätze unmittelbar hinter den wechselnden Spitzenreitern aus Budapest, bisweilen sogar vor ihnen. So geschah es mit der einen oder anderen Mannschaft aus den Bergarbeiterstädten, aus den Metallurgie-Kombinaten oder aus den im Zuge der „sozialistischen Industrialisierung" zu Wohlstand gekommenen großen Werken wie Tatabanya, Dorog, Pecs, Salgotarjan, Diosgyor oder Videoton, die nun imstande waren, die höchsten Ziele anzuvisieren. Über die Tatsache hinaus, dass diese vordem völlig marginalen Vereine nun auch in der Spitzengruppe der ersten Liga gute Figur machen konnten, intensivierte sich auch der Austausch von Spielern und Trainern zwischen der Provinz und der Hauptstadt – und zwar nicht immer nur in einer Richtung, das hieße zugunsten der letzteren. Diese Praxis verhalf den Mannschaften über eine wohlbedachte Dezentralisierung ihrer Erfolgschancen offensichtlich zu einem gewissen Ausgleich der Kräfteverhältnisse auf Kosten Budapests, das gleichwohl dominant blieb. Die Nationalelf setzte sich nach wie vor ausschließlich aus Spielern der großen Budapester Vereine Fradi, Vasas, Ujpesti-Dózsa und Honved zusammen.

Wie ist diese insgesamt doch komplexe Entwicklung zu interpretieren?
Vor allem ist im Ausgang der politischen Liberalisierung nach 1956 eine Verringerung des spezifischen Gewichts des Fußballs innerhalb der Legitimationsfaktoren des Regimes festzustellen, das, dank der Fortschritte der „zweiten Ökonomie" und der spürbaren Ergebnisse der vorangegangenen Investitionsbemühungen zur Hebung des Lebensstandards, nun im Innern um einiges gefestigter dasteht. Im Außenverhältnis weist der Kalte Krieg nicht mehr jenen Charakter einer brutalen Konfrontation zwischen den Machtblöcken auf, der früher einmal außergewöhnliche Anstrengungen zum Beweis der Überlegenheit des Sozialismus – zumindest auf so hoch besetzten Feldern der symbolischen Systemauseinandersetzung wie dem internationalen Fußballzirkus – gerechtfertigt haben mochte. Der relative Liberalismus in der Behandlung des umkämpften Feldes des ungarischen Fußballs entspricht aber auch der vom Kádár-Regime verfolgten strategischen Leitlinie: „Wer nicht gegen uns ist, der ist für uns." Der kontrollierte Pluralismus, den man auf diesem Felde walten lässt, passt zu einer Politik, die dem Ausdruck besonderer Identitäten und Interessen wachsende Freiräume zuerkennt. Sie lässt es zu, dass sich spontane Kristallisationen von Werten und Prestige wie etwa bei der Ausstrahlung, die charismatische Fußballerpersönlichkeiten entfalten, ohne jede Manipulation oder Enteignung entwickeln. Ein Florian Albert, Gewinner des „Ballon d'Or" (als „Europäischer

Fußballer des Jahres") und in den 60er Jahren der absolute Star des ungarischen Fußballs, bleibt bei seinem Verein Fradi, zeigt sich aber gleichwohl als ein wahrer „Kaiser des Sports" (ein Ehrenname, den ihm seine Anhänger und die Sportpresse verleihen). Der Aufstieg randständiger oder zuvor benachteiligter Mannschaften illustriert den Willen der Regierung, nun der Artikulation und dem Ausdruck lokaler oder neu konstituierter Interessen freieren Lauf zu lassen. Unter den selten erwähnenswerten Investitionen der Kádárjahre in Sachen Sport ist die Eröffnung des modernisierten Stadions des Fradi zu nennen, einer Mannschaft, der von offizieller Seite immer noch mit einem gewissen Misstrauen begegnet wird. Die diversifizierte Rekrutierungsweise der Nationalelf (die jetzt aus vier Mannschaften gebildet wird), zeugt ebenfalls von der Suche nach einer breiteren Zustimmungsbasis bei der nationalen Repräsentation dieses Sports.

Die besagte Freiheit bleibt aber allemal eine sehr überwachte und dies in genau gezogenen Grenzen, jedenfalls bis zu den 80er Jahren. Auch das poststalinistische Regime hat seine Favoriten. Kádár selbst pflegt hin und wieder demonstrativ bei Spielen des Vasas aufzukreuzen. Der Vasas, einer der großen Gewinner der Periode nach 1956, gilt nun höheren Orts als gleichsam freigesprochen von seinen kompromittierenden früheren Verbindungen zur Sozialdemokratie; dafür hebt man seinen „proletarischen" Charakter hervor, indem man ihn mit Angyalföld, einer Arbeitervorstadt der Großindustrie im Norden von Budapest, assoziiert. Der andere Gewinner dieser Periode, der Ujpesti-Dózsa, behält seinerseits seinen Platz in der Familie der mit der Polizei verbandelten Vereine der „sozialistischen Bruderländer" bei. Die aufsteigenden Provinzvereine, als Träger lokaler Identitäten begrüßt, sind in Wirklichkeit ebenfalls ein Produkt der ganz politischen Förderung der „Bastionen der sozialistischen Industrialisierung". Gleichzeitig verstößt man durch entsprechende Nichtförderung jene Mannschaften ins Fegefeuer der Mittelmäßigkeit, die mit unerwünschten oder unkontrollierbaren symbolischen Konnotationen behaftet sind, so auch den MTK, dessen „jüdische Referenzen" bei einem Regime, das sein Bild von einem „ungarischen" und „nationalen" Sozialismus propagieren will, nicht wohl gelitten sind. Die Ausgrenzung des MTK erlaubt es, dem Verdacht, eine „jüdische Macht" zu sein, entgegenzutreten, den die öffentliche Meinung nach wie vor hartnäckig mit der Erinnerung an den Stalinismus verbindet, von dessen Erbschaft das Regime sich doch so gern lossagen möchte.

Nach den 80er Jahren zeichnet sich eine neue Situation ab. Mit dem fortschreitenden Umsichgreifen eines Zustandes, in dem die Regierung mit ihrem Latein sichtbar am Ende ist, verengt sich der Platz des Fußballs sowohl auf kollektiver wie auf individueller Ebene, und gleichzeitig erweitert sich die relative Autonomie, die das Regime diesem Gebiet zugesteht. Von nun an hängt der Wettbewerb in den Stadien mehr und mehr von ins Lokale, ja ins Private verschobenen Interessen ab. Was in den 60er und 70er Jahren nur als System symbolischer Konkurrenz zwischen mehreren einer zentralen Kontrolle unterstehenden Partnern existierte, transformiert sich in den 80er Jahren in ein Terrain der Auseinandersetzung zwischen lokalen Mächten, die über diverse Ressourcen zugleich finanzieller, politischer und administrativer Art verfügen. Dass es soweit kommt, dass Provinzvereine, die von neu hochgezogenen Industriewerken unterhalten werden, eine zu einem Zentralamt wie der Polizei oder der Armee gehörige Mannschaft schlagen können, ist ein ganz unerhörtes Phänomen. In dieser neuartigen Kräfteverteilung der Konkurrenzen sind die Unternehmen avancierter Technologien (wie Automobil- oder Fernsehgeräte-Fabriken) den Großkomplexen der alten Industrien (wie Bergbau oder Metallverarbeitung) klar überlegen. Diese Entwicklung wird bezeugt durch den Aufstieg der „roten Barone" mit solider lokaler Basis und hochrangigen „sozialistischen Beziehungen", die sich nun in der Lage sehen, bedeutende Mittel für den Unterhalt lokaler Mannschaften locker zu machen und sich so, durch deren Erfolge in den Meisterschaftskämpfen, einen gehörigen Zuwachs an Einfluss und Prestige zu verschaffen. Die mangelnde Effizienz der Zentralgewalt lässt partikulare Interessen ins Kraut schießen, die mitunter auch den Weg der Korruption nehmen. Es sind die Jahre spektakulärer Skandale (Spielerbestechung, Manipulation im Sportlotto usw.). Unter diesen Umständen geht es mit der Spielqualität zunehmend bergab. Die besten Spieler lassen sich vom zahlungskräftigen Ausland abwerben, wenn auch zumeist von Klubs, die nicht gerade zu den tonangebenden im internationalen Fußball gehören. Infolgedessen tendiert das allgemeine Niveau des einst renommierten ungarischen Fußballs zu seinem geschichtlichen Tiefpunkt.

Das Ende einer Ära und der Antisemitismus in den Stadien

In diesem neuen Kräftefeld, in dem alles auf einen immer weniger überwachten Pluralismus zuläuft, gewinnt die alte Rivalität zwischen dem Fradi und dem MTK neue Kraft, wobei sich allerdings deren Natur und Bedeutung wandelt. Vor allem hat sie nun nicht mehr den Charakter eines Duells der dominierenden Mannschaften, obschon sowohl der Fradi als auch der MTK in der jüngsten Vergangenheit einige Stunden des Triumphes erlebten, indem ersterer sechsmal seit 1956 ungarischer Meister wurde, letzterer 1987 und 1988 wieder den Meisterschaftstitel errang, zur Krönung eines großen Comeback, nachdem er Anfang der 80er sogar den Abstieg in die zweite Liga nicht hatte verhindern können. Tatsächlich hat der MTK mit den Jahren seine ursprüngliche Anhängerschaft mehr und mehr verloren. Nachdem die Schoa sein Stammpublikum schon lange hatte verschwinden lassen, verringert sich seine Fangemeinde seit 1947 und besonders 1956 auch durch Emigration, wegen der Überalterung der im Lande Gebliebenen und durch „natürliche Assimilation". Einige seiner Anhänger wechseln ins Lager des Ujpesti-Dózsa über, sei es aus Sympathie für die Mannschaft des Innenministeriums (die Altkommunisten), sei es weil ursprünglich auch der Ujpesti-Dózsa einmal „jüdische Referenzen" gehabt haben soll. Aber all das hat den dem MTK nachgesagten „jüdischen" Charakter anscheinend nicht zum Verschwinden bringen können, obwohl dort offenbar schon die längste Zeit kein jüdischer Spieler mehr aktiv ist. In den ersten Jahren der Kádár-Regierung kommt die symbolische Rivalität Fradi – MTK noch schroff in Aufwallungen antisemitischer Stimmungen bei den Anhängern des Fradi zum Ausdruck. So ist Anfang der 60er Jahre ein Sieg des Fradi in einer Begegnung zwischen den beiden der Auslöser antisemitischer Ausschreitungen, die von der Polizei unterdrückt werden. Die Menge verbrennt vor dem Rabbinerseminar Zeitungen und skandiert: „Wir haben Israel besiegt." Dennoch kommt es auch vor, dass diese diskriminatorische Identifizierung des MTK sich auf paradoxe Weise objektiviert. Es wird berichtet, dass 1967 im Gefolge des Sechs-Tage-Kriegs ausgerechnet die Schlachtenbummler des Fradi den MTK feiern, um auf diese Weise ihren Antipathien gegen die Sowjets und ihrer Freude über die Niederlage von deren arabischen Schützlingen freien Lauf zu lassen. Solche Ausnahmen bestätigen aber allemal nur die Regel. Seit den 80er Jahren löst das Auflaufen der Spieler des MTK bei den gegnerischen Fans jedes Mal heftige und immer wüstere antijüdische Demonstrationen aus. Die Scharfmacher rekrutieren sich nun nicht nur aus der berühmten „Linken Mitte" des Fradi, sondern ebenso aus den Fans der anderen großen Budapester Vereine. Die Anhänger der Mannschaften der Polizei wie der Nationalen Volksarmee – also des Ujpesti-Dózsa wie des Honved – befleißigen sich derselben üblen Stimmungsmache. Wenn die Fradi-Fans den Antisemitismus auf den Zuschauertribünen nicht mehr als ihr Monopol beanspruchen, so deswegen, weil die aufgeheizte Situation im Stadion erst recht angesichts dieser „jüdischen Mannschaft", die eine Zeitlang (um 1987–1988) wieder dominant zu werden droht, unwillkürlich allerhand Ressentiments aufschießen lässt, die in die archaischen Bahnen eines populären Antisemitismus abgeleitet werden. Häufig kommt es vor, auch in der Provinz, dass unternehmungslustige Fans den Spielern des MTK, um sie aufzuziehen, eine Gans mit blauem Band unterjubeln.[9] Und ahnungslosen Zuschauern mochte es in den 80er Jahren bei den Matches des MTK dann so scheinen, als hätten sich die ungarischen Stadien in Versammlungsplätze von Neofaschisten verwandelt.

Um zu verstehen, wie es zu diesen Szenen kollektiver Erregung und verbaler Gewalttätigkeit, deren Duldung im Kommunismus sonst undenkbar gewesen wäre, kommen konnte, muss man sich die unterschiedlichen Dimensionen klarmachen, die sie in dieser Situation eines auf seine Alterskrise zutreibenden Regimes annehmen konnten.

In erster Linie haben wir es mit einer entscheidenden Phase der Schwächung des staatlichen Gewaltmonopols zu tun, das die Regierung bis dahin gegen alle die einsetzte, die sie als Unruhestifter betrachtete, seien es nun

politische Dissidenten oder die Spielverderber in den Stadien. Die am Anfang von der gewalthabenden Macht so strikt überwachte und von den Par-
tei-Militanten auf Vordermann gebrachte ungarische Gesellschaft wird in
den 80er Jahren polizeilich zusehends weniger in Anspruch genommen;
Und so tut sich ein bis dahin unerhörter Freiheitsspielraum auf für das kollektive, ja öffentliche Ausagieren und Abreagieren von Stimmungen. Aber
das Fußballpublikum ist in den letzten Dezennien auch um einiges jünger
geworden. Der erwähnte Qualitätsverlust des Spiels hat das alte (auch an
Lebensjahren ältere) Publikum von Fußballenthusiasten, das sich aus sehr
verschiedenen Schichten der lokalen Gesellschaft zusammensetzte (zum
guten Teil Kadern und gebildeten Leuten) von den Rängen vergrault und
dafür jüngere Jahrgänge angezogen, von denen nicht wenige dem – durch
die vertuschte wirtschaftliche Krise in den letzten Jahren der kommunistischen Herrschaft produzierten – neuen Lumpenproletariat zuzurechnen
sind. Die, wie sie von der offiziösen Presse apostrophiert wurden, „Hooligans" von der „Linken Mitte"[10] der Stadien „verdienten" allerdings mehr
und mehr diesen Beinamen. Zu den gleichsam rituellen Szenen der Persifla-
ge, des Sich-lustig-Machens und der Schmähreden (an die Adresse des
Schiedsrichters, der gegnerischen Mannschaft oder ihrer Anhänger), deren
Schauplatz die ungarischen Fußballarenen schon immer gewesen sind, kam
nun ein ungehöriges Gebaren neuen Typs hinzu, dem es mehr um das Aus-
lassen von (spontaner oder gezielter) Aggressivität, schlicht Vandalismus
oder Provokation der Polizei ging als um sportliche Emotionen. Die Ausbrüche von Antisemitismus und Xenophobie beim Publikum (man
schimpft ja desgleichen über die Zigeuner, aber auch über „übergelaufene"
Spieler aus rumänischen, jugoslawischen oder sowjetischen Vereinen) reihen
sich ein in diese Zuschauerallüren neuen Typs.

Man kann diese Analyse noch weitertreiben, indem man die generischen
Besonderheiten des Fradi-Publikums und das Verhältnis in Betracht zieht,
in dem es (aber vor allem sein Nachwuchs) in diesen letzten Jahren des
kommunistischen Regimes zum Establishment in Gesellschaft und Sport
steht. Schon immer hatte der Fradi auch Anhänger von außerhalb des 9. Be-
zirks von Budapest und aus sehr verschiedenen Milieus. Seit langem signali-
siert der lokale Bezug zu Franzstadt nicht sowohl eine Anhänglichkeit an
den Wohnort als vielmehr eine Verwurzelung anderer Ordnung, nämlich eine tief im Herzen des Landes (dort, wo Ungarn am ungarischsten ist). Seine
landesweite Beliebtheit gründet sich auf diesen sehr breiten und sozial hete-
rogenen, teilweise „klassenlosen", auch geographisch dezentralisierten
Fonds von Sympathien. Anhänger aus der Provinz setzen sich für den Fradi
ein, manchmal sogar zum Nachteil ihrer eigenen Regionalmannschaft. Für
dieses ausgedehnte und recht diffuse Publikumsaggregat der „Linken Mitte"
changieren die antisemitischen Sprüche zwischen wenigstens drei ziemlich
verschiedenen Bedeutungen.

Zunächst stellen sie einen Code zum Ausdruck von Negativität dar, bei der es sich um Unzufriedenheit, Feindseligkeit, Aggressivität, Ressentiment oder Sonstiges handeln mag. In jeder Gesellschaft, in der das Verhältnis zu den Juden (oder zu jeder anderen als „anders" wahrgenommenen Gruppe) sich in einem Diskurs formuliert, der auf die Trennung zwischen „uns" und „ihnen" abhebt, sind solche Ausdruckscodes am Werke. Sie können ebenso beispielsweise die Zigeuner aufs Korn nehmen (wie im heutigen Ungarn) oder andere Gruppen (wie die Deutschen im österreichischen Ungarn der K. u. K.-Monarchie des 19. Jahrhunderts). Sinn und Meinung dieser Codes zielt auch kaum auf die diesen Gruppen angehörigen Personen. Die jungen Leute etwa, die 1987 nach einer der schwersten antisemitischen Ausschreitungen von der Polizei vernommen worden sind, scheinen Juden aus Fleisch und Blut gar nicht gekannt und überhaupt ihnen gegenüber keinerlei konkreten Groll gehegt zu haben.[11] Die durch die Stadionsituation bedingte Zwangslage kann Anhänger soweit bringen, einen solchen Code – der im vorliegenden Fall ja nur einen „Opportunitätswert" hat – mitzubedienen, um den Gegner im Stadion herunterzumachen, ohne dass diejenigen, die dies tun, ihm „wirklich übel wollen".

Das zweite Moment, das bei einer solchen antisemitischen Aufführung mit im Spiel ist, rührt von dem Bild her, das die um den Fradi herum gescharte Fangemeinde von sich selbst hat: eine Ansammlung von „einfachen Leuten", von „denen da unten", von „Menschen wie du und ich", „mitten aus dem Volk" usw. Dieses Bild hat selbstverständlich sein Pendant in „denen da oben", denen vom „Establishment", von „den Mächtigen" bzw. „denen, die das Sagen haben", den „Offiziellen" und „Repräsentanten des Regimes" bis hinauf zu den „Bonzen" (und hier erst einmal ganz konkret den Ordnungskräften vom Sicherheitsdienst in den Stadien). Diese polarisierte und ganz unmittelbar erlebte Konzeption der sozialen Schichtung ist typisch für ein Publikum unter totalitären Regimen, welche durch ihre Führungspraktiken die meisten anderen der üblichen gesellschaftlichen Unterscheidungen banalisieren, ihres Sinnes berauben oder einebnen. Nun sind in der populären Einbildung dieser totalitären Welt die Juden (bzw. die kollektive Vorstellung, die man sich von ihnen gemacht hat) innerhalb der gesellschaftlichen Kräfteverhältnisse regelmäßig so wahrgenommen worden, dass sie mit der jeweiligen Macht liiert waren. Auch dafür gibt es mehrere Gründe. Schon unter dem alten Regime wurde der Kommunismus gern mit den Zügen einer „jüdischen Weltverschwörung" dargestellt, ein Zerrbild, zu dessen Diskreditierung die Kollektiverfahrung des Stalinismus in Ungarn – der auch noch tatsächlich durch jenes fabelhafte „Häuflein" von Leitungskadern jüdischer Abstammung angeführt worden ist – selbstverständlich nichts beigetragen hat, ja das vielmehr dadurch noch verstärkt worden ist, dass das Kádár-Regime jede Manifestation von Antisemitismus sorgfältig unterdrückt hat, womit es erst recht den Wahn nährte, als repräsentiere es eine fortdauernde „jüdische Macht". Zu alledem passte die ganze Zeit nur zu gut das eingefleischte Klischee von den Juden als „Geldsäcken" oder zumindest Leuten, die anders sind als „wir" – mit dem Effekt, dass ein antisemitischer Diskurs in den Stadien nun zur Unterfütterung von Demonstrationen nonkonformistischer Haltungen oder regimekritischer Einstellungen dienen konnte.

Selbstverständlich kann man in diesem Diskurs zum dritten auch den Ausdruck eines politischen Antisemitismus der klassischeren Art finden. Ein Teil der „Linken Mitte" muss sich auch als Wahrer einer nachhaltig wirksamen Erinnerung des Nazi-Regimes, dieser „Revolution der Hilfshausmeister", gefühlt haben. Die haltlosen jungen Hooligans der Fußballstadien auf der Suche nach konkreten Zielscheiben für ihre destruktiven Impulse konnten als das Vermächtnis ihrer Väter deren Heimweh nach den „schwarzen Jahren" übernehmen. Wenn die Farbe jener Jahre – wie in Italien war auch in Ungarn die Farbe der Uniformen der nationalen Nazis, der Pfeilkreuzler, schwarz – für die Opfer den Verlust zahlloser lieber Menschen bedeutet und für die meisten Ungarn, die diese Jahre erlebt haben, den Moment eines entsetzlichen Kollektivwahns, so stellt für die einstigen Henker und Henkershelfer dieselbe Periode vor allem einen außerordentlichen Glücksmoment, einen Ausnahmezustand von Freisetzung und grandioser Entladung dar, nämlich das Abschütteln der Zwänge und Regeln einer etablierten Gesellschaft und die wunderbare Verkehrung der Kräfte und Herrschaftsverhältnisse zugunsten des Lumpenproletariats „derer da unten", „unserer", der „kleinen Leute". Die Freiheit zu plündern, zu erpressen, zu martern und zu töten, in die der Nationalsozialismus seine Komplizen eingesetzt hat, war effektiv der Moment einer radikalen Umkehrung der gesellschaftlichen Ordnung, der eine ganz und gar unverhoffte Chance zur Revanche für all die Zu-kurz-Gekommenen bot. Unter diesem Aspekt stellen die unkontrollierten und unkontrollierbaren antisemitischen Schreiereien für die intellektuell, wirtschaftlich oder gesellschaftlich geringst bedarften Gruppen eine Möglichkeit dar, sich zu regenerieren, zu verständigen und zu verbünden in einem Hass, der instinktiv – noch über die ausdrücklich anvisierten „Juden" hinaus – an alles rührt, was die Ordnung repräsentiert. Selbst noch die „schwarzen" Hooligans – die ungarischen „Pfeilkreuzler" trugen, wie gesagt, schwarze Uniformen – tragen unwillkürlich in ihrem Kopf die Vorstellungen und die Farbe des gegen die Ordnung überhaupt rebellierenden Anarchismus der Am-schlechtesten-Weggekommenen.

Sie tun es mit einem guten Gewissen und einem Gefühl der Rechtmäßigkeit, deren sie sich um so sicherer sind, als es sich ja schließlich nur um Fußball handelt – und damit um eine im Wesen symbolische Gewalt, die über den jeweiligen Spielgegner hinaus immer schon einen „abstrakten" Feind im Visier hat.

Anmerkungen

* Dieser Beitrag wurde zuerst auf Französisch veröffentlicht unter dem Titel: Football et antisémitisme en Hongrie, in: Actes de la recherche en sciences sociales 103 (1994), 90–101. Die Abdruckrechte liegen vor.

Der Text ist ein Kondensat aus fünf gezielten Interviews mit ausgewiesenen Informanten und aus einem reichen Erfahrungsschatz, nicht zu reden von den informellen Daten, wie sie en passant „l'air du temps" beschert (Gespräche bei Tisch, in der Straßenbahn oder im Wirtshaus, Diskussionen mit Schlachtenbummlern nach Fußballspielen usw.). Hinzu kommen ein paar ausdrücklich genannte schriftliche Quellen. Zum großen Teil sind die in unserem Essay verwendeten Daten bei allen, die sich in Ungarn für Fußball interessieren, allgemein bekannt, werden aber naturgemäß nur ausnahmsweise Gegenstand von Publikationen. Sie haben ihren Platz irgendwo zwischen Kasperles Geheimnissen, nur in Andeutungen lautwerdenden Hintergedanken und anderen Ungesagtheiten und Nichtereignissen der sozialistischen Gesellschaft wie auch ihrer würdigen Nachfolgerin, der des „Übergangs".

[1] Dabei war der Verein gar nicht so reich, wie man mitunter gemeint hat. Nach der Einführung des Profifußballs in Ungarn, 1926, scheint er seinen Spielern weniger gezahlt zu haben als etwa der FTC, wofür er ihnen jedoch zum Ende der Karriere eine substantiellere Abfindung in Aussicht stellte. So ist der Fall eines Spielers mit dem Spitznamen „Mandl" im Gedächtnis geblieben, der bei seiner Verabschiedung aus der aktiven Laufbahn einen komplett eingerichteten Textilladen voller Waren zum Geschenk erhielt.

[2] Vgl. Béla Nagy/Andràs J. Gyenes, Nyolcvan év. nyolcvan örökrangadó [Achtzig Spieljahre um die Tabellenspitze], Budapest, Közgazdasàgi, 1983, 3–6.

[3] Vgl. Làzló Rejtö, Kilenc klub kronikàja [Chronik von neun Klubs], Sportkiado 1969, 649. Umgekehrt enthalten die Vereinsfarben seines Rivalen MTK mit Blau und Weiß die gleichen Farben wie die Fahne der zionistischen Bewegung und später des Staates Israel. Wir haben nicht herausfinden können, ob der MTK bei dieser Wahl seiner emblematischen Farben eine wie auch immer geartete Absicht verfolgt haben mag.

[4] Vgl. Làszló Hoppe, Labdarugobajnoksàgaink, 1901–1969 [Unsere Fußballmeisterschaften 1901–1969], Budapest, Sportkiadó, 1970, 278 f.

[5] Dieser nicht unwahrscheinlichen Anekdote zufolge war das Erste, was Mátyás Rákosi, der allmächtige Generalsekretär des Politbüros, als er nach einem Wochenende des Jahres 1949 wieder im Büro erschien, von seinem Sekretär wissen wollte: wie am Vortag die Partie Fradi gegen Vasas ausgegangen sei. Als der Sekretär zu seinem Pech nur erwiderte, er habe keine Ahnung und es interessiere ihn auch überhaupt nicht, schließlich habe er sich um wichtige politische Angelegenheiten zu kümmern, erteilte ihm „Stalins bester Schüler" eine rechte Lektion, indem er ihm in seiner Antwort den Bescheid gab, der Sport sei vielmehr eine eminent politische Sache, und schon gar, wenn es wie hier um die Begegnung einer renommierten Mannschaft „von rechts" mit einer solchen „von links" gehe.

[6] Pàl Kinizsi war ein historischer Kriegsheld aus dem Ungarn des 16. Jahrhundert, der im Rufe stand, mehrmals über die Osmanen triumphiert zu haben, und aus diesem Grunde als leuchtendes Vorbild nationalen Heldentums in die Geschichts-

bücher der Schulen eingegangen ist. Die Schüler sollten sich insbesondere das Bild des Helden auf dem Schlachtfeld einprägen, wie er – in beiden Händen und sogar zwischen den Zähnen abgeschlachtete Türken – über den Leichnamen der Feinde einen Freudentanz aufführt.

7 Um sich ein betont „nationales" Erscheinungsbild zu verschaffen, drang die Partei schon bald nach der Befreiung auf die Magyarisierung der Namen ihrer wichtigsten Exponenten, gleichviel ob sie aus jüdischen, deutschen oder sonstigen Milieus stammten. So trugen denn die einflussreichen Mitglieder des Politbüros in ihrer Mehrzahl damals ans Ungarische adaptierte Namen.

8 Im Gedächtnis der Fangemeinde hat sich nicht von ungefähr jener rhythmische Reimvers eingeprägt, der nach dem entscheidenden Spiel, wie es heißt, überall auf den Hauswänden von Budapest aufgetaucht sein soll – zum Zeichen der Erkenntlichkeit der Fradi-Anhänger gegenüber dem Regime. Er lautet sinngemäß: „János Kádár ist Spitze, unser Champion ist Franzstadt."

9 Noch im 19. Jahrhundert assoziierte man die Juden gern mit der Gans, nicht weil sie ihr emblematisches Tier wäre, sondern weil der Handel mit Gänsefedern, Gänseleber und Gänsefleisch auf dem Land gewöhnlich von Juden betrieben wurde. Daher im Ungarischen eine Reihe geläufiger Judenwitze, die schlecht übersetzbar sind.

10 Die Anhänger des Fradi hatten schon seit Jahrzehnten die Gewohnheit angenommen, ihre Eintrittskarten für Plätze in der linken Mitte der Tribünen zu lösen, um dort einen Fanblock zu bilden. „Linke Mitte" ist somit im ungarischen Fußball ein Begriff geworden zur Bezeichnung des harten Kerns der bedingungslosen und oft gewalttätigen Fans des Fradi.

11 Zitieren wir dazu folgenden Auszug aus einem polizeilichen Vernehmungsprotokoll, das angefertigt wurde nach einem schweren antisemitischen Zwischenfall, der sich 1987 während eines Spiels der ersten Division ereignet hat. Es spricht ein junger Ingenieur, der in seinem Betrieb Sekretär der Kommunistischen Jugendorganisation ist. „Ich war mit meiner Freundin zu dem Fußballspiel gegangen. Die betreffenden Fradi-Fans hatten ihre Plätze ganz in unserer Nähe unter der großen Uhr. Durch das ganze Spiel hindurch haben sie nicht aufgehört, immer wieder Beleidigungen zu grölen, vor allem: ‚Drecksjuden!'. Am Ende des Spiels haben sich die Spieler des siegreichen MTK vor Freude umarmt und sind zur Trainerbank gelaufen. Aufgewühlt durch die allgemeine Erregung habe da auch ich ihnen nachgerufen: ‚Drecksjuden! Wieviel habt ihr dem Schiedsrichter gezahlt?'. Ich hab' es getan, weil es mir während des Matchs so vorkam, als hätten sie regelwidrig Zeit schinden wollen und als habe der Schiedsrichter zu ihren Gunsten gepfiffen; und schließlich hatte ich, da unter der Uhr, 90 Minuten lang die Ohren vollgeschrien bekommen mit Beschimpfungen des gegnerischen Lagers. Aber dann hab' ich mich so geschämt, diesen Ausdruck gebraucht zu haben, dass ich mich bei jemandem, der mir deshalb Vorwürfe machte, entschuldigt habe. Im Grund ist meine Reaktion, glaube ich, dadurch ausgelöst worden, dass die Spieler des MTK sich so gefreut haben." Vgl. György Köbunyai, „Korus a lelàton [Der Chor auf der Tribüne]", in: Uj tükör, 28. Juni 1987.

15. Wo ein Yid kein Jude ist:
Ein seltsamer Fall von Fan-Identität beim englischen
Fußballklub Tottenham Hotspur

John Efron

Es war im November 2000, als ich zusammen mit Tausenden anderer Fußballanhänger in Tottenham, einem recht heruntergekommenen Stadtteil von Nord-London, die High Road zur White Hart Lane hinunterging – auf dem Weg ins Stadion, wo die örtliche Fußballmannschaft, Tottenham Hotspur, gegen Manchester City antreten sollte. Die Stimmung an diesem sonnigen, doch recht frischen Samstagnachmittag hatte entschieden etwas von einem Volksfest, und die Luft war voll verführerischer Gerüche: von Curry, Kebab, dem altbeliebten „Fisch mit Fritten" und hellem Bier. All diese Duftschwaden wehten zusammen, wie um darauf hinzuweisen, dass das alte England durchaus nicht untergegangen war, sondern sich vielmehr mit seinen zugewanderten Kulturen und Geschmäckern zwanglos vermischt hatte, unter anderem mit dem Ergebnis, dass es sich nun von einer exotisch-neuen geruchsbetonten Seite zeigte.

Der Tag eines solchen Fußballmatchs ist auch ein Fest für die Augen, wenn dann die Straßen um das Stadion herum, in spürbarem Kontrast zu dem sonst hier in N17 alles überlagernden Grauschleier, sich in ein einziges Farbenmeer verwandeln. Überall sieht man Straßenhändler allerart Kleidung und Souvenirs in den Vereinsfarben anbieten, während ausgelassene Schlachtenbummler in den Trikots ihrer Lieblingsmannschaft aus den Pubs auf die Bürgersteige herausströmen und dabei lautstark eine Reihe von Sprechchören und Schlachtenliedern anstimmen, in denen sie ihre unbedingte Begeisterung für Tottenham Hotspur und ihre grenzenlose Verachtung des Gegners zum Ausdruck bringen.

Ich war gerade dabei, mir die Schaufensterauslagen des „Spurs Super Store" anzusehen, eines riesigen Ladens mit Drehkreuzen an den Eingängen, in dem es von den Repliken früherer Monturen der Fußballmannschaft bis zu Mouse-Pads und Kinderstiefelchen in den Vereinsfarben alles Mögliche zu kaufen gibt; da blieb mein Blick plötzlich an zwei jungen Männern in den Trikots der Spurs hängen. Anstatt der üblichen Rückennummern aber prangte auf dem Outfit dieser beiden die Aufschrift „Yid 4 Life". Darauf sah ich bei den ins Stadion strömenden Fans noch andere mit schlicht dem Wort „Yids" auf ihrem Trikot, dann noch weitere mit

dem Aufdruck desselben Worts in der Mundart von Nord-London:
„Yiddo".

Das Spiel, das ich doch monatelang mit Spannung erwartet hatte, war mir
mit einem Mal weit weg gerückt. Statt dessen wollte mir das Bild dieser Tri-
kotaufschriften nicht mehr aus dem Kopf. Was bedeuteten sie? Warum hatten Anhänger von Tottenham Hotspur zu ihrer Selbstbezeichnung ausgerechnet das Wort „Yids" (und dessen Varianten „Yiddo" und „Yid Army")
angenommen? Meine Neugier nahm nach dem Betreten des Stadions nur
noch zu. Ich nahm meinen Platz ein, machte mir's bequem und fing an, das
Programmheft des Matchs durchzublättern. Unter anderem suchte ich be-
gierig nach irgendwelchen Hinweisen auf das eben Gesehene. Meine Suche
blieb indes vergeblich, denn der Klub selber hat diesen „rassistischen" Beinamen weder offiziell anerkannt noch stillschweigend davon Gebrauch gemacht.[1] Doch da erhob sich beim Auflaufen der beiden Mannschaften auf
dem Fußballfeld plötzlich ein gewaltiges Geschrei, und wie aus einem Munde brach alles um mich herum, jung wie alt, in den Sprechchor „Yids, Yids,
Yids" aus. Und das ganze Spiel hindurch wurde die Luft immer wieder erschüttert von dem ohrenbetäubenden Schrei „Yids", – spontan beginnend
auf der einen Tribüne, dann auf die nächste übergreifend und schließlich
durchs ganze Stadion und sämtliche Ränge herumwirbelnd: ein Schrei aus
Tausenden von Männerkehlen, um ihr Team mit diesem überaus bizarren
Schlachtruf zum Sieg zu treiben. Halb erschrocken, halb belustigt, aber vor
allem verblüfft machte ich mich endlich daran, herauszufinden, was das eigentlich bedeutete, dessen Zeuge ich da geworden war.

Im Jahre 1882 gegründet, hat der Fußballverein Tottenham Hotspur
schon lange eine jüdische Anhängerschaft hinter sich, die vor und dann wieder nach dem Zweiten Weltkrieg beträchtlich angewachsen ist.[2] Das braucht
nicht zu verwundern, wenn man bedenkt, dass in Nord-London die Mehrheit der ungefähr 200.000 Einwohner zählenden jüdischen Bevölkerung
Londons wohnt.[3] Und doch ist Tottenham, groben Schätzungen zufolge,
nur die zweite Wahl unter den Lieblingsmannschaften der jüdischen Fußballenthusiasten, die demnach in ihrer Mehrheit heute Arsenal London an-
hängen sollen. Dies ist wichtig zu bemerken, denn trotz seiner beachtlichen
jüdischen Anhängerschaft und seines gegenwärtigen jüdischen Vorsitzenden David Dein gilt Arsenal nicht als ein „Jewish club". Nur Tottenham
trägt im englischen Fußball dieses Etikett; und nur Tottenham wird beim
Fußballpublikum weithin als „jüdisch" angesehen. In diesem Sinne gehört
Tottenham in eine Reihe mit einigen kontinentalen Fußballklubs, die gleichfalls als „jüdisch" angesehen werden oder wurden. Die prominentesten unter diesen, um wenigstens sie zu nennen, sind Ajax Amsterdam, Bayern
München, Austria Wien, MTK Budapest und AS Rom.

Doch jüdische Fans spielen nur eine kleine Rolle in der Geschichte, wie
die Anhänger von Tottenham Hotspur dazu gekommen sind, sich selbst als

Yids zu sehen; denn, was an der Sache besonders verblüfft, ist dies, dass erst
in den 70er Jahren der Gebrauch des Wortes „Yid" und seiner Abarten in
Tottenhams Fankultur aufgekommen ist, und zwar als einer, den zuerst die
nichtjüdischen Klubanhänger angenommen und sich zu eigen gemacht haben. Mit andern Worten: Was wir hier am Ort dieser genuin englischen und
Arbeiter(klassen)-Kultur, dem Fußballstadion, haben, sind Insider, in diesem Falle Engländer, die einen ihnen eigenen Außenseiterstatus zur Schau
stellen, nämlich den des Juden, genauer gesagt, des verhassten Yid(do)s.
Während nicht-jüdische Klubanhänger, die diese Identität kultivieren, niemals den Anspruch erheben würden, jüdisch zu sein, befleißigen sie sich
hier dennoch einer Art parodistischer Mimikry, kraft welcher sie – mehr
oder weniger prononciert – vorgeben, hier und jetzt ein Jud' zu sein (oder
das, was sie sich darunter vorstellen). Obschon es eine weniger klar artiku-
lierte Darstellung ist als wenn sie, sagen wir, als Schwarze auftreten wollten
[performing black face], ist es auf seine Art doch auch eine Darstellung.
Und wie wir noch sehen werden, provoziert sie Reaktionen, die ihrerseits
wieder performativ sind, denn Fußballstadien bieten ihren Zuschauer-Besu-
chern einen Austragungsort als Treffpunkt, an dem sie tiefgehende Gefühle
von Treue und Wankelmut, Verehrung und Hass, Verzweiflung oder Ver-
zückung öffentlich ausdrücken und wirklich ausagieren können.[4]

In den späten 80er Jahren war der Begriff „Yid" bereits so populär, dass
er von den Jüngeren unter Tottenhams jüdischen Anhängern übernommen
wurde. Deren bereitwilliger Gebrauch des Wortes zu ihrer Selbstdarstellung
als Tottenham-Fans ist jedoch anders kodiert, als wenn das Wort von Nicht-
Juden benützt wird. Ich habe sogar den Eindruck: noch wenn sie unisono
im Sprechchor singen, meinen jüdische und nichtjüdische Fans nicht ganz
dasselbe. Da jüdische Anhänger, die „Yiddo, Yiddo" rufen, auch noch Juden
bleiben, wenn sie das Stadion längst verlassen haben, ist ihre Selbstdarstellung eine „Minstrel Show" von ganz anderer Art. Einerseits imitieren sie die
Sprüche und Meinungen nichtjüdischer Fans, die doch selber in einem Akt
der Nachahmung und Mimikry von Jüdischem befasst sind. Und indem sie
die Apostrophierung „Yids" übernehmen, um sich in dem weiteren und all-
gemeineren Ziel der Anfeuerung Tottenhams mit anderen zu treffen, sind
doch auch näher liegende Wir-Gefühle mit im Spiel. Die Bereitwilligkeit
von Juden, im Chor „Yiddo" zu skandieren und sich damit zu Fußsoldaten
der „Yid Army", zu erklären, stellt eine enorm entlastende Befreiungsgeste
dar, die einen bedeutenden Schritt weg von der traditionellen Zurückhaltung der englischen Juden vor öffentlichen Proklamationen der eigenen jüdischen Identität markiert. Das Thema wird weiter unten noch eingehender
zu behandeln sein.

Angesichts der Vielzahl von Bedeutungen, Absichten, Zielen und Ritualen, die mit dem Gesamtphänomen verknüpft sind, bietet es sich durch diese seine heterogene Natur zu einer Fallstudie für den von Umberto Eco so

genannten „rhetorischen Code-Wechsel" an.[5] Dergestalt können uns die Schlachtgesänge und Sprechchöre, das Sprücheklopfen und Gehaben der verschiedenen Gruppen, die hier den Schlachtruf „Yid" im Namen von Tottenham anstimmen bzw. dort aufgebracht auf ihn replizieren, viel über die Beziehung der jeweiligen Gruppe zur anderen und, wie sie diese wahrnehmen, sagen, also über die Semiotik des „Verhaltens kommunikativer Interaktion" oder – mit einer weiteren Anleihe bei Eco, diesmal aus seinen tiefschürfenden Überlegungen zur Beziehung zwischen Sport und Gesellschaft – über das, was er „die Tiefenzone der kollektiven Sensibilität" nennt.[6] Die unterschiedlichen Bedeutungen hinter den Schlachtgesängen sind dem unmittelbaren Anblick entzogen, weil verdunkelt durch die gemeinsame Erfahrung des Anfeuerns oder aber Niederschreiens von Tottenham Hotspur. Vielleicht kann eine Analyse des Phänomens auch dazu beitragen, Licht in die manchmal verborgenen, übersehenen oder verkannten Eigenheiten und Komplexitäten dieser einigermaßen seltsamen und bisweilen höchst befremdlichen Manifestation englischer Fußballkultur zu bringen. Immerhin ist bemerkenswert, dass selbst in der bereits stattlich angewachsenen wissenschaftlichen Literatur zum Fußball (und wie er von seinen jeweiligen Fans kultiviert wird), die sich zumeist mit Rassismus, Rowdytum und Hooliganismus auseinandersetzt, das Tottenhamer „Yid"-Phänomen so gut wie nie zur Sprache gekommen ist.[7] Dieser Beitrag stellt also einen ersten Versuch dar, es herauszustellen und beurteilbar zu machen.

Wie also kam es zu dem Ausdruck „Yid" und seiner Bedeutung in diesem besonderen Kontext? Zuerst müssen wir uns Rechenschaft geben, dass in recht vielen Gesellschaften und durch ein breites Spektrum kultureller Verortungen hindurch eine eingefleischte soziokulturelle Praxis existiert, derzufolge traditionell abwertende Begriffe immer wieder auch unterlaufen und mit einer positiven Bewertung versehen werden. Ethnische, rassische und geschlechtliche Makel werden so, per Subversion ihrer normativen und ihrer anstößigen Bedeutungen in der sprachlichen und der realen Ordnung, oft in ihr Gegenteil verkehrt. Dieser Prozess, den ich als „Wertewechsel" bezeichnen möchte, führt zur affirmativen Aneignung eines allgemein üblichen Schimpfworts und infolgedessen zum Umsturz von dessen gemeinhin akzeptierter Bedeutung. Nicht bloß das Wort, sondern ebenso das ganze kulturelle Universum, für das es steht, und die von ihm evozierten Tiefenstrukturen des Bedeutens und Erkennens werden auf den Kopf gestellt, wenn solche Umwertung stattfindet. Um dies zu illustrieren, können wir zwei klassische, wenn auch differente zeitgenössische Beispiele von „value-switching" anführen: nämlich die der Wörter „queer" und „nigger".[8] Das erste war einmal eine abfälliger Ausdruck für Homosexuelle, ist aber in einen achtbaren umgeprägt worden dadurch, dass Homosexuelle ihn bisweilen selber gebrauchten, um sich, ihre Politik und ihre Kultur zu beschreiben. Dadurch ist die Akzeptanz des Wortes queer derart gewachsen, dass auf dem akademischen Feld etwa ein Teilgebiet der cultural studies inzwischen „queer theory" heißt.

Das andere Wort, das zum Teil einen tiefen Bedeutungswandel durchgemacht hat, wenn es dadurch auch keineswegs derart akzeptabel und in der Tat salonfähig geworden ist wie „queer", ist das in manchen Schwarzen-Vierteln der Vereinigten Staaten ziemlich oft gehörte „nigger". In seiner jüngst erschienenen aufwühlenden Abhandlung „Nigger: The Strange Career of a Troublesome Word" bemerkt Randall Kennedy: „Für viele Schwarze hat das sog. N-Wort eine mächtige und bedrohliche Präsenz, die ihren Lebensweg manchmal geradezu aus der Bahn geworfen hat", denn, wie der Staatsanwalt Christopher Darden sagte, ist es „das übelste, dreckigste, gehässigste Wort, das die englische Sprache für die Schwarzen hat".[9] Aber obschon viele, ja vielleicht sogar die Mehrheit der Leute mit Kennedy und Darden übereinstimmen dürften, gebrauchen manche afrikanische Amerikaner diesen Ausdruck schon lange „nicht, um sich der rassischen Unterordnung zu unterwerfen, sondern um sie herauszufordern". Und so die Aufwertung eines Wortes durchzusetzen, das zunächst einfach nur abschätzig ist, ist epistemologisch ein äußerst komplexes Unterfangen.[10]

Das Wort, mit dem wir es hier zu tun haben, weil auch bei ihm sich die Bedeutung gewandelt hat, ist also (engl.) „Yid", was jiddisch ist und wörtlich Jude bedeutet. Im Jiddischen selbst hat es überhaupt keinen pejorativen Beiklang und ist vielmehr in der Tat ein freundlicher und familiärer Ausdruck. Bei der Begrüßung eines guten Bekannten lautet die gewöhnliche formlose Grußformel: „Vos macht a Jid?" („Wie geht's einem Juden?"). Dieses „How do you do?" wird für eine wärmere und vertrautere Begrüßung gehalten, als wenn man direkt den Namen der Person nennt, um sich nach ihrem Befinden zu erkundigen. Wenn das Wort „Yid" (oder „Jid") hingegen im Englischen (oder Deutschen) gebraucht wird, kann es leicht pejorativ werden. Zu einem grundlegenden Bedeutungswechsel genügt schon eine leichte Verschiebung in der Aussprache des Wortes. Denn, wie man bei Leo Rosten nachlesen kann: „Achtung: mit langem Vokal, wie die osteuropäischen Juden es aussprechen, ist ‚jiid' (in engl. Umschrift ‚yeed') das jiddische Wort für ‚Jude' und dementsprechend neutral. Mit kurzem Vokal, ausgesprochen ‚jid' (bzw. englisch ‚yid', sich reimend auf ‚did') wird es zum antisemitischen Schimpfwort."[11]

Im britischen Englisch ist das Wort Yid gang und gäbe (was es bemerkenswerterweise im amerikanischen Englisch nie gewesen ist). Im Munde von Nicht-Juden ist das Wort eine Schmähung und Verhöhnung, verwandt dem russischen Wort Zhid. Wie Nigger hat auch das Wort Yid, mit der bereits zitierten Charakterisierung Kennedys, in der Geschichte „constituted a major and menacing presence [stets eine mächtige und bedrohliche Ausstrahlung gehabt]" und als Schlachtruf zur Entfesselung der latenten Gewaltbereitschaft gegenüber Juden gedient. So hat im Oktober 1936 Oswald

Mosley, der Führer der British Union of Fascists, seine Stoßtrupps zum Angriff auf die Juden aufgerufen. Auf ihrem Marsch durch Londons East End, das Quartier mit der größten jüdischen Bevölkerungsdichte, kam es zum Ausbruch der sog. „Schlacht von Cable Street" und kurz darauf zum Pogrom entlang der Mile End Road. „Down with the Yids" grölend, verübte die aufgehetzte Masse damals erheblichen Schaden an jüdischem Eigentum und fiel böswillig und gewalttätig über Juden her, darunter ein junges Mädchen, das durch eine Schaufensterscheibe geworfen wurde.[12]

Anders, als es mit den Wörtern queer und nigger der Fall war, haben Juden nie antisemitische Spitznamen wie kike, Jew-boy (Judenbengel) oder Ikey übernommen, um sich damit selber zu bezeichnen und so herrschende rassistische Strukturen umzustürzen. Was die Aneignung der Bezeichnung Yid bei Tottenham Hotspur so verquer und kompliziert macht, ist dies, dass hier auch in Europa Juden selbst, vielleicht zum allerersten Mal überhaupt, einen beleidigenden Ausdruck übernommen haben, um seine Bedeutung umzukehren. Und im Kontext des englischen Fußballs wiegt noch schwerer der Umstand, dass Yid ja im wesentlichen ein Ausdruck der nicht-jüdischen Anhänger ist und also gerade diese Tottenham sein „jüdisches" Selbstverständnis großenteils erst verschafft haben. Dies ist aber so erfolgreich implantiert worden, dass gegenüber gegnerischen Fans anderer Vereine eben dasjenige Wort, das von Tottenhams Fans allgemein zur Selbstannoncierung ihrer Identität verwandt wird, ein jüdisches ist.

Es gibt in der heutigen Fußballwelt sonst wohl nur noch ein vergleichbares Beispiel für diese eigentümliche Form von Wortwert-Umdrehung in Bezug auf Juden, und zwar bei den Anhängern von Ajax Amsterdam. Es ist dies ein Klub mit einer bezeichnenden jüdischen Geschichte und aus einer Stadt, deren Sprache mit jüdischen Wörtern durchtränkt ist, weswegen sie umgangssprachlich „Mokum" heißt, was das jiddische Wort für Platz/Ort ist.[13] Seit der Vereinsgründung im Jahre 1900 hatte Ajax Amsterdam nicht nur wiederholt jüdische Spieler und jüdische Präsidenten und residierte nahe dem einst so geschäftigen Judenviertel Amsterdams, sondern nach Salo Muller, dem Physiotherapeuten des Klubs von 1959 bis 1973, „sahen sich auch die nicht-jüdischen Spieler gern als jüdisch". Er erklärte es so: Zeit seiner Anstellung im Klub „liebten es selbst die nicht-jüdischen Spieler, ihre Rede regelmäßig mit jüdischen Wörtern zu würzen, und waren sie immer ganz gespannt auf den Besuch eines ortsansässigen jüdischen Metzgers, der der Mannschaft vor jedem internationalen Match eine koschere Salami zu bringen pflegte".[14] So trivial es auch ist, verstärkte dieses Ritual bei den Spielern doch das Gefühl, als Ajax-Spieler miteinander eine besondere Identität zu teilen, eine Identität, die teilweise jüdisch war und einzig nach Amsterdam gehörte.

In den 80er Jahren indessen erfuhr diese historisch gewachsene liebenswürdige Assoziation von Ajax und Juden eine Veränderung, als Ajax' glühendste und randaleträchtige Anhänger, bekannt als die „Rang F-Skinheads", ihnen an den Kopf geworfenen antisemitischen Beschimpfungen entgegentraten, indem sie erst recht ihre „jüdische Ersatz-Identität" herauskehrten. Hören wir einen der Sprecher der „Rang F-Gruppe":

> Wir finden es jetzt ganz normal, uns Juden zu nennen. Auswärtige nennen uns „Juden", um uns zu beleidigen. In den 80er Jahren haben wir uns entschieden, das Wort der Verunglimpfung als unser eigenes zu übernehmen. Wir haben angefangen, israelische Fahnen zu tragen [das war, nachdem wir gesehen hatten, dass Fans des englischen „jüdischen" Klubs der Spurs es genau so machten], und wir haben angefangen, uns selbst Juden zu nennen [...]. Wir sind keine Juden, aber ich habe mal gehört, du bräuchtest nur einen Tropfen jüdischen Blutes in den Adern zu haben, um dich einen Juden nennen zu können. Wir haben aber keine Beziehungen zu wirklichen Juden und haben's auch nicht mit Israel oder irgendetwas dergleichen.

Wie hier die Mitglieder der „Rang F-Gruppe" scheinen auch die israelischen Medien sich nicht um die halachische Definition von Jüdischkeit zu scheren. Als Ajax vor einigen Jahren (1999) einmal nach Israel reiste, um ein UEFA-Cup-Spiel gegen Hapoel Haifa zu bestreiten, wurde dieses von den Medien als ein „jüdisches Derby" apostrophiert.[15] Und vor ihrer Abreise nach Israel wurden Ajax' nichtjüdische Fans fürs israelische Fernsehen interviewt, wo sie erklärten, wie froh sie wären, nun „nach Hause zu kommen". Nach David Winners Ausführungen in seinem Buch über den holländischen Fußball wurden „Rang F-Gruppenmitglieder, die sonst gewohnt waren, als gefährliche Tiere behandelt zu werden, in Israel als VIPs angesehen und empfangen wie lang vermisste Vettern".[16]

Der englische Fußball hat – ob wegen des Korpsgeistes des Spiels, wegen der Allüren seiner Fans oder auch wegen solcher Begleiterscheinungen wie Hooligan- und Rowdytum – einen enormen Einfluss auf die Fußballkultur weltweit. So auch in dem hier diskutierten Zusammenhang. Wie aus dem Zeugnis des Ajax-Anhängers klar hervorgeht, waren die Anhänger von Tottenham die wegweisenden. Sie waren es, die als erste die auf eine bestimmte Gruppe gemünzte abfällige Terminologie übernahmen und sich auf vielfache Weise zu eigen machten, wobei sie deren Bedeutung komplett umkrempelten, und zwar in einem solchen Ausmaß, dass sie hinterher von andern wirklich und wahrhaftig als Mitglieder der verunglimpften Gruppe angesehen wurden.

Gelegentlich kommt es vor, dass Anhänger eines Fußballvereins eine andere oder Ersatz-Identität annehmen oder auch einer bestimmten Gruppe eine andere oder Ersatzidentität zuschreiben. Beispielsweise legt es das Fan-Magazin von Manchester United, Red Issue, darauf an, Anhänger des Gegners ironisch zu „alterieren", d. h. „zu anderen zu machen [to other]", indem sie sie als Engländer aufziehen. So werden Anhänger südenglischer Klubs wie etwa Chelsea in diesem Blättchen routinemäßig als hakenkreuz-tätowierte Skinsheads aus London karikiert, wobei es gar nicht darauf ankommt, ob sie Londoner oder Rassisten sind. Es ist eben ihr Englischsein, das für etwas angesehen wird, das sie von wahren Anhängern von Manchester United absetzt. Anhänger von Manchester United zu sein, wird hier zu einem verdeckten Akt, der aus dem im britischen Fußball Üblichen herausfällt, insofern hier der partikulare Lokalpatriotismus über das integrale Nationalgefühl die Oberhand gewinnt. In Schottland wiederum stellten die Fans der Rangers Mitte der 80er Jahre ihr Selbstverständnis als englische Unionisten heraus, was seinerseits wieder gegnerische Fans dazu provozierte, die authentisch schottische Identität des Klubs herauszufordern.[17] Solche Ausdrucksformen des „Alterierens [othering]" sind aber von dem Fall Tottenham wohl zu unterscheiden, wo schließlich der traditionell verachtete ethnische Underdog zum Symbol des Klubs selber erkoren worden ist. Wenn jedoch die Rangers-Anhängerschaft tatsächlich verschiedene Varietäten der Schottischheit zum Ausdruck bringt, dann bringen die Anhänger der Spurs in Gestalt der Yids eine nicht-englische Form englischer Identität zum Ausdruck.

Eine andere Folge der Selbstbezeichnung als Yids und der breiten jüdischen Unterstützerbasis ist, dass einige Anhänger von Tottenham zu lautstarken Kämpfern gegen Rassismus im Fußball wurden. Und im Unterschied zu gewissen Klubs, die einen widerwärtigen Ruch von Rassismus entwickelt haben (wie Millwall, West Ham, Leeds und Liverpool, um nur ein paar der notorischen Fälle zu nennen), ist Tottenham, in der jüngsten Vergangenheit zumindest, von rassistischen Auswüchsen der wirklich hässlichen Sorte weitgehend frei geblieben. Vor einiger Zeit gab es zur Saison 2001–2002 der englischen Premier League einen Transfer des Tottenham-Spielers Sol Campbell zum Erzrivalen Arsenal [London]. Der Wechsel rief bei den tief betrübten Anhängern Tottenhams eine Welle der Entrüstung über den vermeintlichen Verrat hervor. Nun wurde von gewissen Kreisen der Medien, insbesondere von dem in der Daily Mail schreibenden Ian Wooldridge, der Verdacht ausgestreut, die Reaktion der Tottenham-Fans sei rassistisch motiviert, weil Campbell ein Schwarzer ist. Tottenhams Antwort auf diese Anklage war rasch, heftig und empört: eine Leserbriefkampagne bei der Daily Mail wurde gestartet, bei dem Fernsehsender Sky Sports wurde die Geschichte immer wieder zum Thema gemacht, und erregte Tottenham-Fans brachten ihre Enttäuschung in Internet chat-rooms ausgiebig zum Ausdruck. Eine der heftigsten Stellungnahmen kam von Danny Kelly, einem bekannten Kolumnisten des Online-Journals Football365.com. Indem er nachdrücklich darauf aufmerksam machte, dass gerade Tottenhams Status als ein „jüdischer Klub" ihm dazu verholfen habe, rassistischen Tendenzen entschieden Paroli zu bieten, notierte Kelly:

Lassen Sie uns das ganz klar sagen: Es gab Rassismus an der White Hart Lane. Das war in den späten Siebzigern. Doch er wurde ausgemerzt durch eine zwischen dem Klub und den Fans vereinbarte Initiative „Spurs gegen Nazis". Noch den letzten Schwachköpfen wurde beigebracht, wie dumm es im Grunde sei, mit dem Nazigruß aufzuwarten in einem Klub, der traditionell mit Nord-Londons jüdischer Gemeinde verbunden ist, und farbige Spieler des Gegners auszupfeifen, wo doch unsere eigene Mannschaft schwarze Spieler (Crooks und Hughton) in ihren Reihen hatte und dazu ein Fußballgenie (Ardiles), das nun mal aus Südamerika stammte. Die Initiative „Spurs gegen Nazis" zeitigte Wirkung; und wenn auch immer wieder irgendwelche unverbesserlichen Idioten daherkommen, so hat doch die organisierte rassistische Diffamierung von Spielern an der White Hart Lane gute zwanzig Jahre lang keinen rechten Stich mehr gemacht. Und ausgerechnet der am offensichtlichsten jüdische Klub im Land hat es fertig gebracht, einen arabischen Spieler, Nayim, zu seinem Idol zu machen.[18]

Die Fans von Tottenham können mit Recht stolz auf die relative Absenz von Rassismus an der White Hart Lane sein. Und Kelly mag recht haben, wenn er meint, dass diejenigen, die ihn auszumerzen trachteten, zu diesem Zweck auf den Rückhalt des Klubs in weiten Teilen des Nord-Londoner Judentums zurückgreifen konnten und auf die Tatsache, dass diejenigen, die rassistisches Verhalten an den Tag legten, dann auch nichts dabei fanden, sich selbst als Yids zu sehen und so mit der rassischen Diffamierung quitt zu werden.

Wie sind die Tottenham-Fans aber überhaupt darauf gekommen, sich selber als Yids zu sehen, warum tun sie es und woran hat sich das über die Jahre hin gezeigt? Die meisten Informationen zu diesem Thema haben Antworten auf eine Reihe von Fragen ergeben, die ich einem Tottenham Internet Channel vorgelegt habe. Außerdem habe ich einige Telefon- und Direkt-Interviews geführt. Zwei weitere Informationsquellen waren Fanmagazine und Internet-Webseiten.

Der Ursprung des Begriffs Yid in seiner Beziehung zu Tottenham Hotspur ist etwas umstritten. Zahlreiche Interviews offenbarten unterschiedliche Theorien. Einige der Antwortenden vermittelten den Eindruck, die bloße Tatsache, dass Tottenham sich einer breiten jüdischen Anhängerschaft rühmte, habe gegnerische Fans dazu geführt, den Klub und seine Anhänger gleichermaßen als Yids zu apostrophieren.[19] Eine andere Theorie meint, es sei dazu gekommen infolge einer erfolgreichen Comedy-Serie mit dem Titel „Till Death Us Do Part [Bis dass der Tod uns scheidet]", die von 1965 bis 1975 im britischen Fernsehen lief. In dieser Comedy-Serie um einen stramm rechten englischen Nationalisten und Rassisten, der ständig über Britanniens Niedergang nach dem Kriege lamentiert, welcher dem Verlust des Empires, der massenhaften Einwanderung von Nicht-Weißen und der Stärke der Labour Party und der Gewerkschaften geschuldet sei, wurde der Protagonist, Alf Garnett, meist dargestellt, wie er in seinem Londoner Wohnzimmer sitzt und sich bitterlich über den Zustand der Welt beklagt. Um seinen Hals geschlungen trägt er dabei den Schal seines Lieblingsfuß-

ballvereins, West Ham United. Oft bricht er in Tiraden über Fußball aus
und erklärt bei mehreren Gelegenheiten, beim nächsten Match gegen Tottenham würde seine Mannschaft „losziehen, um's den Yids wieder mal zu
zeigen".[20]

Wieder ein anderer Respondent meinte sich zu erinnern, dass alles damit
anfing, dass Alf Garnett wieder einmal „zu einem seiner unsäglichen Mono-
loge ansetzte, indem er von den Spurs als ‚den Juden' sprach und erklärte,
Hitlers ‚Blitz' habe hauptsächlich die Bombardierung von White Hart Lane
zum Ziel gehabt: ‚Dritte Flutlicht-Batterie hinter Southend!'; mochte sein
TV-Schwiegersohn auch darauf hinweisen, dass Flutlichtanlagen erst nach
Kriegsende aufkamen, so war die Gedankenverbindung doch hergestellt."[21]

Die Verfechter der Alf-Garnett-Theorie, und das ist die Mehrzahl, glauben, dass die Tottenham-Fans, nachdem sie so von dem Wort Yid als
Schimpfnamen gehört haben, es für sich selbst im affirmativen Sinne übernahmen. Eine andere Theorie will jedoch, dass nicht dies die Wirkung von
„Till Death Us Do Part" gewesen sei, sondern dass des Protagonisten Gebrauch des Wortes Yid in Bezug auf Tottenham vielmehr dessen Gebrauch
im pejorativen Sinne verschärft und ermutigt habe.[22]

Eine interessante Interpretation auf der Website eines Chelsea-Anhängers
liefert die folgende unwahrscheinliche Erklärung der Herkunft des Wortes
Yids als eines zu Tottenham gehörenden Attributs, die auch noch eine halb-
gebildete Ansicht über die Londoner Juden zum besten gibt:

> Tottenham hat in London eine ziemlich große Anhängerschaft im Bezirk von
> Stamford Hill. Dieses Stamford Hill bewohnen viele Chassiden, orthodoxe Juden
> eben, die die typischen schwarzen Gewänder tragen usw. Diese Orthodoxen spre-
> chen Jiddisch, was ein deutscher Dialekt ist. Auch haben sie eine sehr missbil-
> ligende Einstellung zu den nicht-orthodoxen Juden. Chelsea hat ja vermutlich
> mehr jüdische Fans als Tottenham; weil aber die jüdischen Anhänger von Totten-
> ham eher Jiddisch sprachen und außerdem die nicht-orthodoxen Juden ziemlich
> abfällig behandelten, gaben diese es ihnen zurück, indem sie sie Yids nannten.
> Und das wurde dann angenommen als Name für die Fans der Spurs allgemein.[23]

Jener eigentümliche semiotische Raum, der die ersten Manifestationen der,
sagen wir, „Yiddo-Kultur" ermöglichte, begann Mitte der 70er Jahre Kon-
turen anzunehmen. Unter „Yiddo-Kultur" verstehe ich zwei Dinge in einem: den spezifischen Akt der Selbstbezeichnung der Spurs-Anhänger und
die Reaktion darauf von seiten der gegnerischen Fans. Es ist kein Zufall, das
dies überall im Vereinigten Königreich eine Zeit verstärkter Aktivitäten der
National Front auf den Rängen der Sportarenen war. Rechtsextreme Gruppierungen verkauften oder verteilten ihr Schrifttum an ein fußballbegeister-
tes Publikum, das sie offenbar als eine ideale und aufnahmebereite Zielgruppe für ihre rassistische Weltanschauung ansahen. Die Kombination von ras-
sistischer Agitation und der zunehmenden Präsenz schwarzer Spieler, die

damals im englischen Profifußball ihren Einzug zu halten begannen, führte auch zu einem (allerdings so gut wie undokumentierten) Anschwellen antisemitischer Sprechchöre, wo immer die Spurs antraten.[24]

So hat, trotz der Tatsache, dass Tottenham (und Ajax) schon lange mit Juden assoziiert worden waren, das moderne Phänomen, das ich hier beschreibe, weniger mit den traditionellen Assoziationen und der spezifischen Soziologie des jüdischen Lebens zu tun als vielmehr mit dem Aufkommen eines rassistischen Hooliganismus in den 70er Jahren. In den späten 70er und frühen 80er Jahren stellten sich die nichtjüdischen Spurs-Anhänger der an Tottenhams Hooligan-Truppe gerichteten Herausforderung zum Antisemitismus (allein schon diese Ironie ist bemerkenswert) auf eine hochinteressante und entwaffnende Weise. Den unablässigen höhnisch provozierenden Sprechchören „Yiddos! Yiddos!" entgegneten sie, indem sie „Yiddos! Yiddos!" zurückriefen.[25] Dies brach dem stechenden Spott die Spitze ab: dass die Tottenham-Anhänger den rassistisch gemeinten Spitznamen, statt sich vor ihm zu ducken, freudig begrüßten und sich als ihren Ehrennamen zu eigen machten. Einem Respondenten zufolge ging das folgendermaßen zu:

> Die Sprechchöre der gegnerischen Fans „Yiddos! Yiddos! Weiß Euer Rabbi, dass ihr hier seid?" usw. nahmen mit den Jahren '74 und '75 wirklich überhand. Und dann geschah es zumeist bei den Lokalderbys gegen West Ham, Chelsea und besonders bei denen gegen Arsenal. Ich habe tatsächlich nie ein Team aus dem Norden der britischen Insel diese Schlachtgesänge anstimmen hören bis zu jenem Relegationsspiel 1977 gegen Manchester United, als die Jungs von Tottenham sich diesen Schuh bereits angezogen hatten [...]. Danach aber ging es rund, im nationalen Maßstab, ja sogar im internationalen. [...] Wenn ich für den Zeitpunkt, zu dem diese Sprechchöre von den Spurs-Fans (die in ihrer großen Mehrheit keine Juden sind) übernommen wurden, ein Datum nennen müßte, würde ich sagen: am 3. April 1976. An diesem Tage nämlich hat die Tottenhamer Hooligan-Truppe Arsenals Nordkurve gestürmt. [...] Die Spurs-Rowdies [yobbos] gewannen an diesem Tag die Oberhand über ihre Gegenspieler von Arsenal, indem sie praktisch deren ganze Tribünen besetzten und dabei die Arsenal-Fans auf die Außenränge hinter den obligatorischen Polizeikordon, der die beiden Gangs auseinander zu halten suchte, zurückdrängten. Von dort fingen die Arsenal-Fans wieder an, den Jungs der Spurs ihr „Yiddos! Yiddos!" nachzurufen, die ihnen erwiderten: „Yiddos haben die Nordkurve genommen! Yiddos haben die Nordkurve genommen!" Von diesem Tage an wurden gegnerische Fans, wann immer sie den Versuch machten, den Spurs-Fans mit anti-jüdischen Sprüchen und Sprechchören zu kommen, um sie zu beleidigen, regelmäßig mit dem eigenen Sprechchor der Spurs-Fans „Yiddos! Yiddos!" gekontert, womit die Hohnwirkung dieser Sprechchöre negiert wurde.[26]

Einer meiner Interview-Partner, ein jüdischer Tottenham-Fan aus Nord-London, erinnerte diese Urszene so:

> Es war 1990 oder 1991. Wir spielten in Manchester United. Das war immer ein widerlicher Auswärtstermin. Im Stadion angekommen, fiel mir plötzlich ein

Grüppchen schwerer Jungs in die Augen: shtarkers [auf jiddisch]. Es waren Spurs-Anhänger, die Gasmasken trugen, nicht über den Mund gezogen, sondern nur auf dem Kopf als Kippa. Dann ging es los mit den Sprechchören „Yiddos! Yiddos! Yiddos!". Nach dem In-Gebrauch-Kommen des Wortes Yids in Tottenham gefragt, meinte der Respondent, „die massenhaften Yiddos-Sprechchöre fingen erst so um 1980–1981 herum an".[27]

Ein anderer Beobachter erklärte:

> In dieser Zeit, um 1980–81, war bei den Spurs-Fans das Herauskehren ihres nun angenommenen Yiddo-Charakters auf dem Höhepunkt. Damals war die israelische Flagge als weithin sichtbarer Schmuck des Spurs-Areals sein Erkennungszeichen bei Auswärtsspielen. Heutzutage ist der Davidstern seltener zu sehen, sondern meist ersetzt durch den Union Jack oder die St. Georgs-Fahne mit zumeist der Aufschrift des Stadtteils, aus dem der Fanklub kommt; typisch z.B.: „Dagenham Yids"[28]

Oder hören wir einen Fan von Manchester City, der im Interview mit dem Fußball-Forscher Les Back sagte: „Ja, ich meine, Tottenham gibt doch mächtig an mit diesem jüdischen Kram, oder etwa nicht? Sie haben Fahnen mit dem Davidstern, nicht wahr?, und ähnliche Sachen: na ja, die Yiddo Army und all das Zeug."[29] Und nicht nur angeben würden sie damit, sondern auch noch Geld machen, indem sie an Spieltagen vor dem Stadion an der White Hart Lane T-Shirts mit Aufdrucken wie „Yid-O" oder „Yid 4 Life" verkauften.

Ritualisiertes Verspotten von Spielern, Schiedsrichtern und gegnerischen Fans ist gang und gäbe in der britischen Fußballszene. Manchmal wird es nicht untreffend charakterisiert als „Lausbubengekabbel auf den Rängen", das allein schon für seinen humoristischen Unterhaltungswert geschätzt wird.[30] Ein anderer Respondent steuerte die folgende, diesmal in Manchester spielende Geschichte bei, in der Humor an den Tag gelegt wurde, um den Spott zu unterlaufen:

> Mitte der 80er Jahre sind wir zum Auswärtsspiel in Man[chester] City. Es ist die Halbzeit, wo wir in der Kurve hinter dem Tor unserer Mannschaft sitzen. Nur ein dünner Maschendrahtzaun trennt uns von den City-Anhängern, von denen etliche in einer Tour singen: „Wir haben Vorhäute! Wir haben Vorhäute, ihr nicht!" Nichts Schlimmes das, nur so ein milder Spott! Da kommt eine große Gruppe wohlbekannter jüdischer Spurs-Fans daher, und wie auf Kommando lassen sie auf ein Mal alle miteinander die Hosen runter und winken mit ihren beschnittenen Schwänzen zu den City-Fans hinüber. Fans auf beiden Seiten des Zauns brechen darauf in Lachen aus – die City-Fans haben sogar applaudiert.[31]

Hier muss man zum besseren Verständnis dazusagen, dass die Fans von Manchester City, die mit der Verspottung der Spurs-Fans als Jidden anfingen, absolut keine Ahnung hatten, dass diese zumindest teilweise tatsächlich jüdisch waren. Aber in ihren Köpfen war die Vorstellung, die Totten-

ham-Fans seien allesamt Juden, eine ausgemachte Sache: eine schallende Be-
zeugung der Stärke der „Yiddo-Kultur". Die Wahrnehmung Tottenhams als
jüdisch und stolz darauf, es zu sein, ist eindrücklich dargestellt in John
Kings Roman „The Football Factory [Die Fußballfabrik]". In diesem fikti-
ven Bericht eines Chelsea-Hooligans verschwimmt dem Protagonisten jede
Unterscheidungslinie zwischen Juden und Nicht-Juden, indem ihm alle
Tottenham-Anhänger zu Juden werden und sogar ganze Londoner Stadtviertel eine ähnliche Verwandlung erfahren:

> Ein Auswärtsspiel in Tottenham ist ein Knaller. Es hat immer einen gesunden
> Hass auf die Spurs gegeben. Sie sind Yids und tragen Käppchen. Sie schwenken
> den Davidstern und ziehen uns damit auf. Wir sind Chelsea Boys aus den angel-
> sächsischen Stadtteilen West-Londons. Wenn ein normaler Chelsea-Fan von Hay-
> es oder Hounslow nach Tottenham heraufkommt, so ist er an Pakis [Pakistani]
> und Nigger gewöhnt; aber hinter der Seven Sisters Road gibt's nur noch Bagels
> und Kebab […]. Tottenham hatte schon immer einen Ruf für seinen Schick: Sil-
> berstadtjuden. Es sind reiche Pinkel im Vergleich zu den armen Hafenarbeitern
> von West Ham. Jedenfalls sagt man's von ihnen. Du gehst durch Stamford Hill
> und Tottenham und kannst kaum glauben, dass das noch in derselben Stadt liegen
> soll wie Hammersmith und Acton. Wir haben wohl Paddies [Iren] in West-Lon-
> don, aber keine von diesen Yids-Ghettos. Ich bin selber kein gläubiger Christ,
> doch immerhin noch Church of Fucking England.[32]

Gegen die Spurs-Anhänger gerichtete Sprechchöre gegnerischer Fans beziehen sich oft auf die Beschneidung oder auf jüdische Speisevorschriften, womit sie die Vorstellung bestärken, alle Spurs-Anhänger hingen solchen Ge-
bräuchen an. Ein in Chelsea oft und gern gehörter Song, dessen Details eine
totale Unkenntnis des Judentums verraten, aber die Ansicht bekräftigen,
dass einer, der für Tottenham ist, ein Jude sein muss, geht so (und insbesondere auf den Spurs-Hooligan):

> Now Big Jim is their leader,
> He's got a heart of gold.
> But he hasn't had a foreskin,
> Since he was one day old.
> And as you walk in the Park Lane End,
> You'll hear a mighty wail.
> Big Jim is our leader,
> The King of Israel.[33]

Ein anderer beliebter Reimvers, der alle Tottenham-Anhänger als Befolger
der jüdischen Speisegesetze ausgibt, lautet: „Tottenham boys, Tottenham
boys – no pork pies or saveloys [Tottenham boys, Tottenham boys – Nichts
da mit Schweinefleischpasteten und Zervelatwürsten]." Ebenso konnte man
in Chelsea das folgende Liedchen trällern hören: „Tiptoe, past the Tottenham, with some roast pork and a bacon sandwich [Pass' auf in Tottenham

oder bleib' ihm gleich fern, mit Schweinebraten oder Schinkenbrot, sie sehn's dort nicht gern].«[34] Man kann daran wieder sehen, dass, ungeachtet der Tatsache, dass die Tottenhamer Adressaten solcher Spottlieder in der Mehrheit Christen sind, in der Vorstellung der gegnerischen Fans praktisch alle Spurs-„Yids" Juden sind. Doch dieses relativ milde und möglicherweise eher spielerisch gemeinte Gekabbel ging nicht lange gut, denn je mehr die Spurs-Fans sich mit ihrem Image als Yids anfreundeten, desto hässlicher wurde die Reaktion darauf.

Die Unterscheidungslinien der Identität (Juden/Nicht-Juden bzw. Yids/ Gojim, Insider/Outsider) verwischten sich total angesichts eines der verstörendsten Aspekte der „Yiddo-Kultur", der Beschwörung des Holocaust. Dessen gehässigste Manifestation ist das auf die Spurs-Fans gemünzte Zischen, welches das Geräusch austretenden Gases wie in den Vernichtungslagern evozieren soll. Ein Tottenham-Anhänger erinnerte sich: „Ich weiß noch gut, wie wir damals, 1987, nach Old Trafford [ins Stadion von Manchester United] kamen: und ganz Stretford End [= die Fankurve der Gastgeber] zischte". Ein anderer Fan erinnerte sich daran, dass „uns einige Besuche in Pride Park [der Heimatstadt von Derby County] verdorben worden sind durch abscheuliche Beschimpfungen, beispielsweise das Gezische und das Salutieren mit dem Nazi-Gruß".[35]

Andere Fans dachten eher an Leeds und Chelsea als Schauplätze solcher Vorkommnisse. Das Zischen war auch begleitet von etlichen Songs, Sprechchören und Reimsprüchen. Zwar konnte man sie an allen Spielstätten hören, aber in Chelsea vielleicht am meisten. Außerdem sind die von gewissen Chelsea-Anhängern gesungenen Schlachtgesänge dokumentiert und ins Netz gestellt worden auf einer Website mit dem Titel „Sing something sinful [Sing' was Sündiges!]: 30 years of Chelsea Verbal Aggro". Diese verbale Schwefelsäure bestürzt durch ihre Aggressionsintensität und Gesinnungsäußerungen bar aller Ironie oder Ambiguität:

> Spurs are on their way to Auschwitz,
> Hitler's gonna gas 'em again,
> We can't stop them,
> The yids from Tottenham,
> The yids from White Hart Lane.[36]

Ebenso in Chelsea ist das Folgende den Tottenham-Fans direkt ins Gesicht „gesungen" worden:

> Good old Adolf Hitler,
> He was a Chelsea fan,
> One day he went to White Hart Lane,
> And all the Jew Boys ran.

> At last he got a few of them,
> Up against a wall,
> At first he laughed a little bit,
> And then he gassed them all. [...]³⁷

Derlei „Gesänge" und, nach allem, was man hört, besonders das Gezische schnitten den Spurs-Fans ins Herz. In solchen Situationen sind Anhänger von Tottenham mit Vorbedacht in der niederträchtigsten und verletzendsten Weise beleidigt worden. Und diese Art und Weise war darauf angelegt, einem Juden emotional und seelisch den schlimmsten Kummer zu bereiten. Doch bemerkenswert ist, dass die nicht-jüdischen Tottenham-Anhänger auf diese Anwürfe mit hellem Zorn und Entrüstung reagiert haben, wie man es wohl von anständigen Leuten allerorten erwarten sollte. Doch die durch die Holocaust-Anspielungen heraufbeschworene Empörung bestärkte die irregeführten Geister der Provokateure nur in ihrer verschrobenen Meinung, dass Tottenhams Yids tatsächlich allesamt Juden seien, und gab dem Absingen ihrer rühmenden Hassgesänge von der Vernichtung der europäischen Juden noch weiteren Auftrieb.

Wie der Philosoph Jean Baudrillard bemerkte, „gibt es in wachsendem Maße einen entschiedenen Mangel an Differenzierung zwischen Bild und Realität, der kaum mehr Raum lässt für Vorstellung als solche."³⁸ Eben das geschieht, wenn Spurs-Anhänger zur Zielschiebe höhnischer Sticheleien voller Anspielungen auf Bergen-Belsen oder Auschwitz werden oder wenn sie mit jenem unsäglichen Gezische eingedeckt werden. Die reale Tatsache, dass die meisten Fans gar keine Juden sind, ist dann völlig verwischt, weil sie nicht mehr bloß als „Yids", d.h. als Anhänger von Tottenham Hotspur gesehen werden, sondern vielmehr als Juden, die solche Anspielungen doch verletzen müssen. Eine der interessantesten unter den aufgezeichneten Antworten auf die Frage nach dem Zischen kam aus dem Munde eines Tottenham-Fans, den das Gezische zutiefst verstört hat, weil er Schwarzer ist:

> Ich meine, mir ist es immer so vorgekommen, dass das Entsetzlichste an Sprechchören, was ich bei einem Fußballmatch je gehört habe, erst jenes Geräusch grunzender Affen war, das man heute gar nicht mehr hört, und dann dieses Vergasungsgeräusch [...], das Dir jetzt die ganze Zeit in die Ohren zischt und durch Mark und Bein geht [...]: Die Tottenham-Fans lässt es schier durchdrehen.³⁹

In Reaktion auf solch abscheulichen Hohn haben die Spurs manchmal vorsätzlich versucht, es ihren Widersachern mit gleicher Hartherzigkeit und Grausamkeit heimzuzahlen. Ein Respondent teilte die folgende Beobachtung mit: Als es 1987 bei Manchester United mit dem erwähnten Gezische begann,

> war die Reaktion der Spurs die, ein Blatt Papier aus dem Programmheft herauszureißen, es zu einem Papierflieger zu falten, in die Luft zu werfen und dazu eine

Version von ‚Those Magnificent Men in their Flying Machines [...]' anzustimmen, gefolgt von sog. ‚Munich songs' mit Anspielungen auf das fatale Münchner Flugzeugunglück von 1958, das damals vielen im Team von Manchester United das Leben kostete.[40]

Aber das Gezische provozierte auch gewalttätige Reaktionen, wie ein anderer Tottenham-Anhänger mir mitteilte:

> Ich habe das an etlichen Spielorten erlebt. Die schlimmsten Fans in dieser Beziehung sind die von Nottingham Forest. Jedes Mal, wenn ich zu einem Spiel dorthin kam, ging es damit los; und ich kann mich kaum an ein einziges Mal erinnern, wo es auf den Rängen nicht zu ziemlich ernsten Auseinandersetzungen und Tätlichkeiten geführt hätte. Ich habe auch Leute beobachtet, die sich deswegen bei den Ordnern und der Polizei beschwerten, aber die kümmerten sich nicht darum. Die Zweitschlimmsten im Zündeln mit diesem Gezische waren die Fans von Manchester United. Aber auch in West Ham und Chelsea ist es ähnlich wüst zugegangen. Diese vier sind vermutlich die für solche Sonderbehandlung ihrer Gäste berüchtigtsten Fußballarenen.[41]

Die Annahme der „Yid"-Identität bei den Tottenham-Fans ist ein gutes Beispiel für das, was die Ethnologen-Anthropologen eine „symbolische Praxis" nennen, in diesem Fall eine, die einer Fan-Kultur Struktur und Bedeutung verleiht.[42] Dies kommt sehr schön zum Ausdruck in dem Zeugnis eines Ajax-Anhängers, das direkt die Funktion anspricht, die die Annahme einer jüdischen Ersatz-Identität erfüllt. Er meint zum Davidstern als dem Vereinssymbol: „Wir möchten mit diesem Symbol gewiss auch ein wenig provozieren."[43] Ich möchte fast behaupten, dass etwas sehr Ähnliches auch manchen Tottenham-Anhänger motivieren dürfte: das Verlangen, Hass auf sich zu ziehen, weil er die stammesartige Natur von Fan-Gruppierungen verkörpert und verstärkt. Neulich ist dies sogar zum Gegenstand einer seltenen öffentlichen Stellungnahme aus den obersten Etagen des englischen Fußballs geworden. In einem etwas selbstgerechten Tenor haben die Vereinspräsidenten von Tottenhams beiden Londoner Erzrivalen Chelsea und Arsenal, Ken Bates und David Dein, die Spurs beschworen, es ihren Fans doch bitteschön abzugewöhnen, sich als „Yids" darzustellen. Bates und Dein zufolge, die ihre Ansichten anlässlich der UEFA-Konferenz „Unite against racism [Zusammenstehen gegen Rassismus]" äußerten, die am 5. März 2003 in Stamford tagte, würde der Tottenham Hotspur Football Club, indem er bei seinen Fans den Gebrauch dieses Wortes und der damit verbundenen Gewohnheiten toleriere, versehentlich einem aufkeimenden Rassismus Vorschub leisten. Und Dein beschwerte sich:

> Wir sehen sonst wenig Rassismus im britischen Fußball, und doch haben wir mit antisemitischem Rassismus ein Problem, insbesondere bei den gemeinhin als „Yiddos" bekannten Spurs-Fans. Ich finde wie sicherlich auch sonst viele Leute diese Selbstbezeichnung anstößig. Aber wenn ich recht sehe, legen es gewisse

Gruppen von Spurs-Anhängern gerade darauf an, derart von sich reden zu machen.

Das letztere ist in der Tat der Fall, jedoch die Hauptanklage, dass es nämlich ganz und gar die Schuld von Tottenham sei und dass umgekehrt Chelsea und Arsenal keine Veranlassung hätten, die antisemitischen Ressentiments ihrer eigenen Anhänger zu zügeln, unterhöhlt die zur Schau getragene Biederkeit von Bates und Dein, wenn auch nicht die akkurate Bezichtigung, dass diese ständigen „Yids!"-Sprechchöre es teils wirklich darauf angelegt haben, Antisemitismus zu provozieren.[44]

Der große Spieler und Kapitän Tottenhams, Danny Blanchflower, hat einmal gesagt: „Das Geräusch der Menge, das Lieder-Singen und Sprechchöre-Anstimmen ist etwas, das wir Spieler brauchen wie die Luft zum Atmen." Fürwahr, der Singsang des Wortes „Yids" ist onomatopoetisch und bedrohlich; doch wenn er traditionell bei Pogromen ertönte, so bedeutet sein Lautwerden hier zur Anfeuerung der Mannschaft nicht nur eine buchstäbliche, sondern eine lautliche Umkehrung seines traditionellen Aufruf- und Beschwörungscharakters. Denn so wie die Spurs-Fans das Wort gebrauchen, soll es nicht nur der Mannschaft, sondern auch ihren Fans Mut machen.[45] „Du bist ein Yid und weißt, dass du's bist!", rufen die Tottenham-Anhänger Spielern zu, von denen man glaubt, dass sie zum Verein dazukommen werden, oder die ihn verlassen haben, aber bei den Fans immer noch beliebt sind. Manche Superstars wie David Ginola wurden in Sprechchören wie dem folgenden regelrecht umworben:

> Plays down the wing
> (Plays down the wing)
> Crosses it over (ahhh, ahhh, ahhh)
> His name's Ginola (ahhh, ahhh)
> He's our French Jew.[46]

Les Back hat einmal gesagt, dass „die Gesänge und Rituale der Schlachtenbummler im Fußball ihnen eine Möglichkeit an die Hand geben, auf der Ebene von Metaphorik und Symbolisierung Ortsverbundenheit und soziales Leben darzustellen".[47] Die nicht-jüdische Erfindung und Zelebrierung von Yiddo-Kultur in Tottenham – was ein Sich-Einbilden in Jüdischkeit zur Folge hat (den Ausdruck von Empörung bei Holocaust-Spöttereien, die humorvolle Übernahme von Ritualen wie Beschneidung und Speisegesetze) – lässt die eigenen Fans (wie die des Gegners) die übertriebene und unwahre Vorstellung gewinnen, dass die Spurs ein „jüdischer" Verein sind, und dies als einen Teil ihrer kollektiven quasi Stammes-Identität annehmen.

Als der Begriff Yid erstmals in Mode kam, ließ er ein Begehren jener Tottenham-Fans erkennen, sich durch ihre Adaption des Wortes als Randgruppe zu erkennen zu geben, denn paradoxerweise wurde dies als eine Art Ermächtigung (oder Machtzuwachs) betrachtet. In seinem Traktat von 1946, „Überlegungen zur Judenfrage", bemerkte Jean-Paul Sartre, dass nicht der jüdische Charakter es sei, der den Antisemitismus provoziert, sondern dass vielmehr der Antisemit den Juden schaffe.[48] Im Falle der nicht-jüdischen Yids von Tottenham sind es wohl sie selber, die dazu Vorschub leisten, (bei den Gegenspielern) den Antisemiten zu schaffen oder hervorzurufen, jedoch in der Absicht, die eigenen Reihen (der Yid Army der Spurs) zu stärken. Das Gefühl, einer Randgruppe anzugehören, verleiht ihrer Unterstützung für Tottenham eine tiefere Bedeutungsschicht. Dieses Charakteristikum hat zu jenem von den Spurs-Anhängern stolz proklamierten besonderen Charakterzug Tottenhams geführt – nämlich, den Standpunkt des „anderen" einzunehmen (bzw. sich auf die „andere Seite" zu schlagen). Einer der Fans sagte es so: „Ich war immer der Meinung, dass irgendetwas in uns darauf erpicht ist, es dem Rest der Welt zu zeigen. So wie früher die Davidsterne bei Auswärtsspielen reichlich vertreten waren, setzte sich diese Tradition in den Achtziger Jahren (nach dem Falklandkrieg) darin fort, dass wir beim Auswärts-Support gewöhnlich ein paar argentinische Fahnen mit hatten."[49] Auf jeden Fall verrät das Verlangen nach einem Außenseiterstatus selbstverständlich ein komplettes Missverständnis der Gefühle und Gesinnungen von Juden. Welche ethnische Gruppe würde auch wünschen, verhöhnt zu werden? In der Phantasiewelt der Fußball-Yids hingegen hat es eine andere Funktion, Zielscheibe von Beleidigung und Hass zu sein: es verhilft nämlich dazu, Bande von Zusammengehörigkeit und Stammesverwandtschaft zu schmieden, was die von ihnen schlechtinformiert zusammenphantasierte mutmaßliche Quelle jüdischen Solidaritätssinns ist. Überdies sehen ja alle Fußballfans in ihrer Eigenschaft als Anhänger ihres jeweiligen Vereins eine Form von Auserwähltheit. Im Falle von Tottenham aber verhilft ihnen diese, wenn auch unbewusst, zur Verstärkung einer pseudo-jüdischen Identität, bei welcher der „Yid" und sein Verein gleichsam in eine gegenseitige Bundes-Beziehung eintreten und damit eine Version der biblischen Geschichte nachspielen.

Was die jüdischen Klub-Anhänger angeht, die sich selbst als „Yids" verstehen, so sind eben auch Juden, um mit Bourdieu zu sprechen, in dem „kulturellen Kapital" dessen inbegriffen, was es heißt, ein Fußballfan zu sein. Beim Fußball haben wir es mit einem der wichtigsten Freizeitangebote zum Ausdruck des Englischseins [Englishness] für Juden zu tun, zumal heute, wo die meisten zur Mittelklasse gehören; und Fußball ermöglicht die Schaffung einer Art „horizontalen Allianz", in der Juden an dem ritualisierten Verhalten teilnehmen können, das die im wesentlichen von der Arbeiterschicht bestrittene Kultur der Fußball-Schlachtenbummler ausmacht. Gleichzeitig hat die stolze Aneignung der Yiddo-Fanidentität durch die jüngere Generation der Tottenhamer Juden ihre innere Logik, kann sie doch die nivellierende Wirkung der Assimilationstendenzen ihrer Eltern etwas

auffangen. Will sagen: die jüngere Generation der Juden akzeptiert die Bezeichnung Yid, weil sie ihnen ein willkommenes Stärkungsmittel ist, um angesichts etlicher gegenläufiger Entwicklungen in der modernen anglo-jüdi-
schen Geschichte einen starken Begriff jüdischer Identität hochzuhalten
und zu bekräftigen. Diese Entwicklungen werden markiert durch eine erfolgreiche und fast vollständige Akkulturation der Juden an die britische
Gesellschaft, ihren nahezu totalen Aufstieg von der working class zur
middle class und eine noch relativ junge Abkehr von der allgemeinen Passivität und ruhebedachten Anonymität der britischen Judenheit zuvor. Innerhalb eines institutionell und kulturell zutiefst britischen Settings im Chor
aus vollem Halse „Yids" zu rufen ist dann ein Ausdruck von Stolz und bezeichnet die offensive Aufgabe jener Zurückhaltung der britischen Juden
vor jeder öffentlichen Proklamation ihres Jüdischseins. Kurioserweise ist
dies ein sog. „top down"-Phänomen, wobei der Ausdruck vom typisch englischen rassistischen Fußballenthusiasten herkommt (Alf Garnett) und
dann von den nicht-jüdischen Tottenham-Fans übernommen wurde. Es ist
ihre Sanktionierung dieser Identität, die es den jüdischen Fans ermöglichte,
sich diesem ungewöhnlichen Akt von Selbstbezeichnung und -identifizie-
rung durch Tottenhams Gojim-Fans anzuschließen.

Wie Studien über die Sprechchöre und Gesänge von Schlachtenbummlern
sowie über Rowdytum, Hooliganismus und Rassismus im britischen Fußball gezeigt haben, sind die Ausdrucksweisen und Gewohnheiten der Fuß-
ballfankultur nicht statisch, sondern wandeln sich im Zug der Zeit.[50] Es wäre daher ein Missverständnis zu meinen, dass die Yiddo-Kultur sich in ihrer
Bedeutung die ganzen Jahre hindurch praktisch gleich geblieben wäre. Ich
möchte sogar vermuten, dass ein neuerdings zu beobachtender Impetus für
einen intensivierten jüdischen Gebrauch des Yids-Begriffs allerdings einem,
so wie die englischen Juden es wahrnehmen, wieder aufkommenden Antisemitismus in der britischen Gesellschaft geschuldet ist. In jüngster Zeit hat
sich das ganz deutlich in den Medien gezeigt, wo die anti-israelischen Be-
fangenheiten beispielsweise der BBC, des Independent und des Guardian
sich oft genug in Worten aussprechen, die – mal verdeckter mal offensicht-
licher – antisemitisch sind.[51] Das Titelbild einer jüngeren Ausgabe des New
Statesman, das einen vom Davidstern durchbohrten Union Jack unter der
Überschrift „A Kosher Conspiracy? [Eine koschere Verschwörung?]" zeigte, bezeugte eine so gründlich antisemitische Gesinnung, wie sie seit langem
in den britischen main stream-Medien nicht mehr laut geworden ist.[52]

Um diese Studie über die „Yiddo culture" zusammenzufassen und auf
den Punkt zu bringen, kann man sagen: sie bestätigt die Vorstellung, dass
die Grenzen der Identität porös sind, und bekräftigt die Annahme, dass die
Identität von Gruppen wie von Individuen kontingenter Natur ist, und wäre es auch nur insofern, als sie, um sich bemerkbar zu machen, zu Pantomi-
me und Parodie ihre Zuflucht nehmen muss. Ich möchte außerdem die Ver-

mutung wagen, dass die Aneignung des Ausdrucks „Yid" durch Tottenhams nicht-jüdische Anhänger wohl einiges jenem den englischen Humor seit je durchziehenden Hang zur Selbst-Herabsetzung verdankt, denn in der die Yiddo-Kultur bezeichnenden vollständigen Umkehrung der Werte und ihrem Unterlaufen traditioneller Strukturen, wodurch sie den gewöhnlich dafür gehaltenen Outsider erhebt und ihm einen Insider-Status verleiht, haben wir es mit einer Feier des Absurden, wie in Monty Pythons Flying Circus, zu tun. Nichts illustriert diese Hypothese wohl besser als der Sprechgesang, den die Tottenham-Anhänger 1994 an ihren neuen Helden, den von Monaco nach Tottenham transferierten deutschen Fußballstar Jürgen Klinsmann, richteten. In diesem Sprechchor, der sicherlich einer der ironischsten und absurdesten ist, die in Fußballstadien je erklungen sind, pflegten die Tottenham-Fans Klinsmann ihre Verehrung im folgenden Preislied vor die Kickerbeine zu legen:

> Chim chiminee, chim chiminee
> Chim Chim churoo
> Jürgen was a German
> But now he's a Jew![53]

Anmerkungen

[1] Bemerkenswert ist die Differenz zwischen dieser Situation und derjenigen, die in den Vereinigten Staaten beim Baseball-Team der Atlanta Braves zu beobachten ist, deren offizielles, von vielen als rassistisch angesehenes Symbol nämlich die Comic-Figur eines nordamerikanischen Indianers ist.

[2] Zu Tottenham Hotspur's ersten siebzig Jahren siehe Roy Brazier, Images of Sport: Tottenham Hotspur Football Club 1882–1952, Stroud 2000.

[3] Jewish Virtual Library, „The Jewish Population of the World", http://www.jewishvirtuallibrary.org/jsource/Judaism/jewpop.html. Zur jüdischen Bevölkerung Großbritanniens insgesamt, untersucht im Zeitraum von 1937 bis 1994, vgl. Bernard Wasserstein, Vanishing Diaspora: The Jews in Europe Since 1945, Cambridge MA 1996, viii, sowie Todd Endelman, The Jews of Britain, 1650–2000, Berkeley CA 2002, 94–96, 196 und 230–231. Ganz generell zum britischen Judentum vgl. Eugene C. Black, The Social Politics of Anglo-Jewry, 1880–1920, Oxford 1988.

[4] Siehe David Canter u.a., Football in its Place: An Environmental Psychology of Football Grounds, London 1989.

[5] Umberto Eco, Semiotik. Entwurf einer Theorie der Zeichen, München 1987, 382–385.

[6] Umberto Eco, Travels in Hyper Reality, New York 1986, 160.

[7] Zu einer Geschichte des britischen Fußballs siehe James Walvin, The People's Game, London 1975; James Walvin, Football and the Decline of Britain, Hampshire 1986; Tony Mason, Association Football and English Society, Brighton 1980; Ste-

phen Wagg, The Football World. A Contemporary Social History, Brighton 1984;
Nicholas Fishwick, English Football and Society, 1910–1950, Manchester 1989.
Zu einer Analyse mit dem Rüstzeug der Cultural Studies siehe Chas Critcher,
„Football Since the War" in: John Clarke u. a. (Hg.), Working Class Culture. Stu-
dies in History and Theory, London 1979, 161–84. Die Untersuchungen von John
Williams gehören zu den maßgebenden soziologischen Analysen des englischen
Fußballs. Siehe etwa sein British Football and Social Change – Getting into Euro-
pe, Leicester 1991. Vgl. auch die Website des Sir Norman Chester Centre for
Football Research, University of Leicester, http://www.le.ac.uk/snccfr/. Die Ar-
beit des Zentrums ist weitgehend soziologisch orientiert.

[8] Letzteres wird bisweilen auch „nigga" or „niggah" (pl. niggaz) geschrieben, um es
von dem im üblichen Sinne abwertenden „nigger" zu unterscheiden.

[9] Randall Kennedy, Nigger: The Strange Career of a Troublesome Word, New York
2002, 12, 28.

[10] Kennedy, Nigger, 34–55: das Zitat erscheint auf S. 46 f.

[11] Kim Pearson, „Yid", The Writer's Den, http://kpearson.faculty.tcnj.edu/
Dictionary/yid.htm. Siehe auch Leo Rosten, The Joys of Yiddish, New York 1968
(aktualisiert und kommentiert von Lawrence Bush wieder aufgelegt 2001 unter
dem modifizierten Titel: The New Joys of Yiddish, New York 2001), 445
(deutsch übersetzt und bearbeitet von Lutz-W. Wolff, Jiddisch – eine kleine En-
zyklopädie, München 2002, 253).

[12] Endelman, The Jews of Britain, 202 f. Vgl. auch Tony Kushner, Nadia Valman
(Hg.), Remembering Cable Street. Fascism and Anti-Fascism in British Society,
London 1999.

[13] Siehe dazu Simon Kupers bestechende Geschichte von Ajax und den Juden:
„Ajax, de Joden, Nederland", AJAX-USA, http://www.ajax-usa.com/history/
kuper/. Dies ist eine Online-Version seines Buches Ajax, the Jews, the War, London 2003. Im allgemeinen siehe die offizielle Geschichte von Ajax Amsterdam
auf der Website des Vereins: „1900–1915: The Ancient Ajax", AJAX-USA,
http://www.ajax-usa.com/history/ajax/the_ancient_ajax.html.

[14] David Winner. Brilliant Orange: The Neurotic Genius of Dutch Football, London 2001, 217.

[15] Das Spiel fand im Kiryat Eliezer Stadion am 21. Oktober 1999 statt. Ajax gewann
3 : 0.

[16] David Winner, Brilliant Orange, 218. Zahlreiche Websites enthalten schwarze
Bretter mit endlosen Erklärungen gegenseitiger Bewunderung von Ajax Amster-
dam- und Hapoel Haifa-Anhängern. Siehe z. B. die Website (in hebräischer Sprache) von Hapoel Haifa, http://www.hapoel-haifa.org.il/europe/uefa/2000/
uefamain2000.html. Siehe auch diese holländische Website eines Ajax-Fans, auf
der er von seiner Reise nach Israel schwärmt: Rob van Vliet, „Reisverslag Hapoel
Haifa (21–10-1999)", www.f-side.nl, http://www.f-side.nl/verslagen/9900hap_aja.
html.

[17] Gary Armstrong und Richard Giulianotti, Hg., Fear and Loathing in World Football, Oxford 2001, 17–18, 40.

[18] Danny Kelly, „Sol Abuse Has Nothing to Do with Colour of His Skin", Top-
spurs: Jim Duggan's Spurs Site, http://www.topspurs.com/thfc-article25.htm.

[19] Nach der „Frequently Asked Questions [FAQ]"-Seite der Website des Online-

Fanmagazins My Eyes Have Seen the Glory, „ist ‚Yids‘ oder ‚Yiddoes‘ zuerst in den 80er Jahren, und zwar hauptsächlich bei den rivalisierenden Arsenal-Fans, in Gebrauch gekommen in Anspielung auf die großteils jüdische Bevölkerung des Haringey-Viertels. Die Spurs-Fans haben den Spitznamen dann zu ihrem Ehrenabzeichen gemacht, indem sie sich nun selber ‚Yids‘ oder ‚Yiddoes‘ nannten" (http://www.mehstg.com/faqs.htm).

20 Telefon-Interview mit Norman Fenton (vom 6. Dezember 2001). Die Charakterrolle des Alf Garnett wurde gespielt von dem Schauspielerveteranen Warren Mitchell, der aus seiner jüdischen Identität nicht nur kein Hehl macht, sondern sich öffentlich stolz dazu bekennt, und außerdem ein glühender Tottenham-Anhänger ist, der kaum ein Heimspiel versäumt. In meinen Augen ist der Ursprung der Assoziation von Tottenham mit den Yids am wahrscheinlichsten hier zu finden.

21 Email von Les Wilson an den Autor (vom 21. April 2002).

22 Telefon-Interview mit Ivan Cohen (vom 21. März 2002).

23 Nicholas Harrison, „Tottenham – Welcome to ‚Sing Something Sinful‘: 30 Years of Chelsea Verbal Aggro", http://www.nicholas.harrison.mcmail.com/cfcsong3.htm.

24 Siehe C. Waters, „Racial Chanting and the Ultra Right at Football Matches", B. A.-Dissertation, Polytechnikum Leeds 1988; Richard Turner, In Your Blood. Football Culture in the Late 1980s and Early 1990s, London 1990; Bill Buford, Amongst the Thugs, London 1991, 147; und Les Back, u. a. (Hg.), The Changing Face of Football. Racism, Identity and Multiculturalism in the English Game, Oxford 2001, 21–38.

25 Eine analoge Situation, wenn sie auch nichts mit Juden zu tun hat, findet sich in dem schottischen Aberdeen Football Club, dessen Fans mit dem groben Spottruf „Sheepshagging bastards, you're only [Schafficker-Bastarde, weiter nichts, seid ihr!]" angemacht zu werden pflegen. Deren Antwort darauf ist die Bekräftigung der unterstellten bestialischen Vorliebe mit dem Gegen-Sprechchor „Sheepshagging bastards, we're only [Schafficker-Bastarde, weiter nichts, sind wir]", in: Peter Pericles Trifonas, Umberto Eco and Football, Cambridge 2001, 19–20.

26 Email von Jim O'Neill an den Verfasser (vom 16. April 2002).

27 Telefon-Interview mit Ivan Cohen (vom 31. März 2002).

28 Email von Jim O'Neill an den Verfasser (vom 16. April 2002).

29 Les Back, u. a. (Hg.), The Changing Face of Football, 109.

30 Der Begriff stammt von Scott Fleming und Alan Tomlinson, „Football, Racism and Xenophobia in England (I): Europe and the Old England", in: Udo Merkel/ Walter Tokarski (Hg.), Racism and Xenophobia in European Football, Aachen 1996, 82.

31 Derselbe Song wurde am 22. August 1987 in Tottenham auch von Chelsea-Anhängern beim Warten aufs Durchschleusen durch die Metall-Detektoren gesungen: Harrison, „Tottenham", http://www.nicholas.harrison.mcmail.com/cfcsong3.htm.

32 John King, The Football Factory, London 1997, 22–23.

33 Harrison, „Tottenham", http://www.nicholas.harrison.mcmail.com/cfcsong3.htm: „Big Jim, der ist ihr Führer, / Der mit dem Herzen aus Gold, / Doch hatt' er keine Vorhaut, / Seit er einen Tag war alt. / Und gehst Du nun durch Park Lane End, / So hörst Du groß' Jammer und Klag, / Big Jim ist unser Führer, / Der König von Israel."

[34] Harrison, „Tottenham", http://www.nicholas.harrison.mcmail.com/cfcsong3.htm.

[35] Email von Jonathan Adelman an den Verfasser (vom 17. April 2002).

[36] Harrison, „Tottenham", http://www.nicholas.harrison.mcmail.com/cfcsong3.htm: „Spurs sind auf ihrem Wege nach Auschwitz, / Hitler wird sie wieder ins Gas schicken, / Wir können sie nicht aufhalten – / Die Yids von Tottenham, / Die Yids von White Hart Lane."

[37] Harrison, „Tottenham", http://www.nicholas.harrison.mcmail.com/cfcsong3.htm: „Der gute alte Adolf Hitler, / Er war ein Chelsea-Fan; / Der kam eines Tages nach White Hart Lane, / Und all die Judenbengel rannten weg. / Schließlich kriegte er noch ein paar, / Die waren gegen eine Mauer gelaufen; / Da lachte er zuerst ein wenig, / Und dann vergaste er sie alle."

[38] Zitiert in Steve Redhead (Hg.), The Passion and the Fashion: Football Fandom in the New Europe, Aldershot 1993, 14.

[39] Les Back, u. a. (Hg.), The Changing Face of Football, 110.

[40] Email von Steff an den Verfasser (vom 17. April 2002).

[41] Email von Andy Gardner an den Verfasser (vom 17. April 2002).

[42] Les Back, u. a. (Hg.), The Changing Face of Football, 37.

[43] David Winner, Brilliant Orange, 218.

[44] Daily Mirror (vom 6. März 2003).

[45] Siehe http://www.glennhoddlesblueandwhitearmeeee.co.uk/WhyAreWeCalled. html (Cache-Version erhältlich unter http://72.14.203.104/search?q=cache: 48-yMvc5ANEJ:www.qontour.com/HTML/2002_2003/QFriendlymatches/ qstory_yids_fth040802.html+%22ever+wondered+why+tottenham+ fans%22&hl=en&client=firefox-a). Auf dieser Website gab es eine Seite „Ever Wondered Why Tottenham Fans Are Called ‚Yids'?", auf der zu lesen stand: „Ein Song oder Sprechchor, den du ganz gewiss nicht überhören kannst, geht schon los vor dem Spiel, wenn du die Tottenham high road heruntergehst. Du wirst ihn wiederhören in den Pubs, wo ihr vor dem Match Euren Auftakt-Drink nehmt. Du wirst ihn auch fünf Minuten vor drei Uhr wieder hören, wenn die Mannschaft auf dem Rasen aufläuft, und höchstwahrscheinlich wird es das Spiel hindurch so weitergehen […]. Auf den Zuschauertribünen des Stadiums meint das niemand als eine Beleidigung oder Herabsetzung unseres Teams, sondern als Anfeuerung zum Sieg."

[46] Glen's Hjemmeside, „Sanger til Tottenham", http://home.no.net/glenside/ sanger_til_tottenham.htm: „Er spielt auf dem Flügel / (Er spielt auf dem Flügel) / Er wechselt ihn / Ginola heißt er, Ginola / Unser französischer Jud'."

[47] Les Back u. a. (Hg.), The Changing Face of Football, 73.

[48] Jean-Paul Sartre, [Réflexions sur la Question Juive] Überlegung zur Judenfrage, Reinbek bei Hamburg 1994, 43–44.

[49] Email von Bill Leask an den Verfasser (vom 23. April 2002).

[50] Redhead (Hg.), The Passion and the Fashion. Über Rowdytum und Hooliganismus siehe die jüngere Studie von Gary Armstrong, Football Hooligans: Knowing the Score, Oxford 2000; Garry Robson, „No One Likes Us and We Don't Care": The Myth and Reality of Millwall Fandom, Oxford 2000.

[51] Siehe den detaillierten Bericht, der z. Zt. vorbereitet wird von dem Londoner Rechtsanwalt Trevor Asserson, „The BBC and the Middle East: A Critical Study", bbcwatch.com (März 2002), http://www.bbcwatch.co.uk. Vgl. auch den Bericht

vom 26. Januar 2002 im Guardian über die Wahrnehmung eines wachsenden Antisemitismus auf der britischen Insel und seine Beziehung zum Konflikt zwischen Palästinensern und Israelis, betitelt „A New Anti-Semitism?" und nachzulesen unter http://www.guardian.co.uk/leaders/story/0,3604,639688,00.html. Vgl. schließlich auch noch in der liberalen israelischen Tageszeitung Ha'aretz vom 30. September 2002 den Artikel „U.K. Jews up in Arms over Media's Israel Coverage" von Saron Sandeh in Reaktion auf drei im britischen Fernsehen ausgestrahlte anti-israelische Dokumentarfilme: http://www.haaretzdaily.com/hasen/pages/ShArt.jhtml?itemNo=214129&contrassID=2&subContrassID=11&sbSubContrassID=0&listSrc=Y&itemNo=214129.

52 Die Ausgabe datierte vom 14. Januar 2002. Der Herausgeber Peter Wilby bat später um Entschuldigung für den aufstachelnden Titelaufmacher, jedoch aufschlussreicherweise nicht für den Inhalt des Artikels. Für ein Bild der Titelseite und eine Geschichte der Entschuldigung, die er zur Folge hatte, siehe Charlotte Halle, „New Statesman Apologizes for ‚Anti-Semitic' Cover – Not Story", unter http://www.haaretzdaily.com/hasen/pages/ShArt.jhtml?itemNo=128266&contrassID=2&subContrassID=1&sbSubContrassID=0&listSrc=Y. Später wurde dann am 10. September 2002 darüber berichtet, dass die Israel Football Association (IFA) an Tottenham Hotspur herangetreten sei, um die Erlaubnis zu erwirken, die Heimspiele der Nationalmannschaft für die Europameisterschaft 2004 an der White Hart Lane abhalten zu dürfen, nachdem bekannt geworden war, dass die FIFA aufgrund der riskanten Sicherheitslage es Israel nicht erlauben werde, seine Heimspiele im eigenen Land abzuhalten. Als aber Tottenhams jüdischer Vereinspräsident, Daniel Levy, die Austragung von Israels Heimspiel in White Hart Lane ablehnte, hat sich die IFA bemerkenswerterweise an keinen anderen Londoner Klub, etwa Arsenal, oder an irgendeinen anderen sogenannten „jüdischen" Fußballklub auf dem Kontinent mit einem ähnlichen Ersuchen gewandt.

53 „Chim chiminee, chim chiminee / Chim Chim churoo / Jürgen war ein Deutscher, / Doch jetzt ist er ein Jud'!"

Register

Verzeichnis der Autoren

Jacob Borut ist Wissenschaftlicher Mitarbeiter am Yad Vashem Archiv Jerusalem.

Michael Brenner ist Professor für Jüdische Geschichte und Kultur an der Ludwig-Maximilians-Universität München.

John Bunzl ist Universitätsdozent am Institut für Internationale Politik (OIIP) in Wien.

Tony Collins ist Wissenschaftlicher Mitarbeiter am International Centre for Sports History and Culture der De Montfort University in Leicester.

John Efron ist Koret Professor für Jüdische Geschichte an der University of California in Berkeley.

Sharon Gillerman ist Professorin für Jüdische Geschichte am Hebrew Union College in Los Angeles.

Philipp Grammes arbeitet als Journalist für den Bayerischen Rundfunk in München.

Miklós Hadas ist Professor für Soziologie an der Corvinus Universität Budapest.

Jack Jacobs ist Professor of Government am John Jay College der City University of New York.

Michael John ist Professor für Wirtschafts- und Sozialgeschichte an der Johannes-Kepler-Universität Linz.

Victor Karady ist nach seiner Emeritierung als Forschungsdirektor in Soziologie am CNRS in Paris Professor für Geschichte an der Central European University in Budapest.

Albert Lichtblau ist Professor für Geschichte an der Universität Salzburg.

Rudolf Oswald ist Doktorand an der Ludwig-Maximilians-Universität München.

Gideon Reuveni ist Wissenschaftlicher Mitarbeiter an der Abteilung für Jüdische Geschichte und Kultur am Historischen Seminar der Ludwig-Maximilians-Universität München.

Daniel Wildmann ist Stellvertretender Direktor des Leo Baeck Instituts in London.

Moshe Zimmermann ist Professor für Deutsche Geschichte und Direktor des Richard-Koebner-Zentrums für Deutsche Geschichte an der Hebräischen Universität in Jerusalem.